Christa Berg · Hans-Georg Herrlitz · Klaus-Peter Horn

Kleine Geschichte der Deutschen Gesellschaft
für Erziehungswissenschaft

Schriftenreihe der DGfE

Christa Berg · Hans-Georg Herrlitz
Klaus-Peter Horn

Kleine Geschichte der Deutschen Gesellschaft für Erziehungswissenschaft

Eine Fachgesellschaft zwischen Wissenschaft und Politik

VS VERLAG FÜR SOZIALWISSENSCHAFTEN

VS VERLAG FÜR SOZIALWISSENSCHAFTEN

VS Verlag für Sozialwissenschaften
Entstanden mit Beginn des Jahres 2004 aus den beiden Häusern
Leske+Budrich und Westdeutscher Verlag.
Die breite Basis für sozialwissenschaftliches Publizieren

Bibliografische Information Der Deutschen Bibliothek
Die Deutsche Bibliothek verzeichnet diese Publikation in der Deutschen Nationalbibliografie;
detaillierte bibliografische Daten sind im Internet über <http://dnb.ddb.de> abrufbar.

1. Auflage März 2004

Umschlaggestaltung: KünkelLopka Medienentwicklung, Heidelberg
Druck und buchbinderische Verarbeitung: MercedesDruck, Berlin
Gedruckt auf säurefreiem und chlorfrei gebleichtem Papier
Printed in Germany

ISBN 3-8100-4204-8

Inhalt

Vorwort 7

Einleitung 9

1. Offene oder geschlossene Gesellschaft? Das wissenschaftliche
   Selbstverständnis der DGfE im Spiegel ihrer
   Aufnahmeverfahren, Mitgliederentwicklungen und
   Ehrenmitgliedschaften 17
   1.1 Aufnahmeprozeduren 17 • 1.2 Säumige Zahler 21 • 1.3 Wissen-
   schaftliche „Grenzgänger" 22 • 1.4 Deutsch-deutsche Mitgliedschaft
   24 • 1.5 Kollektivmitgliedschaften 26 • 1.6 Ehrenmitgliedschaften 27

2. Einheit und Vielfalt der Disziplin. Zur Entstehung und
   Entwicklung von Arbeitsgemeinschaften, Kommissionen und
   Sektionen in der DGfE 37
   2.1 Erste Strukturierungsversuche 37 • 2.2 Zweiter Anlauf 40 •
   2.3 Vereinsrechtliche Konflikte 44 • 2.4 Zentrifugale Tendenzen 47 •
   2.5 Ein neuer Rahmen 51

3. Die internationale Vernetzung der DGfE – Eine
   Erfolgsgeschichte? 55
   3.1 Erste Kontaktversuche 55 • 3.2 Gesteigertes Engagement 58 •
   3.3 Ein politisches Netzwerk: Die „Deutsche UNESCO-Kommission" (DUK) 60 • 3.4 Ein wissenschaftliches Netzwerk: Die „European Educational Research Association" (EERA) 63 • 3.5 Bilanz 66

4. Der schwierige Weg zu einer „gesamtdeutschen"
   Erziehungswissenschaft 69
   4.1 Zeiten der Funkstille 69 • 4.2 Behutsame Annäherungen 73 •
   4.3 Enttäuschte Hoffnungen 83 • 4.4 Erste Bilanzen 89

5. Vom intensiven Meinungsaustausch zur
   Mammutveranstaltung: Die Arbeitstagungen und Kongresse
   der DGfE 93
   5.1 Der erste Kongress: Göttingen 1968 94 • 5.2 Organisationsfragen
   96 • 5.3 Die Kongressthemen 1968 bis 2004 103 • 5.4 Die Hauptredner der Kongresse 109

6. Forschungsförderung – Forschungsprobleme –
   Forschungsfreiheit 113
   6.1 Forschungsförderung als Zweckbestimmung der DGfE 113 • 6.2
   Kooperation mit der DFG 116 • 6.3 Forschungskommission 123 •

6.4 Forschungsförderungskommission – Informationsstelle zur Vermittlung deutsch-deutscher Forschungsvorhaben 126 • 6.5 Forschungskolloquien 128 • 6.6 Freiheit der Forschung – Einengung der Forschungsfreiheit 129 • 6.7 Ethische Standards für erziehungswissenschaftliche Forschung – Ethik-Kodex 131 • 6.8 Förderpreis 134

7. **Studiengänge/Studienreform und Strukturfragen – Zwischen Professionsbezug und Disziplinorientierung**......................137
    7.1 Kernstudium Erziehungswissenschaft 137 • 7.2 Erziehungswissenschaft in den Lehramtsstudiengängen 141 • 7.3 Erziehungswissenschaftliche Hauptfachstudiengänge 145 • 7.4 Kerncurriculum Erziehungswissenschaft 154 • 7.5 Neustrukturierungen – Bachelor- und Masterstudiengänge in der Diskussion 156 • 7.6 Erziehungswissenschaft an den Universitäten – Strukturfragen 158 • 7.7 Defensive und offensive Fachpolitik 159

8. **Bildungs- und hochschulpolitisches Mandat**......................161
    8.1 Konkrete bildungs- und wissenschaftspolitische Herausforderungen – grundsätzliche Erwägungen 162 • 8.2 Resolutionen und Initiativen gegen die Arbeitslosigkeit von Lehrern, Pädagogen, Erziehungswissenschaftlern 169 • 8.3 Stellungnahmen zur Änderung des Hochschulrahmengesetzes 171 • 8.4 Brennpunkte 173 • 8.5 Erziehungswissenschaftlicher Fakultätentag 177 • 8.6 Neues Selbstverständnis? 179 • 8.7 Grundlinien 181

9. **Zwischen Wissenschaft und Politik**......................185

    Quellen und Literatur......................189

    Anhang......................195
    1. Dokumente zur Konstituierung der DGfE 1964 195 • 2. Vorläufige Satzung 1964 und aktuell gültige Satzung der DGfE 202 • 3. Die Vorsitzenden und die Vorstände der DGfE 1964 bis 2004 209 • 4. Ehrenmitglieder 214 • 5. Mitgliederentwicklung 215 • 6. Preisträger des Förderpreises 1986 bis 2002 216 • 7. Träger des Ernst-Christian-Trapp-Preises 219 • 8. Zur Binnenstruktur der DGfE 220 • 9. Arbeitstagungen und Kongresse der DGfE 1968 bis 2004 223 • 10. Die Mitglieder und Vorsitzenden der DFG-Fachausschüsse „Pädagogik" seit 1949 228 • 11. Erklärungen, Stellungnahmen, Resolutionen der DGfE (Auswahl) 230 • 12. Selbstverständnis der DGfE: Zur Lage und Zukunft der Erziehungswissenschaft in Studium und Beruf 232

    Personenregister......................237

Vorwort

Die Deutsche Gesellschaft für Erziehungswissenschaft gehört zu den jüngeren Gründungen wissenschaftlicher Fachgesellschaften in Deutschland – und doch wird sie soeben 40 Jahre alt. Schon einmal, zwei Jahrzehnte nach der Gründung, war der Gedanke aufgekommen, dass sich die DGfE ihrer Geschichte vergewissern müsse. Damals übernahm es Hans Scheuerl, einen Bericht über die Geschicke der damals eben den Kinderschuhen entwachsenen wissenschaftlichen Fachgesellschaft zu verfassen – er erschien 1987 unter dem Titel „Zur Gründungsgeschichte der Deutschen Gesellschaft für Erziehungswissenschaft. Vorgeschichte – Konstituierung – Anfangsjahre". Das Näherkommen eines weiteren „runden Geburtstags" einerseits, und andererseits der glückliche Umstand, dass es im Jahr 1997 gelungen ist, den gesamten erhalten gebliebenen Aktenbestand seit der Gründung der DGfE als Archiv an die „Bibliothek für Bildungsgeschichtliche Forschung" zu übergeben, veranlasste den Vorstand zum intensiveren Nachdenken darüber, wie es gelingen könne, die Erinnerung an die Geschichte der Fachgesellschaft lebendig zu halten. Ergebnis des Nachdenkens war eine Einladung an alle noch lebenden Gründungsmitglieder und ehemaligen Vorsitzenden zu einem Rundgespräch in die „Bibliothek für Bildungsgeschichtliche Forschung" – ihrem Leiter Christian Ritzi sei für die Gastfreundschaft und Unterstützung nochmals gedankt –, das im Juli 2000 stattfand.

Die lebhaften Debatten jenes Rundgesprächs machten klar, dass einige Leitmotive die Geschichte der Deutschen Gesellschaft für Erziehungswissenschaft durchziehen, die es wert sind, als ein Stück deutsche Bildungsgeschichte festgehalten und analysiert zu werden. Zu diesen gehören das beständige Ringen des Faches um den eigenen Ort und um Anerkennung im Konzert der wissenschaftlichen Disziplinen, die wiederkehrende Auseinandersetzung über das eigene Selbstverständnis und die nach wie vor unabgeschlossene Aushandlung der Aufgaben, die einer wissenschaftlichen Fachgesellschaft zukommen: kann, darf, soll, muss sie sich zuweilen politisch – in unserem Falle: bildungspolitisch – zu Wort melden; wo sind die Grenzen ihres Mandats? Immer wieder ging es in der Geschichte der DGfE um Grenzziehungen und die Überwindung von Grenzen. So steht am Beginn der Gründungsgeschichte die Annäherung zwischen Universitätspädagogik und Pädagogischen Hochschulen, also das Überschreiten einer Institutionengrenze. Zu den großen Aufgaben in der letzten Dekade des 20. Jahrhunderts gehörte die Annäherung der Erziehungswissenschaften der beiden deutschen Staaten, also die Überwindung einer von vielen zuvor für unüberwindlich gehaltenen Systemgrenze. An der Wende zum 21. Jahrhundert stellt sich immer drängender das Problem, die vom historischen Selbstverständnis her national orientierte wissenschaftliche Befassung mit Erziehung und Bildung in einer zunehmend international agierenden Welt neu zu verorten. In der Art und Weise, wie sich die Deutsche Gesellschaft für Erziehungswissenschaft seit ihrer Gründung solchen Herausforderungen stellt, sind erstaunliche Kontinuitäten, aber auch Entwicklungen, Veränderungen, Neuerungen zu beobachten.

Das Berliner Rundgespräch vom Juli 2000 hatte die Neugierde darauf, solche Prozesse eingehender betrachten zu können, nur größer werden lassen. Der Wunsch, dass eine „Kleine Geschichte" der DGfE – in Fortsetzung der wertvollen Scheuerl'schen Arbeit – nun geschrieben würde, wurde größer. Es gelang, drei historisch interessierte und versierte Mitglieder der DGfE, Christa Berg, Hans-Georg Herrlitz und Klaus-Peter Horn, dafür zu gewinnen, sich in die (keineswegs übermäßig ordentlichen) Aktenbestände, die nun zum Archiv geworden waren, zu vertiefen und Fragen wie die im Rundgespräch aufgeworfenen – oder andere, die das Material hergibt – durch die Geschichte der DGfE hindurch zu verfolgen. Sie haben sich mit „unvoreingenommener Neugier" an die Arbeit gemacht und legen nun, nach mehr als zweieinhalb Jahren intensiver Auseinandersetzung mit den Schriftstücken, pünktlich zum 40. Geburtstag der Fachgesellschaft eine materialreiche Rekonstruktion ihrer Geschichte vor.

Es sei der Autorin und den Autoren herzlich dafür gedankt, dass sie das Stück deutsche Bildungsgeschichte, das die Deutsche Gesellschaft für Erziehungswissenschaft in den (ersten) vierzig Jahren ihres Bestehens geschrieben hat, so sorgsam und zugleich so lebendig vor uns ausbreiten. Es sei diesem Buch, das hoffentlich Fortsetzungen finden wird, eine interessierte und neugierige Leserschaft gewünscht. Und es sei der Deutschen Gesellschaft für Erziehungswissenschaft eine weitere gedeihliche Entwicklung gewünscht.

Hamburg und Berlin, im März 2004

Ingrid Gogolin und Hans Merkens

Einleitung

Wissenschaftliche Disziplinen sind kognitive und soziale Gebilde, die grundlegende Probleme und Fragestellungen gemeinsam haben und als Kommunikationsgemeinschaften organisiert sind. Neben den Forschungs- und Lehrinstitutionen als Ausbildungs- und Rekrutierungsfeldern und den Medien der Kommunikation (Bücher und Zeitschriften) spielen für die Entwicklung von Disziplinen auch ihre Fachorganisationen eine erhebliche Rolle. Für die Erziehungswissenschaft lässt sich eine dauerhafte Organisation der Disziplinangehörigen in einer Fachorganisation im Verhältnis zu anderen Disziplinen erst spät finden.

Im Gegensatz zur Soziologie mit der seit 1909 bestehenden Deutschen Gesellschaft für Soziologie, zur Psychologie mit der seit 1904 existierenden Gesellschaft für experimentelle Psychologie, seit 1929 Deutsche Gesellschaft für Psychologie, oder auch zur Philosophie mit der ebenfalls 1904 gegründeten Kant-Gesellschaft, aus der sich 1917 die Deutsche Philosophische Gesellschaft abspaltete, kam es in der Erziehungswissenschaft erst nach 1945 zur Gründung eigener Organisationen. Als frühe Vorläufer kann man die pädagogischen Gesellschaften und Vereine des 19. und frühen 20. Jahrhunderts betrachten, die allerdings meist lokal oder regional, konfessionell, professionell oder schulenspezifisch zentriert waren; zu nennen wäre auch der „Deutsche Ausschuß für Erziehung und Unterricht", der in den 20er Jahren auch pädagogische Kongresse mit mehreren hundert Teilnehmern veranstaltete, bei denen u.a. Theodor Litt, Georg Kerschensteiner, Martin Havenstein, Jonas Cohn, Max Ettlinger und Gustaf Deuchler als Redner auftraten (vgl. den Hinweis bei Weniger 1955, S. 32, die Tagungen sind dokumentiert in Ried 1927 und 1929).

Erst nach 1945 jedoch haben sich in der Bundesrepublik Deutschland die Universitätsvertreter und die Lehrenden an den Pädagogischen Hochschulen in zwei getrennten Organisationen organisiert. Die Konferenz der Westdeutschen Universitätspädagogen tagte seit Beginn der 50er Jahre einmal jährlich an wechselnden Universitätsorten und beriet alle die universitäre Pädagogik betreffenden Fragen und Probleme. Parallel dazu bestand der Arbeitskreis der Pädagogischen Hochschulen. 1963/64 schließlich wurde die Deutsche Gesellschaft für Erziehungswissenschaft von Mitgliedern der Konferenz der Westdeutschen Universitätspädagogen und des Arbeitskreises Pädagogischer Hochschulen gegründet und ist seitdem zur größten Fachorganisation der Erziehungswissenschaft in Deutschland geworden. Neben der Konferenz der westdeutschen Universitätspädagogen ging auch der Arbeitskreis der Pädagogischen Hochschulen in der Deutschen Gesellschaft für Erziehungswissenschaft auf.

Der folgende Versuch, die Entstehung und Entwicklung der Deutschen Gesellschaft für Erziehungswissenschaft (DGfE) in ihren wesentlichen Grundlinien darzustellen, hat eine längere Vorgeschichte. Im Sommer 1985, gut zwanzig Jahre nach Gründung unserer Fachgesellschaft, beschäftigte sich der Vorstand zum ersten Mal mit der Frage, ob es nicht höchste Zeit sei, die bisherige Vereinsarbeit zu dokumentieren, nachdem sich herausgestellt hatte, dass der Aktenbestand der Geschäftsstelle eine lückenlose Retrospektive gar nicht mehr zuließ und unbedingt durch die persönliche Erinnerung noch lebender Gründungsmitglieder ergänzt werden musste. Daher wurde Hans Scheuerl, DGfE-Vorsitzender 1968-1972, darum gebeten, sich dieser Aufgabe anzunehmen und alle noch verfügbaren Informationen in einem Aufsatz über die Gründungsgeschichte der DGfE zusammenzufassen. Unterstützt durch Hinweise seines Amtsvorgängers Otto Friedrich Bollnow und der Kollegen Oskar Anweiler, Andreas Flitner, Gottfried Hausmann, Wolfgang Klafki und Hermann Röhrs hat Scheuerl zwei Jahre später einen Aufsatz veröffentlicht, der bis heute die wichtigste Publikation zur Vor- und Frühgeschichte der DGfE ist (Scheuerl 1987, vgl. auch ders. 1994).

Scheuerls Pionierarbeit ist als Fundament jeder weiteren Darstellung nicht zuletzt deshalb unentbehrlich, weil sie uns an die fast schon vergessenen Voraussetzungen der Gründung unserer Fachgesellschaft erinnert. Wer von uns weiß noch, wie bescheiden die Ausgangslage der akademischen Pädagogik nach 1945 gewesen ist und welche Bedeutung es hatte, dass es im Mai 1952 mit Hilfe der amerikanischen Besatzungsmacht endlich gelang, in Bad Wildungen eine erste „Pädagogische Tagung" abzuhalten, an der bereits 22 westdeutsche Erziehungswissenschaftler (darunter neben den zwei Kolleginnen Elisabeth Blochmann und Elisabeth Winkelmann u.a. Bollnow, Heinrich Döpp-Vorwald, Wilhelm Flitner und Erich Weniger) teilnehmen konnten? Wer erinnert sich noch an die Konferenzen der westdeutschen „Universitätspädagogen", die bis 1964 viel Wert darauf legten, sich von den „Pädagogischen Hochschultagen" der PH-Kollegen abzugrenzen, bevor dann, dokumentiert schon in der Zusammensetzung des ersten DGfE-Vorstands, diese disziplin-interne Grenze allmählich überwunden wurde? Die Gründung der DGfE selbst lässt Scheuerl in einer knappen „Chronik" lebendig werden, bevor er dann im 2. Teil seiner Rekonstruktion auf das erste Jahrzehnt unserer Vereinsgeschichte eingeht und dabei insbesondere die Arbeitstagungen und Kongresse, die Vorstandsarbeit, die frühen Kommissionsgründungen und die Mitgliederentwicklung beschreibt. Mit dem Jahr 1974 bricht seine verdienstvolle Darstellung leider ab.

In den 1980er und 1990er Jahren hat der Vorstand wiederholt versucht, historisch versierte Mitglieder für eine Fortschreibung der Arbeit Scheuerls zu gewinnen, wobei übrigens schon früh der Vorschlag auftauchte, zu diesem Zweck ein dreiköpfiges Autoren-Team zu bilden (VP 05.12.1986, TOP 6.6). Doch diese Bemühungen scheiterten einerseits an der Arbeitsüberlastung der eingeladenen Kollegen, andererseits aber an einer Schwierigkeit, vor der schon Scheuerl gestanden hatte: der Quellenlage, d.h. der mehr oder weniger ungeregelten Aktenführung durch die Geschäftsstellen der verschiedenen Vorsitzenden und der völlig ungeklärten Frage der Archivierung dieses Aktenmaterials. Ein erster Hinweis auf dieses Problem stammt bereits aus der ersten Amtsperiode des Vorsitzenden Herwig Blankertz, der sich im Mai 1974 bei seinem Vorgänger Walter Schultze im Frankfurter Deutschen Institut für Internationale Pädagogische Forschung (DIPF) erkundigte, ob es nicht möglich sei, die älteren DGfE-Akten in Frankfurt/M. zu belassen, „etwa unter dem Titel ‚Archiv der Deutschen Gesellschaft für Erziehungswissenschaft‘, das entweder einem späteren Doktoranden, der die Geschichte der Deutschen Gesellschaft schreiben will, offensteht, oder aber eines Tages verbrannt werden kann" (Schreiben vom 22.05.1974; 6.4). Zu einer solchen Aktenvernichtung ist es dann vielleicht nur deswegen nicht gekommen, weil Schultze sich postwendend bereit erklärte, „einen Teil meines Aktenschrankes für ein ‚Archiv der DGfE‘ auch weiterhin zu reservieren" (24.05.1974), und weil es zehn Jahre später gelang, die inzwischen weit verstreuten Vorstandsakten auf Initiative von Heinz-Elmar Tenorth in einem Raum des Instituts für Allgemeine Erziehungswissenschaft der Frankfurter Universität „zwischenzulagern" (Scheuerl 1987, S. 19, Anm. 1). Von dort wurden die Akten 1991 nach Berlin an die Humboldt-Universität mitgenommen.

Erst nach der Wiedervereinigung Deutschlands, auf der Grundlage eines Vorstandsbeschlusses vom 25.4.1997 (VP, TOP 17) und dank der verdienstvollen Unterstützung durch den Leiter der „Bibliothek für Bildungsgeschichtliche Forschung" (BBF) in Berlin, Christian Ritzi, ist es dann schließlich am 1. Januar 1999 zu einer endgültigen, dauerhaften Lösung des Archivproblems gekommen. Seit diesem Datum wird der Aktenbestand der DGfE im Umfang von 377 Ordnern als Depositum des BBF-Archivs verwaltet, wobei das Angebot besteht, neben den Vorstandsakten mit den darin enthaltenen Briefwechseln, Mitgliederlisten, Vorstandsprotokollen etc. auch die Aktenbestände der Kommissionen und Sektionen zu übernehmen (vgl. die VPe 24.10.1998, TOP 8; 08./09.01. 1999, TOP 13). Von dieser Möglichkeit haben bislang allerdings erst drei Sektionen/Kommissionen – Historische Bildungsforschung, Frauen- und Geschlechterforschung in der Erziehungswissenschaft, Bildungsforschung mit der Dritten Welt – Gebrauch gemacht. Es wäre aber zu wünschen, dass für eine spätere Aufarbeitung der Geschichte der Kommissionen bzw. Sektionen auch andere diese Möglichkeit der zentralen Aufbewahrung der Unterlagen wahrnehmen.

Freilich war mit dem Abschluss des Depositionalvertrages erst ein rechtlicher Rahmen geschaffen, die wissenschaftliche Nutzbarkeit des DGfE-Archivs aber noch nicht gesichert. Auf einer außerordentlichen Vorstandssitzung am 25.06.1999 in der BBF war man sich mit der Bibliotheksleitung rasch darüber einig, dass mit der archivalischen Erschließung des vorhandenen Aktenbestands, insbesondere mit der Erarbeitung eines „geschlossenen Findbuchs" zur internen Auswertung der gesammelten Dokumente, umgehend begonnen werden müsse. Deutlich wurde auf dieser Sitzung aber auch, dass eine hinreichende Finanzierung solcher Arbeiten wohl nur über Drittmittel möglich sei, dass aber entsprechende Anträge, z.B. an die DFG, nur dann erfolgversprechend sein würden, wenn sie mit wissenschafts- und institutionsgeschichtlichen Forschungsvorhaben begründet wären.

Daher hat Ingrid Gogolin, 1998-2002 die Vorsitzende der DGfE, das Interesse des Vorstands an einem DGfE-Archiv von vornherein mit der Überlegung verbunden, wie die bislang gescheiterten Bemühungen um eine Fortsetzung der vereinsgeschichtlichen Vorarbeiten Hans Scheuerls doch noch zu einem erfolgreichen Abschluss gebracht werden könnten. Aus diesen Überlegungen resultierte ihr Vorschlag, „ein Treffen mit noch lebenden Gründungsmitgliedern und ehemaligen Vorsitzenden zu arrangieren", um über die Form einer „Kleinen Geschichte der DGfE" nachzudenken. Der Vorstand begrüßte diesen Vorschlag und fügte hinzu, dass er sich „mit den Möglichkeiten einer Nutzung des DGfE-Archivs für regelrechte Forschungsvorhaben" befassen wolle, „sobald ihm ein konkretes Vorhaben bekannt wird" (VP 08./09.01.1999, TOP 13). Die Planung eines Rundgespräches von Gründungs- und Vorstandsmitgliedern der DGfE hat sich dann noch länger als ein Jahr hingezogen und erst im April 2000 zu einem präzisen Veranstaltungsprogramm geführt. Demnach sollten den ehemaligen Vorsitzenden und ihren Stellvertretern zur Vorbereitung des Gesprächs drei Fragen gestellt werden:

„1. Welches Selbstverständnis hatte die DGfE aus Ihrer Erinnerung zur Zeit Ihres Vorsitzes?
2. Wie hat sich aus Ihrer Sicht der Status des Faches Erziehungswissenschaft im Konzert der geistes- und sozialwissenschaftlichen Fächer seit Gründung der DGfE entwickelt?
3. Welche Zukunftsvisionen würden Sie für die DGfE formulieren?"

Gewünscht wurden hierzu keine vorbereiteten Statements, sondern Beiträge „zu einer möglichst lebhaften dynamischen Debatte", in die auch „biographische Aspekte" einbezogen werden sollten. Die Tonbandprotokolle dieser Debatte sollten „in einer späteren schriftlichen Fortsetzung der 'Kleinen Geschichte' verarbeitet" und als Teil einer Publikation „zum 40jährigen Bestehen der DGfE" vorgelegt werden (VP 28./29.04.2000, TOP 18).

Das Rundgespräch der ehemaligen Vorsitzenden, an dem neben zahlreichen Gästen auch Hans Scheuerl noch teilnehmen konnte, fand am 7. Juli 2000 in der BBF statt und hat erheblich dazu beigetragen, dass der Plan einer Geschichte der DGfE nun endlich konkret wurde und in Vorstandsbeschlüsse Eingang fand. Moderiert von Ingrid Gogolin und Christian Ritzi, kam es tatsächlich zu der gewünschten „dynamischen Debatte", die sich zwar kaum an die vorgegebenen drei Leitfragen hielt, aber bei vielen Teilnehmerinnen und Teilnehmern das Interesse für die vielfaltigen Themen und Probleme der eigenen Fach- und Institutionsgeschichte zweifellos verstärkt hat. Zwar sind dem Berliner Erfahrungs- und Erinnerungsaustausch bislang keine weiteren Rundgespräche mit kompetenten Zeitzeugen gefolgt und auch die ursprünglich für notwendig gehaltenen Drittmittelanträge zur Finanzierung historiographischer Forschungs- sowie archivalischer Erschließungsarbeiten blieben im Entwurfsstadium stecken. Entscheidend aber war, dass der Vorstand nun nicht mehr auf die Suche nach möglichen Geschichtsschreibern unter den historisch interessierten Mitgliedern gehen musste, sondern dass am Ende des Berliner Rundgespräches ein Dreierteam erkennbar wurde, das bereit war, die gestellte Aufgabe verantwortlich und fristgerecht zu übernehmen. Schon am 08.07.2000 fand in völligem Einvernehmen ein Planungsgespräch des Vorstands mit der Bibliotheksleitung und der Autorengruppe statt (VP 30.06./01.07.2000, TOP 16), die damit beauftragt wurde, einen Arbeits- und Kostenplan vorzulegen. Nachdem der Vorstand die Zusammensetzung der Autorengruppe, wie sie nun auf dem Titelblatt dieses Bandes steht, gebilligt und die finanziellen Rahmenbedingungen der Archivarbeit aus Mitteln der DGfE genehmigt hatte, konnten wir im Januar 2001 das gemeinsame Werk mit einer ersten Aktendurchsicht im Keller der Berliner BBF beginnen (VPe 14.12.2000, TOP 10.2, 23./24.02.2001, TOP 5.5). Die Schwierigkeiten, vor die wir uns gestellt sahen, lassen sich in Kürze folgendermaßen kennzeichnen:

Erstens stellte sich sofort heraus, dass von einem auch nur einigermaßen vollständigen Aktenbestand keine Rede sein kann und insbesondere für das erste Jahrzehnt der DGfE-Geschichte mit erheblichen Lücken zu rechnen ist, obwohl sicherlich auch unterstellt werden darf, dass die bescheidenen Anfänge unseres Vereinslebens auch mit sehr viel weniger schriftlichem Aufwand zu organisieren waren. In jedem Fall bleibt der Scheuerl-Aufsatz von 1987 ein unentbehrliches Stück Quellenarbeit, wobei seine Angaben nur in Details zu korrigieren bzw. zu ergänzen sind. Für die späteren Vorstandsperioden haben wir uns mit einigem Erfolg um die Entdeckung und Beschaffung noch verstreut abgelegter Vorstandsakten bemüht und glauben jetzt feststellen zu können, dass der im DGfE-Archiv der BBF gesammelte Bestand für unseren Untersuchungszeitraum als endgültig zu gelten hat. Diese Akten, die ausdrücklich nur die Vorstandsarbeit und einzelne Aktivitäten der Arbeitsgemeinschaften, Kommissionen und Sektionen aus der Vorstandsperspektive betreffen, sind die zentrale Quellengrundlage unserer Darstellung geworden.

Zweitens hatten wir es (nicht unerwartet) mit einem Aktenbestand zu tun, dessen thematische Ordnung allein durch die Aktenordner und ihre ursprüngliche Beschriftung hergestellt war. Dank des Einsatzes einer Hilfskraft an der Berliner Humboldt-Universität war ein kleiner Teil der Akten mit einer formalen Einzelblatterschließung ohne nähere Inhaltsangabe versehen. Da es uns drei Autoren schon aus Zeitgründen völlig unmöglich war, die Paginierung vieler tausend Blätter zu übernehmen und mit der Arbeit an einem „Findbuch" auch nur zu beginnen, begnügten wir uns damit, die einzelnen Ordner durch eine zweistellige Nummerierung identifizierbar zu machen, wobei der erste Nummernteil die je zweijährige Vorstandsperiode innerhalb des Zeitraumes 1964 bis 2004, der zweite Nummernteil den einzelnen Ordner innerhalb der jeweiligen Vorstandsperiode markiert. Die Nummer „6.4" z.B., wie sie oben in dieser Einleitung als Belegnachweis für ein Schreiben vom 22.05.1974 genannt worden ist, bedeutet also: das zitierte Schreiben stammt aus der 6. Vorstandsperiode (=

1. Amtszeit des Vorsitzenden Herwig Blankertz) und ist (leider ohne die Hilfe einer Paginierung) im 4. Band jener Periode auffindbar. Da jedes Schreiben, jedes Protokoll und jedes weitere Dokument aus unserem Aktenbestand datiert ist, sind auf den folgenden Seiten sämtliche Zitate durch unsere Nummern- und Datumsangaben eindeutig gekennzeichnet und im Kontext des zitierten Dokuments nachprüfbar gemacht. Ein Überblick über den Aktenbestand ist im Anhang dieses Bandes zu finden. Ergänzend haben wir sämtliche Protokolle der Vorstandssitzungen – allerdings ohne die jeweiligen Anlagen – in gesonderten Ordnern zusammengestellt, so dass hier eine schnelle Überprüfung der Quellen möglich ist. Zitate aus den Quellen folgen der dort gegebenen Orthographie. Für häufig wiederkehrende Quellen haben wir die folgenden Abkürzungen benutzt: VP = Protokoll einer Vorstandssitzung; VPK = Protokoll einer gemeinsamen Sitzung des Vorstands mit den Kommissions-/Sektionsvorsitzenden; MVP = Protokoll einer Mitgliederversammlung; RG = Rundgespräch mit ehemaligen DGfE-Vorsitzenden in der Bibliothek für Bildungsgeschichtliche Forschung (BBF) in Berlin am 7. Juli 2000; EW = Erziehungswissenschaft. Mitteilungblatt der DGfE.

Drittens (und das war natürlich am wichtigsten) mussten wir uns rasch und endgültig darüber verständigen, wie das Produkt unserer Bemühungen in Form und Inhalt am Ende eines zweieinhalbjährigen Arbeitsprozesses aussehen sollte. Chronologisch oder thematisch geordnete Darstellung? Vollständige Berücksichtigung aller belegbaren Einzelaspekte oder selektive Konzentration auf „das Wesentliche"? Nach welchen Auswahlkriterien? Zunächst haben wir versucht, in der Sekundärliteratur über andere Fachgesellschaften Entscheidungshilfen zu erlangen, kamen aber sehr bald zu dem enttäuschenden Ergebnis, dass hier wenig zu holen ist. Der schöne Essay von Heinz Heckhausen „Zur Rolle und Bedeutung wissenschaftlicher Fachgesellschaften" (Heckhausen 1987) hat offenbar kaum dazu beitragen können, dieses Thema in der Wissenschaftsforschung hierzulande aufzuwerten, so dass selbst für so bedeutende Institutionen wie den „Verband der Historiker Deutschlands" oder den „Deutschen Germanistenverband" kaum neuere Untersuchungen, geschweige denn umfassende Monographien vorliegen; lediglich für die kleinere Deutsche Gesellschaft für die Erforschung des 18. Jahrhunderts liegt eine differenzierte Festschrift zum 25-jährigen Bestehen vor (Neugebauer-Wölk/Meumann/Zaunstöck 2000). In den benachbarten Disziplinen gibt es zwar eine umfangreichere, differenzierte Literatur über ihre fachwissenschaftliche und fachpolitische Organisation, z.B. für die Soziologie zur „Deutschen Gesellschaft für Soziologie" (Käsler 1984, Stölting 1986), für die Psychologie zur „Deutschen Gesellschaft für Psychologie" (Geuter 1984, ders. 1986), doch auch hier handelt es sich oft um kurzgefasste Überblicksartikel (v. Wiese 1959, Habermas 1992, Glatzer 1995) oder um beiläufige Informationen aus Anlass einer Biographie (z. B. Lenger 1994 über Sombart, hier insb. S. 358 ff., 495 ff.).

Es blieb uns daher gar nichts anderes übrig als uns zunächst einmal mit unvoreingenommener Neugier in den Aktenberg einzulesen und den Versuch zu machen, induktiv, aus den Quellen heraus, eine materialgesättigte Gliederung zu entwickeln, wobei wir die Vorstandsprotokolle gewissermaßen als Kompass genutzt und mit seiner Hilfe das weitere Quellenmaterial recherchiert und ausgewertet haben. Das Ergebnis dieser Bemühungen ist in unserem Inhaltsverzeichnis erkennbar: Es handelt sich um eine thematisch gegliederte Darstellung, die, in Abhängigkeit von der Quellenlage, zentrale Entwicklungslinien und Problemstellungen in der Geschichte der DGfE rekonstruiert, ohne den Anspruch einer vollständigen, gewissermaßen flächendeckenden Darstellung erheben zu können. Der Untertitel „Kleine Geschichte der DGfE" ist also mit Bedacht gewählt. Jeder von uns drei Autoren hat seine Abschnitte völlig selbstständig bearbeitet, doch haben wir den gesamten Text gründlich miteinander beraten, so dass wir gemeinsam für alle Vorzüge und Nachteile dieser „Kleinen Geschichte" verantwortlich sind. In den Anhang haben wir aus Platzgründen nur wenige Dokumente und Daten aufnehmen können, die für die Entwicklung unserer Fachgesellschaft besonders wichtig sind. Nichts fänden wir befriedigender, als wenn unsere Darstellung durch weitere Spezialuntersuchungen bald überholt würde, die auch die Ebene der Kommissionen und Sektionen einbeziehen und, wie ursprünglich geplant, die Verfahren der oral history nutzen könnten. Der Weg zu einer „Großen Geschichte der DGfE" ist noch ziemlich weit.

Wir danken allen, die unsere Arbeit unterstützt haben, insbesondere dem Vorstand der DGfE, der Leitung und den Mitarbeiterinnen der BBF für ihr stets freundliches Entgegenkommen, Oliver Schnoor, der uns bei der Erschließung der Akten unterstützt hat, Clemens Dubberke (beide Berlin) für die Erstellung des Registers sowie Hannelore Heuer in Göttingen und Petra Götte in Köln, die einen Teil der Schreibarbeit übernommen haben. Wir wünschen dem Band, möglichst auch über die Reihen der DGfE-Mitglieder hinaus, ein neugieriges Lesepublikum.

1. Offene oder geschlossene Gesellschaft?
Das wissenschaftliche Selbstverständnis der DGfE im Spiegel ihrer Aufnahmeverfahren, Mitgliederentwicklungen und Ehrenmitgliedschaften

Das Protokoll der ersten Sitzung des ersten gewählten Vorstands der am 28.4.1964 konstituierten „Deutschen Gesellschaft für Erziehungswissenschaft" umfasst nur knapp eineinhalb Seiten mit insgesamt drei Tagesordnungspunkten: 1. Ämterverteilung, 2. Aufgaben der Gesellschaft, 3. Mitglied- und Ehrenmitgliedschaften (VP 11.7.1964). Der Umfang und die Zahl der Tagesordnungspunkte werden sich im Laufe der Jahre erheblich steigern, zum Beispiel auf neun Seiten mit 18 TOPs im Protokoll vom 13./14.7.2001, doch von Anfang an war und blieb die Rekrutierung von neuen Mitgliedern der Gesellschaft eine ebenso wichtige wie streng gehandhabte Aufgabe, darum fester Bestandteil aller Vorstandsprotokolle. In der Anfangsphase der DGfE musste man bei der Erweiterung des Mitgliederstandes noch mit „Zufälligkeiten" bei „eingegangenen Vorschlägen" von Kollegen und „weiteren Nennungen aus dem Kreis des Vorstands" rechnen, die – aufgrund einer noch zu erstellenden Liste – „sofort zur Mitgliedschaft aufgefordert werden" sollten. Für die Zukunft wollte man aber „Zurückhaltung in allen Zweifelsfällen" üben und die Entscheidung über die Aufnahme eines Mitglieds lieber auf eine spätere Sitzung verschieben. Ehrenmitgliedschaften – darüber bestand von vornherein Einigkeit – sollten „nur ganz selten vergeben werden" (1.1).

1.1 Aufnahmeprozeduren

Wenige Monate nach der Gründung der DGfE forderte ihr Vorstand in der Tat Kolleginnen und Kollegen zum Beitritt auf, und zwar mit folgendem Anschreiben:

„15.7.1964
Sehr geehrter Kollege!
Wie Sie wissen, ist auf der Konferenz westdeutscher Universitätspädagogen die Gründung einer ‚Deutschen Gesellschaft für Erziehungswissenschaft' beschlossen worden. Diese Gesellschaft hat sich im Anschluß an die letzte Konferenz am 28. April 1964 in Frankfurt konstituiert. Ein Exemplar der dort beschlossenen vorläufigen Satzung lege ich zu Ihrer Unterrichtung bei. Dem dort gewählten Vorstand gehören an:
Otto Friedrich Bollnow, Univ. Tübingen, Vorsitzender
Heinrich Roth, Univ. Göttingen, stellv. Vorsitzender,

Andreas Flitner, Univ. Tübingen, Schriftführer,
Josef Dolch, Univ. Saarbrücken, Schatzmeister,
Wilhelm Hansen, Päd. Hochschule Vechta,
Erika Hoffmann, Ev. Fröbelseminar Kassel,
Hans Stock, Päd. Hochschule Göttingen.

Wie schon in dieser Zusammensetzung zum Ausdruck kommt, will die Gesellschaft die Beschränkung auf die Universität vermeiden und alle am Aufbau einer wissenschaftlichen Pädagogik mitarbeitenden Kräfte zu vereinigen suchen. Aber wie [sic] die Gründung zunächst einmal von der Konferenz der Universitätspädagogen ausgegangen ist, können alle Mitglieder dieser Konferenz (d.h. alle Professoren und habilitierte Dozenten der Pädagogik an den Universitäten und gleichberechtigten wissenschaftlichen Hochschulen) durch einfache Erklärung der Gesellschaft beitreten. Ich würde mich freuen, wenn Sie sich entschließen könnten, unser Mitglied zu werden, und bitte in diesem Fall um eine kurze Benachrichtigung.
Mit den besten Wünschen
Ihr sehr ergebener
(Otto Friedrich Bollnow)" (1.2)

Ein ganz ähnlich lautendes Schreiben ging am 21.7.1964 an *Nicht*-Universitätspädagogen, hier mit einer ausdrücklichen Erklärung und Einladung:

„Auf der ersten Vorstandssitzung, die am 10. und 11. Juli in Würzburg stattfand, wurden Sie vorgeschlagen, und ich frage Sie namens des Vorstandes, ob Sie bereit sind, der Gesellschaft beizutreten. Wir würden uns freuen, wenn Sie sich dazu entschließen würden."

Aufschlussreicher noch für das Bemühen um Integration und die Schaffung einer kollegialen Atmosphäre ist der dann folgende Passus:

„Ich verbinde diese Frage zugleich mit einer Bitte: Es liegt in der Natur der Sache, daß wir unser Ziel nur schrittweise verwirklichen und unsern Mitgliederkreis erst allmählich erweitern können. Ich bitte Sie, vermittelnd einzugreifen, wenn der eine oder andere verstimmt sein könnte, weil er noch nicht zur Mitgliedschaft aufgefordert ist. Wir waren in der Sitzung an die Vorschläge gebunden, die aus den verschiedenen Bereichen in sehr ungleichem Maße eingegangen waren, und wir hoffen, daß grade die neu hinzutretenden Mitglieder uns helfen, unseren Kreis in einer sachgerechten Weise zu ergänzen." (1.2)

Gleich am nächsten Tag, am 22.7.1964, schrieb Otto Friedrich Bollnow seinen ersten Mitglieder-Rundbrief. Den größten Raum nimmt darin die Frage ein, wie neue und geeignete Mitglieder zu finden und zu gewinnen wären.

„Große Sorgen machte zunächst die Erweiterung des Mitgliederkreises; denn die von den bisherigen Mitgliedern eingebrachten Vorschläge waren so zufällig, häuften sich bei bestimmten Hochschulen und fehlten in weiten Bereichen ganz, daß wir uns bei der Zusammenstellung einer ersten vorläufigen Liste derjenigen, die wir zur Mitgliedschaft aufgefordert haben, zu einem ausgleichenden Verfahren gezwungen sahen. Wir sind uns bewußt, daß bei aller Mühe Zufälligkeiten unvermeidbar waren und daß uns vor allem wichtige Namen entgangen sind. Wir betonen, daß uns jede Zurücksetzung fern liegt und bitten unsere Mitglieder, uns bei unserer Bemühung, die deutsche Erziehungswissenschaft als Ganze in einer angemessenen Weise zu verkörpern, durch geeignete Vorschläge zu unterstützen." (1.2)

Der Vorstand erstellte diverse vorläufige Mitgliederlisten (ebd.), versandte schließlich eine als durchaus noch lückenhaft anzusehende „Anfangsliste" „zufälliger Initiativen" an die ersten Mitglieder der DGfE. Jedes Mitglied sollte sich mit ihrer Hilfe fragen, „wer in seinem Umkreis bisher übersehen wurde". Gleichzeitig wurde, wie schon im Rundbrief von 22.7.1964, daran erinnert, „daß für künftige Aufnahmen ein regulärer Antrag gestellt werden muß, der die Leistungen nennt und der von zwei Mitgliedern unterzeichnet ist" – ein bis heute im Prinzip geltendes Verfahren. (Rundschreiben an die Mitglieder der Gesellschaft vom 1.12.1964; 1.1; mit anhängender Liste auch in 1.2) Erst 1974 beschloss die Mitgliederversammlung der DGfE eine Satzungsänderung, nach der „ein wissenschaftlich ausgewiesener Bewerber" selbst einen Antrag auf Mitgliedschaft stellen kann (MVP 9.4.1974 in Salzburg; 3.4).

Otto Friedrich Bollnow hielt rückblickend in einem Schreiben vom 5.9. 1985 noch einmal fest, was für ihn in der Gründungsphase „das Wichtigste" gewesen sei: „der persönliche Kontakt" und „die Aufgabe, über die trennenden ‚Schulen' hinweg das Bewußtsein einer inneren Zusammengehörigkeit zu pflegen". Die DGfE war für ihn eine „rein wissenschaftliche Gesellschaft", die

„hohe Ansprüche an das wissenschaftliche Niveau stellte. Darum sollte man sich nicht von sich aus anmelden können, sondern mußte zum Beitritt aufgefordert werden, nachdem sich mindestens zwei Bürgen dafür ausgesprochen hatten. Ich habe diese Bestimmung so ernst genommen, daß ich nie einen eigenen Schüler zur Aufnahme vorgeschlagen habe." (12.19)

Die Akten belegen die Konsequenz dieser Auffassung (1.2). So bat Bollnow noch im September 1966 in einem Rundbrief, der als Kettenbrief unter den Vorstandsmitgliedern jeweils weiterzuschicken war, um eine kurze Stellungnahme „auf dem beiliegenden Blatt" zu vier neuen Aufnahmeanträgen, für die auch die jeweiligen Antragsteller genannt wurden. Das Verfahren wirkt umständlich, belegt aber auch besondere Sorgfalt, wenn es heißt:

„Einer besonderen Erwägung bedarf der unter 4. genannte Antrag. Ich darf Ihnen vielleicht die Umstände der Gründungszeit der Gesellschaft in Erinnerung rufen: Damals bestand für habilitierte Pädagogen die Möglichkeit, der Gesellschaft durch einfache Erklärung beizutreten. Diese Phase muß man aber für abgeschlossen halten und ich möchte auf jeden Fall den Anschein einer Bevorzugung der Universitätspädagogen vermeiden. Es erhebt sich daher die Frage, ob man Herrn Dr. [...] auf die Bestimmungen der Satzung hinweisen und ihm nahe legen sollte, zwei Kollegen, die Mitglieder der Gesellschaft sind, um einen entsprechenden Antrag zu bitten. Wir müssen uns darüber im klaren sein, daß wir hier, wie wir uns auch entscheiden mögen, einen Präzedenzfall schaffen. Alle Unterlagen liegen dem Rundbrief bei." (1.2)

In den Anfängen der DGfE, noch ohne einschlägige Satzungsbestimmungen, war es eine durchaus heikle Frage, wie man bei der Aufnahme von zwar renommierten, aber „Nicht-Universitäts-Pädagogen" verfahren sollte. Eine „de facto Einladung" versprach zunächst eine „diskrete Regelung" des Problems, vor allem für verdiente Kollegen und Kolleginnen an den Pädagogischen Hochschulen oder Max-Planck-Instituten, darunter so bekannte Namen wie Paul Heimann, Wolfgang Kramp, Wilhelm Richter, Adolf Schwarzlose, Hellmut Becker, Wolfgang Edelstein oder Saul B. Robinsohn und Klaus Mollenhauer (vgl. Schreiben vom 3.5.1964 von Rudolf Lennert an Andreas Flitner, den ersten Schriftführer der DGfE; 1.1). Drei Jahre später scheint das Aufnahmeverfahren annähernd reguliert. Das Vorstandsprotokoll vom 12.11.1967 verzeichnet in neuer Diktion: „Auf ordnungsgemäßen Antrag von Mitgliedern sollen zum Beitritt aufgefordert werden die Herren [...]". Es folgen vier Namen: „Ingenkamp, Kiel, Kümmel, Weinert". Das gleiche Protokoll macht darüber hinaus deutlich, dass die personelle Integration noch nicht abgeschlossen war: Für den Göttinger Kongress 1968 wurden noch getrennte Abendveranstaltungen geplant: eine „Konferenz der westdeutschen Universitätspädagogen", am nächsten Abend eine „Mitgliederversammlung der DGfE".

Der Vorsitzende der DGfE in der Zeit von 1978 bis 1982, Hans Thiersch, konnte es in seinen Erinnerungen nur noch „komisch" finden und als „ersten Zusammenstoß" bezeichnen, dass er selbst zum Beispiel, damals noch PH-Professor, bei einer gemeinsamen Konferenz der „Gesellschaft für Erziehungswissenschaft" bzw. der „Universitätspädagogen" nur „zu manchen der Veranstaltungen Zutritt" hatte – mit durchaus kuriosen Folgen für Kollegen, die sich ansonsten untereinander gut kannten, nunmehr aber am „Kaffeetisch" in „heiterer Unterhaltung" austauschen mussten, was wo gesprochen worden war (RG, S. 7). Zugleich bezeichnete er die anfänglichen Kooptationen von neuen Mitgliedern aus Fachhochschulen und Pädagogischen Hochschulen als „dezidiert großzügig" (ebd., S. 9).

Auch Wolfgang Klafki, nach 18 Jahren im Vorstand schließlich von 1986 bis 1988 auch Vorsitzender der Gesellschaft, nannte – mit Blick auf das Verhältnis der Universitätspädagogen zu den Kollegen der Pädagogischen Hochschulen – die Anfänge der DGfE eine „nicht ganz spannungslose Übergangszeit", da eine Gruppierung der Universitätspädagogen bezweifelte, in einer wissenschaftlichen Gesellschaft die Kollegen der Pädagogischen Hochschulen „im Niveau" gleichzustellen. Dann aber sei der Schritt gelungen und das Problem nie wieder diskutiert worden (ebd., S. 20).

Folgt man den Erinnerungen von Vorstandsmitgliedern und Vorsitzenden der DGfE, dann gab es durchaus konfliktträchtige Abgrenzungen von „etwas mediokren Praktikerkollegen, die eigentlich nur Lehrerbildung machten" und oft nicht promoviert waren. Von daher erklärt sich die häufige Betonung von Wissenschaftlichkeit und das unerlässliche Aufnahmekriterium Promotion. Rückblickend fragte Hans-Georg Herrlitz, ob die Etikettierung des gesamten Integrationsprozesses als „feindliche Übernahme" (ebd., S. 23) von Nicht-Universitäts-Pädagogen zutreffend sei, selbst wenn in den ersten Vorständen mit den Herren Hansen und Stock auch Mitglieder Pädagogischer Hochschulen vertreten waren. Schließlich ging es um die Expansion der Gesellschaft wie die der Erziehungswissenschaft selbst. Immer mehr Wissenschaftler leisteten auch ohne Promotion solide Arbeit in Forschung und Lehre, zum Beispiel in außeruniversitären Instituten. Hans Thiersch erinnerte daran, dass im Deutschen Jugendinstitut der 70er Jahre außer dem Direktor kein Abteilungsleiter promoviert war, diese mithin – trotz großer Leistungen in der Jugendforschung – nicht Mitglied der DGfE werden konnten (ebd., S. 24).

Doch allmählich vollzog die DGfE den Übergang von einer Standes- zu einer integrativen Fachgesellschaft, selbst wenn die wissenschaftliche Qualifikation der einzelnen Personen bis auf den heutigen Tag immer noch mehr gilt als ihre fachspezifische Zuordnung. Dieser Wechsel gelang über die anfänglichen großzügigen Kooptationen von Mitgliedern, auf die man sich verständigen konnte, aber ebenso sehr über gemeinsame Themen- bzw. Problemorientierungen, mit denen sich die DGfE als zuständige Wissenschaftsorganisation präsentierte. An diesem Konzept und Selbstverständnis, primär wissenschaftliche Fachgesellschaft zu sein, hat die DGfE festgehalten – allen gelegentlichen Versuchungen zum Trotz, sich stärker in bildungspolitischen Kontexten, gar Konflikten zu positionieren oder standespolitisch zu profilieren.

1.2 Säumige Zahler

Am 8.12.1964, also am Ende ihres Gründungsjahres, zählte die DGfE 154 Mitglieder, am 1.9.1966 202 Mitglieder, darunter 17 Frauen (1.2). Seit 1968 war endgültig von einer Mitgliederkartei die Rede. Schließlich galt es auch, die regelmäßigen Beitragszahlungen zu kontrollieren. Von den 154 Mitgliedern des Jahres 1964 hatten nur 89 Mitglieder ihren Beitrag gezahlt (ebd.)! Anfänglich waren 20 DM per annum zu bezahlen, ab 1985 – unter heftigem Protest einiger Mitglieder (11.1) – 100 DM. Es gab von Anfang an dauerhaft säumige Beitragszahler, mithin ein Problem der Mitgliedschaftsregelung, das im Laufe der Jahre immer mal wieder verhandelt werden musste und bisweilen delikate, dann in der Regel stillschweigende Lösungen verlangte. Schon 1968 wurde über ein „zügiges Mahnverfahren" nachgedacht (VP 14./15.6.1968, TOP 1). Die Vorstandsprotokolle dokumentieren das leidige Problem immer wieder (vgl. als Beispiele die VPe 22.11.1978, TOP 3; 21.1.1980, TOP 4; 17.9.1980, TOP 9; 20.3.1985, TOP 5; 5./6.12.1986, TOP 6.1; 21.3.1987, TOP 7.1 usw.). Schließlich wurde die Regel beschlossen, dass säumigen Beitragszahlern nach dreimaliger vergeblicher Mahnung der Ausschluss zum Jahresende angekündigt wird, sofern sie bis dahin nicht die ausstehenden Beiträge gezahlt haben (VP 17./18.6.1990, TOP 3.2). Das Protokoll der Vorstandssitzung vom 21.1.1991 verzeichnet dann auch in der Konsequenz dieses geplanten Verfahrens den Ausschluss von 18 namhaften Mitgliedern (TOP 3.2) – in dieser offenen Rigidität ein Novum in der Geschichte der DGfE. Allerdings musste sich der Vorstand gelegentlich auch korrigieren und Ausschlüsse zurücknehmen (VP 21./22.4.1991, TOP 3.1). Grundsätzlich bleibt die neue Ausschlusspraxis aber eingeführt. Sie wird sich wiederholen (vgl. VP vom 26./27.1.1992, TOP 5, oder 28.1.1996, TOP 7).

Die Aufnahmeprozeduren für neue Mitglieder wurden generell ab 2001 vereinfacht: Die Anträge werden in der Geschäftsstelle und vom Schatzmeister – zum Zwecke des Gebühreneinzugs und der Datenverwaltung – geprüft. Nur in Zweifelsfällen erhalten die Vorstandsmitglieder Kopien der Unterlagen. Nach erfolgter Aufnahme durch den Schatzmeister erhalten die Vorsitzenden der Sektionen, für die das neue Mitglied optiert hat, eine Kopie des Antrags (VP 14.12.2000, TOP 3.1).

1.3 Wissenschaftliche „Grenzgänger"

Immer wieder wurde besonders bei der Aufnahme neuer Mitglieder darüber nachgedacht, wie „der Charakter der Gesellschaft als einer rein wissenschaftlichen Vereinigung gewahrt" bleiben könne. Die Aufnahmekriterien der Satzung (§ 3) wurden auch aus diesem Grunde wiederholt präzisiert: Die zur Aufnahme Vorgeschlagenen – aufgrund eines Antrags zweier Mitglieder – mussten über die Promotion hinaus selbständige erziehungswissenschaftliche Publikationen nachweisen. In eindeutigen Fällen, zum Beispiel bei erfolgter Habilitation des Bewerbers, erhielt der Vorstandsvorsitzende die Vollmacht, selbst über die Aufnahme zu entscheiden. Schließlich wurden Vorschlags- bzw. Antragsformulare zur Neuaufnahme entwickelt. Gleichzeitig wurde die Praxis der Einladung zur Mitgliedschaft fortgeführt. Dabei konnte nicht übersehen und länger übergangen werden, dass in den Pädagogischen Hochschulen eine „Reihe von Wissenschaften" gelehrt wurden, die „an der Grenze zur Erziehungswissenschaft stünden". Es reichten, so stellte man fest, zum Beispiel die Fachdidaktiken in den Bereich der Erziehungswissenschaft unmittelbar hinein und kämen „daher grundsätzlich auch für die Aufnahme" in die DGfE in Frage. Fielen die Publikationen eines Fachdidaktikers allerdings in sein eigenes Fachgebiet, sollten sie doch „nicht ohne Relation zu pädagogischen Fragestellungen sein". Offenbar sah man hier ein Einfallstor, das nicht zu weit geöffnet werden sollte, denn unmittelbar anschließend sprach sich der Vorstand „angesichts des bereits umfangreichen Mitgliederstandes für eine behutsame Erweiterung" aus (VP 8./9.11.1968, TOP 6).

Zurückhaltung bestimmte auch das Verhalten gegenüber den Beitrittswünschen ausländischer Kollegen, da hier die wissenschaftliche Qualifikation „nicht leicht überprüfbar und deshalb besonders problematisch" sei. Ein Zwiespalt tat sich auf, da man zugleich die Beschränkung der DGfE „auf die nationale Ebene" ablehnte. Der Kompromiss wurde in einer „assoziierten Mitgliedschaft" für jene „ausländischen Gelehrten" gesucht, von deren Mitarbeit sich die DGfE „einen Gewinn versprechen" durfte (VP 13./14.10.1961, TOP 1). Immerhin wurden die Entscheidungen über Neuaufnahmen deutscher Erziehungswissenschaftler allmählich zur Routine in der Vorstandsarbeit, über lange Zeit ein regelmäßiger Tagesordnungspunkt, der keinen Diskussions- oder Konfliktstoff in den Protokollen verzeichnen ließ. Das Aufnahmekriterium Promotion bzw. „adäquate Leistungen durch Publikationen" als „persönliche Voraussetzungen" von Bewerbern wurden im Fall von Einzelanfragen zum Beispiel aus Kreisen der Fachhochschulen wiederholt erhärtet (VPe 22.11.1978, TOP 2; 14./15.3.1979, TOP 9). Der ehemalige Vorstandsvorsitzende Helmut Heid verwies für seine Amtszeit von 1982 bis 1986 noch auf einen anderen Kontext zur Erklärung des strengen Aufnahmeverfahrens: Aus „Verunsicherung im Umgang mit Praxis und Politik" war man um die Akzentuierung als primär erziehungswissenschaftliche Gesellschaft bemüht. Um in ihr, dieser wissenschaftlichen Gesellschaft, Mitglied zu werden, musste unabdingbar der Nachweis wissenschaftlichen Arbeitens und wissenschaftlicher Leistungen erbracht werden (RG, S. 14).

Obwohl die DGfE stetig wuchs, wurde 1984 eine gezielte Mitgliederwerbung beschlossen (VP 19.10.1984, TOP 10), gab es doch „Grenzgänger", die zwar nicht Mitglieder der DGfE waren, also auch keinen Beitrag für sie zahlten, wohl aber an Kommissionen und Arbeitsgruppen partizipierten und dort als „Gäste" firmierten. Promovierte Kolleginnen und Kollegen, die bereits Kommissionen bzw. Arbeitsgruppen der DGfE, in welchem ungeklärten Status auch immer, angehörten, ohne aber Mitglied der DGfE zu sein, sollten darum zum Eintritt aufgefordert werden. Auch die sogenannten „Kontakt-Mitglieder", die im Laufe des Jahres 1984 an den einzelnen Universitäten bzw. Hochschulen in dieses vermittelnde Amt berufen worden waren, sollten Mitgliederwerbung unter den Erziehungswissenschaftlern unmittelbar „vor Ort" betreiben. Nach vielen Recherchen, Anfragen und Rückfragen war Ende 1985 das Netz dieser „Kontakt-Mitglieder" flächendeckend gespannt, so dass der Vorstand an jeder Hochschule über Ansprechpartner verfügte, „um die Kontakte und den Erfahrungsaustausch innerhalb unserer Gesellschaft zu verbessern und um auf lokale und regionale Entwicklungen von grundsätzlicher Bedeutung schneller und gezielter reagieren zu können" (Rechenschaftsbericht des Vorsitzenden … vom 30.12.1985; 10.6). Immer wieder musste die Mitglieder- und Beitragskartei überarbeitet und aktualisiert werden. Der resolute Schatzmeister, Frank Achtenhagen, legte zum Kongress 1986 streng überprüfte Listen vor: Die DGfE zählte zu diesem Zeitpunkt 1153 Mitglieder, darunter 14 Ehrenmitglieder, allerdings auch ca. 150 Beitragssäumige (VP 9.3.1986, TOP 3 bzw. 31.1.1986, TOP 4). In kritischer Bilanz auch des Mitgliederstandes in den Kommissionen und Arbeitsgemeinschaften, noch dazu korreliert mit der Statistik zum Beispiel des DGfE-Kongresses 1988 in Saarbücken, wurde deutlich, dass die DGfE „zu einem Kristallisationspunkt für Diskussionszusammenhänge mit Clustern von Nicht-Mitgliedern um die Kommissionen bzw. Arbeitsgruppen geworden ist". Der Vorstand sah darum Handlungsbedarf: Mit Hinweis auf die Satzung wurden die Kommissions- und Arbeitsgruppenvorsitzenden – wie schon einmal 1981 (VPK 18.9.1981; 10.4) – aufgefordert, unter ihren „Gästen Mitgliederwerbung zu betreiben" (VP 5.9.1988, TOP 5.4 bzw. 5.5). Diese Initiative bekam noch einmal eine verstärkende Klarstellung, die Fehlentwicklungen und Missverständnissen entgegenwirken sollte:

„– Die Mitgliedschaft in Kommissionen/AGs definiert sich über die Mitgliedschaft in der DGfE. D. h.: Nichtmitglieder der DGfE können nicht ordentliche Mitglieder in Kommissionen/AGs sein, Ämter übernehmen usw.
  – Kommissionen/AGs sind Kommissionen/AGs *der* (nicht in der) DGfE.
  – Die DGfE ist eine wissenschaftliche Gesellschaft, nicht eine berufsständische Vereinigung. Daraus folgt das unbedingte Festhalten an der Satzung und ihren Ausführungsbestimmungen, zum Beispiel hinsichtlich der Aufnahmekriterien gegenüber ‚nur' Praktikern.
  – Unter Nichtmitgliedern der DGfE, aber aktiv mitarbeitenden in den Kommissionen/AGs, die schon jetzt die Aufnahmekriterien erfüllen, sollte aggressive Mitgliederwerbung, unter jungen, bereits aktiven, potentiellen wissenschaftlichen Mitgliedern gezielte Nachwuchsförderung betrieben werden.
  – Alle Kommissionen/AGs sollten dafür Sorge tragen, daß das Verhältnis von Mitgliedern : Nichtmitgliedern bei etwa 2/3 : 1/3 liegt, auf gar keinen Fall umgekehrt.
  – Es sollte niemand die von der DGfE finanziell unterstützte Kommissions-/AG-Arbeit ‚benutzen' und gleichzeitig Distanz zur DGfE ‚kultivieren'." (VP 3.12.1988, TOP 7a, Herv. i. O)

1.4   Deutsch-Deutsche Mitgliedschaft

Mit der Wiedervereinigung wurde die Beziehung der DGfE zu den Erziehungswissenschaftlerinnen und Erziehungswissenschaftlern der DDR ein vorrangiges politisches, wissenschaftliches, auch finanzielles Thema, das auf der Vorstandssitzung am 12.1.1990 gleich mehrfach diskutiert wurde (vgl. auch Kap. 4.2). Zunächst wurde einstimmig beschlossen, DDR-Kollegen, die der Einladung zum Kongress im März 1990 folgen wollten, also noch vor der Währungsreform, die Gebühren für Kongress und Gesellschaftsabend zu erlassen, Essen und Trinken mit entsprechenden Gutscheinen abzudecken (TOP 5c). Die Regelung potentieller Mitgliedschaften gestaltete sich weit schwieriger (TOP 7). Der finanzielle Aspekt war wiederum schnell erledigt: „Wollen Erziehungswissenschaftler der DDR Mitglieder in der DGfE werden, soll ihr Mitgliedsbeitrag 100 Mark Ost betragen." Im übrigen wollte der Vorstand in der DDR „keine voreilige Mitgliederwerbung betreiben, sich aber für jeden Kontakt bereit halten, auch Kontakte anbieten, gerne Studienordnungen und ähnliches mehr zuschicken, wenn entsprechender Bedarf angemeldet wird". Insgesamt sollte die Entwicklung in der DDR und in ihren Wissenschaftsinstitutionen abgewartet werden. Als dort sehr rasch die „Deutsche Gesellschaft für Pädagogik" (DGP) gegründet wurde, gratulierte der neu gewählte DGfE-Vorsitzende, Dietrich Benner, im Namen der westdeutschen Gesellschaft und sprach „den Wunsch nach einer guten Zusammenarbeit der Vorstände beider Gesellschaften" aus

(VP 7.5.1990, TOP 4.1c). Bei einem Gespräch der Herren Benner und Zedler für die DGfE, Steinhöfel und Fuchs für die DGP, das am 13.6.1990 in Altenberge stattfand, wurden Kooperationsmöglichkeiten ins Auge gefasst, auch über „denkbare Wege der Zusammenführung" nachgedacht. Dazu gehörte

„die Einzelaufnahme von Mitgliedern der DGP in die DGfE sowie, falls juristisch möglich, eine komplette Aufnahme der DGP. Letzteres setze unter anderem voraus, dass die DGP einen Aufnahmemodus entwickelt, der den Maßstäben der DGfE entspricht. Sollte dieses nicht gelingen, so sei mit einer längeren Koexistenz beider Gesellschaften zu rechnen."

Es zeigte sich, „dass die geltende Satzung der DGfE nur Einzelaufnahmen, nicht aber eine kollektive Aufnahme bzw. eine Aufnahme ganzer Gesellschaften vorsieht". Als nächstes wurde eine gemeinsame Sitzung der Vorstände beider Gesellschaften ins Auge gefasst. Bis dahin sollten im Vorstand der DGfE Möglichkeiten der Kooperation sowie Möglichkeiten einer Vereinigung beider Gesellschaften weiter geklärt werden (VP 17./18.6.1990, TOP 3.1a). Die Begegnung beider Vorstände fand in offenbar konstruktiver Atmosphäre statt (VP vom 2./3.9.1990, TOP 9). Als die Historische Kommission der DGfE durch ihren Vorsitzenden der Historischen Sektion der DGP ein pauschales Assoziierungsangebot machte, wurde dies der Anlass, die Frage der Mitgliedschaft von DDR-Kollegen noch einmal zu klären: Der Vorstand bedauerte „das gewählte Verfahren einer kollektiven und nicht auf Einzelpersonen und deren wissenschaftliche Leistungen ausgerichteten Assoziierung". Ihr könne keine „vorgreifende Bedeutung für ein späteres Aufnahmeverfahren von ordentlichen Mitgliedern zukommen" (VP 22.10.1990, TOP 3.1a).

Bald mehrten sich die Aufnahmeanträge von DDR-Kollegen. Der Vorstand beschloss einstimmig, diese Anträge erst nach Abschluss der sogenannten Abwicklung zu bearbeiten. Immer aber sei den Anträgen ein Nachweis über das Beschäftigungsverhältnis in Universitäten, Hochschulen oder wissenschaftlichen Instituten beizufügen. Außerdem würden – gemäß § 3 der Satzung der DGfE – die wissenschaftlichen Schriften geprüft werden. „Den dann Aufgenommenen wird mitgeteilt, daß der Vorstand im Aufnahmeverfahren davon ausgegangen ist, daß sie weder hauptamtlicher noch informeller Mitarbeiter des Ministeriums für Staatssicherheit waren." (VP 21./22.4.1991, TOP 6) Auf der nächsten Vorstandssitzung wurde dieser Beschluss – redaktionell überarbeitet – noch einmal bekräftigt. Er sollte auch Grundlage der Beratungen mit der DGP werden (VP 9.6.1991, TOP 5). Für die nächste Zeit wurden auf der Basis einer entsprechenden Vereinbarung mit der DGP Aufnahmeanträge aus den neuen Bundesländern zurückgestellt.

Der seinerzeitige Vorstandsvorsitzende, Dietrich Benner, hat später noch einmal ausgeführt, dass der DGP Lehrer und Lehrerinnen, „in pädagogischen Berufen Tätige, Wissenschaftler, bildungspolitisch interessierte Mitglieder aus Ministerien" angehörten. Da galt es erst recht, an den üblichen Aufnahmeregelungen der DGfE in strikter Gleichbehandlung festzuhalten, durchaus „gegen Widerstand in den eigenen Reihen". Es sei ihm aber kein Fall bekannt geworden, dass ein Antragsteller schließlich doch offiziell oder inoffiziell Mitarbeiter der Staatssicherheit war. Die Mitgliedschaft wäre dann automatisch erloschen. (RG, S. 26) Nach dem Berliner Kongress (1992) wurden in der ersten Sitzung des neuen Vorstandes (in alter Zusammensetzung) erstmalig Erziehungswissenschaftler aus den neuen Ländern aufgenommen, und zwar nach folgender genereller Regelung:

„Anträge werden positiv entschieden, wenn mit dem Antrag die wissenschaftliche Qualifikation im Sinne der Satzung der DGfE glaubwürdig nachgewiesen ist bzw. wenn der Antragsteller (die Antragstellerin) in einem Evaluations- oder vergleichbaren Verfahren positiv bewertet worden ist. Im Falle des Zweifels an der wissenschaftlichen Qualifikation des Antragsstellers (der Antragstellerin) entscheidet der Vorstand auf der Grundlage der Kenntnisnahme der A- bzw. B-Dissertation."

Nach Maßgabe dieser Regelung wurden in dieser Sitzung sieben Antragsteller direkt aufgenommen, für sechs weitere A- bzw. B-Dissertation angefordert (VP vom 10./11.5.1992, TOP 10). In weiteren Sitzungen wurde in derselben Weise verfahren, allerdings die Vorlage der A- bzw. B-Dissertation nur dann verlangt, wenn ein Vorstandsmitglied Einsicht nehmen wollte (VP 1./2.9.1992, TOP 4). Schließlich wurde vereinbart, dass in den neuen Bundesländern alle Neuberufenen, die noch nicht Mitglied der DGfE waren, vom Vorsitzenden zur Mitgliedschaft eingeladen wurden. An den Universitätsstandorten wurden auch „Kontakt-Mitglieder" geworben (VP 13./14.12.1992).

Damit hatten gezielte Mitgliederwerbung und Zusammenarbeit unter den Fachvertretern in den neuen Bundesländern begonnen. Die neuen „Kontakt-Mitglieder" wurden gleich mit dem ersten Anschreiben auch mit jeweils 25 Aufnahmeanträgen versehen (VP 24./25.1.1993, TOP 3). Am 28.1.1996 beschloss der Vorstand,

„Aufnahme-Anträge von Wissenschaftler(innen) aus der früheren DDR künftig in gleicher Weise zu bearbeiten wie alle anderen Anträge [...] Unbeschadet dieser Regelung wird der Vorstand auch künftig eine satzungsgemäße Einzelfallprüfung vornehmen." (VP, TOP 3.2)

Damit war jede Ungleichbehandlung im Aufnahmeverfahren erledigt. Die Separierung der Anträge auf Neuaufnahme aus den alten bzw. neuen Bundesländern verschwand von der Tagesordnung. In dieser Hinsicht war die „Einheit" vollzogen.

1.5 Kollektivmitgliedschaften

In ganz anderem Zusammenhang wurde die noch bei der Integration der DGP-Kollegen abgelehnte Kollektivmitgliedschaft wieder virulent. Die Bemühungen – namentlich Dieter Lenzens während seiner Amtszeit im Vorstand, dann als Vorsitzender 1994 bis 1998 – um eine Verbesserung der Außendarstellung der

DGfE, um Sponsoren und Förderer sowie Preisstifter führten zum Erfolg. Die Daimler-Benz-AG stiftete einen Förderpreis „für erziehungswissenschaftliche Leistungen im Bereich des Erziehungs- und Bildungswesens für die deutsch-deutsche und die erweiterte europäische Integration" (VP 21./22.4.1991, TOP 6). Damit begann aber auch eine Diskussion um die Aufnahme juristischer Personen in die DGfE. Dies verlangte eine Satzungsänderung wie auch eine Neudefinition der Mitgliedschaft überhaupt, da die DGfE bisher auf Personenmitgliedschaft, nicht auf einer Kollektiv- oder Institutionenzugehörigkeit basierte (ebd.). Die darüber auch auf der Mitgliederversammlung vom 12.3.1996 geführte Debatte konnte durch Satzungsänderung von § 3, Satz 2 beendet werden:

„Juristische Personen, Vereine und ähnliche Institutionen können in die DGfE als Fördermitglieder aufgenommen werden, wenn sie erziehungswissenschaftliche Forschung und/oder Lehre oder besondere Innovationen in der pädagogischen Praxis fördern."

Allerdings trug der Vorstand dem Einspruch von Mitgliedern der DGfE Rechnung und beschloss, „in der laufenden Sitzungsperiode keine Mitgliedschaften [zu] begründen [...], um so einer abermaligen Beratung- und Beschlussfassung durch die Mitgliederversammlung in dieser Angelegenheit nicht vorzugreifen" (VP 19./20.8.1996, TOP 10, vgl. Korrespondenzen in 17.3). Erst der neue Vorstand der Periode 1998 bis 2000 beschloss einstimmig, die Änderung der Satzung in § 3 umzusetzen und – mit Hilfe ebenfalls beschlossener Ausführungsbestimmungen – Fördermitgliedschaften zu ermöglichen (VP 3./4.7.1998, TOP 14). Die erste Fördermitgliedschaft wurde auf Antrag vom Verband der Pädagogiklehrer erworben (VP 8./9.1.1999, TOP 3.2). Es folgte die Gesellschaft für Fachdidaktik Pädagogik (VP 14.12.1999, TOP 3.2), mit Antrag vom 14.9.2000 die Gewerkschaft Erziehung und Wissenschaft (18.29).

1.6 Ehrenmitgliedschaften

In der Geschichte der DGfE hat es bisher einen einzigen, mit viel Erregung ausgetragenen heftigen Konflikt gegeben. Er entzündete sich 1984 ausgerechnet an der für eine Wissenschaftsorganisation eigentlich vornehmsten, sie auch selbst ehrenden und auszeichnenden Vergabe von Ehrenmitgliedschaften an um Wissenschaft und DGfE verdiente Kollegen und Kolleginnen. Schon deshalb muss diesem Aspekt der Mitgliedschaft ausführlicher nachgegangen werden (vgl. Anhang 4.).

Gemäß der Absichtserklärung aus dem Gründungsjahr, die Ehrenmitgliedschaft „nur ganz selten" zu vergeben (VP 11.7.1964, TOP 3), wurde erstmalig am 8.11.1974 durch Beschluss des Vorstands der DGfE Eugen Löffler die Ehrenmitgliedschaft angeboten (VP TOP 7), die dieser freudig dankend annahm

(6.4; 6.5; 6.6). Für die Vorstandssitzung vom 5.7.1976 (TOP 3e) hält das Protokoll fest, dass bisher der Vorstand „aus verschiedenen Anlässen" Ehrenmitgliedschaften ausgesprochen habe. Es sei aber eine generelle Regelung wünschenswert. Darum solle der Mitgliederversammlung vorgeschlagen werden, allen Mitgliedern der DGfE zum 75. Geburtstag die Ehrenmitgliedschaft auszusprechen. Diese Absicht blieb zunächst unwidersprochen.

In der Verlegenheit, eindeutige Kriterien für die Verleihung der Ehrenmitgliedschaft festzulegen, wurde wiederholt mit dem Erreichen eines fortgeschrittenen Lebensalters als einfache und glatte Lösung des Problems gespielt, ein solches Verfahren aber nicht ernsthaft oder generell praktiziert. Eine bisher letzte entschiedene Gegenrede gegen die simple Altersentscheidung hielt Dieter Lenzen am 7.7.2000 und verband damit zugleich das Plädoyer, doch in Zeiten sinkender öffentlicher Reputation von Wissenschaft als Fachgesellschaft selbst intern Akzente zu setzen, die „Motivation aufrecht [zu] erhalten", „Differenzen zwischen gut und schlecht" selbst zu bestimmen, Leistungen zu honorieren, Preise zu stiften, Stilfragen ernst zu nehmen (RG, S. 69).

Zunächst waren bis zur Mitgliederversammlung am 30.3.1976 auf dem Kongress in Duisburg noch zwei weitere Ehrenmitgliedschaften verliehen worden, an Helmut Kittel und an Heinrich Roth. Für diese ersten drei Ehrenmitgliedschaften bat der seinerzeitige Vorstandsvorsitzende, Herwig Blankertz, die Mitgliederversammlung um nachträgliche Bestätigung und für den Vorstand „um die generelle Ermächtigung, auch künftig bei passenden Gelegenheiten die Ehrenmitgliedschaft vergeben so dürfen". Mit einer Neinstimme und 12 Enthaltungen stimmte die Mitgliederversammlung diesem Antrag des Vorstandes zu (MVP vom 30.3.1976; 3.4). In Konsequenz dieser „Ermächtigung" wurden in den folgenden Jahren widerspruchslos weitere Ehrenmitgliedschaften Wilhelm Flitner (VP 12.6.1976, TOP 8), Martin Wagenschein, Rudolf Lochner und Hans Bohnenkamp (VP 28.1.1977, TOP 6), Gottfried Preissler (VP 1.3.1977, TOP 4.3), Otto Friedrich Bollnow, Fritz Borinski, Martinus Langeveld, Martin Rang und Hildegard Hetzer (VP 27.5.1977, TOP 3.4) angetragen. Die Vergabe von Ehrenmitgliedschaften erfolgte auf dieser und den nächsten Vorstandssitzungen geradezu „en bloc": an Fritz Blättner, Georg Geißler, Ludwig Kiehn, Rudolf Lennert (VP 13.1.1978, TOP 4). Die Anträge wurden jeweils von Mitgliedern des Vorstands gestellt, danach einstimmig befürwortet und der Vorsitzende beauftragt, den Geehrten die Verleihung der Ehrenmitgliedschaft zu übermitteln. Auch hier trat wie bei den Neuaufnahmen von Mitgliedern allmählich Routine ein. Diskussionen, Nachforschungen gab es offenkundig nicht. Die zu Ehrenden waren in ihren wissenschaftlichen Verdiensten bekannt; die Frage der politischen Vergangenheit vor 1945 spielte noch keine Rolle. So kann für die Jahre 1978 – 1984 eine Liste der auf diesem Wege erfolgten Ernennungen fortgeschrieben werden, und zwar von Hans Stock, Karl Seidelmann, Walter Asmus, Helmut v. Bracken, Friedrich Edding, Leonhard Froese, Walter Schultze, Theodor Wilhelm, Hans Scheuerl.

Die Kontinuität dieser bis dahin konfliktfreien Ernennungspraxis wurde jäh unterbrochen. Die Ernennung von Theodor Wilhelm zum Ehrenmitglied der DGfE, verkündet auf dem Kongress in Kiel, führte zu vielen Debatten im Vorstand wie in der Mitgliedschaft, zu Korrespondenzen, öffentlichen und privaten Stellungnahmen, nicht zuletzt von Theodor Wilhelm selbst (10.2; 10.5; 10.6). Damit aber war der Vorgang noch lange nicht erledigt. Die Vergangenheit hatte die Erziehungswissenschaft und ihre wissenschaftliche Fach- wie Standesvertretung eingeholt. Die Verleihung von Ehrenmitgliedschaften war politisch und wissenschaftlich brisant geworden. Sie wurde über Jahre ausgesetzt.

Vordergründig ging es zunächst um die richtige Auslegung der Satzung (§ 5) und die Ernennungspraxis früherer Vorstände, die Modalitäten der Übergabe – mit oder ohne öffentliche Laudatio. Schwerer wog die Frage, ob 1945 als Zäsur erziehungswissenschaftlichen Wirkens akzeptiert werden könnte, man die Vorgeschichte eines Wissenschaftlers in der NS-Zeit ausblenden dürfte, wenn man ihn für spätere Verdienste ehren wolle. Im konkreten Fall von Theodor Wilhelm schrieb Peter Menck dem Vorstand am 5.4.1984:

„Die vita des Geehrten enthält eine Phase, in der derselbe in einer Weise tätig war, die Zweifel daran erlaubt, daß er sich damals ‚um die Erziehungswissenschaft oder das Erziehungswesen besonders verdient gemacht' habe (§ 5). – Ich nehme an, daß dem Vorstand dieser Sachverhalt nicht unbekannt ist. Deswegen bitte ich den Vorstand um Auskunft darüber, was ihn bewogen hat, die Ernennung gleichwohl vorzunehmen bzw. vorzuschlagen." (10.2)

Mit der Antwort auf dieses Schreiben gab sich der Vorstand viel Mühe. In den Akten befinden sich verschiedene Entwürfe und redaktionelle Veränderungen durch Vorstandsmitglieder. Das endgültig verabschiedete und im Namen des Vorstands vom Vorsitzenden, Helmut Heid, an Herrn Menck abgeschickte Schreiben vom 30.5.1984 führt aus:

„Die inhaltlichen Bedenken, die Sie, lieber Herr Menck, unter Ziff. 2 Ihres Briefes äußern, sind *vor* dem Kieler Kongreß im Vorstand eingehend erörtert worden. Wenn der Vorstand sich nach intensiver Aussprache gleichwohl einstimmig dafür ausgesprochen hat, Herrn Wilhelm *anlässlich des Kieler Kongresses* und des bevorstehenden 78. Geburtstages zum Ehrenmitglied der Gesellschaft zu ernennen, so lag dem selbstverständlich nicht die Absicht zugrunde, die Tätigkeit von Herrn Wilhelm vor 1945 zu verdrängen oder zu rechtfertigen. Unsere Entscheidungsgründe bezogen sich allein auf Herrn Wilhelms erziehungswissenschaftliches Wirken *nach* 1945. Wie immer man im einzelnen zu den von ihm seither vertretenen pädagogischen bzw. erziehungswissenschaftlichen Positionen stehen mag (auch im Vorstand sind Kritiker seiner Auffassung), so scheint uns dennoch unbestritten, daß Herr Wilhelm sich nach 1945
um die Entwicklung der Theorie und Praxis demokratisch-politischer Erziehung,
um die Entwicklung der Schultheorie,
um die Erforschung der Geschichte des Bildungswesens und der pädagogischen Theorie seit der Weimarer Zeit und
um die Förderung des erziehungswissenschaftlichen Nachwuchses (man denke nur an Giesecke, Herrlitz, Groth)
Verdienste erworben hat.

Bewußt hat der Vorstand auf eine Laudatio oder auch nur einen einzigen entsprechenden Satz verzichtet, weil darin die Zäsur ,1945' hätte erwähnt werden müssen, so daß die ,Würdigung' wohl eher zu einer etwas peinlichen Angelegenheit geworden wäre.
Wir hoffen, daß Sie unsere Erwägungen und Entscheidung wenn schon nicht teilen, so doch vielleicht akzeptieren oder tolerieren können. Die jüngeren unter den Vorstandsmitgliedern sind der Auffassung, daß es schließlich biographischer Zufall und nicht Verdienst ist, wenn wir und alle erst nach 1945 veröffentlichenden Kollegen von solchen Vorwürfen verschont bleiben." (10.5; Herv. i. O.)

Als Reaktion auf das ebenso missliche wie strittige Verfahren beschloss der Vorstand auf einer seiner nächsten Sitzungen, erst einmal eine „Altersliste" von DGfE-Mitgliedern zu erstellen (in 11.1 vorhanden), „um die Zufälligkeit der Ernennungsvorschläge abzumildern". Weitere Entscheidungen wurden bis dahin vertagt (VP 6.7.1984, TOP 9). Dann aber zwang das „Echo auf die Ernennung Theodor Wilhelms zum Ehrenmitglied" den Vorstand, sich auch inhaltlich mit dem „Fall Wilhelm" zu beschäftigen. Mitglieder der DGfE verlangten – in Briefen, Telefonaten, Begegnungen am Rand von Tagungen – Aussprachen und Konsequenzen. Schließlich begrüßte der Vorstand die Anregung, „auch im Rahmen der DGfE in eine wissenschaftliche Auseinandersetzung mit der Pädagogik und den Pädagogen im Nationalsozialismus einzutreten" (VP 19.10.1984, TOP 4). Verschiedene Briefentwürfe an Theodor Wilhelm wie auch an protestierende Mitglieder der DGfE lösten ausführliche Diskussionen, ja „Konflikte und Einschätzungsdifferenzen" im Vorstand selbst aus (VPe 23./24.11.1984, TOP 4; 26.1.1985, TOP 11; 20.3.1985, TOP 7; 10.2; 10.5; 10.6; 11.1; 11.2; 11.4). Diese Korrespondenzen und Entwürfe (11.1) belegen das interne Ringen im Vorstand wie mit einzelnen Mitgliedern. Dabei ist immer beidseits ein nobler Ton bewahrt, selbst im Vorwurf, „einen sehr schlimmen politischen Fehler gemacht" zu haben, dessen Folgen der Vorstand zu tragen habe; er müsse zurücktreten (Mollenhauer in einem Brief vom 24.10.1984; 11.1). Vorstandsmitglieder reagierten in ausführlichen Briefen, gestanden zu, eine „Fehlentscheidung" getroffen zu haben (Klafki; 11.1), erklärten und warben um Verständnis, stellten sich aber in jedem Fall der Verantwortung. Vor allem die Briefe Wolfgang Keims zum „Fall Wilhelm" ließen den Vorstand nicht unbeeindruckt (11.1):

„Jeder einzelne von uns, die wir diese Entscheidung getroffen und zu verantworten haben", wird gezwungen, „über seine persönlichen Entscheidungsmotive und damit über ein nicht unwesentliches Stück seiner politischen und moralischen Grundsätze erneut nachzudenken. Ob der „'Fall Wilhelm'", wie Sie schreiben, ein Anlaß werden kann, „'auch in unserer Zunft eine rationale Auseinandersetzung mit der Zeit des Faschismus und der Nachkriegszeit in Gang zu bringen', wird sich dann zeigen müssen". (Hans-Georg Herrlitz am 28.9.1984 an Wolfgang Keim; 11.1)

Die Verleihung dieser Ehrenmitgliedschaft blieb strittig. Es ging nunmehr um den „Schutz der Person Wilhelms" und um den „Schutz der DGfE", auch um das Anliegen, „das Gesicht des Vorstandes zu wahren", und die Frage, welche Formulierungen „in dieser heiklen Angelegenheit" überhaupt noch zweckmäßig seien. Wie schwierig die Sachlage im Vorstand eingeschätzt wurde, wie auch hier die Positionen divergierten, wie sehr man sich nicht zuletzt unter Zeit- und Handlungsdruck sah, das belegt die vornehme Formulierung des Vorsitzenden Helmut Heid in einem Schreiben vom 14.12.1984 an die Vorstandsmitglieder:

„Und wenn die Meinungen über den Entwurf [eines Briefes an Theodor Wilhelm] nun noch einmal weit auseinander gehen, übernehme ich die Verantwortung dafür, daß wir die Angelegenheit bis zur nächsten Vorstandssitzung zurückstellen; ungeduldige Kritiker wären dann an mich zu verweisen." (11.1)

In einem bilanzierenden, das interne Ringen dokumentierenden Brief des Vorstandsmitgliedes Hans-Georg Herrlitz an den Vorsitzenden Helmut Heid heißt es:

„Wir sind uns darüber einig, daß sich alle Schritte des Vorstandes, also auch das geplante Schreiben an Wilhelm, an dem Ziel zu orientieren haben, die persönliche Kränkung Wilhelms so gering wie jetzt überhaupt noch möglich zu halten. Daher kommt für mich die Linie [...], keinen Brief zu schreiben und den Vorstandsbeschluß partout zu verteidigen, nach wie vor nicht in Frage. Wir könnten so überhaupt nicht verhindern, daß der ,Fall Wilhelm' weiter im Gerede bleibt, ja wir würden durch unsere Beharrlichkeit noch zur Verschärfung des Problems beitragen.
Eben dies ist auch der Grund, warum ich mich mit dem Entwurf [...] nicht so recht anfreunden kann. In der Tat fehlt die Angabe eines Grundes, warum wir diesen Brief überhaupt schreiben, aber es fehlt auch jede klare Auskunft darüber, was der Vorstand denn nun eigentlich zu tun gedenkt. Wie wollen wir die Versprechung des Schlußsatzes praktisch verwirklichen, wir würden unsere Verantwortung so wahrnehmen, ,daß Ihnen daraus nicht mehr an persönlicher Belastung erwächst, als es nun ohnehin unvermeidlich ist'? Schreiben wir in den Entwurf den Satz hinein, daß der Vorstand auf jeden Fall bei seiner Entscheidung bleibt und wir alles tun werden, um Herrn Wilhelm vor seinen Kritikern zu schützen, so erzeugen wir bei ihm eine Erwartung, die wir m. E. nicht erfüllen können.
Ich bleibe deswegen, so schwer es mir fällt, bei der Meinung, daß wir Herrn Wilhelm im Sinne des Entwurfs [...] einen Brief schreiben sollten, *der ihm die Rückgabe der Ehrenmitgliedschaft nahe legt*, weil ein solcher Schritt m. E. das einzige Mittel ist, eine weitere Diskussion des persönlichen ,Falles' zu vermeiden. Ich schlage dies eben gerade nicht vor, um die Verantwortung des Vorstands auf Theodor Wilhelm abzuwälzen, sondern um ihn so gut wie möglich zu schützen! Insofern bin ich im Unterschied zu Ihnen doch der Meinung, daß es auf diese Weise möglich ist, die beiden Ziele, Schutz der Person Wilhelms und Schutz der DGfE, praktisch zu vereinbaren. Daher sollten wir Herrn Wilhelm nicht im unklaren darüber lassen, daß die Kieler Entscheidung nicht getroffen worden wäre, wenn uns alle seine Äußerungen der Zeit vor 1945 präsent gewesen wären. Diesen Tort, so meine ich, müssen wir ihm antun, um ihn vor schlimmeren, weil öffentlichen Kränkungen zu bewahren." (Brief vom 3.1.1985; 11.1, Herv. i. O.)

Der für etliche Mitglieder der DGfE bis heute unfassliche Vorgang wurde von einem für die Ehrung mitverantwortlichen Vorstandsmitglied später als Folge einer „naiven Tradition" bezeichnet, nämlich an dem Ort des jeweiligen Kongresses einen respektablen Kollegen zu ehren. Für den Kongress in Kiel verfiel man auf Theodor Wilhelm. Nach der Erinnerung eines anderen Vorstandsmitglieds wurde „über den Fall Wilhelm vorher relativ ausführlich diskutiert". Der

Beschluss erfolgte – satzungsgemäß – einstimmig, wurde Theodor Wilhelm in seiner Wohnung angetragen und von diesem „mit Freuden angenommen" (RG, S. 53f.).

Hans-Georg Herrlitz stellte in dieser Gesprächsrunde die hinter dem „Fall Wilhelm" liegende grundsätzliche „Frage, wie wir eigentlich mit unseren belasteten Altvorderen umgehen [...], ob es so was geben könnte wie eine Verjährung für Schreibtischtäter, und zwar [...] bewährte Verjährung [...] durch aktive [...] für die Disziplin wichtige Aktivitäten nach 45". Da dies eine strittige Frage geblieben sei, habe man in der Folgezeit Schwierigkeiten gehabt, Ehrenmitgliedschaften überhaupt auszusprechen (Herrlitz, ebd., S. 54).

Wie erwartet, trat Theodor Wilhelm aus der DGfE aus. Sein aufschlussreiches Schreiben vom 15. Februar 1985, in dem er zu den Vorgängen Stellung nahm, sei in Gänze dokumentiert:

„Sehr geehrter, lieber Herr Heid!
Dieser Brief ist Ihnen nicht leicht gefallen, das weiß ich. Indessen, ich beantworte ihn als ein Schreiben des Vorstandes der Deutschen Gesellschaft für Erziehungswissenschaft und nicht als den Brief eines einzelnen Kollegen.
Ich habe den Brief vom 13.2.85 erhalten und zur Kenntnis genommen und antworte mit dem verhaltenen Groll, den er hervorgerufen hat. Natürlich ziehe ich zum Schluß auch die Konsequenzen, die der Vorstand erwartet haben muß; sonst hätte er die Sache im eigenen Hause bereinigt. Mich, das können Sie sich denken, überraschen solche Vorgänge nicht mehr. Ich habe für diese gedruckten Jugendsünden – Jugendsünden, deren sich in meiner Generation zwangsläufig jeder schuldig gemacht hat – vierzig Jahre lang gebüßt: irgendwann muß es sich einmal ausgebüßt haben.
Ich antworte in kurzen Bemerkungen, damit es für Sie nicht allzu aufwendig wird, diesen Brief an meine Kritiker weiterzugeben.
(1) Meine Tätigkeit vor 1945 war nicht wissenschaftlicher sondern kulturpolitischer Art (das eine Jahr an der Oldenburger P.H. zählt nicht, es bestand aus lauter Abhaltungen). Der Lehrerbildung und der Erziehungswissenschaft habe ich mich voll und ganz erst nach dem Kriege zugewandt. Die Dreißiger Jahre standen im Zeichen meiner Tätigkeit beim Deutschen Akademischen Austauschdient [sic]. Ich habe Studenten und Lehrer ins Ausland geschickt und war bemüht, die richtigen Repräsentanten Deutschlands ohne Ansehen des Ahnenpasses auszuwählen – bis ich genau darüber stolperte und der Sicherheitsdienst über Nacht meine Entfernung aus dem Amte verlangte. Das war 1936. Wer von meinen Kritikern hat in nächtlichen Verhören vor der Gestapo gestanden?
(2) Es gibt heute eine schlüssige Theorie des totalen Staates. Auch den Fernerstehenden müßte aufgegangen sein, daß, wer im totalen Staat an irgendeiner Stelle auch nur ein Zipfelchen von Verantwortung in Händen hält, darauf angewiesen ist, so weit mit den Wölfen zu heulen, daß er sein eigentliches Anliegen durchs Ziel bringen kann. Ich habe noch bis zu meiner Entlassung Nicht-Parteigenossen ins Ausland gebracht und habe die ‚Internationale Zeitschrift für Erziehung' bis 1944 durch alle Anfeindungen und Kontrollen der Partei hindurch am Leben erhalten. Daß dafür immer wieder Konzessionen nötig waren, ist tragisch genug. Der Artikel von 1944, auf den sich meine Kritiker so gierig stürzen, war eine solche, heute unverzeihliche Konzession an die (in den wöchentlichen Grünen Briefen vorgeschriebene) Parteilinie.
(3) Was nach Kriegsbeginn getan, geschrieben und gedruckt wurde, unterliegt einem speziellen Maßstab. Zwischen 1939 und 1945 waren wir alle ‚Gefangene des nationalen Krieges'. Das hat Thomas Mann sogar aus seiner amerikanischen Retirata dem deutschen Volk konzediert. Wer von meinen Kritikern hat – als Nicht-Parteimitglied – ähnliche Seittänzerstücke [sic] vollfüh-

ren müssen, wie sie im Krieg nötig waren, im Dienste einer seriösen Zeitschrift, die, gerade weil sie dem Auswärtigen Amt unterstand, den Parteiinstanzen dauernd verdächtig war?
(4) Ich kam aus dem Krieg zurück mit der verzweifelten Entschlossenheit, alles Menschenmögliche zu tun, damit die Deutschen nicht noch einmal den Verführungskünsten eines politischen Rattenfängers unterliegen könnten. Das habe ich vierzig Jahre lang schriftlich und mündlich versucht. Vielleicht ist der Erfolg meinen Kritikern nicht ganz unbekannt geblieben.
(5) Ich war der erste Erziehungswissenschaftler der Bundesrepublik, der ein handfestes politisch-pädagogisches Fazit aus dem erlebten Grauen zog (Friedrich Oetingers ‚Partnerschaft'). Ich war der erste, der die Massenmanipulation des Dritten Reiches in eine kritische Gesamtdarstellung des 20. Jahrhunderts einbezog (‚Pädagogik der Gegenwart', 1959). Und ich war der einzige, der in seiner Selbstdarstellung seine politischen Irrtümer offen ausbreitete, während alle anderen so taten, als hätten sie zwischen 1933 und 1945 gar nicht existiert (‚Pädagogik in Selbstdarstellungen', hrsg. v. Pongratz, 1976).
(6) Ich gehe bestimmt nicht fehl mit der Annahme, daß in den Beanstandungen meiner Kritiker auch meine Nachbarschaft zu Alfred Baeumler eine Rolle spielt. Der Name stand auf dem Titelblatt der ‚Internationalen Zeitschrift'. Aber wissen diejenigen, die sich zu meinem Richter aufwerfen, daß der Name Baeumler in der Hierarchie der NSDAP eher eine Belastung als eine Absicherung war? Alfred Baeumler war ‚im Geiste stark', aber politisch schwach. Machtpolitisch saß er auf dem Aste Rosenberg, der seinerseits in der Hierarchie der Führung jenes Staates der allerschwächste war. Unterstützung habe ich in meinen Balanceakten nur durch das Auswärtige Amt erhalten.
Was ist das für eine Gesinnung, die Kollegen veranlaßt, vierzig Jahre engagierter wissenschaftlicher und praktisch-pädagogischer Wirksamkeit einfach zu überspringen und mir mit diesen alten Geschichten ans Bein zu fahren? Woher nehmen sie die Legitimation, über mich zu Gericht zu sitzen? Sie bringen die Institution der ‚Deutschen Gesellschaft für Erziehungswissenschaft' selbst in den Verdacht, sie wolle sich als außerhalb des politischen Raumes stehend begreifen und sei auf ihre politische Selbstreinigung angewiesen.
Ich ziehe nun also aus dem Brief des Vorstandes die Konsequenzen:
Erstens: Ich gebe hiermit die mir übertragene Ehrenmitgliedschaft zurück, d. h. ich nehme sie nachträglich nicht an und bitte, meinen Namen ohne Aufhebens wieder zu streichen.
Zweitens: Ich trete mit sofortiger Wirkung aus der DGfE aus. Das ist ja wohl selbstverständlich, nachdem sich ergeben hat, daß mich diese wissenschaftliche Vereinigung als Belastung empfindet.
Drittens: Ich erwarte, daß eine vollständige Kopie dieses Briefes an diejenigen verschickt wird, die es für richtig hielten, sich durch den Einspruch gegen meine Ehrenmitgliedschaft ein reines Gewissen zu verschaffen.
Und noch eines: Diese Entscheidung ist endgültig. Bitte versuchen Sie nicht, dagegen anzuargumentieren. Es ist keine Antwort nötig. Ich bin als bald Achtzigjähriger nach Jahrzehnten ständig wiederkehrender Vergangenheitskritik mit mir selbst hinreichend im Reinen, um zu wissen, welche Bedeutung meiner Reaktion zukommt.
Mit besten Empfehlungen und kollegialen Grüßen!
Theodor Wilhelm" (11.1).

Entgegen der Erwartung Theodor Wilhelms wahrte Helmut Heid die Form und bestätigte drei Monate später im Namen des Vorstands dennoch wenigstens den Eingang des Briefes, ohne allerdings Theodor Wilhelms Forderung, seinen Brief allen Kritikern des Vorstandsbeschlusses zuzustellen, zu erfüllen. Als Begründung führte er an: „Wir wollen unbedingt vermeiden, dass Ihre Rechtfertigungen zum Anlass genommen werden, sich kritisch oder gar polemisch mit Ihrer Person und Ihrem Werk auseinanderzusetzen." (Schreiben vom 13.5.1985; 11.1) Im Rechenschaftsbericht des Vorsitzenden Helmut Heid vom 30.12.1985 erfuhr die satzungsgemäße Regelung zur Ernennung von Ehrenmitgliedschaften eine vorerst abschließende Klärung:

„Der Satzungs-Paragraph 5, der die Ernennung von Ehrenmitgliedern regelt, wurde durch einen Grundsatzbeschluß des Vorstandes dahingehend konkretisiert, daß Ehrenmitglieder sich in besonderer Weise um die DGfE verdient gemacht haben sollen, z. B. in der Vorstandsarbeit, in Kommissionen und Ausschüssen, bei der Gestaltung von Kongressen, und daß die Ernennung in der Regel erst nach der Emeritierung erfolgen soll. Ernennungsvorschläge können von jedem Mitglied der DGfE beim Vorstand eingebracht werden und bedürfen einer schriftlichen Begründung. Vor der endgültigen Beschlußfassung kann der Vorstand bei den Kommissionsvorsitzenden oder anderen DGfE-Mitgliedern eine Stellungnahme einholen." (10.6)

Als die Tradition der Verleihung von Ehrenmitgliedschaften nach langer verschreckter Zurückhaltung vorsichtig tastend aus Anlass des 25-jährigen Bestehens der DGfE wieder aufgenommen werden sollte, erfuhr das Verfahren eine jeweils sorgfältige Abwägung, Nachprüfung und Begründung. Über potentielle Kandidaten bzw. Kandidatinnen wurden Vorinformationen eingeholt und die Kommissions-/AG-Vorsitzenden um Stellungnahmen gebeten (VP 16./17.10. 1987, TOP 6.13; entsprechende Ausführungen in 13.2, streng vertraulich). Was also bisher allein eine Entscheidungsbefugnis des Vorstands war, sollte nunmehr demokratisch mehrstimmig und auf verschiedenen Ebenen abgesichert werden. Für dieses Vorgehen finden sich in den Akten Belege (z.B. 13.2.). Inhaltlich sollten – dabei blieb es – zukünftige Verleihungen von Ehrenmitgliedschaften auch Verdienste um die DGfE umfassen (VP 16./17.10.1987, TOP 6.13).

Das Thema Ehrenmitgliedschaften taucht also wieder in den Vorstandsprotokollen auf, und zwar mit Berichten über diverse Kandidaten, geriet aber erneut ins Stocken. Man musste – erstmalig – wegen der bekannt gewordenen Voranfragen und Recherchen eine Absage entgegennehmen. Über andere Kandidaten konnte man sich nicht einigen. Im Vorstand selbst gab es latente Spannungen über das leidig gewordene Thema. Zeitgewinn hieß darum erst einmal die Lösung: „Nach längerer Diskussion beschließt der Vorstand, die Vergabe von Ehrenmitgliedschaften zum gegenwärtigen Zeitpunkt nicht zu realisieren." (VP 26.2.1988, TOP 19)

Diese zurückhaltende Vorstandspolitik wurde – in neuer Zusammensetzung des Vorstandes – auf den nächsten Vorstandssitzungen allmählich revidiert. Geklärt wurde zunächst, dass „Verdienste um die DGfE" nicht mit Funktionsträgerschaft identifiziert werden sollen (VP 25.6.1988, TOP 6). Dennoch blieb das Thema Ehrenmitgliedschaft strittig, führte weiterhin im Vorstand zu „erbitterter Diskussion", Kampfabstimmungen und Pattsituationen. Einstimmigkeit konnte in keinem Fall erreicht werden. Die Situation war so blockiert, dass man – aus gegebenem Anlass – sich genötigt sah, über das Prozedere, über Ergebnisse oder Kandidaten keine Mitteilungen (mehr) zu machen (VP 5.9.1988, TOP 7). Wieder verschwand das Thema von den Tagesordnungen. Immerhin kann als Spätfolge des erlebten Schocks gewertet werden, dass der Vorstand für seinen Kongress 1990 – endlich – das Thema „Pädagogik und Nationalsozialismus" gleich zweimal auf das Programm setzte: ein Symposion und eine Podiumsdiskussion. Für beide Veranstaltungen übernahm der Vorstand die Initiative, Organisation und Verantwortung (VP 17.2.1989, TOP 11; vgl. auch Kap. 5.3).

Erst nach drei Jahren, im Vorstandsprotokoll vom 1./2.7.1991, TOP 5, taucht mit „eingehender Diskussion" das Thema Ehrenmitgliedschaft wieder auf. Es werden Namen genannt und als Kriterien der Verleihung einvernehmlich festgehalten:

„– wissenschaftlich herausragende Leistungen

– Verdienste um die Gesellschaft durch Mitarbeit auf Vorstands- und Kommissionsebene".

Dazu sollte das Alter „in Verbindung" gesetzt werden. Im Verlauf der nächsten Sitzungen des Vorstandes wurde über die jeweiligen personenbezogenen Recherchen berichtet. Zukünftig sollten auch Laudationes in Auftrag gegeben werden. Am 2.12.1991 wurde – seit der letzten Vergabe waren gut sieben Jahre vergangen – einstimmig beschlossen, Theodor Ballauff, Hans-Hermann Groothoff, Hermann Röhrs und Elisabeth Siegel die Ehrenmitgliedschaft anzutragen. Entsprechende Urkunden sollten in der Mitgliederversammlung feierlich übergeben werden (TOP 4). Die Öffentlichkeit der Verleihung von Ehrenmitgliedschaften mit Urkunden und Laudationes war ein Novum in der Gestaltung von Kongress und Mitgliederversammlung. Sie wurde künftig beibehalten. In das Prozedere trat Routine ein.

Die Ehrenmitgliedschaft wurde seitdem angetragen und angenommen von Andreas Flitner, Carl-Ludwig Furck, Doris Knab, Hans-Georg Herrlitz, Christa Berg und Helmut Heid.

2. Einheit und Vielfalt der Disziplin. Zur Entstehung und Entwicklung von Arbeitsgemeinschaften, Kommissionen und Sektionen

Schon auf der ersten Sitzung des ersten gewählten Vorstands der DGfE stand neben der Verteilung der Vorstandsämter und der weiteren Rekrutierung von Vereinsmitgliedern vor allem eine Frage auf der Tagesordnung: *Wie soll die Binnenstruktur der neu gegründeten Gesellschaft beschaffen sein?* (VP 11.7.1964, TOP 2). In seiner Beratung über dieses Problem ging der Vorstand davon aus, dass die Durchführung von größeren, öffentlich wirksamen Kongressen ein wichtiges Fernziel der DGfE sein müsse, dass aber dieses Fernziel erst dann erreichbar sei, „wenn einzelne Kommissionen so weit vorangekommen sind, daß sie ein Thema öffentlich bestreiten können". Dem Vorstand schwebte also offenbar ein Prozess der Binnenstrukturierung vor, der nicht durch Beschlüsse „von oben nach unten", sondern nur dort aussichtsreich in Gang gesetzt werden kann, „wo von den Mitgliedern Arbeitsprojekte vorgelegt und vom Vorstand gutgeheißen werden", wie es im Sitzungsprotokoll heißt. Aber gab es damals solche strukturbildenden Arbeitszusammenhänge überhaupt?

2.1 Erste Strukturierungsversuche

Der Vorstand hat diese Frage im Juli 1964 durchaus optimistisch beurteilt und seine Hoffnungen zunächst auf 6 – 8 „Themenkreise" konzentriert, die ihm hinreichend elaboriert erschienen, um den Anfang zu machen und durch prominente Fachvertreter als „vorläufige Vorsitzende" auf den Weg zu einer regelrechten „Kommission" gebracht zu werden. Das Protokoll vom 11.7.1964 enthält dazu folgende Aufstellung:
1. „Historische Kommission" (Josef Dolch),
2. „Sozialpädagogik" (Elisabeth Siegel; Hans Eyferth),
3. „Allgemeine Didaktik" (Wolfgang Klafki; Erika Essen),
4. „Lerntheorie" (Heinrich Roth),
5. „Pädagogische Psychologie" (Wilhelm Hansen),
6. „Pädagogische Anthropologie" (Andreas Flitner; Otto Friedrich Bollnow).
Zusätzlich wurden 7. die „Pädagogische Soziologie" (unter Hinweis auf den Arbeitskreis des Comenius-Instituts) und 8. der Themenkreis „Berufsausbildung" genannt, für den Ludwig Kiehn und Hugo Möller zuständig sein sollten.

Doch dieser erste Strukturierungsvorschlag, der vermutlich in einem raschen Zurufverfahren entstanden war, stieß schon bald auf Bedenken. Roth, auf jener ersten Sitzung zum Stellvertretenden Vorsitzenden gewählt, legte nach einiger Bedenkzeit sein Veto ein und teilte dem Vorsitzenden Bollnow mit, dass er „weder mit der begrifflichen Formulierung noch mit der Systematik einverstanden" sei, mit der „wir uns ja gleichzeitig zu einer möglichen Differenzierung der Pädagogik als Wissenschaft bekennen". Da sein eigenes Arbeitsgebiet „seit Jahr und Tag" die pädagogische Anthropologie sei, könne er sich niemals auf das Gebiet der Lerntheorie „einengen lassen". Vielmehr sei es besser, die Lerntheorien mit der pädagogischen Psychologie zusammenzunehmen. „Auf alle Fälle möchte ich Sie bitten, eine Veröffentlichung dieses Protokolls ohne Änderung nicht vorzunehmen" (Schreiben von Roth an Bollnow vom 30.7.1964; 1.1).

Diese Bitte kam allerdings zu spät, da Bollnow in einem Rundschreiben vom 22.7.1964 die DGfE-Mitglieder bereits über die Vorstandssitzung vom 11. Juli informiert und zur Mitarbeit in den geplanten Kommissionen eingeladen hatte. Wie zu erwarten war, gingen daraufhin bei ihm zahlreiche weitere Kommissions-Vorschläge ein, die die Berücksichtigung folgender Teildisziplinen anmahnten (in Klammern die Absender):
- „Vergleichende Erziehungswissenschaft" (Leonhard Froese, Franz Hilker, Theo Dietrich),
- „Systematische Pädagogik" (Froese, Franz Pöggeler),
- „Bildungspolitik" bzw. „Kulturpolitische Zentralthemen" (Theo Dietrich, Georg Picht),
- „Erziehungswissenschaftliche Grundlagenforschung" (Rudolf Lochner),
- „Medienpädagogik" (Erich Feldmann),
- „Phänomenologische Pädagogik" (Johannes Riedel),
- „Berufs- und Wirtschaftspädagogik" (Adolf Schwarzlose),
- „Sonder- und Heilpädagogik" (Theo Dietrich),
- „Wissenschaftstheoretische Probleme der Pädagogik" (Wolfgang Fischer), (Zusammenstellung vom 22.10.1964; 2.1).

Diese Vorschläge, so stellte der Vorstand auf seiner zweiten Sitzung fest, „scheinen (zwar) im einzelnen berechtigt, ermöglichen jedoch die Bildung von ebenso vielen Kommissionen, wie es Arbeitsgebiete in der Pädagogik gibt." Demgegenüber bekräftigte er seine Auffassung, „daß im Augenblick nur dort mit der Kommissionsbildung begonnen werden soll, wo ein bestimmter Anlaß oder ein bestimmtes Projekt bestehen und wo sich schon abzeichnet, wer dieses Projekt durchführen (und wie es finanziert werden) kann." Unter dieser Voraussetzung, so weiter im Protokoll, „zeichnen sich jetzt folgende Kommissionen ab":
1. „Historische Kommission",
2. Kommission „Lerntheorie und Didaktik",
3. Kommission „Pädagogische Anthropologie",
4. Kommission „Ausbildungsformen der Jugendstufe",

während eine sozialpädagogische Kommission noch nicht „einberufen" werden sollte, weil Elisabeth Blochmann bereits einen Arbeitskreis nach Marburg eingeladen hatte, „der über das sozialpädagogische Studium beraten soll" (VP 28. 10.1964). Diese Beschlusslage wurde den Mitgliedern in einem Rundschreiben vom 1.12.1964 mitgeteilt und auf der Mitgliederversammlung vom 30.4.1965 in Kassel noch einmal ausführlich erörtert (Rundschreiben und Protokoll; 1.1). Dabei stellte sich heraus, dass es nicht nur im Rahmen der Vorstandsvorschläge einige unterschiedlich erfolgreiche Konsolidierungsansätze gab, sondern dass sich auch bereits einige darüber hinausreichende Initiativen abzeichneten, so auf dem Gebiet der Politischen Bildung und der Vergleichenden Erziehungswissenschaft (MVP, TOP 4).

Wie die Vorstandsakten der kommenden Jahre zeigen, kann von einer zügigen Etablierung der so überaus vorsichtig geplanten Kommissionsstruktur überhaupt keine Rede sein. Dolch scheiterte mit seinen Bemühungen um die Gründung einer Historischen Kommission ebenso wie Roth, der den Auftrag zur Vorbereitung einer Kommission „Lerntheorie und Didaktik" schon deswegen nicht erfüllen konnte, weil ihm nach seiner Berufung in den Deutschen Bildungsrat 1965 kaum noch Zeit für derartige Nebentätigkeiten blieb, zumal es sich als schwierig erwies, in dieser Kommission Lernpsychologen, Didaktiker und „Programmierer" (d.h. Spezialisten des Programmierten Unterrichts) unter einen Hut zu bringen (vgl. Roths Schreiben vom 15.6.1965 an Alfons Otto Schorb; 4.1). Der Marburger Arbeitskreis um Frau Blochmann fiel als Gründungsinitiative für eine Kommission „Sozialpädagogik" aus, weil man sich dort ausschließlich mit Ausbildungsfragen beschäftigen wollte (vgl. A. Flitners Schreiben an Klaus Mollenhauer vom 25.5.1965; 4.1), und von den Kommissionsplänen für „Pädagogische Anthropologie" sowie für „Ausbildungsformen der Jugendstufe" ist in den Akten zunächst überhaupt keine Rede mehr.

Nur eine einzige Gründungsinitiative scheint bereits in den frühen Jahren der DGfE wirklich erfolgreich gewesen zu sein: die Kommission für „Vergleichende Erziehungswissenschaft", damals noch vorwiegend „Vergleichende Pädagogik" genannt. Nachdem sie sich auf der Kasseler Mitgliederversammlung als Arbeitsgruppe unter der Federführung von Gottfried Hausmann vorgestellt hatte und dort zur Fortsetzung ihrer Bemühungen ermuntert worden war, nutzte sie im Juni 1965 den Anlass einer Tagung der „Comparative Education Society in Europe" (CESE) in Berlin, um die Umwandlung in eine regelrechte Kommission und die Überführung in die DGfE zu beschließen. Zum ersten Vorsitzenden der Kommission wurde Froese, zu dessen Nachfolger Oskar Anwieler gewählt (vgl. das Rundschreiben Froeses vom 21.6.1965; 1.2). Man wird also festhalten dürfen, dass diese Kommission die erste satzungsgemäße DGfE-Kommission gewesen ist.

2.2 Zweiter Anlauf

Nach dem dürftigen Anfangserfolg des Jahres 1965 dauerte es immerhin drei Jahre, bis das Thema „Binnenstruktur" wieder auf der Tagesordnung der Vorstandssitzungen und in den Akten der DGfE zu finden ist. Auf Antrag von Anweiler beschäftigte sich der neu gewählte Vorstand unter dem Vorsitz von Hans Scheuerl erst im Juni 1968 erneut mit der Materie und schloss dabei im wesentlichen an die Verfahrensvorschläge des Gründungsvorstands an:

- Der Vorstand der Gesellschaft fordert einige wenige Mitglieder zur Gründung einer „Initiativgruppe" auf.
- Diese Gruppe erweitert sich allmählich und legt dem Vorstand nach einiger Zeit einen Arbeitsbericht vor.
- Nach Prüfung des Berichts entscheidet der Vorstand, ob die Arbeitsgruppe gemäß § 13 der Satzung als Kommission der Gesellschaft eingesetzt werden soll.
- Den neuen Kommissionen wird empfohlen, sich in ihrer Struktur und Arbeitsweise am Beispiel der Vergleichenden Erziehungswissenschaft zu orientieren (VP 14./15.6.1968, TOP 4).

Auf der Grundlage dieses Beschlusses wurde der Vorsitzende jetzt gebeten, die Einberufung von „Initiativausschüssen" für die Kommissionen „Historische Pädagogik", „Ausbildungsformen der Jugendstufe" sowie „Lerntheorie, Didaktik und Schultheorie" in die Wege zu leiten und damit die Gründungspläne zu realisieren, die seit den Vorstandsbeschlüssen vom 11.7.1964 unerledigt liegen geblieben waren. Weiter erging an Elfriede Höhn die Bitte, über den Vorbereitungsstand einer Kommission „Sonderpädagogik" zu berichten, und an Wolfgang Klafki, in Erfahrung zu bringen, welche institutionelle Verbindung mit dem „Arbeitskreis für empirische pädagogische Forschung" (AEPF) möglich erschien, weil es besonders wichtig sei, „die Beschäftigung mit empirischen Fragen nicht aus der Arbeit der Gesellschaft auszuklammern", wie es im Sitzungsprotokoll heißt. „Insgesamt befürwortet der Vorstand einen weiteren Ausbau der Kommissionen" – jetzt wird ein neuer Ansatz sichtbar –,

„deren Zusammenhang nicht auf Zufälligkeiten beruhen soll; für die weitere Arbeit wünscht er eine laufende Kommunikation der Kommissionen mit dem Vorstand. Bei bereits bestehenden, nicht der Gesellschaft zugehörenden Arbeitskreisen oder Vereinigungen soll die Möglichkeit einer Assoziierung geprüft werden" (ebd.).

Am wichtigsten für den Ausbau der Binnenstruktur dürfte allerdings der Vorstandsbeschluss gewesen sein, sowohl die „Initiativausschüsse" als auch die genehmigten Kommissionen mit einem bestimmten Jahresbetrag in ihrer Arbeit finanziell zu unterstützen (VP 8./9.11.1968, TOP 2.c).

Tatsächlich ist diese zweite Strukturierungsinitiative des Vorstands erheblich erfolgreicher gewesen als die seiner Vorgänger:

– Auf Initiative und unter Vorsitz von Höhn trat am 19.10.1968 die Kommission „Sonderpädagogik" zu ihrer Gründungsversammlung in Reutlingen zusammen, die damit als zweite satzungsgemäße DGfE-Kommission gelten darf (Rundschreiben Nr. 1 des Vorsitzenden Scheuerl vom Mai 1969, Punkt 2.b; 4.1).

– Die Aufnahme des „Arbeitskreises für empirische pädagogische Forschung" in die DGfE geht auf einen Vorstandsbeschluss vom 8./9.11.1968 zurück, in dem die Bereitschaft erklärt wurde, den Arbeitskreis „dem Status einer Kommission der Deutschen Gesellschaft gleichzusetzen" und die Aufnahme nicht daran zu binden, „daß alle Mitglieder des Arbeitskreises auch Mitglieder der Deutschen Gesellschaft werden" (VP TOP 2.b). Dies bedeutete, dass diejenigen Teilnehmer an den Tagungen der AEPF, die Mitglieder der DGfE sind, zugleich als „Kommission für empirische pädagogische Forschung" in der DGfE galten (vgl. das Rundschreiben Nr. 3 vom 10.1.1971, Punkt 4.c). In der Reihenfolge der Kommissionsgründungen liegt die AEPF damit auf Platz 3.

– Die Gründungsversammlung der Historischen Kommission fand am 31. Januar 1969 in Frankfurt statt, nachdem eine Initiativgruppe unter Vorsitz von Ernst Lichtenstein die notwendigen Vorklärungen getroffen hatte (Schreiben des Vorsitzenden Scheuerl vom 6.1.1969; 3.3 sowie Rundschreiben Nr. 1 vom Mai 1969, Punkt 2.c; 4.1). In den ersten Vorstand der Historischen Kommission wurden Lichtenstein (Vorsitzender), Wilhelm Roessler und Georg Rückriem gewählt.

– Aussichtsreich erschien anfänglich auch die Idee, auf Vorschlag des Göttinger Instituts für den wissenschaftlichen Film einen „Arbeitskreis für erziehungswissenschaftliche Kinematographie" in der DGfE zu gründen und ihm die Möglichkeit einzuräumen, sich zu einer Kommission weiterzuentwickeln (VP 8./9.11.1968, TOP 2.a). Dazu kam es zwar nicht, doch ist dieser Arbeitskreis unter dem Titel „Audiovisuelle Publizistik" bis Mitte der 70er Jahre in den Akten der DGfE geführt worden (vgl. den Rundbrief des Vorsitzenden Blankertz vom 20.5.1974; 3.4).

– Überraschend spät, nämlich erst im September 1969, hat sich in München ein sozialpädagogischer Arbeitskreis konstituiert, der im Oktober durch den Vorstand als „Kommission Sozialpädagogik" bestätigt worden ist, nachdem Einvernehmen darüber hergestellt werden konnte, dass nicht nur Studienfragen (im Zusammenhang der Diplom-Ordnung), sondern auch „Absprachen über Forschungsvorhaben" zum Arbeitsauftrag der Kommission gehören sollen (VP 13./14.10.1969, TOP 2.f).

– Große Schwierigkeiten, der Vorstandsinitiative vom 14./15.6.1968 zu folgen, scheint die geplante Kommission für „Lerntheorie, Didaktik und Schultheorie" gehabt zu haben. Noch im Oktober 1969 war der für diesen Themenbereich gegründete Arbeitskreis damit beschäftigt, „die Frage der Mitgliedschaft von Psychologen usw. zu klären" – ein Problem, das dazu

beigetragen haben könnte, dass zu jenem Zeitpunkt das Stichwort „Schultheorie" bereits aus dem Titel gestrichen worden war (vgl. ebd., TOP 2.e).
– Noch unklarer bleibt die Quellenlage im Hinblick auf die Kommission für die sog. „Ausbildungsformen der Jugendstufe". Diese Etikettierung taucht in den Vorstandsakten nach 1968 überhaupt nicht mehr auf, doch lässt der ursprüngliche Hinweis auf das „Berufsbildungsgesetz" vermuten, dass sich daraus die ja schon 1964 geforderte Kommission für „Berufs- und Wirtschaftspädagogik" entwickelt hat (vgl. noch einmal das VP 14./15.6.1968, TOP 4).

Von welchem Kommissionsbestand der Vorstand zehn Jahre nach Gründung der DGfE glaubte ausgehen zu können (und wer damals die Vorsitzenden waren), zeigt eine Auflistung vom Juni 1974:
– Arbeitskreis Audiovisuelle Publizistik (Edgar Reimers),
– Berufs- und Wirtschaftspädagogik (Hermann Lange),
– AEPF (Karl-Josef Klauer),
– Erwachsenenbildung (Joachim Dikau),
– Historische Kommission (Wilhelm Roessler),
– AG Lehrerausbildung (Manfred Bayer),
– Sonderpädagogik (Erich Westphal),
– Vergleichende Erziehungswissenschaft (Siegfried Baske),
– Sozialpädagogik (Hans Thiersch),
– Schulpädagogik (Wolfgang Scheibe) (Rundschreiben des Vorsitzenden Blankertz an die Kommissionsvorsitzenden vom 20.6.1974; 3.4).
Doch ob diese Auflistung tatsächlich die Binnenstruktur der DGfE abbildet, wird man bezweifeln müssen, wenn man sich die Quelle ein wenig näher anschaut. Es handelt sich nämlich um eine Recherche, die u.a. folgende Fragen enthält:

„1. Existiert die Kommission tatsächlich?
2. Sind Sie noch der Vorsitzende? Falls nein, wer ist es jetzt?
3. Liegen konkrete Arbeitsergebnisse vor? [...] Sind Aktivitäten geplant?
[...]
5. Hat Ihre Kommission eine Satzung, Statuten oder dergl.? Falls ja, schicken Sie mir bitte ein Exemplar.
[...]."

Dass eine derart elementare Befragung immer noch notwendig war, wird man erstaunlich finden dürfen. Sie zeigt aber auch, dass der 1974 neu gewählte DGfE-Vorstand unter Vorsitz von Herwig Blankertz offenbar entschlossen war, der Kommissionsentwicklung verstärkte Aufmerksamkeit zu widmen und die „Zufälligkeiten", die bereits 1968 moniert worden waren, endgültig zu beseitigen. Ein Beispiel dafür ist der Versuch, die Vorsitzenden der beiden Kommissionen „Lehrerausbildung" und „Schulpädagogik" von der Notwendigkeit einer Fusion zu überzeugen und damit einer Definition zu genügen, wie sie dann wenig später auf der Duisburger Mitgliederversammlung beraten und beschlossen worden ist (vgl. das Schreiben von Blankertz an Bayer und Scheibe vom 13.2.1976; 6.6). Demnach sollte die Binnenstruktur der DGfE gemäß § 13 ihrer Satzung durch zweierlei „Formen von Ausschüssen" definiert werden:

- *„Kommissionen"* als Dauereinrichtung: „Sie sollten der Grobstrukturierung der Erziehungswissenschaft entsprechen und jedenfalls in ihrer Fragestellung unter den DGfE-Mitgliedern einen hinreichenden Rückhalt haben. Dieser Rückhalt sollte als gegeben angenommen werden, wenn mindestens zwanzig DGfE-Mitglieder ihre aktive Mitarbeit in einer solchen Kommission durch Beitritt erklären".
- *„Ad-hoc-Gruppen":* „Sie sollten für die Vorbereitung einer inhaltlich bestimmten Aufgabe innerhalb einer festgesetzten Frist tätig sein und danach wieder aufgelöst werden." („Informationen über den gegenwärtigen Stand von Ausschüssen und Arbeitsgruppen der DGfE" [1976], S. 1; 6.3; vgl. dazu den Vorstandsbeschluss im VP 5.2.1976, TOP 3.c).

Unter Berücksichtigung dieser Definitionen und gestützt auf die Ergebnisse der oben erwähnten Befragung war es nun zum ersten Mal möglich, den Mitgliedern der DGfE (und der Öffentlichkeit überhaupt) einen vollständigen Überblick über die vorhandene Binnenstruktur zu geben, die Arbeitsschwerpunkte der Kommissionen zu erläutern, deren Mitgliederzahl zu beziffern und zur Mitarbeit in diesen Einrichtungen einzuladen. Die „Informationen" von 1976 enthalten folgende Aufstellung (ebd., S. 2-10):

1. Kommission „Arbeitsgemeinschaft für empirisch-pädagogische Forschung" (AEPF): Kein konstanter Vorstand; 150 Mitglieder, davon 50 auch Mitglieder der DGfE; keine Satzung.
2. Kommission „Berufs- und Wirtschaftspädagogik": Vorstand Frank Achtenhagen, Karlwilhelm Stratmann, Ernst Wurdack; 69 Mitglieder; keine Satzung.
3. Kommission „Erwachsenenbildung": Vorstand Dikau, Josef Olbrich; 49 Mitglieder; keine Satzung.
4. „Historische Kommission": Vorstand Roessler, Rückriem; 153 Mitglieder, davon 86 Mitglieder der DGfE; eigene Satzung.
5. Kommission „Lehrerbildung – Unterrichtswissenschaft (Schulpädagogik)": Vorstand Georg Auernheimer, Bayer, Wilhelm Himmerich; 45 Mitglieder, davon 39 Mitglieder der DGfE; keine Satzung.
6. Kommission „Sonderpädagogik": Vorstand Norbert Myschker, Westphal; 55 Mitglieder, davon 35 Mitglieder der DGfE; keine Satzung.
7. Kommission „Sozialpädagogik": Vorstand Christian Marzahn, C. Wolfgang Müller, Hans-Uwe Otto; 70 Mitglieder; keine Satzung.
8. Kommission „Vergleichende Erziehungswissenschaft": Vorstand Baske, Detlef Glowka, Rita Süßmuth; 62 Mitglieder, davon 33 Mitglieder der DGfE; eigene Satzung, die festlegt, dass die Kommission zugleich die deutsche Sektion der CESE in der Bundesrepublik ist.

Ad-hoc-Gruppen
1. Zur „Koordination aller Teilvorschläge für die Revision der Diplom-Prüfungsordnung": Vorsitz Thiersch; 12 Mitglieder, 1 ständiger Gast.

2. Zur „Vorbereitung des Kongresses 1978": Vorsitz Blankertz; die Mitglieder des Vorstands sowie die Vorsitzenden der Kommissionen.

Mit den Beschlüssen der Duisburger Mitgliederversammlung und der Bestandsaufnahme von 1976 war nach zweimaligem Anlauf die Gründungsphase in der Kommissionsentwicklung der DGfE abgeschlossen und eine transparente Basis für die weitere Ausdifferenzierung unserer Fachgesellschaft gelegt.

2.3 Vereinsrechtliche Konflikte

Freilich war mit der Einigung darüber, wie der Begriff der Kommission zu definieren sei, noch überhaupt nichts über die vereinsinterne Ausgestaltung der Beziehungen zwischen der Gesellschafts- und der Kommissionsebene ausgesagt. Wie also sollte das Vereinsleben konkret funktionieren? Sollte es sich bei den Kommissionen um Einrichtungen *der* oder *in der* DGfE handeln? Sollten sie sich eigenständige Satzungen geben und z.B. eigene Mitgliedsbeiträge erheben oder besondere Wahl- und Abstimmungsverfahren praktizieren dürfen? Und welche Instanz sollte mit welcher Legitimation im Konfliktfalle entscheiden? Wie die Bestandsaufnahme von 1976 zeigt, konnten damals erst zwei der acht Kommissionen eine eigene Satzung vorweisen. Dass aber dennoch dringlicher Klärungs- und Handlungsbedarf bestand, lässt sich am Beispiel einer der beiden „Satzungs-Eignerinnen", nämlich der *Historischen Kommission*, besonders gut verdeutlichen, weil sich der Konflikt um deren Satzungsautonomie als ein jahrelanges Dauerproblem durch die Akten der DGfE hindurchzieht.

Die diesbezüglichen Auseinandersetzungen zwischen dem Vorstand der DGfE und dem Vorsitzenden der Historischen Kommission begannen im Mai 1974, nachdem Wilhelm Roessler in einem Schreiben vom 7.5. die sog. „Statutenfrage" aufgeworfen und damit einen wichtigen Anlass für die geschilderte Umfrage bei den Kommissionsvorsitzenden vom 20.6.1974 geliefert hatte. Stein des Anstoßes aber war die in Roesslers Schreiben enthaltene Vorstellung von einem „korporativen Anschluss der Historischen Kommission in [!] die Deutsche Gesellschaft", was logischerweise auf seine Meinung schließen ließ, 1. dass die Historische Kommission außerhalb der DGfE entstanden sei (was eindeutig der überlieferten Aktenlage widerspricht) und 2. dass sie auch keine Kommission *der* DGfE werden sollte.

Der Vorstand der DGfE ermächtigte Herwig Blankertz daraufhin, Herrn Roessler „einstweilen" mitzuteilen, dass gegenüber einem korporativen Anschluss „rechtliche Bedenken bestehen, weil der § 13 der Satzung der Deutschen Gesellschaft lediglich von *vom Vorstand eingesetzten* Ausschüssen und Arbeitsgruppen spricht" (VP 18.5.1976, TOP 6). Dieser Standpunkt wurde auf der nächsten Sitzung des DGfE-Vorstands durch den Vorschlag bekräftigt, die Kommission möge in § 1 ihres Statuts feststellen, dass sie „eine Kommission *der*

Deutschen Gesellschaft für Erziehungswissenschaft" sei (VP 11.7.1974, TOP 4), woraufhin Roessler zusagte, „die erbetenen Änderungen im Statutenentwurf vorzunehmen" (VP 8.11.1974, TOP 5).

Mit dieser Zusage schienen nun alle Differenzen erledigt zu sein, und tatsächlich ist in den Vorstandsakten der DGfE bis 1980, als die Amtszeit Roesslers endete, kein Anhaltspunkt mehr für gravierende Konflikte zu finden. Doch danach, in der Amtszeit des Roessler-Nachfolgers Manfred Heinemann, brach sogleich eine neue, verschärfte Konfliktperiode aus, die den Vorstand der DGfE zwei Jahre lang regelmäßig beschäftigte.

Auslöser der erneuten Auseinandersetzungen war jetzt eine konkrete Verfahrensfrage, nämlich die *Beschlussfähigkeit von Mitgliederversammlungen*. Während die Satzung der DGfE bestimmte (und immer noch bestimmt), dass jede „ordentliche", d.h. schriftlich und fristgerecht einberufene Mitgliederversammlung beschlussfähig ist (damals § 6, heute § 7), erkannte das Statut der Historischen Kommission nur solche Versammlungen als beschlussfähig an, die von mindestens der Hälfte aller ordentlichen Kommissionsmitglieder besucht waren. Darüber hinaus sah das Kommissionsstatut die Möglichkeit brieflicher Abstimmungen vor, was ebenfalls in der DGfE-Satzung nicht vorgesehen war. Trotz dieser offensichtlichen Differenzen war aber das Statut der Historischen Kommission (man wird wohl sagen müssen: versehentlich) vom vorhergehenden Vorstand genehmigt worden, so dass es nun eine Konkurrenz verschiedener Regelungen gab und im vorliegenden Konfliktfall die Frage zu entscheiden war, ob eine schriftlich durchgeführte Vorstandswahl gültig war oder nicht.

In dieser misslichen Lage hat sich der DGfE-Vorstand unter Vorsitz von Hans Thiersch darum bemüht, einen tragfähigen Kompromiss zu finden, indem er die Mitgliederversammlung der Historischen Kommission aufforderte, entweder die erfolgte Briefwahl durch einen mündlichen Beschluss zu legitimieren oder sich für eine neue Wahl zu entscheiden. Ansonsten aber ließ er keinen Zweifel daran,

– dass der Vorstand in Streitfällen eine anerkannte Schiedsfunktion beanspruchte,

– dass bei Mitgliederversammlungen aller Kommissionen die übergeordnete Satzung der DGfE heranzuziehen sei und

– dass es „unausweichliche" Konsequenzen haben werde, „wenn die Rechte und Interessen der Gesamtgesellschaft nicht beachtet werden" (VP 16.3.1980, TOP 4).

Wer nun auf Einsicht und – im „Interesse der Gesamtgesellschaft" – auf die Anerkennung gemeinsamer Regeln gehofft hatte, der wurde rasch eines Schlechteren belehrt. Jetzt kam es nämlich zu der absurden Situation, dass die Historische Kommission *zwei Vorsitzende* hatte, einen nach Wahlrecht der Kommission (Heinemann) und einen nach Wahlrecht der Gesellschaft (Heinz-Elmar Tenorth). Für keinen von beiden, so stellte der DGfE-Vorstand fest, sei „die Rechtsgrundlage für seine Amtsführung eindeutig". Um aber den Einigungsdruck zu erhöhen, werde die Kommission keinen Zuschuss der DGfE erhalten, „bis ein einhellig anerkannter Vorsitz vorhanden ist" (VP 2.5.1980, TOP 9). Als auch diese Ankündigung nichts fruchtete, drohte der Vorstand damit, der Historischen Kommission die Anerkennung als Kommission der DGfE zu entziehen und auf dem nächsten Kongress (dem in Regensburg 1982) einen neuen Kommissionsvorstand gemäß Satzung der DGfE wählen zu lassen (VP 16./17.11.1980, TOP 2). Doch aller Ankündigungen und Drohungen zum Trotz hielt Heinemann unbeirrt daran fest, dass die Historische Kommission einen autonomen Status besitze und „nur durch ihre Mitglieder mit der DGfE verbunden sei". Jede Bindung an Satzungsvorschriften der DGfE lehnte er kategorisch ab (VP 12.1.1981, TOP 5; vgl. auch das Rundschreiben Tenorths an die „Vollmitglieder" der Historischen Kommission vom 16.2.1981; 10.4).

Schließlich setzte sich bei Thiersch und seinen Vorstandskollegen mehr und mehr die Einsicht durch, dass der Konflikt mit und innerhalb der Historischen Kommission erst dann gelöst werden könnte, wenn man die Lösung auf eine allgemeine, auch alle anderen Kommissionen betreffende Grundlage stellt. Diese Grundlage ist die Idee einer *Rahmen-Geschäftsordnung (RGO)* gewesen, die gewissermaßen das Verbindungsglied zwischen den Satzungen der Gesellschaft und ihrer Kommissionen darstellen sollte. Der Vorstand hat darüber zum ersten Mal in unmittelbarem Anschluss an einen Bericht über die Lage in der Historischen Kommission diskutiert (VP 12.1.1981, TOP 5 und 6) und im September 1981 einen ersten Entwurf Punkt für Punkt (§§ 1-6) mit den Vorsitzenden sämtlicher Kommissionen beraten (VPK 18.9.1981, TOP 1). Abschließend wurde auf dieser Sitzung festgestellt und protokollarisch festgehalten, dass die endgültige Verabschiedung der RGO (nach weiteren Beratungen mit und in den Kommissionen) ausschließlich in die Kompetenz des DGfE-Vorstandes falle und noch vor dem Regensburger Kongress im März 1982 erledigt sein müsse, damit die dort anstehenden Wahlen schon nach den neuen Bestimmungen erfolgen könnten. Danach hätten alle Kommissionen ein Jahr Zeit, „diesen Rahmen auszufüllen und ihre eigene Geschäftsordnung in Übereinstimmung mit der Rahmenordnung zu beschließen." Festgestellt und protokollarisch festgehalten wurde schließlich auch eine unmissverständliche Sanktionsklausel: „Wenn Kommissionen dieser Rahmenordnung nicht zustimmen, gibt es für den Vorstand der DGfE nur die Auflösung und Neugründung der Kommission" (ebd.).

Angesichts dieser Perspektive und der offensichtlichen Zustimmung aus den anderen Kommissionen ist der Widerstand von Heinemann und seiner Anhänger in der Historischen Kommission dann doch erstaunlich rasch erlahmt. Auf das Protokoll der Sitzung vom 18.9.1981 und auf Thierschs RGO-Textvorlage vom 28.10. (§§ 1 – 7; 10.4) reagierte Heinemann zwar noch mit einem bitteren „Rundschreiben an die Vollmitglieder" seiner Kommission vom 27.11., was wiederum Tenorth zu einer Gegendarstellung vom 5.1.1982 provozierte (beide Texte in 10.4). Doch das waren bereits Rückzugsgefechte. Am

6.7.1982 unterzeichnete Heinemann eine Geschäftsordnung, die in allen wesentlichen Bestimmungen der RGO (und damit der Satzung der DGfE) angepasst war (§§ 1 – 6; 10.3) und am 22.9.1982 vom Vorstand der DGfE einstimmig gebilligt wurde (VP TOP 3). Zwar musste sich der Vorstand noch 1986 mit gelegentlichen „Schwierigkeiten" in der Historischen Kommission beschäftigen (VPe 23.6., TOP 6.g und vom 6.12., TOP 6.10.a), doch von „Autonomie" oder gar von „Auflösung" der Kommission war da keine Rede mehr.

Diese kleine Konfliktstudie hat eine versöhnliche Schlusspointe: Als sich am 7.7.2000 die ehemaligen DGfE-Vorsitzenden in Berlin zu einem Erinnerungsgespräch trafen, berichtete Thiersch, dass Heinemann ihm später einen freundlichen Brief geschrieben habe, in dem er sich dafür bedankt habe, „dass wir ihn an seinen Torheiten gehindert hätten" (RG, S. 10).

2.4 Zentrifugale Tendenzen

In dem Maße, wie sich die Zahl der DGfE-Mitglieder in den 70er Jahren kontinuierlich erhöhte (vgl. die Statistik im Anhang dieses Bandes), konnte und sollte auch die Ausdifferenzierung der Gesellschaft in Kommissionen und Arbeitsgemeinschaften weiter voranschreiten. Das geschah gemäß den Beschlüssen der Duisburger Mitgliederversammlung zunächst ganz problemlos, wie die Einrichtung der Kommission „Vorschulerziehung/Frühkindpädagogik" im März 1977 zeigt: Nachdem der Antrag von der vorgeschriebenen Mitgliederzahl unterstützt worden war, stimmte der Vorstand dieser 9. Kommission ohne weiteres zu (VP 1.3.1977, TOP 2).

Doch mit dieser zunächst gewollten Expansion stieg zwangsläufig auch das Risiko von Überschneidungen der Arbeitsfelder und von Spezialisierungen, die eben nicht mehr, wie in Duisburg festgelegt, „der Grobstrukturierung der Erziehungswissenschaft" zweifelsfrei entsprachen. Solche Zweifel wurden zum ersten Mal aktenkundig, als sich ein Jahr später der neugewählte Vorstand unter Vorsitz von Hans Thiersch mit Anträgen auf Einrichtung von Kommissionen für „Freizeitpädagogik" sowie für „Pädagogik der Dritten Welt" konfrontiert sah (VP 14.4.1978, TOP 4). Da diese Wünsche, wie es im Protokoll heißt, „im Widerspruch zu Vorstellungen der bestehenden Kommission(en) Sozialpädagogik, Erwachsenenbildung und Vergleichende Pädagogik stehen", wurde den Antragstellern empfohlen, in diesen Kommissionen „als Unterkommissionen" mitzuarbeiten. „Sollten die Antragsteller das nicht für möglich oder zweckmäßig halten, so wird eine inhaltliche Begründung für die Einrichtung neuer Kommissionen erbeten und angekündigt, daß sie den bestehenden Kommissionen zur Stellungnahme zugeleitet wird."

Damit war eine Bremse in das Verfahren eingebaut, die zwei Jahre vorher offenbar noch niemand für notwendig gehalten hatte, die sich aber als äußerst nützlich erwies, um die Entscheidungen des Vorstands zu legitimieren. Im vorliegenden Fall stimmte er auf seiner nächsten Sitzung der Kommissionsgründung „Bildungsforschung mit der Dritten Welt" zu, nachdem die „Vergleichende Erziehungswissenschaft" ihre Bedenken zurückgezogen hatte, und auch die Kommission „Freizeitpädagogik" wurde jetzt „nach eingehender Diskussion" akzeptiert (VP 27.6.1978, TOP 3). Damit hatte sich die Zahl der Kommissionen, die als „Dauereinrichtungen" gelten wollten, bereits auf 11 erhöht. Das Dutzend war voll, als sich der Vorstand nach längeren Vorverhandlungen endlich im Januar 1980 entschloss, neben der Kommission „Lehrerbildung" auch eine solche für „Schulpädagogik" zu installieren (VPe 4./5.10.1979, TOP 9.b und 21.1.1980, TOP 8).

Verschärft durch diese offenbar unausweichliche Expansionsdynamik stand der Vorstand immer wieder vor der Frage nach einer Verbesserung seiner Entscheidungskriterien. So diskutierte er im Oktober 1978 den Vorschlag, sich bei der Beurteilung von Kommissionsgründungen „an die Gliederung nach Studienschwerpunkten anzulehnen", und bat Klaus Mollenhauer, „sich Formulierungen für ein Rahmenkriterium nach Studienschwerpunkten zu überlegen" (VP 13.10.1978, TOP 3.4). Mollenhauer trug dazu ein halbes Jahr später einige Gesichtspunkte mündlich vor (VP 14./15.3.1979, TOP 12), doch scheint dieser Ansatz dann nicht weiter verfolgt worden zu sein. Statt dessen bahnte sich im November 1978 eine generalisierbare, problemschärfende Regelung an, als der Vorstand über den Antrag zu entscheiden hatte, eine „Arbeitsgemeinschaft für Wissenschaftsforschung innerhalb der DGfE" zu genehmigen. Der Antrag wurde akzeptiert, aber mit dem Zusatz, „dass der Vorstand nach Ablauf von 3 Jahren erneut über ihr Fortbestehen oder ihre Umwandlung (z.B. vielleicht in eine Sektion) mit ihr beraten wird" (VP 22.11.1978, TOP 4).

Wie wichtig diese Klausel werden sollte, zeigte sich bereits auf der ersten Sitzung des neuen Vorstands unter dem Vorsitz von Helmut Heid im Mai 1982. Die vorliegenden Anträge zur Einrichtung von Kommissionen für „Friedenspädagogik" und für „Frauenfragen in der Erziehungswissenschaft" wurden mit der Bitte beantwortet, zunächst einmal „eine Arbeitsgruppe einzurichten" und im nächsten Rundbrief zu einem ersten Treffen interessierter Mitglieder einzuladen. Darüber hinaus gab der Vorstand angesichts weiterer Antragsankündigungen folgende Grundsatzerklärung ab:

„Der Vorstand betrachtet die zentrifugalen Tendenzen in der Erziehungswissenschaft mit Sorge und ist der Auffassung, daß fundamental wichtige Themen und Fragestellungen gerade nicht in spezielle Kommissionen ausgelagert werden sollten" (VP 17.5.1982, TOP 6).

Diese Position hat Heid in seinen Antwortbriefen an die beiden Antragsteller ausführlich erläutert und um Verständnis für die abwartende Entscheidung des Vorstands gebeten. Maßgeblich dafür sei die Besorgnis gewesen, „daß die Identität unserer Disziplin und die Integration unserer Arbeit durch eine zu weitgehende Kommissionsgliederung empfindlich beeinträchtigt werden könnte." Darüber hinaus müsse der Gesichtspunkt der „institutionellen Verankerung" jeder Kommissions-Thematik in der Disziplin, d.h. die Frage beachtet werden, ob ein „mit dieser Thematik korrespondierender eigener Studiengang" besteht, ob es dafür eigene Lehrstühle bzw. Forschungstraditionen oder doch wenigstens „eine bestimmte Berufsperspektive bzw. ein Berufsfeld" gibt (Heid an Peter Heitkämper am 26.5.1982 und an Renate Thiersch am 27.5.1982; 10.3).

Wie (schon aus Gründen politischer und emanzipativer Überzeugung) nicht anders zu erwarten war, hat sich weder die „Friedens"- noch die „Frauen"-Gruppe damit abfinden wollen, zunächst nur als „AG" akzeptiert zu werden. Ein wenig später erneut vorgelegter Antrag von Peter Heitkämper auf Gründung einer friedenspädagogischen Kommission wurde zunächst vertagt, dann am 15.11.1982 im Vorstand einhellig abgelehnt und statt dessen mit knapper Mehrheit beschlossen, das Angebot einer Arbeitsgruppe zu wiederholen, über deren Kommissionsstatus dann die nächste Mitgliederversammlung zu entscheiden habe (VP 15.11.1982, TOP 3). Tatsächlich hat diese AG bis 1992 bestanden, blieb aber mit ihren weiteren Anträgen, den Kommissionsstatus zu erreichen, erfolglos und scheiterte schließlich endgültig an den ablehnenden Voten der befragten Kommissionsvorstände (Antrag Heitkämper vom 13.8.1990 und Antwort des Vorsitzenden Dietrich Benner vom 21.8.1990; 14.2; erneuter Antrag Heitkämper vom 21.3.1991; 14.3; VP 14.10.1991, TOP 3; Briefwechsel Röhrs – Benner vom 24.4./16.7.1992; 15.11).

Das Antragsverfahren der „Frauen"-AG verlief nicht weniger langwierig. Nachdem Helmut Heid auf der Vorstandssitzung vom 17.1.1983 über deren „beharrliches Kommissionsinteresse" berichtet hatte (TOP 3), wurde eine Entscheidung zunächst zweimal vertagt, „bis auf der Kieler Mitgliederversammlung (im März 1984) die Grundsatzdebatte über Kriterien der Kommissionsbildung stattgefunden hat" (VP 16.3.1983, TOP 7). Aber die Hoffnungen auf jene „Grundsatzdebatte" erfüllten sich nicht. Als es im August 1984 endlich zu einer Entscheidung kam, sprach sich der Vorstand mit großer Mehrheit lediglich für die Einrichtung einer „Arbeitsgruppe auf Zeit" aus und beauftragte den Vorsitzenden, den Antragstellerinnen „von der Beantragung einer Kommission dringend abzuraten" (VP 24.8.1984, TOP 4). Die Frauengruppe ist diesem Rat gefolgt und hat im Januar 1985 das einstimmige Plazet für eine „AG auf Zeit" erhalten (VP 25.1.1985, TOP 3). Deren Laufzeit wurde 1989 um weitere zwei Jahre verlängert (Volker Lenhart an Hannelore Faulstich-Wieland am 2.5.1989; 13.5), bevor dann schließlich auf der Vorstandssitzung vom 1./2.7.1991 die Fortführung als Kommission „Frauenforschung in der Erziehungswissenschaft" einstimmig gebilligt wurde (VP TOP 5; vgl. auch das VP 22.10.1990, TOP 3.a).

Wie bereits angedeutet, waren die Kommissionsanträge der „Friedens"- und der „Frauen"-Gruppe der unmittelbare Anlass dafür, die Binnenstruktur der DGfE erneut grundsätzlich zu diskutieren und mit einer Beschlussvorlage auf die Tagesordnung der Kieler Mitgliederversammlung zu setzen. Im Vorstand wurde dazu die Absicht bekräftigt, „die Diskussion über Kriterien der Neugründung, aber auch der Auflösung von Kommissionen verstärkt fortzusetzen und insbesondere die Möglichkeit zu prüfen, grundsätzlich zwischen *ständigen Kommissionen* und *zeitlich begrenzten Ad hoc-Kommissionen* zu unterscheiden" (VP 15.11.1982, TOP 3; vgl. bereits den Vorstandsbeschluss vom 5.2.1976, TOP 3.c). Sodann verständigte sich der Vorstand auf eine „Richtlinie", die eine weitergehende Unterscheidung zum Inhalt hatte:

1. *„Grundständige Kommissionen",* die den „etablierten Teildisziplinen der Erziehungswissenschaft in der Bundesrepublik" entsprechen sollen;
2. *„Arbeitsgruppen auf Zeit",* die „Querschnittsaufgaben und/oder neuen erziehungswissenschaftlichen Problembereichen" gewidmet sind;
3. *„Vorstands-Kommissionen",* die innerhalb festgesetzter Frist bestimmte, i.d.R. „forschungs- und ausbildungspolitische Fragen" zu bearbeiten haben.

Für die „Arbeitsgruppen auf Zeit" sollte (wie bisher) gelten,

„daß die Initiative zu ihrer Gründung von mindestens 20 Mitgliedern getragen sein muß, die ihre Bereitschaft zu ernsthafter kontinuierlicher Mitarbeit ausdrücklich zu erklären haben. Die Gründung erfolgt durch Vorstandsbeschluß nach Anhörung der Vorsitzenden der ‚Grundständigen Kommissionen' für die Dauer von vorerst 2 – 4 Jahren. Die Sockel-Finanzierung während dieser Gründungsphase beträgt i.d.R. 50% der Summe, die die ‚Grundständigen Kommissionen' erhalten. Nach Ablauf der Gründungsphase werden die Aktivitäten der Arbeitsgruppen auf Zeit durch den Vorstand gründlich überprüft. Die Entscheidung kann lauten a) Anerkennung als ‚Grundständige Kommission', wenn die Weiterarbeit erziehungswissenschaftlich auf Dauer ergiebig erscheint und wenn es der Arbeitsgruppe gelungen ist, ihren Bestand an kontinuierlich mitarbeitenden Mitgliedern auf mindestens 30 zu erhöhen; b) Verlängerung als ‚Arbeitsgruppe auf Zeit'; c) Auflösung bzw. Integration in andere ‚Grundständige Kommissionen'. Der Vorstand behält sich vor, die Existenzberechtigung auch der ‚Grundständigen Kommissionen' nach Maßgabe ihrer Tagungsprotokolle, Teilnehmerzahlen, Mitgliederentwicklung etc. zu überprüfen" (VP 24.2.1984, TOP 8 und 9).

Diese Beschlussvorlage des Vorstands wurde auf der Kieler Mitgliederversammlung am 28.3.1984 von Helga Thomas erläutert und stieß dort – mit einigen Modifikationen – auf große Zustimmung (MVP, TOP 8 und 11.9). Da gleichzeitig die Satzungs-§§ 6 und 13 (2) entsprechend mit großer Mehrheit geändert wurden (ebd., TOP 9), gab es nun ein auf breiter Basis legitimiertes Steuerungsinstrument, das geeignet erschien, die weitere Entwicklung der Binnenstruktur zu fördern und gleichzeitig in geregelten Bahnen zu halten. Wie stark sich die Anzahl der Neugründungen in den 80er und 90er Jahren erhöht und demzufolge das thematische Spektrum der Kommissionstätigkeiten erweitert hat, ist im Anhang 8, Tabelle 1 dokumentiert. Eine Verlangsamung des Expansionsprozesses und damit eine gewisse Stabilisierung der Binnenstruktur scheint demnach – im Vergleich beider Jahrzehnte und ausschließlich bezogen auf die Kommissionsentwicklung – tatsächlich eingetreten zu sein.

2.5 Ein neuer Rahmen

Zweifellos war mit der in Kiel 1984 beschlossenen Reform der Binnenstruktur die vernünftige Absicht (und wohl auch der Effekt) verbunden, einerseits den Kommissionsaspiranten mit der Zwischenstufe der „Arbeitsgruppe auf Zeit" eine gewisse Bewährungsprobe abzuverlangen, andererseits den Vorstand von dem Druck endgültiger Entscheidungen zu entlasten und ihm die Möglichkeit sachgerechter Überprüfungen einzuräumen. Aber war das Instrument der „Arbeitsgruppe auf Zeit" auch geeignet, die beklagten „zentrifugalen Tendenzen" in der Kommissionsentwicklung zu beseitigen? Konnte man tatsächlich erwarten, dass die auferlegte Karenzzeit ggf. auch zu einem Verzicht der Arbeitsgruppe auf den erhofften Kommissionsstatus führen würde? Oder handelte es sich doch nur um eine zeitversetzte Scheinlösung, die den Vorstand am Ende des Wartestaus vor dieselben Entscheidungsprobleme zu stellen drohte wie bisher?

Es dürften Fragen dieser Art gewesen sein, die den Vorstand anfangs der 90er Jahre erneut beunruhigten und nach Wegen suchen ließen, die geeignet erschienen, „die Integrationskraft in der Gesellschaft zu stärken" und „den innergesellschaftlichen Diskurs zu befördern" (VP 14.10.1991, TOP 4). Doch neue, bahnbrechende Einfälle dazu blieben Mangelware. Die Idee etwa, unter dem schönen Etikett von „special interest groups" neue Ad hoc-Gruppen zu etablieren, die zwar „den Namen der Gesellschaft verwenden dürfen, aber keine Zuschüsse erhalten und infolgedessen auch keine Organe der Gesellschaft sind", ist wohl eher ein Trostpflaster für abgelehnte Kommissionsanträge, aber kein Vorschlag für eine Strukturverbesserung gewesen (VP 1./2.7.1991, TOP 5, und MVP vom 17.3.1992, TOP 9). Genauso wenig leuchtet die Erwartung ein, dass ausgerechnet diejenigen Arbeitsgruppen, „die eine innovative Entwicklung im Fach vertreten", nach zwei bis vier Jahren auf die Idee kommen könnten, sich „unter das Dach einer existierenden Kommission" zu begeben (VP 14.10.1991, TOP 4). Tatsächlich ist auch keine einzige AG diesen Weg gegangen.

Dass die Kieler Beschlüsse die Konsequenz gehabt haben könnten, eine zeitversetzte Scheinlösung des Strukturproblems zu befördern, wird durch einen Blick in die Wirklichkeit durchaus wahrscheinlich gemacht: Weil der direkte Weg zur Anerkennung als „Grundständige Kommission" zwar nicht versperrt, aber doch erheblich erschwert worden war, wurde in den 90er Jahren der Antrags- und Genehmigungsweg über die Stufe der „Arbeitsgruppe auf Zeit" zum Regelfall, so dass in dem kurzen Zeitrum 1994 bis 1998 ebenso viele Gründungen stattfanden (bzw. geplant waren) wie insgesamt in den 18 Jahren davor (vgl. Anhang 8., *Tab. 2*). Die „zentrifugalen Tendenzen" hatten sich jetzt offensichtlich von der Kommissions- auf die AG-Ebene verlagert.

Diesen Zustand wollte der Vorstand unter Vorsitz von Dieter Lenzen nicht länger als unabänderlich akzeptieren. Auf der Mitgliederversammlung vom

12.3.1996 in Halle legte er den Entwurf einer Satzungsänderung vor, die in § 13 eine streng formale Unterscheidung von *„Wissenschaftlichen Sektionen"* (für „ausgebaute Schwerpunkte der Erziehungswissenschaft"), *„Wissenschaftlichen Kommissionen"* (für „jüngere oder spezialisierte Fächer oder Fachrichtungen") sowie *„Vorstandsausschüssen"* (zur Klärung von „insbesondere fachpolitischen Fragen") vorsah und den Vorstand ermächtigte, diese Institutionen *„einzusetzen und wieder aufzulösen"* (Anlage 1 zum MVP vom 12.3.1996, vgl. EW 7 (1996) 13, S. 10/11). Drei Gründe wurden für diese Satzungsänderung geltend gemacht:

1. „Die gegenwärtige innere Gliederung der DGfE ist zu einem Teil historisch (zufällig) entstanden und repräsentiert nicht (mehr) die Struktur der Disziplin."
2. „Die Binnengliederung der DGfE spiegelt nur teilweise den Diskussionsstand außerhalb der deutschen Erziehungswissenschaft, d.h. insbesondere im anglo-amerikanischen Raum."
3. „Die jeweiligen Vorstände unserer Gesellschaft sind in jeder Amtsperiode immer wieder mit Neuanträgen für die Gründung von Arbeitsgemeinschaften auf Zeit bzw. von Kommissionen konfrontiert, für deren Annahme oder Ablehnung keine satzungsmäßigen Kriterien existieren. Auf diese Weise besteht die Gefahr, daß die Entscheidungen der Vorstände intransparent und willkürlich erscheinen." Zur Lösung des Problems versucht der Entwurf, „anstelle einer konsensuell kaum erwartbaren Struktur der Disziplin formale Kriterien zu formulieren, die sich an dem Etablierungsgrad von Schwerpunkten, Fächern, Fachrichtungen usw. orientieren" (ebd., S. 13).

Diese Vorschläge stießen in der Mitgliederversammlung (im Unterschied zur Kieler Versammlung von 1984!) auf erhebliche Skepsis, die sich insbesondere gegen eine zu weitgehende Handlungsvollmacht des Vorstands richtete. Auch die Zusage des Vorsitzenden, dass der Vorstand keine Entscheidung über die Neustruktur der DGfE ohne Zustimmung der Kommissions- und AG-Vorsitzenden treffen werde, hat die Skeptiker nicht überzeugt, so dass sich Lenzen schließlich gezwungen sah, den Änderungsantrag zurückzuziehen. Dennoch war die Debatte in Halle ein richtungsweisender Erfolg, weil sie nicht nur zu dem Auftrag an den Vorstand führte, der nächsten Mitgliederversammlung einen neuen Struktur- und Satzungsänderungsvorschlag zur Entscheidung vorzulegen (vgl. ebd., S. 8), sondern weil damals auch bereits die entscheidenden Stichwörter für die geplante Strukturreform gefallen sind:
– die Unterscheidung von „Sektionen" und „Kommissionen",
– die maßgebliche Mitbestimmung der Kommissions- und AG-Vorstände, und auf dieser Basis
– eben doch der Versuch einer „konsensuellen" Strukturvereinbarung.
Kurzfristig zog der DGfE-Vorstand aus seinem Rückzieher in Halle die Konsequenz, vorerst keine Gründungsanträge mehr zu verabschieden (VP 26./27.4.1996, TOP 10.1). Statt dessen konzentrierte er sich jetzt voll und ganz darauf, den zweiten Versuch für eine Struktur- und Satzungsreform gründlicher vorzubereiten und im Hinblick auf die nächste Mitgliederversammlung die Weichen rechtzeitig zu stellen. Dieter Lenzen sagte die Vorlage eines neuen Strukturkonzepts bis August 1996 zu, das zunächst als Entwurf durch den Vorstand gebilligt und dann auf gemeinsamen Sitzungen mit den Vorsitzenden der

Kommissionen und Arbeitsgemeinschaften gründlich erörtert werden sollte (ebd., TOP 11). Diese gemeinsamen Sitzungen fanden am 17.9.1996 in Hannover (Tagesordnung 17.3) sowie am 7.7.1997 in Göttingen statt (vgl. VP 2./3.11.1997, TOP 13) und setzten einen umfassenden, konsensorientierten Entscheidungsprozess in Gang, der schon auf der Göttinger Sitzung zu der gemeinsamen Grundvorstellung führte, *dass die Binnenstruktur der DGfE künftig aus 13 „Sektionen" bestehen sollte, in die sämtliche bestehende oder im Antragsverfahren befindliche Kommissionen bzw. Arbeitsgemeinschafen a.Z. zu integrieren wären* („Geplante Binnenstruktur der DGfE" und „Erläuterungen zur geplanten Binnenstruktur der DGfE", vgl. EW 8 (1997) 16, S. 77-80).

Dieser Göttinger Konsens vom 7. Juli 1997 wurde in der weiteren Beratung zwar noch modifiziert (insbesondere wurden die ursprünglich vorgesehenen beiden (Rest-)Sektionen „Differentielle Erziehungswissenschaft" I und II stark reduziert und zu einer einzigen zusammengelegt); doch an dem Konzept selbst wurde nicht mehr gerüttelt. Die 1996 gescheiterte Satzungsänderung wurde am 19.3.1998 durch die Hamburger Mitgliederversammlung mit überwältigender Mehrheit nachgeholt, so dass § 13, Satz 2-4 jetzt folgenden Wortlaut hatte:

„Insbesondere kann er [der Vorstand] Wissenschaftliche Sektionen und Vorstandsausschüsse einsetzen und wieder auflösen. Vor der Auflösung von Wissenschaftlichen Sektionen sind die ordentlichen Mitglieder dieser Sektionen zu hören. Wissenschaftliche Sektionen repräsentieren an den Hochschulen ausgebaute Schwerpunkte der Erziehungswissenschaft und dienen der wissenschaftlichen Arbeit und Weiterentwicklung der Erziehungswissenschaft." (EW 9 (1998) 17, S. 65)

Auf dieser Satzungsgrundlage bestätigte der nächste Vorstand unter dem Vorsitz von Ingrid Gogolin durch förmlichen Beschluss vom 9.1.1999 die „neue Binnenstruktur" der 13 Sektionen, denen die Möglichkeit eingeräumt wurde, sich in Kommissionen zu untergliedern. Beschlossen wurde weiterhin eine vorläufige Finanzausstattung der Sektionen, die Durchführung einer Mitgliederbefragung zur Frage der Sektionsmitgliedschaft als Grundlage einer längerfristigen Finanzplanung, und nicht zuletzt „eine erste Evaluation der neuen Binnenstruktur" noch in der laufenden Amtsperiode, um „über eventuell fällige Revisionen erstmals im Jahr 2000 beschließen" zu können (Mitteilungen des Vorstands in EW 10 (1999) 18, S. 23-25). Wie sich die 13 Sektionen im Juni 2000 zusammensetzten, zeigt die *Tab. 3* im Anhang 8.

Hat sich die Sektionslösung als neuer Rahmen der Binnenstruktur bereits bewährt oder jedenfalls als aussichtsreich erwiesen? Die wenigen Stellungnahmen, die dazu in den Akten der DGfE enthalten sind, lassen ein Urteil vorerst kaum zu. Eine grundsätzliche Alternative wurde nur von einem einzigen Mitglied, nämlich von Ilse Dahmer, zur Diskussion gestellt, ohne allerdings mehr als ein polemisches Echo auszulösen (vgl. die Texte ebd., S. 15-20, und in EW 10 (1999) 19, S. 33-34). Aufschlussreicher sind da schon die ersten Sektionsberichte, wie sie regelmäßig in den Heften der „Erziehungswissenschaft" erscheinen (vgl. 10 (1999) 20, S. 58ff.; 11 (2000) 21, S. 56ff.; 11 (2000) 22, S. 100ff.; 12

(2001) 23, S. 43ff.; 13 (2002) 24, S. 86ff.). Darin wird sehr deutlich, wie viele Anfangsschwierigkeiten zu überwinden waren und wie unterschiedlich die gegenseitigen Annäherungsprozesse in den einzelnen Sektionen verlaufen sind – bis hin zu dem Versuch, die eingeübte Kommissionspraxis unter einem neuen Dach unverändert fortzusetzen. Aber es gibt eben auch (und zwar zunehmend) positive Ansätze und erste erfolgversprechende Erfahrungen, kreative Kontakte über die Grenzen der eigenen Spezialkompetenz hinweg, Perspektiven gemeinsamer Forschungsarbeit. Das schließt nicht aus, dass es in dieser neu organisierten Wahlverwandtschaft immer wieder zu „zentrifugalen Tendenzen" kommen kann. Aber die Integrationskraft der Sektionsstruktur scheint doch stark genug zu sein, um solche Tendenzen aufzufangen oder sogar endgültig zu überwinden.

3. Die internationale Vernetzung der DGfE – eine Erfolgsgeschichte?

Dass eine fachwissenschaftliche Vereinigung wie die DGfE nur dann erfolgversprechend arbeiten kann, wenn sie internationale Kontakte unterhält, ist den Gründungsmitgliedern von vornherein bewusst gewesen. So wurde auf der konstituierenden Versammlung in Frankfurt a.M. eine Gründungssatzung diskutiert und verabschiedet, die in § 1 die Pflege von „Beziehungen zu anderen Wissenschaften sowie zur Pädagogik des Auslands" ausdrücklich als Vereinsaufgaben betont und in § 4 festgelegt hat, dass ausländische Gelehrte nach dem gleichen Verfahren wie ihre bundesdeutschen Kolleginnen und Kollegen „ordentliche Mitglieder" werden können (VP 28.4.1964, TOP 3). Kontakte zu „nationalen Gesellschaften anderer Länder und zu internationalen Vereinigungen" seien wichtig und müssten intensiviert werden, bekräftigte der Vorstand auf seiner Sitzung vom 14./15.6.1968 (VP, TOP 5).

3.1 Erste Kontaktversuche

Derartige Beschlüsse blieben keineswegs leere Absichtserklärungen, sondern hatten durchaus praktische Wirkung, wie sich an zahlreichen Details in den Vereinsakten nachweisen lässt. Exemplarisch sei hier auf einige Aktivitäten Oskar Anweilers hingewiesen, der sich als Vorstandsmitglied 1968-70 besonders engagiert für den erziehungswissenschaftlichen Brückenschlag nach Osteuropa einsetzte. Im Oktober 1968 stellte er erste Kontakte zum Präsidium der sowjetischen Akademie der Pädagogischen Wissenschaften her und machte sich im Vorstand der DGfE für ein Austauschprogramm stark, das je fünf Erziehungswissenschaftlern einen 20-tägigen Studienaufenthalt nach eigenem Schwerpunktinteresse in der Bundesrepublik bzw. in der Sowjetunion erlauben sollte. Das entsprechende Einladungsschreiben des Vorsitzenden Hans Scheuerl vom 2.12.1968 ist offenbar aus Moskau nicht beantwortet worden (3.3).

Ungeachtet solcher Enttäuschungen blieb Anweiler dabei, dass es notwendig sei, „stärkere Kontakte auf internationaler Ebene aufzunehmen". Die DGfE, so schlug er vor, „könne als Mitträger von Veranstaltungen im Ausland fungieren", und andererseits sollten Ausländer „verstärkt zu Kommissionssitzungen etc. eingeladen werden" (VP 6.10.1970, TOP 4). Ebendies scheint erfolgreich gewesen zu sein, wie z. B. Wolfgang Klafkis Bericht auf der Berliner Mitgliederversammlung der DGfE vom 14. April 1970 zu entnehmen ist, in dem er mitteilt, dass der „Arbeitsgemeinschaft für empirische pädagogische

Forschung" (AEPF) eine Reihe von ausländischen Mitgliedern, z. B. aus den Niederlanden, angehört (MVP, TOP 1.e).

Allerdings ist zu beachten, dass die AEPF damals noch ein „freier Arbeitskreis" und als solcher der DGfE lediglich durch persönliche Doppelmitgliedschaften verbunden war. Konnte das dort herrschende „freie" Aufnahmeverfahren so ohne weiteres auf „ordentliche" Kommissionen übertragen werden? Als dem Vorstand im Herbst 1969 mehrere Anfragen ausländischer Interessenten vorlagen, führte dies zu einer Grundsatzdiskussion auf der Vorstandssitzung vom 13./14. Oktober in Mainz. Der „wissenschaftliche Charakter der Gesellschaft", so heißt es im Sitzungsprotokoll, sei bei der Aufnahme neuer Mitglieder „wie bisher vorrangig zu beachten". Doch eben diese wissenschaftliche Qualifikation sei bei ausländischen Pädagogen „nicht leicht überprüfbar und deshalb besonders problematisch". Eine einfache Anfrage „ohne Befürwortung bekannter Vertreter der Pädagogik" erscheine dem Vorstand „suspekt". Im Zweifelsfalle sollten Referenzen angefordert werden. Andererseits aber, auch darin war sich der Vorstand einig, sei grundsätzlich „eine Beschränkung der Gesellschaft auf die nationale Ebene abzulehnen". Als Ausweg aus dem Dilemma bot sich die Idee einer „assoziierten Mitgliedschaft" an: „Ausländische Gelehrte, von deren Mitarbeit sich die Deutsche Gesellschaft einen Gewinn versprechen darf, könnten *auch* als korrespondierende Mitglieder assoziiert werden", wozu allerdings eine Satzungsänderung notwendig sei (VP 13./14.10.1969, TOP 1.a).

Die Berliner Mitgliederversammlung vom 14. April 1970 ist diesem Vorschlag des Vorstands einstimmig gefolgt und hat dem § 4 der Satzung folgenden Passus hinzugefügt:

> „Ausländische Wissenschaftler können nach dem gleichen Verfahren als korrespondierende Mitglieder aufgenommen werden. An die Stelle des Vorschlags zweier ordentlicher Mitglieder können in diesem Falle auch Referenzen international bekannter Wissenschaftler treten, die nicht Mitglieder der ‚Deutschen Gesellschaft für Erziehungswissenschaft' sind." (VP, TOP 5)

Doch durch diesen Text entstand nun eine neue Unklarheit. Da hier das Wörtchen „auch" gestrichen war, das das Vorstandsprotokoll vom 13./14.10.1969 noch enthalten hatte, war nun die Lesart möglich, dass ausländische Kolleginnen und Kollegen nur noch den Status eines „korrespondierenden", nicht mehr eines „ordentlichen" Vereinsmitglieds erwerben konnten. Oder gab es nun für Ausländer ein doppeltes, nämlich abgestuftes Mitgliedsrecht und konnte das wirklich im Interesse einer offensiv internationalen Ausrichtung der Vereinspolitik liegen? Diese Unklarheit ist erst 1984 beseitigt worden, als die Mitgliederversammlung in Kiel auf Vorschlag des Vorstands beschloss, in § 4 die Wörter „als korrespondierende Mitglieder" zu streichen, wodurch die Gleichstellung ausländischer und einheimischer DGfE-Mitglieder endgültig gesichert war.

Wird man also für den Gründungszeitraum bis 1970 feststellen dürfen, dass es dem Vorstand darum ging, die Voraussetzungen für eine internationale Öffnung der DGfE zu schaffen und erste Kontaktversuche zu unternehmen, so hätte man für das folgende Jahrzehnt vielleicht doch eine erhebliche Intensivierung dieser Bemühungen erwarten können. Aber davon kann überhaupt keine Rede sein. Nur zweimal lassen die Vorstandsprotokolle der 70er Jahre eine Beschäftigung mit internationalen Fragen erkennen, wobei es sich in beiden Fällen (wie in den folgenden Jahrzehnten auch) um die Vorbereitung möglichst attraktiver DGfE-Kongresse handelte. Der erste Anlass entstand 1972 dadurch, dass sich der Salzburger Fachkollege Rudolf Gönner bereit erklärt hatte, die für 1974 geplante DGfE-Tagung an seinem Dienstort auszurichten und damit zum ersten Mal in der Geschichte der DGfE die Gelegenheit bestand, einen Kongress im deutschsprachigen Ausland durchzuführen. Der neu gewählte Vorstand unter Vorsitz von Walter Schultze nahm diese Einladung dankend an und fasste folgenden Beschluss:

„Die Tagung in Salzburg soll so organisiert werden, daß die Deutsche Gesellschaft [für Erziehungswissenschaft] sich im Ausland als Vertretung der deutschen Erziehungswissenschaft präsentiert, zugleich aber intensive Gruppenarbeit durchgeführt wird. Dabei sollen Einladungen ggf. auch an Kollegen aus sozialistischen Ländern ergehen." (VP 14.10.1972, TOP 2)

Vor der Personalfrage war freilich zunächst einmal das Tagungsthema zu klären, wobei sich diese Entscheidung als besonders schwierig erwies und erst nach äußerst kontroversen Debatten der Vorschlag „Pädagogische Institutionen und Sozialisation" eine Mehrheit fand (VP 4.5.1973, TOP 3.b). Für die geplanten Arbeitsgruppen wurden als „Mitwirkende" aus dem sozialistischen Ausland neben Bogdan Suchodolski/Polen auch die beiden DDR-Kollegen Gerhart Neuner und Heinz Frankiewicz benannt (ebd., TOP 3.d), doch hat offenbar nur der polnische Kollege positiv reagiert (VP 9.10.1973, TOP 2.a).

Ein ähnlicher Vorgang wiederholte sich vier Jahre später bei der Vorbereitung des 6. DGfE-Kongresses in Tübingen 1978 zum Thema „Die Theorie-Praxis-Diskussion in der Erziehungswissenschaft" (vgl. Blankertz 1978). Klaus Mollenhauer schlug damals vor, „für eine der öffentlichen Veranstaltungen einen renommierten Erziehungswissenschaftler aus dem Ausland zu gewinnen, der einen auch in der BRD diskutierten gesellschaftskritischen Ansatz vertritt" (VP 27.5.1977, TOP 2.5). Hier fielen die Namen Pierre Bourdieu und Urie Bronfenbrenner, daneben Philippe Ariès, Roland Barthes, Michel Foucault und Maurice Gaudelier, später noch Paolo Freire und Jerome S. Bruner. Doch trotz intensiver Bemühungen des Vorstandes hat diese Initiative in keinem Fall zum Erfolg geführt.

Es dauerte wiederum ein halbes Jahrzehnt, bis das Thema erneut auf der Tagesordnung stand. Im Vorfeld des Regensburger Kongresses von 1982 ging es um die Frage, ob es nicht nützlich wäre, mit der „American Educational Research Association" (AERA) in näheren Kontakt zu treten und den Vorsitzenden der AERA als offiziellen Gast der DGfE nach Regensburg einzuladen. Die Entscheidung des Vorstands fiel überraschend kühl, ja abweisend aus: Zwar könne der amerikanische Kollege eingeladen werden, aber nur „ohne Kosten" für die DGfE. Auch sei eine Zusammenarbeit beider Gesellschaften bei der Gestaltung internationaler Kongresse möglich, aber ansonsten wird festgestellt,

„daß die Kontakte zur AERA nicht unproblematisch sind, weil diese Gesellschaft wenig Interesse hat, ausländische Gesellschaften gleichberechtigt zur Kenntnis zu nehmen" (VP 2. Februar 1981, TOP 8).

Die nächste Kontaktgelegenheit ergab sich im Herbst 1982, als dem Vorstand das Angebot der Wiener Kolleginnen und Kollegen Marian Heitger, Richard Olechowski und Brigitte Rollett vorlag, den 9. DGfE-Kongress in der österreichischen Hauptstadt durchzuführen. Dieses Angebot wurde dankbar angenommen und mit dem Beschluss verbunden, dass den Wiener Kolleginnen und Kollegen möglichst viel Freiraum gelassen werden solle, „eigene erziehungswissenschaftliche Interessen und bildungspolitisch aktuelle Fragestellungen des Gastgeberlandes in das Tagungsprogramm einzubringen" (VP 22.9.1982, TOP 5). Doch auch dieses Projekt verlief wenig ermutigend. Schon im November d. J. zeichnete sich ab, dass die Einladung nach Wien an den Mietkosten für das dortige Kongresszentrum scheitern könnte (VP 15.11.1982, TOP 6), und im Januar 1983 war endgültig klar, dass Wien als Kongressort „aus finanziellen Gründen nicht mehr in Frage kommt" (VP 17.1.1983, TOP 6).

3.2 Gesteigertes Engagement

Erst ab 1983 und verstärkt ab 1988 lassen die Vorstandsprotokolle regelmäßige und zunehmend erfolgreiche Bemühungen um die internationale Vernetzung der DGfE erkennen. Hervorzuheben sind dabei z.B.

- die erfolgreiche Einladung des Vorstands an den Präsidenten der Polnischen Pädagogischen Gesellschaft Mikolaj Kozakiewicz zu einem Vortrag auf dem Kieler DGfE-Kongress 1984 sowie zur Teilnahme an einer Vorstandssitzung, „um über eine Zusammenarbeit mit der Polnischen Pädagogischen Gesellschaft zu beraten" (VP 27.4.1983, TOP 6, und 27.9.1983, TOP 4.b; vgl. Kozakiewicz 1984);
- der Vorschlag, die Kooperation mit „ausländischen Schwestergesellschaften" auf die „Basis gemeinsamer Arbeitsvorhaben" zu stellen (VP 24./25.8.1984, TOP 10);
- die Entscheidung, Kontakte zur US-amerikanischen Schwestergesellschaft AERA „zustimmend" zur Kenntnis zu nehmen, im nächsten Mitglieder-Rundbrief auf den nächsten AERA-Kongress 1986 in San Francisco hinzuweisen und „demnächst gründlich über die Pflege internationaler Beziehungen (zu) beraten" (VP 19.10.1984, TOP 3);
- das Angebot der Schweizer Gesellschaft für Bildungsforschung, mit der DGfE zusammenzuarbeiten (ebd.);
- die Bereitschaft des Vorstands, im Hinblick auf den Plan einer „Europäischen Konferenz der Erziehungswissenschaftler" Kontakte zu knüpfen und Informationen zu sammeln (VP 14.6.1985, TOP 3);

- der Hinweis des neuen Vorstandsmitglieds Volker Lenhart auf die Notwendigkeit, „die Auslandsbeziehungen der DGfE zu intensivieren", mit der Konsequenz, dass diese Aufgabe zu einem Vorstandsamt aufgewertet und an Lenhart übertragen wurde (VP 2.5.1986, TOP 3 und 4);
- der Bericht Lenharts über den Stand seiner Recherchen zu internationalen Schwestergesellschaften der DGfE mit dem Ziel, die bisherigen, informellen Kontakte „langfristig zu einem Forschernetzwerk", zu einem „Forschungsverbund europäischer erziehungswissenschaftlicher Informationssysteme" auszubauen (VP 15./16.5.1987, TOP 6.4);
- die erste kleine „Auslandsstatistik" der DGfE, wonach die Gesellschaft insgesamt 47 ausländische bzw. im Ausland tätige Mitglieder hat (= ca. 5%), davon die meisten in Österreich (17), der Schweiz (15) und in den Niederlanden (9) (VP 27.6.1987, TOP 3.2);
- die Teilnahme eines Vertreters der DGfE (Klaus Klemm) an der 3. Internationalen Konferenz der Griechischen Gesellschaft für Erziehungswissenschaft im Oktober 1987 (Brief Klafki an Klemm vom 23.7.1987; 12.14).

Mit der Wahl Volker Lenharts zum Vorsitzenden der DGfE in Saarbrücken 1988 war zwar nicht die programmatische Absicht, aber doch die willkommene Chance verbunden, die internationale Vernetzung des Vereins durch einen Fachvertreter der Vergleichenden Erziehungswissenschaft besonders engagiert weiter voranzutreiben. So stand denn auch ein „verstärktes Bemühen um Kontakte der DGfE zu ausländischen Fachgesellschaften, insbesondere auch zu DDR-Kollegen" an der Spitze der Agenda, die Lenhart auf der 1. Sitzung des neuen Vorstands am 7.5.1988 zu Protokoll gab (TOP 2.2) – ohne freilich ahnen zu können, wie dramatisch sich die erhofften „Kontakte zu DDR-Kollegen" schon anderthalb Jahre später zuspitzen und verändern würden. Die Liste kooperationsbereiter Partner hat sich seit 1988 um eine ganze Reihe von Staaten verlängert, darunter Spanien (vgl. den Briefwechsel 1.11.1988 – 20.1.1989; 12.7), Großbritannien (Schreiben der British Educational Research Association vom 13.1.1989; 13.4), Luxemburg (Peter Martin Roeder an Lenhart am 22.6.1989; 13.5), Indien (Generalsekretär der India Association for Educational Research vom 2.7.1990; 14.1) und Japan (Klafki an Benner 12. und 14.12.1990; 14.3). Hierher gehört auch der Vorstandsbeschluss vom 19.6.1989, auf dem Bielefelder Kongress im März 1990 ein Symposion „Die Entwicklung der Erziehungswissenschaft in Europa" durchzuführen und dazu die Vorsitzenden der europäischen Partnergesellschaften (England, Frankreich, Griechenland, Italien) sowie einzelne Kollegen aus Ländern der EG ohne Fachgesellschaften einzuladen (VP, TOP 10.b; vgl. den Bericht in Benner/Lenhart/Otto 1990, S. 169-205).

Auf den bis 1990 vorhandenen Grundlagen konnte die Vertiefung der internationalen Kontakte in den folgenden Vorstandsperioden kontinuierlich fortgesetzt werden. Einen Höhepunkt dieser Bemühungen stellt zweifellos der 14. Kongress der DGfE vom 14. - 16. März 1994 in Dortmund dar, der unter dem Rahmenthema „Bildung und Erziehung in Europa" Erziehungswissenschaftlerinnen und Erziehungswissenschaftler aus den Baltischen Staaten, Belgien, Dänemark, Deutschland, Frankreich, Griechenland, Italien, den Niederlanden, Norwegen, Österreich, Ungarn, Polen, Russland, Schweden, der Tschechischen und der Slowenischen Republik, der Schweiz, Spanien und dem Vereinigten Königreich zusammenführte. Das gemeinsame Anliegen bestand, wie es im Vorwort der Kongressdokumentation von Benner/Lenzen (1994, S. 5) heißt, darin,

„Erfahrungen mit der unterschiedlichen Institutionalisierung der Erziehungswissenschaft in den Ländern Europas zu reflektieren, Konzepte zur Weiterentwicklung der Erziehungswissenschaft im europäischen Kontext zu erörtern und die Zusammenarbeit in der Forschung zu intensivieren".

Es lag in der Konsequenz des Dortmunder Kongresses, die DGfE nicht nur thematisch für Europa zu öffnen, sondern sie auch *organisatorisch* in internationale Zusammenhänge einzubinden, wenn die angestrebte Zusammenarbeit die notwendige Stabilität und Kontinuität erhalten sollte. Zwei solcher Netzwerke, ein politisches und ein wissenschaftliches, nehmen in den Akten der DGfE eine besondere Stellung ein und sollen daher etwas ausführlicher vorgestellt werden.

3.3 Ein politisches Netzwerk: Die „Deutsche UNESCO-Kommission" (DUK)

Die Gründungskonferenz der „United Nations Educational, Scientific and Cultural Organization" (UNESCO) fand im November 1945 in London statt. Gemäß Artikel I ihrer Verfassung besteht das wesentliche Ziel ihrer Arbeit darin,

„[...] durch die Förderung der Zusammenarbeit zwischen den Völkern auf den Gebieten der Erziehung, Wissenschaft und Kultur zur Wahrung des Friedens und der Sicherheit beizutragen, um in der ganzen Welt die Achtung vor Recht und Gerechtigkeit, vor den Menschenrechten und Grundfreiheiten zu stärken" (zit. nach Wulf 1996, S. 144).

Die Bundesrepublik ist bereits 1951 Mitglied der UNESCO geworden und betreibt seither, wie alle übrigen mehr als 180 Mitgliedsstaaten auch, eine nationale Kommission, eben die „Deutsche UNESCO-Kommission" (DUK), die in Bonn ein Generalsekretariat unterhält, sich mit Fachtagungen, Publikationen und Resolutionen in die internationale Bildungspolitik einschaltet und in jährlichen Hauptversammlungen Grundsatzdebatten führt und strategische Beschlüsse fasst. Um die Mitgliedschaft in der DUK kann sich jede Institution bewerben, die sich im Rahmen ihres eigenen Wirkungskreises für die Ziele der UNESCO einsetzt, Beiträge zur Öffentlichkeitsarbeit leisten kann und zur Zusammenarbeit mit UNESCO-Freundeskreisen und -Modellschulen bereit ist. Da aber die Neu- und Wiederwahl von Mitgliedern an ein anspruchsvolles Verfahren gebunden ist und nur über persönliche Kandidaturen zum Erfolg führen kann, ist es zweifellos eine Auszeichnung, in die DUK aufgenommen zu werden und sogar längerfristig mitarbeiten zu dürfen.

Von daher mag erklärlich sein, warum der Vorstand der DGfE erst Ende der 80er Jahre auf die Idee gekommen ist, einer Mitgliedschaft in der DUK näher zu treten. In einem Schreiben vom 3.3.1988 an den DUK-Präsidenten Otto von Simson stellte Wolfgang Klafki den Antrag, der DGfE den Status einer „Vorschlagsinstitution" zuzuerkennen und aus einem Dreier-Vorschlag, in dem Christoph Wulf an der Spitze stand, einen Repräsentanten der DGfE auszuwählen (Schreiben vom 3.3.1988; 12.16). Tatsächlich überstand Wulf die Wahlprozedur erfolgreich und ist seit 1989 ununterbrochen in der DUK tätig. Er hat wiederholt im Mitteilungsblatt der DGfE über die Arbeit der UNESCO berichtet, und zwar

– 1991 über ihren 3. „Mittelfristigen Plan" (1990 – 1995), wobei im Fachbereich „Erziehung" die drei Schwerpunkte „Grundbildung für alle", „Bildung für das 21. Jahrhundert" und „Entwicklung des Bildungswesens" im Mittelpunkt standen (Wulf 1991);

– 1992 über das Thema „Internationale Erziehung und interkulturelles Lernen", wobei u.a. die Bedeutung der UNESCO-Modellschulen und der internationalen Schulbuchgespräche hervorgehoben wurde (Wulf 1992);

– 1996 zur Erinnerung an „50 Jahre UNESCO" und ihre vielen unerfüllten Aufgaben auf dem Gebiet der Friedenssicherung und der Entwicklungshilfe als den Arbeitsschwerpunkten 1996 – 2001 (Wulf 1996).

Die Beziehungen zwischen der DGfE und der DUK sind dadurch noch intensiver geworden, dass Wulf 1994 in den Fachausschuss „Erziehung – Bildung" der DUK gewählt worden ist und seither spezifisch erziehungswissenschaftliche Interessen dort noch besser vertreten kann. Darüber hinaus gibt es eine neue Kooperation zwischen der DUK und der DGfE-Sektion „International und interkulturell vergleichende Erziehungswissenschaft", was insbesondere bei der Vorbereitung und Durchführung von Symposien auf Kongressen der DGfE (so in Halle 1996 und in Göttingen 2000) Früchte trägt. Exemplarisch wird der Ertrag solcher Kooperationsbemühungen auch daran erkennbar, wie z.B. das Problem der „Globalisierung als Herausforderung der Erziehung" interdisziplinär bearbeitet werden kann (Wulf/Merkel 2002). Seit kurzem ist neben Christoph Wulf mit Marianne Krüger-Potratz ein weiteres DGfE-Mitglied in der DUK tätig (VP 1.6.2002, TOP 5).

Angesichts dieser positiven Entwicklungen war es besonders überraschend und beunruhigend, dass im Sommer 2000 gemeldet wurde, ein Zentrum internationaler Erziehungswissenschaft in Deutschland, nämlich das Hamburger UNESCO-Institut für Pädagogik (UIP), solle aus finanziellen Gründen nach 50jähriger Tätigkeit geschlossen werden. Tatsächlich scheint es zu Beginn des Jahres eine Verbalnote der Ständigen Vertretung der Bundesrepublik bei der UNESCO gegeben zu haben, in der durch das Auswärtige Amt die Streichung der „institutionellen Förderung" des UIP zum Jahresende 2004 angekündigt wurde (vgl. das Schreiben des UIP-Direktors Adama Ouane vom 18.4.2000; 18.3). Diese Entscheidung wurde von Außenminister Joschka Fischer in einem Gespräch mit dem Generaldirektor der UNESCO, dem Japaner Koichiro Matsuura, dahingehend erläutert, „dass mit der Rückführung der institutionellen Förderung Deutschland nicht mehr als eine Angleichung des cost-sharing Prinzips im Vergleich zu anderen UNESCO-Instituten vollzieht", weil eben üblicherweise (wie vom Bundesrechnungshof angemahnt) die Grundfinanzierung solcher Institute nicht die Aufgabe der gastgebenden Länder, sondern der U-NESCO selber sei (Schreiben des Auswärtigen Amtes an die Vorsitzende der DGfE vom 10.11.2000, ebd.).

Nicht nur die 60. Hauptversammlung der DUK im Juni 2000 in Schwerin, sondern auch die DGfE hat gegen diese Sparmaßnahmen nachdrücklich protestiert. Angeregt durch ein Schreiben der Vorsitzenden der Kommission „Bildungsforschung mit der Dritten Welt", Annette Scheunpflug, wandte sich Ingrid Gogolin am 25.10.2000 direkt an Außenminister Fischer:

„Es empört uns, daß eine der reichsten Nationen der Welt die Finanzierung einer Einrichtung in Frage stellt, die nicht nur daran mitwirkt, daß weltweit mehr Menschen Zugang zu Literalität und Bildung finden, sondern die darüber hinaus auch wertvolle Bildungsinitiativen in Deutschland wirksam unterstützt. Die Entscheidung, einer solchen national und international geschätzten Einrichtung die Finanzmittel zu entziehen, muß um so mehr befremden, als gleichzeitig öffentlich davon die Rede ist, daß Deutschland mehr in das Bildungswesen investieren muß. Wenn in einem solchen Augenblick eine international agierende, vor allem für die Bildung Benachteiligter sich einsetzende Institution die Unterstützung entzogen bekommt, so bedeutet dies, daß die Bundesrepublik Deutschland sich aus der globalen Verantwortung für das Wohlergehen der Menschen schnöde zurückzieht und von der Perspektive Abstand nimmt, für mehr Gerechtigkeit in der Welt einzutreten. Dies erschüttert uns nicht zuletzt angesichts der politischen Programmatik, für die Ihre Partei vorgeblich steht." (ebd.)

Dieser wortgewaltige Protest dürfte im Auswärtigen Amt nicht ganz ohne Wirkung geblieben sein. Immerhin wird in dem schon zitierten Antwortschreiben vom 10.11.2000 mitgeteilt, „daß die ursprünglich für das Haushaltsjahr 2004 vorgeschlagene letztmalige institutionelle Förderung auf das Jahr 2005 aufgeschoben wurde" und dass „die wertvolle Arbeit der UNESCO auf dem Erziehungssektor" im Rahmen der „Projektförderung" auch weiterhin unterstützt werde. Wenn es darüber hinaus sogar gelingen sollte, das Hamburger Institut als eine zwar personell reduzierte, aber in wichtigen Bereichen arbeitsfähige Service-Einrichtung zu erhalten, so wäre das vielleicht auch ein wenig dem bildungspolitischen Engagement des DGfE-Vorstands zuzuschreiben (ebd.).

3.4 Ein wissenschaftliches Netzwerk: Die „European Educational Research Association" (EERA)

Die eher bildungs- und kulturpolitisch motivierte Zusammenarbeit mit der UNESCO und ihren globalen Entwicklungsprojekten wird seit 1994 in fachwissenschaftlicher und europäischer Perspektive ergänzt durch die Mitgliedschaft der DGfE in der „European Educational Research Association" (EERA). Nachdem bereits 1985 von dem Plan einer „Europäischen Konferenz der Erziehungswissenschaft" die Rede gewesen war (siehe oben), hatte sich im Juni 1994 die EERA als ein Dachverband konstituiert, dem die DGfE im Oktober d. J. beigetreten ist, obwohl es im Vorstand noch leise Zweifel an der Seriosität dieser Gründung gegeben zu haben scheint (VP 23.10.1994, TOP 9.5.3). Was also ist die EERA?

Die Frage ist relativ leicht zu beantworten, solange man sich an die öffentlich proklamierten Ziele und Aufgaben hält, wie sie im Internet nachzulesen sind (http://www.eera.ac.uk/policy/regulations.html; vgl. Calderhead 1997):

„The aim of the Association is to promote educational research in Europe, to foster cooperation between associations and institutes of educational research and with politicians, policy makers and the teaching profession. In addition, EERA will endeavour to
– promote cooperation between the National Educational Research Associations (NERAs);
– promote cooperation between NERAs and international governmental organisations (NGOs)
– establish and maintain communication between NERAs and the specialised European education research associations (SEERAs).
To further its aims, the Association will normally undertake the following activities –
to organize conferences, publish newsletters and journals, develop research training, apply for research funding; create collaborative fora between european agencies/ associations and develop joint policies on education research.

Das wichtigste Beschlussorgan der EERA ist ein Exekutiv-Komitee, in dem jede nationale Gesellschaft durch ein Mitglied vertreten ist. Dieses Komitee wählt den Präsidenten, den Generalsekretär und den Schatzmeister des Verbandes, die gegenüber dem Komitee und der jährlichen Generalversammlung rechenschaftspflichtig sind. Regelmäßig sollen „European Conferences on Educational Research" (ECER) durchgeführt werden, die von einer nationalen Schwestergesellschaft oder ersatzweise von einem nationalen Forschungsinstitut zu organisieren sind. Die eigentliche Forschungstätigkeit der EERA geschieht in Netzwerken, in denen Spezialisten bestimmter Fachgebiete europaweit zusammenarbeiten können. EERA unterhält ein ständiges Büro mit einem kleinen Arbeitsstab, gibt eine eigene Zeitschrift heraus („European Educational Research Journal", www.triangle.co.uk/eerj) und betreibt eine eigene Website – kurzum: es handelt sich um eine Organisation mit erheblichem Aufwand und beachtlichem professionellen Format.

Wie gut funktioniert EERA und wie hat sich die Mitarbeit der DGfE in diesem Dachverband entwickelt? Dieter Lenzen, der zunächst als DGfE-Vorsitzender, seit Oktober 1998 als Beauftragter des Vorstands Mitglied des Exekutiv-Komitees der EERA war, hat in den Gremien der DGfE wiederholt über seine EERA-Erfahrungen berichtet, und diese Berichte weisen doch eher darauf hin, dass die Zusammenarbeit am Anfang einigermaßen schwierig gewesen ist. Seine Enttäuschung darüber, dass auf den jährlichen EERA-Kongressen „ca. 30 deutsche Kollegen unter zwei- bis dreitausend Kongreßteilnehmern ein Orchideendasein fristen", war in seinem Rechenschaftsbericht auf der Mitgliederversammlung der DGfE 1996 in Halle ein deutlicher Appell (EW 7 (1996) 13, S. 17). Als Lenzen dann im November 1996 im DGfE-Vorstand mitteilte, dass die EERA beabsichtige, ihren Jahreskongress 1997 in Frankfurt a.M. durchzuführen, sah sich der Vorstand ohne weitere Begründung „nicht in der Lage, sich an der inhaltlichen Planung des Kongresses zu beteiligen" (VP 10./11.11.1996, TOP 12). Das hinderte den Vorstand aber nicht, nach Abschluss des Kongresses dessen Programmgestaltung zu kritisieren, „die zu einer nahezu vollständigen Mißachtung der Selbstdarstellung der DGfE" geführt habe (VP 2./3.11.1997, TOP 16). Die deutsche Beteiligung an den EERA-Kongressen blieb auch 1998 schwach (VP 3./4.7.1998, TOP 5.5), so dass sich der Vorstand veranlasst sah, „auf die beträchtlichen Schwierigkeiten eines stärkeren Engagements" hinzuweisen (VP 24.10.1998, TOP 2.4). Nein, eine Liebesbeziehung hat sich anfänglich zwischen EERA und DGfE wohl kaum entwickelt.

Mit der Wahl Ingrid Gogolins zur Vorsitzenden der DGfE bekräftigte der neue Vorstand 1998 die Absicht, sein „Bemühen um stärkere internationale Vernetzung der DGfE" fortzusetzen (EW 9 (1998) 18, S. 21). Im Oktober 1999 trat Lenzen, der zum Vizepräsidenten der FU Berlin gewählt worden war, von seinem Amt als EERA–Beauftragter des DGfE-Vorstands zurück und wurde durch Gogolin abgelöst (VP 22./23.10.1999, TOP 4.4), die auch sogleich Lenzens Aufgaben im Exekutiv-Komitee der EERA übernahm und dort sehr bald mit der Tatsache konfrontiert war, dass es in der Organisation des Dachverbandes erhebliche Probleme gab, die dringend einer Lösung bedurften. Zum ersten Mal kamen diese Probleme mit aller Deutlichkeit auf der Konferenz ECER 2001 vom 5.-9. September in Lille/Frankreich zur Sprache. Dort wurden viele Klagen über die „incredibly stressful situation" im EERA-Office und über chaotische Zustände bei der Konferenz-Vorbereitung geäußert: „Many delegates would not return to ECER as a result of the bad organisation of the year's conference." „An overburdened office could not produce a successful ECER." (VP 5.9.2001; 18.49)

Die Situation erschien den EERA-Verantwortlichen als so bedrohlich, dass noch vor Ort Konsequenzen beschlossen wurden: „It was agreed that two task groups would be established, one to analyse the problems of EERA and the ECER and another to concentrate on the problems relating to streamlining the office", wobei Ingrid Gogolin zum Mitglied der erstgenannten Gruppe gewählt wurde (VP 9.9.2001, ebd.). Beide Gruppen trafen sich bereits am 2./3.11.2001 in Murcia/Spanien zu einer ausführlichen Arbeitssitzung und legten die Ergebnisse ihrer Beratungen in einem „Review Group Report" mit konkreten Empfehlungen vor:

- Die „General Regulations of EERA" sollten um genaue Verfahrensregeln, ähnlich den bereits für die Arbeit der Netzwerke formulierten Regeln, ergänzt werden;
- die Kontakte zu den wichtigsten „International Government Organisations" (EU, OECD, Europarat, UNESCO) sollten ausgebaut und durch beauftragte EERA-Repräsentanten verstetigt werden;
- die Jahreskonferenzen ECER sollten variabler durchgeführt werden, mehr kollektive „events" enthalten und von einer verantwortlichen „task group" vorbereitet werden (wobei in vielen Einzelheiten das Vorbild der DGfE-Kongresse zu erkennen ist);
- die Liste der „Networks" sollte ständig kontrolliert werden und auf dem neuesten Stand sein. Sie sollen die Organisatoren der ECERs rechtzeitig über ihre Pläne informieren und dafür sorgen, dass ihre Ziele im EERA-Office bekannt sind und korrekt auf der WebPage veröffentlicht werden können;
- die Aufgaben des Präsidenten, des Generalsekretärs und des Schatzmeisters sollten klarer formuliert werden. Die inzwischen erreichte Größe der EERA und der Umfang der Verantwortlichkeiten machten es erforderlich, die drei ursprünglich vorgesehenen Positionen zu einem „EERA COUNCIL" zu erweitern, dessen Mitglieder für bestimmte Organisationsbereiche zuständig sind;
- ebenfalls müssten die Aufgaben des Büros und der Verwaltungsangestellten neu bestimmt werden;
- schließlich sei es dringend erforderlich, die Kommunikation zwischen der EERA und ihren Mitgliedern weiterzuentwickeln. Dazu sollen zwei elektronische „Newsletter" gegründet werden (Review Group Report vom 2./3.11. 2001, ebd.).

Ob und mit welchem Erfolg diese Empfehlungen umgesetzt werden können, wird sich sicherlich erst mittelfristig erkennen und bewerten lassen. Einige Fortschritte sind aber bereits jetzt zu verzeichnen, wie ein undatiertes Bilanzpapier des damaligen EERA-Präsidenten Sverker Lindblad und seines Generalsekretärs Martin Lawn zeigt (EERA Review 1998 – 2001, ebd.). So könnte das Konferenz-Desaster von Lille die Krise gewesen sein, aus der die EERA als eine starke Organisation europäischer Erziehungswissenschaft dauerhaft hervorgegangen ist. Dafür spricht auch ein sehr erfolgreicher Kongress in Hamburg 2003, auf dem Ingrid Gogolin zur President Elect der EERA mit Übernahme des Präsidentenamtes 2004 gewählt wurde.

3.5 Bilanz

Der Prozess der Internationalisierung erziehungswissenschaftlicher Forschung und Lehre hängt nun aber sicherlich nicht in erster Linie von den Haupt- und Staatsaktionen zentraler Gremien und Organisationen, sondern doch wohl eher von den Kooperationserfahrungen an der Basis, in spezialisierten Projekten und Kommissionsvernetzungen ab. Wirft man abschließend unter diesem Gesichtspunkt einen Blick auf das Innenleben der DGfE, so bietet sich ein durchaus erfreuliches Bild. Hinzuweisen ist hier z.b. darauf,

- dass die „Arbeitsgemeinschaft für empirisch-pädagogische Forschung" (AEPF) regelmäßig und engagiert mit einer ganzen Reihe ihrer Mitglieder auf den Tagungen der „European Association for Research on Learning and Instruction" (EARLI) vertreten ist (EW 6 (1995) 12, S. 16);
- dass die Kommission „Historische Pädagogik" durch mehrere Mitglieder maßgeblich an der „International Standing Conference for the History of Education" (ISCHE) mitgewirkt hat (EW 3 (1992) 5, S. 77, und EW 6 (1995) 12, S. 35);
- dass die Kommission „Schulpädagogik/Didaktik" seit vielen Jahren in jedem Herbst eine sog. „Schultagung" durchführt und dabei auch immer wieder ausländische Schulen, so in den Niederlanden, in Dänemark und Schottland, besucht hat (EW 5 (1994) 9, S. 66, und EW 7 (1996) 14, S. 20);
- dass insbesondere natürlich die Kommission „Vergleichende Erziehungswissenschaft" international vernetzt ist, indem sie zugleich die deutsche Sektion der „Comparative Education Society in Europe" (CESE) bildet, Mitglied im „World Council of Comparative Education Societies" ist, mit Wolfgang Mitter sogar den Präsidenten des World Council gestellt hat und an zahlreichen Tagungen, Konferenzen und Kongressen federführend beteiligt war (EW 1 (1990) 1, S. 118-122; EW 2 (1991) 3, S. 31-40; EW 2 (1991) 4, S. 56; EW 4 (1993) 7, S. 71-72; EW 5 (1994) 9, S. 72; EW 6 (1995) 11, S. 28-30)
- und dass diese internationale Perspektive einerseits durch die Kommission „Bildungsforschung mit der Dritten Welt", andererseits durch die Kommission „Interkulturelle Bildung" mit ihren je spezifischen Forschungsansätzen ergänzt und erweitert wird (EW 1 (1990) 1, S. 94-96; EW 2 (1991) 4, S. 32-34; EW 6 (1995) 12, S. 25-29; EW 8 (1997) 15, S. 94-95) – eine Erweiterung, die durch die Bildung einer gemeinsamen Sektion „International und Interkulturell Vergleichende Erziehungswissenschaft" noch aussichtsreicher geworden ist.

Wer sich angesichts dieses reichhaltigen Spektrums daran erinnert, wie mühsam und oft erfolglos die Bemühungen um internationale Kontakte in der Frühgeschichte der DGfE gewesen sind, der wird geneigt sein, diese 40-jährige Entwicklung als eine klare Erfolgsgeschichte zu verbuchen. Aber so eindeutig ist der Befund leider doch nicht; denn bei näherem Hinsehen werden auch die

Grenzen dieses erfreulichen Prozesses deutlich. Ein Beispiel dafür ist der Versuch von Dieter Lenzen, mit Hilfe eines von Daimler-Benz gestifteten „Initiativpreises" der DGfE erziehungswissenschaftliche Arbeiten zur Integration im europäischen Erziehungs- und Bildungswesen anzuregen und auszuzeichnen. Als dieser Preis auf dem 13. DGfE-Kongress 1992 erstmalig vergeben werden sollte, stellte sich peinlicherweise und wider alle Erwartungen heraus, dass kein einziges erziehungswissenschaftliches Projekt zur Auszeichnung eingereicht worden war, so dass das Preisgeld in Höhe von DM 10.000,- nur deshalb zur Hälfte für andere Projekte vergeben wurde, „um damit auf den Kongress in zwei Jahren zu verweisen und zu entsprechenden Aktivitäten anzuregen", wie Lenzen in seinem Grußwort an die Preisträger hoffnungsfroh verkündete. „Vielleicht kann der Preis sich so auf die Dauer zu einer Art Seismograph für die Bemühungen entwickeln, die dieses Fach in der historisch zentralen Frage der Jahrtausendwende zu bearbeiten hat" (EW 3 (1992) 5, S. 40). Doch auch diese Hoffnung trog. Zwar kam 1994 eine vielversprechende Preisverleihung zustande, aber schon 1996 fiel sie mangels Einsendungen wieder aus, um 1998 letztmalig stattzufinden und dann als Thema sang- und klanglos aus den Vorstandsakten zu verschwinden. Kommentar Lenzen 1996: „Diese Tatsache ist besorgniserregend, leistet sie doch ein weiteres Mal dem schädlichen und im übrigen unzutreffenden Verdacht Vorschub, die deutsche Erziehungswissenschaft sei eben nur ein deutsches Unicum" (EW 7 (1996) 13, S. 17).

Die erziehungswissenschaftliche Bearbeitung internationaler und interkultureller Probleme und Entwicklungen mag in erster Linie ein Aufgabenfeld der dafür zuständigen Sektion und der in ihr organisierten Spezialisten sein. Aber dass die DGfE als fachwissenschaftliche Vereinigung auch insgesamt hinsichtlich bildungs- und wissenschaftspolitischer Entwicklungen im internationalen Kontext eine Mitverantwortung trägt und dafür wissenschaftliche Kompetenz beanspruchen und ausüben muss, wird wohl kaum bestritten werden können. Der Beschluss, den DGfE-Kongress im Juibiläumsjahr 2004 als einen gemeinsamen deutsch-österreichisch-schweizerischen Kongress in Zürich durchzuführen, ist dafür ein wichtiges Signal.

4. Der schwierige Weg zu einer „gesamtdeutschen" Erziehungswissenschaft

In seiner Studie über die politisch-pädagogische Programmatik des „Schwelmer Kreises" und dessen Aktivitäten zwischen 1952 und 1974 hat Peter Dudek eindrucksvoll gezeigt, wie illusionär in Zeiten des Kalten Krieges die Idee einer „gesamtdeutschen" Pädagogik bleiben musste und wie stark jeder praktische Annäherungsversuch von vornherein durch gegenseitiges Misstrauen vergiftet gewesen ist (Dudek 1993). Von diesem Zeitgeist hat sich die DGfE weder freihalten können noch freihalten wollen. Bis weit in die 80er Jahre hinein waren offizielle Kontakte „nach drüben" für den Vorstand kein Thema, und wenn es, wie die Akten zeigen, vereinzelte Initiativen aus dem Kreis der Mitglieder gab, dann wurden sie mit großer, sicherlich nicht unbegründeter Vorsicht behandelt.

4.1   Zeiten der Funkstille

Ein erster Anlass, sich mit dem Thema zu beschäftigen, ergab sich im Juni 1966, als Leonhard Froese den Vorstand mit der Absicht des Arbeitskreises „Vergleichende Erziehungswissenschaft" konfrontierte, im Namen der DGfE einige (namentlich nicht genannte) Kollegen aus der „DDR" (selbstverständlich in Anführungszeichen!) als Referenten in die Bundesrepublik einzuladen. Der Vorstand stimmte zu, bestand aber darauf, dass die Einladung nicht von der DGfE, sondern lediglich durch den Arbeitskreis ausgesprochen werden dürfe, wobei „nicht so sehr die offizielle Stellung" als vielmehr die „wissenschaftliche Leistung" der einzuladenden Kollegen zu berücksichtigen sei (VP 24.6.1966, TOP 4). Ob dieses Unternehmen je stattgefunden hat, ist den Vorstandsakten nicht zu entnehmen.

Mögen derartige Initiativen noch einigermaßen aussichtsreich gewesen sein, solange die Deutschlandpolitik der UdSSR und der DDR am Ziel der Wiedervereinigung unter der Bedingung strikter deutscher Neutralität orientiert war, so wurden sie vollends unrealistisch in dem Maße, wie sich auch in der SED die außenpolitische Generallinie konsequenter Zwei-Staatlichkeit und damit das Wunschbild einer eigenständigen DDR-Nationalität durchsetzte. Die daraus resultierende Abgrenzung führte zwangsläufig zu einem fast vollständigen Kontaktverlust, der in den Vorstandsakten der DGfE dadurch sichtbar wird, dass das „gesamtdeutsche" Thema dort jahrzehntelang kaum noch zur Sprache kommt. Diese politisch gewollte Funkstille konnte durch gelegentliche Einladungsschreiben „nach drüben" schon deswegen nicht durchbrochen werden, weil sie regelmäßig ohne Antwort blieben:

- 1973 beschloss der Vorstand, die DDR-Kollegen Gerhart Neuner und Heinz Frankiewicz nach Salzburg zum 4. DGfE-Kongress einzuladen (VP 4.5.1973, TOP 3) – die Akten zeigen keine Resonanz.

- Der nächste Versuch fand erst zehn Jahre später statt: Peter Martin Roeder wurde beauftragt, mit dem DDR-Psychologen Winfried Hacker/TU Dresden Kontakt aufzunehmen und nachzufragen, ob er bereit wäre, auf dem Kieler DGfE-Kongress 1984 einen Vortrag über „Materialistische Psychologie der Arbeit" zu halten (VP 27.4.1983, TOP 6) – der Vortrag wurde nicht gehalten (vgl. ZfPäd H. 4/1984 und 19. Beiheft, Weinheim 1985).

- Und so überrascht es denn nicht, dass auch die Einladungen an den Präsidenten der APW in Ostberlin und an den Rektor der Humboldt-Universität, am Kieler Kongress teilzunehmen, nicht einmal einer Absage für wert befunden wurden (VP 24.2.1984, TOP 3c).

Erst 1988, nicht allzu weit vor dem Zusammenbruch des DDR-Sozialismus, begann die Mauer des Schweigens allmählich durchlässiger zu werden. Nachdem der Vorstand auf seiner Sitzung vom 23.6.1986 seine Absicht bekräftigt hatte, zu den Kongressen der DGfE nicht nur die „ausländischen Gesellschaften für Erziehungswissenschaft", sondern ausdrücklich auch „die Akademie der Pädagogischen Wissenschaften der DDR" einzuladen (VP, TOP 7), fühlte sich APW-Präsident Neuner immerhin bemüßigt, die Einladung zum 11. Kongress in Saarbrücken kurzfristig abzusagen und dieser Absage sogar eine Begründung hinzuzufügen:

„Aufgaben und Wirkungsbedingungen der pädagogischen Wissenschaften in der Deutschen Demokratischen Republik und in der Bundesrepublik Deutschland sind so unterschiedlich, daß ich derzeit wenig Sinn darin sehe, sie zum Gegenstand einer Beratung auf einem großen Kongreß zum angegebenen Thema zu machen."

Dabei wäre das Thema des Saarbrückener Kongresses „Erziehung und Bildung als öffentliche Aufgabe" doch sicherlich gut geeignet gewesen, dem APW-Präsidenten in einem Grußwort die Chance eines System-Vergleichs mit dem dogmatischen Nachweis eindeutiger Überlegenheit der DDR-Staatspädagogik zu geben. Warum Neuner diese Chance nicht ergriffen hat, ist schwer zu sagen. Sollte er damals schon weniger an konfrontativen Propagandareden als vielmehr an kleineren Schritten gegenseitiger Annäherung auf konkreterer Handlungsebene interessiert gewesen sein? Die Fortsetzung seines Antwortbriefes vom 18.1.1988 lässt einen solchen Schluss zu:

„Ich schließe damit zweiseitige Aktivitäten auf anderer Ebene nicht grundsätzlich aus, vorausgesetzt, wir finden einen Gegenstand, der für beide Seiten von Interesse ist. Außerdem müssen solche Aktivitäten im Maßnahmeplan zum Kulturabkommen geplant und abgestimmt werden." (13.4)

Die in diesen Sätzen vorsichtig angedeutete Kooperationsbereitschaft hat Wolfgang Klafki als Vorsitzender der DGfE in seinem Antwortschreiben vom 11.2. 1988 sofort aufgegriffen und für intensivere Kontakte zu nutzen versucht. Es sei zunächst noch nicht daran gedacht gewesen, heißt es in seinem Brief,

„Probleme der pädagogischen Forschung in der DDR und in der Bundesrepublik innerhalb des Saarbrücker Kongreßprogrammes in öffentlichen Veranstaltungen – mit Referenten und Diskussionen – zu behandeln. Mittel- und längerfristig aber ist unsere Gesellschaft gerade auch an solchen Formen der Kooperation interessiert, und sie ist auch in dieser Hinsicht völlig frei in ihren Entscheidungen." (ebd.)

Der Saarbrückener Kongress hat im März 1988 noch ohne jede Beteiligung aus der DDR stattgefunden (vgl. das 23. Beiheft der Zeitschrift für Pädagogik), doch der schmale Türspalt, der sich im Vorfeld des Kongresses geöffnet hatte, wurde nun nicht wieder geschlossen. Der neue Vorstand unter Vorsitz von Volker Lenhart beschloss bereits im Dezember 1988, dass auch zum nächsten DGfE-Kongress (der dann 1990 in Bielefeld stattfand) eine Einladung „an Herrn Neuner" ausgesprochen werden solle und auch ein Besuch des Vorstands in der APW möglich sei, „um generell und in Hinsicht auf den Kongress ein informelles Gespräch zu führen" (VP 3.12.1988, TOP 7). Diese Einladung, die bereits am 30.1.1989 erging, bot „dem offiziellen Repräsentanten der Erziehungswissenschaft der Deutschen Demokratischen Republik" die Möglichkeit eines Grußwortes auf dem Bielefelder Kongress an und ging dann näher auf Möglichkeiten einer engeren Zusammenarbeit ein. Gedacht sei, heißt es in Lenharts Schreiben, „zum Beispiel an jeweils parallel durchzuführende Forschungsvorhaben zu Themen wie Differenzierung im Unterricht, Berufsbildung, Jugendsoziologie". Doch bevor „irgendwelche Projekte offiziell für den Katalog des Kulturabkommens beantragt werden können", bedürfe es

„klärender und präzisierender Vorgespräche. Diese könnten entweder in Ihrer Akademie in Berlin oder bei unseren Vorstandssitzungen, die in der Regel in Frankfurt am Main stattfinden, erfolgen. Meine und meiner Vorstandskolleginnen und –kollegen Bereitschaft zu einem solchen Treffen darf ich nachdrücklich unterstreichen" (Lenhart an Neuner am 30.1.1989; 13.4).

Obwohl diese Vorschläge nichts anderes als eine positive Antwort auf das oben zitierte Schreiben Neuners vom 18.1.1988 waren, scheinen sie den APW-Präsidenten (oder das ihm vorgesetzte Ministerium für Volksbildung) doch derart in Verlegenheit gebracht zu haben, dass er sich monatelang wieder in Schweigen hüllte. Als er im Juli 1989, also nach fast einem halben Jahr, immer noch nicht reagiert hatte, ging der Vorstand der DGfE noch ein Stück weiter in die Offensive und kündigte für den Fall andauernder Funkstille an, dass einzelne Fachkollegen aus der DDR (genannt wurden Lothar Klingberg, Karl-Heinz Günther, Franz Hofmann, Walter Friedrich) durch persönliche Kontakte in die Bundesrepublik eingeladen werden sollten (VP 19.6.1989, TOP 10b).

Den Akten ist nicht zu entnehmen, ob es jemals ein Antwortschreiben des APW-Präsidenten gegeben hat. Dass er selbst in derart schlichten Entscheidungen weisungsabhängig gewesen ist, kann wohl als gesichert gelten. Immerhin scheinen im Sommer 1989 einige positive Signale aus Ostberlin gekommen zu sein (vgl. den Brief Klafkis an Lenhart vom 14.9.1989; 12.7), so dass sich der Vorstand ermutigt fühlen konnte, den Bielefelder Kongress nicht nur zu einer Stärkung der internationalen, sondern auch und besonders der „gesamtdeutschen" Kontakte zu nutzen. Daher wurde aus gegebenem Anlass schon im Juni die Frage diskutiert, wie künftig bei der Vergabe der Förderpreise „mit Beiträgen aus der DDR verfahren werden soll", die ja bislang nicht zum „Auslobungsgebiet" gehöre (VP 19.6.1989, TOP 5). Zur Kongresseröffnung war u.a. das Grußwort eines DDR-Kollegen eingeplant (VP 14.8.1989, TOP 10), doch war jetzt nicht mehr von Gerhard Neuner, sondern von „Herrn Kollegen Stöhr" von der APW die Rede, der „noch einmal mit der Bitte um ein Grußwort offiziell zum Kongreß in Bielefeld eingeladen werden" sollte, während „entgegen dem alten Vorstandsbeschluß" auf eine weitere „Streuung der Programme unter DDR-Kollegen" verzichtet wurde (VP 30.10.1989, TOP 13).

Mit dem Fall der Berliner Mauer am 9. November 1989 war freilich auch die kleine „gesamtdeutsche" Szenerie der DGfE unter völlig veränderte Vorzeichen geraten. Welche Konsequenzen konnte und sollte man aus den Entwicklungen in der DDR generell und speziell im Hinblick auf den Bielefelder Kongress ziehen? Auf der Vorstandssitzung vom 12.1.1990 ist es laut Protokoll zu einer „intensiven Diskussion" über „die Beziehungen der DGfE zu den Erziehungswissenschaftlerinnen und Erziehungswissenschaftlern in der DDR" gekommen, wobei es insbesondere um die Problematik einer kurzfristig zu entwerfenden Agenda zum Thema „Deutsch-deutsche Bildungsbeziehungen" für die Enquête-Kommission des Deutschen Bundestages gegangen ist (VP 12.1.1990, TOP 7). Beschlossen wurde außerdem, dass in der DDR „keine voreilige Mitgliederwerbung" zu betreiben sei, sehr wohl aber Kontakte angeboten und Unterlagen, z.B. Studienordnungen verschickt werden könnten, „wenn entsprechender Bedarf angemeldet wird". Als kurzfristige Generallinie wurde festgelegt, „insgesamt die Entwicklung in der DDR und in ihren Wissenschaftsinstitutionen ab(zu)warten". Daher sei „eine Sondierungsreise" des DGfE-Vorsitzenden in die DDR vor dem Bielefelder Kongress und vor den Wahlen zur Volkskammer im März sicherlich „verfrüht" (ebd.).

Den Ablauf des nun kurz bevorstehenden Kongresses strukturell oder thematisch noch zu verändern, hat der Vorstand im Januar 1990 weder für nötig noch für möglich gehalten. Man rechnete mit einer begrenzten Zahl von Kongressteilnehmern aus der DDR, für deren Beköstigung ein Betrag von DM 2000,- ausreichend erschien, und die selbstverständlich keine Kongressgebühren zu bezahlen brauchten (vgl. ebd., TOP 5). Da es für die Anmeldung von Referaten ostdeutscher Kollegen zu spät war, blieb nur die Möglichkeit, ihnen in Diskussionen ein bevorzugtes Rederecht einzuräumen (VP 9.2.1990, TOP 6c). Schon im Vorfeld des Kongresses scheint es eine Reihe von Briefkontakten zwischen DDR-Kollegen und dem Vorstand der DGfE gegeben zu haben, darunter auch den Gesprächswunsch von Werner Salzwedel, Humboldt-Universität zu Berlin, der die Absicht mitgeteilt hatte, „die Gründung einer erziehungswissenschaftlichen Gesellschaft in der DDR" betreiben zu wollen (vgl. ebd.), wie sie dann tatsächlich am 24.3.1990 in Berlin stattgefunden hat (vgl. W. Steinhöfel in: Hoffmann/Neumann (Hrsg.) 1996, S. 43-68).

Als schließlich am 19.3.1990 der 12. Kongress der DGfE mit dem politisch aktuellen Rahmenthema „Bilanz für die Zukunft" eröffnet wurde, hielt nicht Gerhard Neuner (der inzwischen als APW-Präsident zurückgetreten war), sondern der amtierende APW-Präsident Hans-Jörg König das Grußwort für die Erziehungswissenschaft der DDR. Königs kurze Rede ist ein schönes Dokument der politischen Aufbruchstimmung jener Monate, zugleich aber auch ein lehrreiches Beispiel dafür, welche Illusionen man sich damals noch über den Verlauf des pädagogischen Reformprozesses machen konnte:

„Die Bildungs- und Schulreform entwickelt sich bei uns nicht nach vorgedachten Modellen der Bildungsforscher und in politisch geplanten Schritten, sondern als Prozeß der geistigen Erneuerung, als Suche nach zukunftstragenden Inhalten und Formen, als selbstbefreiendes Ausschreiten der jetzt gegebenen Denk- und Handlungsmöglichkeiten. Die Erziehungswissenschaftler sind Teil dieser großen Bewegung, teilen ihre Hoffnungen und Ängste, ihre Radikalität in den Neuansätzen, aber auch ihren Bezug zu dem bei uns Gewachsenen, die Größe ihrer Utopien und den Pragmatismus kleiner Schritte, bringen sie zusammen mit den Lehrern, den Schülern, den Eltern weiter voran. Wir sind wie sie zugleich Akteure und Betroffene, nach Jahrzehnten wieder die wirklichen Subjekte der wirklichen Bewegung. In dieser Bestimmung unserer Position ist die Verantwortung begründet, in der ich die DDR-Erziehungswissenschaft heute sehe, und ist auch die historische Chance deutscher Erziehungswissenschaft begründet, humanistische und demokratische Bildungsideale zu verwirklichen [...]" (25. Beiheft der Zeitschrift für Pädagogik, Weinheim und Basel 1990, S. 29).

König setzte noch auf die Hoffnung, „daß solche Ideen keine pädagogischen Utopien mehr bleiben müssen, wenn Erziehungswissenschaftler beider deutscher Staaten daran gemeinsam arbeiten, darüber miteinander streiten und zusammen dafür eintreten". Doch auch ihn plagte bereits die Sorge, „daß es dazu nicht mehr kommt, weil unsere Bildungs- und Schulreform akute Gefahr läuft, in einer bloßen Adaption an die westdeutschen Realitäten zu enden" (ebd., S. 30).

4.2 Behutsame Annäherungen

Wer erwartet haben sollte, dass der Bielefelder Kongress mit seinen ersten „gesamtdeutschen" Begegnungen eine stürmische Verbrüderungseuphorie ausgelöst hat, der wird von einer solchen Stimmung in den Akten der DGfE kaum etwas entdecken können. Ganz auf der Linie der zurückhaltenden Beschlüsse vom 12.1.1990 waren die Aktivitäten des neugewählten Vorstands unter Vorsitz

von Dietrich Benner zunächst darauf gerichtet, den eigenständigen Reformprozess der Erziehungswissenschaft in der DDR wohlwollend zu beobachten und
nach Kräften zu unterstützen. Zwar taucht das „DDR-Thema" in allen Vorstandsprotokollen des Jahres 1990 regelmäßig auf, doch von einer Dominanz
dieses Themas kann zunächst überhaupt keine Rede sein. Es war und blieb
vorerst ein Tagesordnungspunkt routinierter Vorstandsarbeit neben vielen anderen.

Die wichtigste Voraussetzung für die Erfolgsaussichten dieser Arbeit bestand zweifellos darin, dass mit der Gründung der *Deutschen Gesellschaft für Pädagogik" (DGP)* ein historisch unbelasteter, reformwilliger Gesprächs- und Ver-
handlungspartner in der DDR (also nicht mehr nur das wenn auch neu for-
mierte Präsidium der staatlichen APW) zur Verfügung stand. So war es eine der
ersten Amtshandlungen Dietrich Benners, dem Vorstand der neuen Schwestergesellschaft zu gratulieren und in einem Schreiben vom 19.4.1990 die Hoffnung
auszusprechen, „daß Ihre und unsere Gesellschaft in allen Fragen, die die Pädagogik und Erziehungswissenschaft in Deutschland betreffen, sachliche und
konstruktive Gespräche führen werden" (Benner an Klaus Drebes; 14.1). Diese
Hoffnung war augenfällig in der Satzung der DGP begründet, wenn es dort in §
2 heißt:

„Die DGP ist eine freiwillige, von Parteien, Organisationen und staatlichen Institutionen gei-
stig, personell und materiell unabhängige Vereinigung von Personen zur Förderung der pädagogischen Wissenschaft und zur Erhöhung der Leistungsfähigkeit der Pädagogik und des Bildungswesens. In diesem Sinne pflegt die DGP nationalen und internationalen Gedankenaustausch und wissenschaftlichen Meinungsstreit. Die DGP fördert die enge Verbindung der Pädagogik mit der gesellschaftlichen Praxis und die disziplinäre und interdisziplinäre Gemein-
schaftsarbeit mit tangierenden Wissenschaftsdisziplinen." (überarbeiteter Entwurf Januar
1990; ebd.)

So überrascht es nicht, dass sich im Sommer 1990 vielversprechende Ansätze
und Anlässe einer gleichberechtigten Zusammenarbeit beider Fachgesellschaften
entwickeln konnten. Am 13.6.1990 kam es in Altenberge, dem Wohnsitz Benners, zu einem ersten Vorstandsgespräch, an dem seitens der DGP der Vorsitzende Wolfgang Steinhöfel und sein Kollege Hans-Jürgen Fuchs, seitens der
DGfE Dietrich Benner und Peter Zedler teilgenommen haben.

Über Verlauf und Ergebnisse dieses Gesprächs wurde auf der Vorstandssitzung der DGfE am 17.6. ausführlich berichtet und insbesondere das Einvernehmen darüber betont, „daß eine Kooperation der Vorstände, der Kommissio-
nen/Sektionen sowie eine Beteiligung an Kongressen der jeweiligen Gesellschaft
als möglich und zweckmäßig angesehen wird". Bezüglich einer möglichen Zusammenführung beider Gesellschaften habe der DGfE-Vorsitzende festgehalten, „daß diese erst nach gründlichen Beratungen der Vorstände und nach einer
realisierten wissenschaftlichen Zusammenarbeit auf Kommissionsebene stattfinden und frühestens zum Berliner Kongreß 1992 erfolgen könne". Denkbar sei
die Einzelaufnahme von Mitgliedern der DGP in die DGfE, aber vielleicht auch

eine komplette Aufnahme der DGP. Das setze allerdings voraus, dass die DGP ein Aufnahmeverfahren entwickelt, das den Maßstäben der DGfE entspricht. „Sollte dieses nicht gelingen, so sei mit einer längeren Koexistenz beider Gesellschaften zu rechnen".

Der Vorstand der DGfE hat Inhalt und Verlauf des Gesprächs mit den Repräsentanten der DGP ausdrücklich begrüßt und beschlossen, dass die Möglichkeiten der Kooperation sowie einer Vereinigung beider Gesellschaften bis zu einer gemeinsamen Vorstandssitzung im September weiter geklärt werden sollen (VP 17.6.1990, TOP 3.1a). Tatsächlich hat am 3. September 1990 die erste gemeinsame Sitzung der Vorstände beider Gesellschaften im Institut für Allgemeine Pädagogik der FU Berlin stattgefunden, wobei neben dem gegenseitigen Informationsaustausch insbesondere die Vorbereitung von DFG-Rundgesprächen und des Berliner DGfE-Kongresses 1992, der geplante Aufbau einer Informationsstelle über deutsch-deutsche Forschungsvorhaben, die gemeinsame Stellungnahme zu Strukturproblemen des Bildungswesens und die Sammlung von Themen für weitere Vorstandsgespräche auf der Tagesordnung standen. Das Sitzungsprotokoll hält abschließend fest:

„Es besteht zwischen beiden Vorständen Einvernehmen darüber, daß
– die erziehungswissenschaftliche Forschung an den Hochschulen anzusiedeln ist,
– Aufgaben der pädagogischen Fort- und Weiterbildung von den Universitäten wahrgenommen werden sollten,
– der Allgemeinen Erziehungswissenschaft in der Lehrerbildung ein Ort an Stelle der bisherigen ideologischen ML-Studien im Kernstudienbereich zuzuweisen ist" (VP 2./3.9.1990, TOP 9).

Was in den folgenden Monaten auf der Grundlage dieses Einvernehmens an Initiativen und Aktivitäten zustande kam, hat der Vorsitzende in seinem Rechenschaftsbericht auf der Berliner Mitgliederversammlung am 17.3.1992 zusammenfassend dargestellt (vgl. EW 3 (1992) 5, S. 17ff.). Demnach wurden zur Intensivierung der deutsch-deutschen Forschungskontakte eine ganze Reihe von Rundgesprächen über Fragen der Allgemeinen, der Historischen und der Vergleichenden Erziehungswissenschaft, der Sozialpädagogik, der Berufsbildungsforschung, der Bildungsplanung und Schultheorie sowie der Jugendforschung durchgeführt, an denen, so Benner, „ungefähr zu gleichen Teilen Kolleginnen und Kollegen aus den alten und den neuen Bundesländern teilgenommen haben". Die oben erwähnte „Informationsstelle" hat zwischen September 1990 und Oktober 1991 ca. 150 Forschungskontakte zwischen Ost- und Westdeutschland vermittelt. Aus Anlass des 3. Oktobers 1990 veröffentlichten sowohl die DGfE wie auch die DGP professionspolitische Erklärungen, wobei beide Gesellschaften nachdrücklich auf die Unverzichtbarkeit „freier erziehungswissenschaftlicher Studiengänge" für die Ausbildung von Lehrern und Diplompädagogen hinwiesen. Die Erklärung der DGfE schließt mit dem Satz:

„Die DGfE hält es für unerläßlich, daß die für die Lehramtsstudiengänge und das Diplomstudium Erziehungswissenschaft erforderliche erziehungswissenschaftliche Fachstruktur aufge-

baut, entsprechende Studien- und Prüfungsordnungen entwickelt und die für die erziehungswissenschaftliche Lehre und Forschung notwendigen Stellen mit Wissenschaftlerinnen und
Wissenschaftlern aus den neuen und den alten Bundesländern besetzt werden, die über die
notwendigen Forschungs- und Lehrerfahrungen verfügen." (vgl. DGfE 1990)

Als dem Vorstand der DGfE von westdeutscher Seite vorgeworfen wurde, die
Erklärung zum 3. Oktober sei von einem „paternalistischen, missionspädagogi-
schen und kolonisierenden Ton" geprägt, konterte Benner mit der Feststellung,
dass der Text auch in den neuen Bundesländern breite Zustimmung gefunden
habe und vom Vorstand der DGP als hilfreich für den Erhalt und den Aufbau
erziehungswissenschaftlicher Forschung angesehen werde. „Die Erziehungswissenschaft, die für Aufklärungsprozesse in konkreten gesellschaftlichen Kontexten benötigt wird, kann niemals einfach importiert, sondern muß in Auseinandersetzung mit der historisch-gesellschaftlichen Situation jeweils neu entwickelt
werden". Dies sei auch ein Grund dafür, dass die sympathische Idee des „voneinander Lernens" an bestimmten Stellen nicht weiterhilft (Benner an die Vorsitzende der Kommission „Bildungsforschung mit der Dritten Welt", undatiert;
14.3).

Der Tätigkeitsbericht vom 17.3.1992 enthält zu dem Stichwort „*Unterstützung der Weiterentwicklung und des Neuaufbaus der Erziehungswissenschaft in den neuen
Bundesländern*" noch eine Reihe weiterer Erfolgsmeldungen, so den Hinweis auf
fünf studiengangsbezogene Informations- und Koordinationskonferenzen, an
denen nicht nur führende Mitglieder von DGfE und DGP, sondern auch Vertreter nahezu aller wissenschaftlichen Hochschulen und der zuständigen Ministerien der neuen Bundesländer beteiligt waren. Besonders wichtig war dabei die
Dresdener Tagung vom 7./8. Oktober 1991 mit den Gründungsdekanen bzw. Grün-
dungsbeauftragten an den ostdeutschen Hochschulen, die sich mit den anwesenden Ministerialbeamten darauf verständigen konnten, dass die bislang domi-
nierend geplanten *Lehramtsstudiengänge* nur in Verbindung mit einem erziehungswissenschaftlichen *Hauptfach*studiengang (Diplom oder Magister) eingerichtet
werden sollen („*Dresdener Abschlußerklärung*"vom 8.10.1991 = DGfE 1991).

Doch neben den Erfolgsmeldungen enthält Benners Bericht vor der Berliner Mitgliederversammlung auch einen Abschnitt, der – vordergründig betrachtet – nur eine Verfahrensfrage, tieferliegend aber ein Problem betrifft, das
durchaus geeignet war, die behutsame Annäherung beider Vereinigungen und
die Konsensbereitschaft der ostdeutschen Kolleginnen und Kollegen wieder zu
gefährden: *die Aufnahme von Mitgliedern aus den neuen Bundesländern.* Es lohnt sich,
diesen Aspekt „gesamtdeutscher" Annäherung in seiner Entstehung noch einmal ausführlicher zu rekonstruieren (vgl. auch Kap. 1.4).

Bereits im Vorfeld des Bielefelder Kongresses vom März 1990 hat sich der
Vorstand der DGfE zum ersten Mal mit diesem Thema beschäftigt, und zwar
auf der Grundlage eines Memorandums, das Volker Lenhart für die Vorstandssitzung am 12.1.1990 verfasst hatte. Darin waren für die künftig zu erwartende

Zusammenarbeit mit Kolleginnen und Kollegen aus der DDR drei denkbare Optionen skizziert:

- das Angebot zu individueller Mitgliedschaft in der DGfE;
- die Anregung zur Gründung einer eigenen erziehungswissenschaftlichen Fachvereinigung in der DDR;
- die Bildung zweier regionaler Sektionen (BRD, DDR) unter dem gemeinsamen Dach der DGfE (vgl. Lenharts Tätigkeitsbericht in EW 1 (1990) 1, S. 85).

Der Vorstand hat sich damals die erste Option zu eigen gemacht, und das ging schon deshalb gar nicht anders, weil die individuelle Mitgliedschaft durch das Aufnahmeverfahren in § 4 der Satzung verbindlich vorgeschrieben war. Daher war es nur konsequent, auch nach der Gründung der DGP (2. Option) eine kollektive Aufnahme ganzer Gruppen von DDR-Kollegen schon aus Satzungsgründen auszuschließen (vgl. VP 15.6.1990, TOP 3.1.a). Doch es kamen zwei Argumente hinzu: Erstens hätte eine kollektive Öffnung der DGfE die gerade erst gegründete DGP in ihrem Aufbau sicherlich gefährdet, und zweitens unterschieden sich beide Gesellschaften insbesondere dadurch, dass die DGP ausdrücklich auch Kolleginnen und Kollegen aus dem weiten Praxisfeld pädagogischer Berufe offenstand, die satzungsgemäß von einer Mitgliedschaft in der DGfE ausgeschlossen waren. Es lag daher im Interesse beider Seiten, dass die beiden Vorsitzenden Benner und Steinhöfel bei ihrem ersten Kontaktgespräch im Juni 1990 keine eiligen Fusionsüberlegungen angestellt, sondern zunächst einmal eine gründliche Zusammenarbeit auf der Vorstands- und insbesondere auf der Kommissionsebene verabredet hatten. Im Sinne dieser Verabredung bestand im Vorstand der DGfE Einvernehmen darüber, dass die Vorsitzenden der Kommissionen und Arbeitsgruppen keinerlei Mitgliederwerbung in der DDR betreiben sollten (VP 17.6.1990, TOP 7.d).

Doch in den Kommissionen und Arbeitsgruppen fand diese Vorstandslinie keineswegs nur Zustimmung, was vermutlich einerseits mit „gesamtdeutschen" Verbrüderungsmotiven, andererseits mit einem gewissen Autonomiebedürfnis der Kommissionen gerade in Mitgliedschaftsfragen zusammenhing. Der deutlichste Versuch einer alternativen Strategie hat offenbar in der Historischen Kommission der DGfE stattgefunden. Deren damaliger Vorsitzender nahm am 5.9.1990 (zusammen mit zwei weiteren prominenten Kommissionsmitgliedern) an der Gründungsversammlung der Sektion „Historische Pädagogik" in der DGP teil und machte – laut Versammlungsprotokoll – den ostdeutschen Kolleginnen und Kollegen das Angebot, „im Rahmen einer Zweitmitgliedschaft" der Historischen Kommission kollektiv beizutreten, woraufhin die Sektionsmitglieder ihren frischgewählten Vorstand damit beauftragten, „die Fusion beider Fachgremien zum *baldmöglichsten* Zeitpunkt vorzubereiten" (Protokollnotiz; 14.2). Auf Rückfrage von Benner bestätigte der Vorsitzende der Historischen Kommission, das fragliche Angebot gemacht zu haben, wozu er sich deshalb berechtigt fühlte, „weil die für die DGP typische Mischung von Wissenschaftlern und pädagogischen Praktikern bei dieser Personengruppe nicht gegeben ist" und weil laut Kommissionssatzung eine Mitgliedschaft in der DGfE nicht erforderlich sei. Mit einer Fusion beider Kommissionen solle bis zur Vereinigung beider Fachgesellschaften insgesamt gewartet werden, und außerdem solle die getroffene „Assoziierungsvereinbarung" auf die Gründungsmitglieder der Historischen Sektion der DGP beschränkt bleiben (Rudolf W. Keck an Benner am 12.10.1990; ebd.). Diese Auskunft konnte den Vorsitzenden der DGfE nach den sowohl mit der DGP wie mit den Kommissionsvorständen getroffenen Absprachen kaum befriedigen, so dass er sich gezwungen sah, in einem Rundschreiben vom 29.10.1990 nochmals auf die geltende Satzung der DGfE hinzuweisen, aber auch klarzustellen, dass „beispielsweise die keineswegs wenigen Kolleginnen und Kollegen, die ihre Kolleginnen und Kollegen für den Stasi bespitzelt haben, in der DGfE als Mitglieder unerwünscht" sind (Benner an die Vorsitzende der Kommissionen und AGs a.Z. am 29.10.1990; ebd.).

Mit dem Hinweis auf das Stasi-Problem war nun erstmals ein Konflikt angesprochen, der sich im November/Dezember 1990 derart verschärfte, dass sich der DGfE-Vorstand zu völlig neuen Überlegungen und Entscheidungen veranlasst sah. Wie Benner den Kommissions- und AG-Vorsitzenden in einem weiteren Rundschreiben vom 17.12.1990 mitteilte, war es in der ostdeutschen DGP zu einer deutlichen Krise gekommen, weil „aus Kreisen dieser Gesellschaft ein Mitglied des Vorstandes der STASI-Mitgliedschaft beschuldigt wird" und weil sich „seit neuestem Mitglieder des Vorstandes gegenseitig beschuldigen, im Dienste der STASI gestanden zu haben". Vor diesem Hintergrund, so Benner weiter,

„muß sich unsere Gesellschaft nun auf ein Aufnahmeverfahren für Mitglieder aus den neuen Bundesländern verständigen, das dem wissenschaftlichen Status unserer Gesellschaft angemessen ist. Da dortige Promotionen und Habilitationen nicht automatisch unseren wissenschaftlichen Standards entsprechen, könnten folgende Regeln sinnvoll sein:
1. Vorschläge zur Aufnahme [...] sollen von den Vorschlagenden unter Beifügung eines Schriftenverzeichnisses [...] gutachterlich danach beurteilt werden, ob der Vorschlag ‚durch wissenschaftliche Arbeiten so ausgewiesen' ist, daß sich unsere Gesellschaft von dem neuen Mitglied einen wissenschaftlichen ‚Gewinn versprechen darf' (gemäß § 4 der Satzung der DGfE).
2. Nach Prüfung und Beschlußfassung im Vorstand tritt die Aufnahme des neuen Mitglieds in Kraft, wenn das neue Mitglied durch Unterzeichnung einer ‚Ehrenerklärung' versichert, nicht gegen die Grundsätze der Freiheit von Forschung und Lehre verstoßen und das Recht auf informationelle Selbstbestimmung nicht verletzt zu haben."

Abschließend bat Benner darum, zu diesen „Regeln" Stellung zu nehmen und darin keinen Versuch zu sehen, „den wissenschaftlichen Pluralismus in unserer Gesellschaft einzuschränken, andere zu bevormunden oder dem Schicksal von Kolleginnen und Kollegen in den neuen Bundesländern teilnahmslos gegenüberzustehen. Es geht einzig darum, am wissenschaftlichen Charakter unserer Gesellschaft festzuhalten und auf eine durchsichtige und praktikable Weise dafür zu sorgen, dass Mitglied in unserer Gesellschaft nur werden kann, wer sich wissenschaftlich ausgewiesen und nicht gegen elementare Regeln wissenschaftlicher Redlichkeit verstoßen hat" (Rundbrief vom 17.12.1990; 14.3).

Wie zu erwarten war, stieß auch diese Vorstandsinitiative bei einigen Mitgliedern der DGfE auf Bedenken. Lakonisch teilte der Vorsitzende der Kommission Erwachsenenbildung mit, dass er sich von dem vorgeschlagenen Aufnahmeverfahren distanziere, und fügte als Begründung hinzu, dass die vorgesehenen Auflagen „nicht satzungsgemäß" seien (Eberhard Meueler an Benner am 10.1.1991; ebd.). Ausführlicher trug Benners Amtsvorgänger Volker Lenhart seine „deutlichen Einwände" vor, wobei er sich auf die Unterstützung seiner Argumente durch Helmut Heid und Wolfgang Klafki berief:

1. Die Gleichwertigkeit von Promotion und Habilitation sei bereits im Einigungsvertrag verbindlich festgestellt worden, also „nicht mehr unsere Sache".

2. Die Kriterien der Freiheit von Forschung und Lehre sowie des Rechts auf informationelle Selbstbestimmung seien zwar für ein freiheitliches Wissenschaftssystem eine Selbstverständlichkeit, doch auf ein „politisch vorverordnetes" System wie das der DDR „im strengen Sinne nicht anwendbar".

3. „Ich befürchte also, daß die erwünschte Erklärung nur von gegenüber der eigenen Vergangenheit sehr großzügigen Charakteren mit 'Wendementalität' abgegeben wird; diese Erklärung ist ein ungeeignetes Mittel".

Lenharts „Gegenvorschlag" lief darauf hinaus, die „Abwicklung" der erziehungswissenschaftlichen Fachbereiche in den neuen Ländern sowie die Aufstellung neuer Stellenpläne und die Neuberufung des Personals doch erst einmal abzuwarten und dann dasselbe satzungsgemäße Aufnahmeverfahren zu praktizieren wie in der alten Bundesrepublik. „Sofern sich die DGfE nicht nur als westdeutsche, sondern als nationale Fachgesellschaft versteht, kann sie schon um des rechtlichen Gleichheitsgrundsatzes willen nach der Abwicklung und Neukonstituierung des Faches in den neuen Bundesländern nicht anders verfahren" (Lenhart an Benner am 8.1.1991; 14.3).

Der Brief Lenharts hat den Vorstand der DGfE offenbar argumentativ beeindruckt. Einstimmig wurde auf der Vorstandssitzung vom 21./22.4.1991 ein Beschluss gefasst, der sich den „Gegenvorschlag" Lenharts im wesentlichen zu eigen macht:

„Anträge von Erziehungswissenschaftlern und Erziehungswissenschaftlerinnen aus den neuen Bundesländern werden erst nach dem Abschluß der Abwicklung bearbeitet. Den Anträgen ist ein Nachweis über das Beschäftigungsverhältnis in Universitäten, Hochschulen oder wissenschaftlichen Instituten beizufügen. Gemäß § 3 der Satzung der DGfE werden die wissenschaftlichen Schriften im Aufnahmeverfahren geprüft. Den dann Aufgenommenen wird mitgeteilt, daß der Vorstand im Aufnahmeverfahren davon ausgegangen ist, daß sie weder hauptamtlicher noch informeller Mitarbeiter des Ministeriums für Staatssicherheit waren" (VP, TOP 6).

Dieser Beschluss ist auf der Vorstandssitzung vom 9.6.1991 noch einmal bekräftigt sowie durch zwei ergänzende Bestimmungen erweitert worden (VP,

TOP 5) und fand dann zu guter Letzt Eingang in eine Entschließung vom 2.7.1991, die nicht nur mit dem Vorstand der DGP abgestimmt war, sondern auch den Kritikern in den eigenen Reihen, vor allem dem Vorstand der Historischen Kommission, ziemlich weit entgegenkam (vgl. den Text der „Entschließung" in EW 2 (1991) 4, S. 22/23):

„1. Der Vorstand der DGfE lädt im Einvernehmen mit dem Vorstand der DGP die Erziehungswissenschaftlerinnen und Erziehungswissenschaftler der DDR dazu ein, bis zum Zeitpunkt einer möglichen Auflösung der DGP eine assoziierte Mitgliedschaft in den Kommissionen und Arbeitsgemeinschaften der DGfE zu beantragen. Gleichzeitig empfiehlt er den Kommissionen und Arbeitsgemeinschaften der DGfE, entsprechend ausgewiesene Erziehungswissenschaftlerinnen und Erziehungswissenschaftler aus den neuen Bundesländern als assoziierte Mitglieder aufzunehmen.
2. Nach dem Berliner Kongress und der für diesen Zeitpunkt erwarteten Auflösung der DGP sollen ordentliche Mitgliedschaften direkt beantragt und assoziierte in ordentliche Mitgliedschaften überführt werden können.
3. Der Vorstand wird über diese Anträge gemäß § 4 der Satzung der DGfE und unter Wahrung des Grundsatzes der Gleichbehandlung von Anträgen aus den alten und den neuen Bundesländern entscheiden. Dabei sollen die folgenden Regeln gelten:
   a) Kolleginnen und Kollegen, die nach einer Überprüfung ihrer wissenschaftlichen Leistungen gemäß den Grundsätzen des HRG neu eingestellt worden sind, können die volle Mitgliedschaft beantragen. Sofern sie den Hochschullehrerstatus besitzen, können sie nach § 4, Satz 2 der Satzung der DGfE die Aufnahme auch ohne Befürwortung zweier Mitglieder stellen; bei Wissenschaftlerinnen und Wissenschaftlern ohne Hochschullehrerstatus muss der Aufnahmeantrag nach § 4, Satz 1 der Satzung durch zwei Mitglieder befürwortet werden.
   b) Über Aufnahmeanträge von Kolleginnen und Kollegen, die aus Altersgründen oder wegen der Auflösung der Einrichtung, an der sie gearbeitet haben, den HRG-Status nicht mehr erwerben können, wird im Sinne der Satzung der DGfE auf der Grundlage ihrer Schriften entschieden.
   c) Mit der Aufnahme teilt der Vorstand der DGfE den Mitgliedern aus den neuen Bundesländern mit, dass er bei der Aufnahme davon ausgegangen ist, dass sie weder formell noch informell für den Staatssicherheitsdienst tätig gewesen sind. Sollte sich zu einem späteren Zeitpunkt die Unrichtigkeit dieser Annahme herausstellen, so erlischt die Mitgliedschaft in der DGfE."

Um bei dieser Beschlusslage den Überblick nicht zu verlieren, wiesen seit 1992 die Protokolle der Vorstandssitzungen die jeweils vorliegenden Aufnahmeanträge getrennt nach „Ost" und „West" aus – eine Praxis, die erst im Januar 1996 durch einen förmlichen Vorstandsbeschluss beendet wurde (VP 28.1.1996, TOP 3.2).

Vergleicht man nun die Langwierigkeit dieses Beratungs- und Entscheidungsprozesses mit den entsprechenden Verhandlungen und Regelungen in anderen Fachgesellschaften, so wird man wohl sagen dürfen, dass sich die DGfE bei der Klärung und Lösung des Problems besonders schwergetan hat. Dazu drei Beispiele:
– Die Vorstände der „Gesellschaft für Germanistik" (Ost) und des „Deutschen Germanistenverbands" (West) tagten am 12./13. Oktober 1990 in Jena, verabrede-

ten die gemeinsame Vorbereitung des nächsten Deutschen Germanistentages 1991 in Augsburg sowie die gemeinsame Aufarbeitung der germanistischen Wissenschaftsgeschichte in der ehemaligen DDR und waren sich auch darin einig, dass den Kolleginnen und Kollegen aus den neuen Bundesländern empfohlen werden sollte, Mitglied des Deutschen Germanistenverbandes zu werden. Zur Aufnahmeregelung gaben beide Vorstände gemeinsam die folgende schlichte Erklärung ab: „Sie erwarten, daß Germanist(inn)en, die durch ihre politische Tätigkeit in der DDR Kolleg(inn)en schuldhaft behindert oder geschädigt haben, keinen Antrag auf Mitgliedschaft im Deutschen Germanistenverband stellen" (Mitteilungen des Deutschen Germanistenverbandes, 37 (1990) Dezember, S. 1). Eine weitere Beschäftigung mit dem Problem ist in den Verbandsmitteilungen nicht nachweisbar.

– Auf der Mitgliederversammlung des „Verbandes der Historiker Deutschlands" (West) im September 1990 in Bochum berichtete der Vorsitzende Wolfgang J. Mommsen ausführlich über die Kontakte zur „Historikergesellschaft" (Ost) und zu dem in der DDR neugegründeten „Unabhängigen Historikerverband". Die Einführung einer Doppelmitgliedschaft, die den Mitgliedern der „Historikergesellschaft" (Ost) die gleichzeitige Mitgliedschaft im „Verband der Historiker Deutschlands" (West) gesichert hätte, werde abgelehnt, doch sei eine gleichzeitige Mitgliedschaft in beiden Verbänden denkbar, wenn und sofern sich die Historikergesellschaft „eine andere Ausrichtung" geben würde (Mitteilungsblatt des VHD 1991, S. 13ff.). Zur Aufnahmeregelung hat die Mitgliederversammlung am 28.9.1990 folgende „Erklärung" verabschiedet: „1. Der Verband der Historiker Deutschlands steht wie bisher entsprechend seinem Selbstverständnis und im Rahmen seiner Satzung Historikerinnen und Historikern aus der DDR offen.
2. Der Verband erwartet, daß Historikerinnen und Historiker, die sich durch ihre Tätigkeit im Dienst des SED-Regimes kompromittiert haben, keinen Antrag auf Beitritt stellen." (ebd., S. 21)
Nachdem auf derselben Versammlung die Anregung eines zweijährigen Aufnahmemoratoriums für Historiker aus der DDR verworfen worden war und sich die Historikergesellschaft der ehemaligen DDR am 31.12.1990 aufgelöst hatte, scheint das Thema mit der o.a. „Erklärung" erledigt gewesen zu sein.

– Noch unkomplizierter sieht die Problemwahrnehmung und Problemlösung in der „Deutschen Gesellschaft für Soziologie" (DGS) aus, wenn man sich auf deren Mitteilungsblatt hinreichend verlassen darf. Auf dem 25. Soziologentag im Oktober 1990 berichtete der DGS-Vorsitzende Wolfgang Zapf über die Beziehungen zu der neu gegründeten Schwestergesellschaft in der ehemaligen DDR, erinnerte daran, dass es schon seit 1987 intensive Kontakte zu dem kleinen Kreis professioneller DDR-Soziologen gegeben habe, und teilte mit, dass der DGS-Vorstand eine „Erklärung zur Lage der Soziologie in der ehemaligen DDR" verabschiedet habe. Darin heißt es u.a.: „In die notwen dige Selbstkritik und Selbstreinigung der DDR-Soziologie wollen wir uns nicht ungefragt einmischen; wohl aber werden wir sehr deutlich Stellung nehmen, wenn wir gefragt werden". Und weiter: „Die DGS selbst steht den Kolleginnen und Kollegen aus der DDR zu ihren bekannten Bedingungen offen: Aufnahme nach Einzelantrag durch den Vorstand bei Vorliegen von Promotion und Fachpublikationen. Wenn die im Februar 1990 gegründete Gesellschaft für Soziologie-Ost (GfS) als Regionalverband oder als Notgemeinschaft weiter bestehen will, so wird die DGS dies unterstützen" („Soziologie". Mitteilungsblatt der DGS Heft 1/1991, S. 14ff.; vgl. auch Heft 1/1990, S. 65 f.).

Hätte die Deutsche Gesellschaft für Erziehungswissenschaft aus den zitierten Beschlüssen anderer Fachgesellschaften zur Integration der DDR-Kollegenschaft etwas lernen können? Wäre vielleicht etwas mehr Gelassenheit gegenüber der unleugbaren Gefahr einer Unterwanderung durch ehemalige Stasi-Leute möglich gewesen? Wie immer man solche hypothetischen Fragen beantworten mag, unverkennbar ist doch, dass die Regelungen der DGfE-„Entschließung" vom 2.7.1991 den entsprechenden Beschlüssen in anderen Fachgesellschaften bereits sehr nahe kamen und außerdem den wichtigen Vorteil besaßen, kein einseitiges Oktroi durch den Vorstand der DGfE, sondern in Absprache mit dem Vorstand der DGP formuliert gewesen zu sein.

Doch hinter der Fassade offiziellen Einvernehmens hatte sich in der DGP bereits seit Jahresbeginn 1991 die „Unzufriedenheit der Mitglieder über die seitens des Vorstandes der DGfE erarbeiteten Aufnahmemodalitäten" zu Wort gemeldet, worüber der DGP-Vorsitzende Wolfgang Steinhöfel am 15.3.1992 in seiner abschließenden Vorstandsbilanz aus Anlass der Auflösung des Vereins berichtete (EW 3 (1992) H. 5, S. 134ff., insb. S. 160). Diese Modalitäten, so fügte er erläuternd hinzu, hätten „allein im demokratischen Selbstanspruch der DGfE und ihrer Satzungen" gelegen, wobei es „von Anbeginn an seitens des Vorstandes der DGfE einen fixierten Standpunkt" gegeben habe, „welcher ein Zusammenwachsen im Sinne eines komplexen Zusammengehens negierte" (ebd.).

Vier Jahre später hat Steinhöfel einen weiteren Versuch vorgelegt, die ehemalige Deutsche Gesellschaft für Pädagogik „im Spiegel deutsch-deutscher Transformationsprozesse" zu betrachten und die Bemühungen um eine behutsame Annäherung noch einmal rückblickend zu würdigen (in: Hoffmann/Neumann 1996, S. 43-68). Das Erinnerungsbild, das hier gezeichnet wird, ist nun vollends von tiefer Enttäuschung und Resignation geprägt: Zwar sei anfänglich „in einer recht kurzen Phase" die Zusammenarbeit zwischen DGP und DGfE äußerst produktiv gewesen, doch habe er selbst die Hoffnung auf eine „produktive Synthese" im weiteren Verlauf mehr und mehr verloren. „Ordnungspolitische Maßnahmen" hätten „die persönliche Integrität der ostdeutschen Erziehungswissenschaftler und Pädagogen" in Frage gestellt, Erscheinungen wie „Überheblichkeit" und „Beurteilungsmentalität" hätten dazu beigetragen, dass

„die überwiegende Mehrzahl und vor allem die ihre Wissenschaft repräsentierenden DDR-Erziehungswissenschaftlerinnen und Erziehungswissenschaftler sowie der hoffnungsvolle Nachwuchs [...] von der Erziehungswissenschaft ausgegrenzt" worden seien (ebd., S. 55). So „wurde die DDR-Erziehungswissenschaft vollständig [!] abgebaut" (ebd., S. 56).

Solche Pauschalurteile und (auch damals schon unhaltbaren) Irrtümer werden erst dann verständlich, wenn man sich klar macht, in welchem Ausmaß das scharfe Instrument der „Abwicklung" vor allem die unmittelbar betroffenen Personen in ihrem Selbstwertgefühl verletzen musste. Die Angst, den angestammten Arbeitsplatz zu verlieren und von weiterer Forschungs- und Lehrtätigkeit selbst dann ausgeschlossen zu werden, wenn politische Entlassungsgründe oder moralische Vorwürfe überhaupt nicht geltend gemacht werden konnten, hat offenbar alle anderen Aspekte des „gesamtdeutschen" Annäherungsversuchs zunehmend überlagert und einer optimistischen Beurteilung entzogen. Die „Aufnahmemodalitäten" der DGfE gerieten vor diesem Hintergrund vollends zur Nebensächlichkeit.

Daher soll ein zweiter Schwerpunkt dieses Kapitels darauf gerichtet sein herauszufinden, wie der Prozess der „Abwicklung" erziehungswissenschaftlicher Einrichtungen in den neuen Bundesländern (jedenfalls im groben Überblick) ausgesehen hat und wie dabei die Rolle der DGfE, insbesondere die ihres Vorstands, zu beurteilen ist.

4.3 Enttäuschte Hoffnungen

Unter der Überschrift „*Ernüchternde Fragen an die deutsche Pädagogik*" erschien Anfang Juni 1990 in der *Frankfurter Rundschau* ein Artikel, der sich mit dem Zustand der Erziehungswissenschaft in beiden deutschen Staaten beschäftigte (FR Nr. 130, 7.6.1990, S. 17). Verfasser war ein Mitglied des DGfE-Vorstandes, nämlich Dieter Lenzen. Er charakterisierte die DDR-Pädagogik als eine „staatstragende Wissenschaft", die in gar keiner Weise mit der Erziehungswissenschaft in der Bundesrepublik gleichzusetzen sei. Der Anteil der SED-Mitglieder unter den Fachvertretern gehe gegen 100%, ihre wissenschaftliche Qualifikation habe einem internationalen Standard nicht entsprechen können. Zudem sei das Fach mit ca. 4.000 Erziehungswissenschaftlern in den Hochschulen der DDR „hoffnungslos überausgestattet".

Es liegt auf der Hand, dass aus alledem eigentlich nur die Forderung nach einem radikalen Stellen- und Personalabbau resultieren konnte. Doch Lenzen überraschte seine Leser mit einer kühnen Volte, die zu der Schlussfolgerung führt, dass das Fach Erziehungswissenschaft „massiv ausgebaut" werden müsse. Dafür machte er ein taktisches und ein strategisches Argument geltend:

– Einerseits sei „ein nennenswerter Personalabbau" deshalb nicht zu erwarten, weil hier „behutsam vorgegangen werden" müsse, will man die Menschen „nicht in die Hände restaurativer Machtingenieure treiben" (womit vermutlich die alten SED-Eliten gemeint waren).

– Andererseits könne das in der DDR herrschende Qualifikationsdefizit sowie das Defizit an einer demokratischen, pluralistischen Orientierung der Erziehungstheorie sicherlich nicht „ohne Einwirkung von außen" ausgeglichen werden – und dafür stehe ja glücklicherweise in der Bundesrepublik ein hochqualifizierter erziehungswissenschaftlicher Nachwuchs bereit, der sonst von Arbeitslosigkeit bedroht sei.

Lenzen räumte ein, dass sich bei dieser Strategie der „Beigeschmack eines Reeducation-Programms" nicht abweisen lasse, und er fügte hinzu, dass es auf gar keinen Fall „um einen Parallelprozeß zur Entnazifizierung oder um eine Kopie menschenverachtenden Umgangs mit intelligenten aufrechten Pädagogen" gehen könne. Vielmehr bestehe das Ziel einer Berufung „westlicher" Erziehungswissenschaftler an Hochschulen der DDR darin, einerseits „einen quantitativen Ausgleich zu schaffen", andererseits die „Ausbildung der nachwachsenden Generation zu mündigen Bürgern, die über ihr Schicksal selbst bestimmen", sicherzustellen.

Man wird bezweifeln dürfen, dass die Urteile und Argumente, die Lenzen in diesem FR-Artikel formuliert hat, von den anderen Mitgliedern des DGfE-Vorstands vollständig geteilt worden sind. Dietrich Benner hat sich jedenfalls wenige Tage später in einem Interview vom 13.6.1990 vorsichtiger und differenzierter geäußert:

„Was an der Pädagogik und Erziehungswissenschaft in der DDR bewahrenswert und -fähig ist, muß von den Pädagogen und Erziehungswissenschaftlern dort zunächst in analytischer Aufarbeitung selbst geklärt werden. Erst nach solchen Klärungen, die übrigens auf beiden Seiten und dann auch gemeinsam vorgenommen werden müssen, läßt sich ermessen, was wir mit- und voneinander lernen können" (Text des Interviews S. 1-3; 14.2; vgl. auch den Leserbrief von Peter Menck in der FR Nr. 151, 3.7.1990, S. 11).

Doch in der generellen Zielsetzung, dass eine gründliche Reform der „DDR-Pädagogik" nur nach „westlichen" Standards möglich und daher die Öffnung der ostdeutschen Hochschulen für Erziehungswissenschaftler aus der Bundesrepublik unumgänglich sei, dürfte es im Vorstand der DGfE keine Differenzen gegeben haben. Die „Erklärung" der DGfE „aus Anlaß des 3. Oktobers 1990" schließt daher mit der bereits oben zitierten Forderung, die für Lehre und Forschung notwendigen Stellen „mit Wissenschaftlerinnen und Wissenschaftlern aus den neuen und den alten Bundesländern" zu besetzen.

Einigkeit dürfte es im Vorstand von vornherein auch darüber gegeben haben, dass die „Akademie der Pädagogischen Wissenschaften" (APW) als das staatsparteilich gelenkte Zentrum der DDR-Erziehungswissenschaft aufgelöst werden musste. Folglich konzentrierte sich der im September 1990 beginnende Briefwechsel zwischen dem Vorsitzenden der DGfE und der Geschäftsführenden

Leitung der APW auf die Frage, wie und wo die wertvollen Archiv-, Museums- und Bibliotheksbestände der APW weitergeführt werden könnten (Schreiben vom 25.9., 29.10., 10.12., 12.12.1990; 14.2). Nach einem Besuch der APW veröffentlichte der DGfE-Vorstand am 3.12.1990 eine Erklärung, in der er sich zur Ausgliederung und Neuanbindung bestimmter Einrichtungen der Akademie äußerte, die Neugründung einer von ost- und westdeutschen Erziehungswissenschaftlern *gemeinsam* zu betreibenden *„Arbeitsstelle zur Erforschung von Erziehungs-, Bildungs- und Sozialisationsprozessen im real existierenden Sozialismus"* empfahl (so Benner am 10.12.1990 an den Bundesminister für Bildung und Wissenschaft Jürgen Möllemann), sich ansonsten aber außerstande sah, zur Frage „einer möglichen Weiterbeschäftigung von Teilen des Personals" Stellung zu nehmen. „Es versteht sich", so heißt es in der Erklärung abschließend, „daß der Vorstand schon aus sozialstaatlichen Erwägungen nur sozialverträgliche Lösungen für annehmbar hält" (ebd.).

Diese Äußerungen wurden in der Leitung der APW mit tiefer Enttäuschung, ja mit Empörung aufgenommen. In einem Anschlag am Schwarzen Brett der APW dankte der amtierende APW-Präsident Hans-Jörg König dem DGfE-Vorstand ironisch „für die Offenlegung seiner Interessen" und erklärte den Text zu einem „lehrbeispielhaften Zeitdokument", in dem „die Hintergründe für diese Art von Empfehlungen vordergründig ablesbar sind" (datiert vom 6.12.1990; 14.9). Weniger sibyllinisch fiel die Antwort von Christa Uhlig als Mitglied der Geschäftsführenden APW-Leitung aus:

„Die Empfehlungen entsprechen voll und ganz der generellen Art und Weise des Umgangs mit ehemaliger DDR-Wissenschaft und erzeugen bei mir unweigerlich Assoziationen zur Wirkung der Neutronenbombe [!]. Wie wird wohl einst die Geschichte über den 'Beitritt' von Wissenschaft rechten? Es macht mich schon betroffen, wenn WissenschaftlerInnen, die man nicht einmal kennt, pauschal vorverurteilt statt wissenschaftlich-sachlich beurteilt werden. [...] Zynismus und Ignoranz sind keine guten Ratgeber auf dem ohnehin schwierigen Weg in eine gemeinsame, würdevolle Zukunft." (Uhlig an Benner, 10.12.1990; 14.3)

In einem weiteren Schreiben drückte Frau Uhlig zwei Tage später die Hoffnung aus, „daß mein vorheriger Brief nicht zusätzlichen Konfliktstoff schafft und nicht persönlich verstanden wird". Ihre Reaktion auf die Stellungnahme der DGfE sei so heftig ausgefallen, „weil sie die unter den Mitarbeitern der Akademie ohnehin große psychische Belastung in einem hohen Maße zusätzlich verstärkt hat" (Uhlig an Benner, 12.12.1990; ebd.). Damit war nur noch einmal ausgesprochen, was den Kern des Problems der „Abwicklung" ausmachte: Es ging im Herbst 1990 nicht um die Zukunft von Institutionen, sondern um die Zukunft von Menschen und ihre Lebenschancen. Die strenge Sachlichkeit, mit der der Vorstand der DGfE am 3.12.1990 auf das Ende der APW reagierte, konnte der psychischen Dimension des Problems sicherlich nicht gerecht werden.

Mit der „Abwicklung" der Ost-Berliner Akademie der Pädagogischen Wissenschaften machte der Vorstand der DGfE eine Erfahrung, die sich in den Monaten nach dem Beitritt der DDR zur Bundesrepublik und nach der Konstituierung der fünf neuen Bundesländer mit ihren hochschulpolitischen Zuständigkeiten kompakt wiederholen sollte. Am 11.12.1990 teilte der DGP-Vorsitzende Steinhöfel dem DGfE-Vorsitzenden mit, ihm sei durch „wissenschaftlich gestandene Kollegen" aus Thüringen berichtet worden, dass dort an sämtlichen Universitäten und Hochschulen alle „geisteswissenschaftlichen Struktureinheiten" abgewickelt wurden, „was quasi einer Kündigung auch aller Erziehungswissenschaftler, ohne alle Angabe von Gründen, gleichkommt". Dieses Verfahren rufe „nicht nur emotionale Empörung hervor", sondern drohe alles das wieder zu zerstören, was in den Beratungen und Rundgesprächen an gemeinsamen Konzepten erarbeitet worden ist. Wenn die bisherige Zusammenarbeit von DGfE und DGP einen Sinn behalten sollte, dann sei es jetzt an der Zeit, den Berufskollegen aus den alten Bundesländern „Solidarität abzuverlangen" (Steinhöfel an Benner, 11.12.1990; ebd.).

Benners Antwortschreiben vom 20.12. lässt einerseits – anders als im Kontakt mit der Spitze der APW – seine persönliche Betroffenheit, andererseits aber auch wieder den Versuch erkennen, die sich anbahnenden Konflikte durch einen transparenten, möglichst konsensfähigen *Verfahrensvorschlag* zu entschärfen:

„Was die zwischen beiden Gesellschaften abzustimmenden Schritte betrifft, so möchte ich vorschlagen, daß Ihre Gesellschaft in einer offiziellen Stellungnahme zu den sogenannten Abwicklungsverfahren erklärt, daß Expertenkommissionen unter Beteiligung von Erziehungswissenschaftlern in allen neuen Bundesländern eingerichtet und mit dem Auftrag versehen werden müssen, Entscheidungen über die Weiterbeschäftigung des wissenschaftlichen Personals unter Zugrundelegung fachimmanenter Kriterien sowie unter Berücksichtigung fachstruktureller und kapazitativer Gesichtspunkte vorzubereiten."

Der Brief schließt mit der Zuversicht,

„daß sich die in den neuen Bundesländern jetzt eingeleitete Abwicklungspolitik so nicht durchhalten lassen wird und daß an die Stelle pauschaler Lösungen differenzierte, die wissenschaftlichen Leistungen der Subjekte berücksichtigende Entscheidungen treten werden. Einen solchen Prozeß werde ich sowohl persönlich als auch in meinem Amt als Vorsitzender der DGfE mit all meinen Kräften unterstützen." (ebd.)

Mit dieser optimistischen Zusage gelang es Benner zwar, die resignative Stimmung des DGP-Vorsitzenden wieder aufzuheitern und dazu beizutragen, dass es bis zur Selbstauflösung der DGP im März 1992 zwischen den Vorständen beider Gesellschaften, insbesondere zwischen den Vorsitzenden selbst, ein relativ stabiles Vertrauensverhältnis gegeben zu haben scheint. Aber die Briefwechsel und Resolutionen jener Tage, insbesondere die Ergebnisse des *DGP-Rundgesprächs vom 8./9.2.1991 an der TU Chemnitz*, zeigen doch auch, dass die Ziele und Argumente beider Seiten nie deckungsgleich gewesen sind und auch nicht sein konnten: Während die DGP alles daran setzte, für möglichst viele ihrer Mitglieder sichere Arbeitsplätze im Wissenschafts- oder Bildungssystem der neuen Länder zu erreichen, dominierte auf Seiten der DGfE eindeutig das Ziel, in den neuen Ländern eine leistungsfähige Erziehungswissenschaft mit differenzierten Studiengängen und Forschungszentren aufzubauen und dafür kompetentes Personal aus *allen* Bundesländern zu gewinnen (vgl. die einschlägigen Dokumente in 14.2-14.9; 15.2; 15.3). Dass in dieser „gesamtdeutschen" Konkurrenz die Kolleginnen und Kollegen aus der ehemaligen DDR nur geringe Chancen hatten, wurde stillschweigend, bestenfalls bedauernd in Kauf genommen. Hier stießen die Solidaritätserwartungen Wolfgang Steinhöfels und seiner Gesellschaft auf eine klare Grenze, hier liegt die Ursache für die sich ausbreitende Enttäuschung im Vorstand und unter den Mitgliedern der DGP (vgl. dazu Böhnisch/Drebes/Helmchen in: Kell 1994, S. 150ff.).

Doch diese Differenzen traten immer dann zurück, wenn es im gemeinsamen Protest darum ging, die mangelnde Rechtsstaatlichkeit und Transparenz einzelner Abwicklungsverfahren zu kritisieren und auf die verheerenden Folgen einer blindwütigen Kahlschlagspolitik für den geplanten Wiederaufbau der Disziplin hinzuweisen. Aus den Akten der DGfE ergibt sich der Eindruck, dass es im *Freistaat Sachsen* zu einer auffälligen Häufung umstrittener Entscheidungen gekommen ist:

– An der *TU Chemnitz*, wo der Wissenschaftsbereich Pädagogik einschließlich der Professur des DGP-Vorsitzenden aufgelöst wurde, bestanden die betroffenen Mitarbeiter darauf, eine individuelle Begründung für ihre Entlassung in die „Warteschleife" zu erhalten, und weigerten sich, den Entlassungsbescheid durch eine Empfangsbestätigung zu quittieren (vgl. die Schreiben vom 12./17.12.1990; 14.3).

– An der *Universität Leipzig* beschwerten sich zwei Mitglieder der Gründungskommission am Fachbereich Erziehungswissenschaft darüber beim sächsischen Staatsminister für Wissenschaft und Kunst, dass an der qualifizierten Evaluierung des wissenschaftlichen Personals nur die *westdeutschen* Kommissionsmitglieder beteiligt waren und den Beschwerdeführern nicht einmal Einblick in die vorliegenden Gutachten gewährt wurde (Schreiben Dr. Weingarten vom 16.12.1991; 15.1).

– An der *PH Leipzig*, die gemeinsam mit der universitären Sektion Pädagogik überprüft und abgewickelt worden ist, wehrte sich der Erziehungswissenschaftler Rainer Hoppe besonders hartnäckig gegen seine negative fachliche Beurteilung, indem er in ausführlichen Schreiben an Wolfgang Klafki, Dietrich Benner, an den sächsischen Staatsminister für Wissenschaft und Kunst Hans-Joachim Meyer und sogar an den Bundespräsidenten seine Erfahrungen detailliert schilderte und erhebliche Zweifel an der Rechtsstaatlichkeit des Leipziger Evaluationsverfahrens anmeldete (Briefe vom 9.3., 17.3., 26.3.; 5.5., 6.5.1992; ebd.).

Solche Berichte zeigten in der Öffentlichkeit durchaus Wirkung und riefen auch in der DGfE vielfältige Reaktionen hervor, z.B. die „Erklärung" der Kommission Freizeitpädagogik vom 15.3.1991 (14.3) oder den „Initiativantrag" von Wolfgang Keim u.a. für die Berliner Mitgliederversammlung vom 17.3.1992 (abgedruckt in EW 3 (1992) 5, S. 11). Dietrich Benner berichtete auf der Vorstandssitzung vom 10.5.1992 über die ihm vorliegenden Beschwerden und versprach dafür einzutreten, „daß bei den Neuberufungen und den Überleitungen rechts-staatliche Prinzipien gewahrt und Ostseilschaften nicht durch Westseilschaften ersetzt werden" (Benner an Klafki, 15.4.1992; 15.1).

Besonders deutlich und öffentlichkeitswirksam fiel sein Urteil aus, als er am 9. Juli 1993 anlässlich der *Eröffnung der Erziehungswissenschaftlichen Fakultät der Universität Dresden* die Gelegenheit hatte, in einem Grußwort als DGfE-Vorsitzender, also gewissermaßen offiziell, zu den Evaluierungs- und Abwicklungsvorgängen in den neuen Bundesländern Stellung zu nehmen. Ganz ungewöhnlich (und auch nicht unumstritten) war dabei die Schärfe, mit der Benner den aus Bonn stammenden Leipziger Gründungsdekan persönlich attackierte. Den aus den alten Bundesländern berufenen Kolleginnen und Kollegen wünschte er,

„daß sie hier nirgends den Eindruck von Siegern hinterlassen, sondern mit dazu beitragen können, daß nicht nur neue pädagogische und erziehungswissenschaftliche Gedanken aus dem ehemals westlichen Ausland in Dresden Einzug halten, sondern daß zugleich jene Pädagogik weiterentwickelt und erinnert wird, die in der SBZ und in der DDR entstanden und ausgearbeitet worden ist."

Über den Erfolg oder Misserfolg der Hochschulerneuerung in den neuen Ländern werde wohl folgende schlichte Frage entscheiden:

„Wird es einmal gelingen, die übergroße Anzahl von Westberufungen nicht mehr nur mit dem Hinweis auf den Stand der Wissenschaftsentwicklung in der Spät- und Endphase der DDR zu legitimieren, sondern darüber hinaus auch durch jenen wissenschaftlichen Nachwuchs zu rechtfertigen, der von den Neuberufenen in den neuen Ländern vor Ort gefördert worden ist?" (EW 4 (1993) 8, S. 47)

Da Benner selbst in seiner zweiten Amtsperiode zu dieser „übergroßen Anzahl von Westberufungen" gehörte, war sein Dresdener Appell und insbesondere der Aufruf zur Förderung des erziehungswissenschaftlichen Nachwuchs an den Hochschulen der neuen Bundesländer ein Stück weit auch an die eigene Person gerichtet. Niemand, der Benners Amtsführung als Vorsitzender der DGfE, als Lehrstuhlinhaber in Münster und nun an der Humboldt-Universität zu Berlin auch nur vom Hörensagen gekannt haben sollte, hätte damals mit handfesten Argumenten auf die Idee kommen können, ihm aus der Annahme seiner Berliner Berufung einen persönlichen Vorwurf zu machen. Um so unglaublicher und infamer war es, dass ausgerechnet in der renommierten Wochenzeitung „Die Zeit" vom 3.4.1992 ein Artikel erschienen ist, in dem der Journalist Otto Köhler unter der Überschrift „*Im Vakuum der Rechtlosigkeit*" gegen den Vorstand der DGfE und insbesondere gegen Dietrich Benner zu Felde zog. Da war die Rede davon, dass der Vorstand „in den Beutezug um ostdeutsche Lehrstühle gezogen ist", dass Benner „zu den glücklichen Siegern der Geschichte" gehöre, „die, als Dozenten aus Westdeutschland kommend, einen Lehrstuhl im Anschlußgebiet erobert hatten" und dass er als DGfE-Vorsitzender „mit Würde sein Janusgesicht" trage. Noch unglaublicher als dieser Artikel ist allerdings die Tatsache, dass das Landgericht Düsseldorf die Klage Benners und des Vorstands auf Widerruf, Richtigstellung, Abgabe einer Ehrenklärung und Schmerzensgeld per Entscheidung vom 16. September 1992 abgewiesen hat, und zwar mit der Begründung, dass die beklagten Behauptungen des Artikels durch das Grundrecht auf freie Meinungsäußerung (Art. 5.1 GG) gedeckt seien (Dokumente in 15.2).

Benner und der Vorstand haben nach ausführlicher Beratung durch ihre Anwälte auf ein Berufungsverfahren verzichtet und den Vorgang damit beendet. Doch noch auf der Dortmunder Mitgliederversammlung der DGfE vom 15.3.1994 klang nach, wie empfindlich die Wunden waren, die jener Artikel und das Düsseldorfer Urteil geschlagen hatten. Die Last enttäuschter Hoffnungen haben nach der „Wende" von 1989/90 zweifellos ausschließlich die Bürgerinnen und Bürger der neuen Bundesländer zu tragen gehabt. Aber dass der Prozess der „Abwicklung" auch für westdeutsche Akteure mit Enttäuschungen und Verletzungen verbunden sein konnte, ist wohl nicht zu bestreiten.

4.4 Erste Bilanzen

Auf Antrag von Wolfgang Nitsch fasste die Berliner Mitgliederversammlung am 17.3.1992 mit großer Mehrheit folgenden Beschluss:

„Die DGfE beabsichtigt, eine Enquête-Kommission zu den Verfahren, Ergebnissen und Auswirkungen der personellen und strukturellen Umgestaltung der Erziehungswissenschaft in den östlichen Bundesländern einzurichten.
Der Vorstand wird beauftragt, die Wahl einer solchen Kommission und die nähere Bestimmung ihres Auftrags durch die nächste Mitgliederversammlung vorzubereiten und hierfür in Abstimmung mit den Kommissionen eine Vorbereitungsgruppe zu bilden.
Mitglieder der DGfE, die als Gründungsdekane und in ähnlichen Funktionen an der Umgestaltung der Erziehungswissenschaft in den neuen Bundesländern mitwirken, werden gebeten, der Vorbereitungsgruppe für die Enquête-Kommission über ihre Tätigkeit zu berichten." (EW 3 (1992) 5, S. 11)

Der Vorstand folgte diesem Beschluss, indem er auf seiner Sitzung vom 21./22.6.1992 eine Ad-hoc-Kommission „Entwicklung der Erziehungswissenschaft in den neuen Bundesländern" einsetzte, die unter dem Vorsitz von Adolf Kell ihre Arbeit mit einer konstituierenden Sitzung am 25./26.2.1993 aufgenommen hat. Von den 13 Kommissionsmitgliedern waren acht an ostdeutschen Hochschulen tätig, von denen allerdings nur fünf aus der DDR stammten (vgl. die Liste in 16.15). Kell hat über diese vorbereitende Kommission regelmäßig im Mitteilungsblatt der DGfE berichtet (vgl. EW 3 (1992) 6, S. 11-25; EW 4 (1993) 7, S. 10-39; EW 4 (1993) 8, S. 48-49; EW 5 (1994) H. 9, S. 23-28) und darüber hinaus einen Sammelband herausgegeben, in dem unter dem Titel „Erziehungswissenschaft im Aufbruch?" die einzelnen Arbeitsberichte der Kommissionsmitglieder veröffentlicht sind (Kell 1994). Nachzulesen sind dort Informationen und Analysen u.a.

- zur Entwicklung der erziehungswissenschaftlichen Fachbereiche, Institute und Studiengänge in den neuen Bundesländern 1989 – 1993,
- zur fachlichen Evaluation des erziehungswissenschaftlichen Personals aus der DDR,
- zur Lage der Erziehungswissenschaftlerinnen an den ostdeutschen Universitäten,
- zur Selbstreflexion der Erziehungswissenschaft im Prozess der deutschen Wiedervereinigung und
- nicht zuletzt auch zur Durchmischung der erneuerten Disziplin mit westdeutschem Personal, wobei sich herausstellt, dass bei den bis 1993 besetzten 150 Professuren immerhin 31% der Stelleninhaber (bei den C4-Stellen allerdings nur 15%) aus der DDR stammten (vgl. ebd., S. 31).

Die Kell-Kommission hat unter hohem Zeitdruck und mit sparsamsten Mitteln eine Zwischenbilanz erarbeitet, auf der, wie 1992 in Berlin geplant, eine Enquête-Kommission *„Erziehungswissenschaft in den neuen Bundesländern"* mit guten Erfolgsaussichten aufbauen konnte. Daher fiel es der Dortmunder Mitgliederversammlung im März 1994 leicht, den Berliner Beschluss mit großer Mehrheit zu bestätigen und für die Fortsetzung der Bilanzierungsarbeit ein Rahmenprogramm zu beschließen, das an erster Stelle die Aufgabe enthielt, Bestandsaufnahmen der Transformationsprozesse in der Erziehungswissenschaft unter besonderer Berücksichtigung des Zusammenwirkens ost- und westdeutscher Kolleginnen und Kollegen durchzuführen (vgl. EW 5 (1994) 9, S. 26). Die Enquête-Kommission, diesmal streng ost-west-paritätisch zusammengesetzt, hat unter dem gemeinsamen Vorsitz von Adolf Kell und Jan-Hendrik Olbertz zwischen Oktober 1994 und August 1996 insgesamt 10 meist zweitägige Sitzungen mit jeweils randvollem Arbeitsprogramm durchgeführt (vgl. die VPe; 16.15; 17.12) und ihre Ergebnisse in einem weiteren Berichtsband unter dem Titel *„Vom Wünschbaren zum Machbaren"* zusammengefasst (Kell/Olbertz 1997).

Dieser Bericht dokumentiert und analysiert in 15 Kapiteln den Mitte der 90er Jahre in den neuen Ländern erreichten Entwicklungsstand unserer Disziplin so, dass einerseits durchaus Fortschritte in der Profilierung erziehungswissenschaftlicher Forschungsschwerpunkte und Studiengänge sichtbar werden, andererseits aber auch die ungelösten Probleme und künftigen Entwicklungsaufgaben nicht verborgen bleiben. Daher war es nur konsequent, den Band mit einem umfangreichen, anspruchsvollen Katalog von *Empfehlungen* (ebd., S. 395-414) abzuschließen, die sich auf Aufgaben in der Forschung, der Lehre, der Fort- und Weiterbildung, der Personalentwicklung, der Berücksichtigung von Anforderungen aus der pädagogischen Praxis sowie der institutionellen Profilierung erziehungswissenschaftlicher Fachbereiche beziehen. Darunter befinden sich insbesondere die Anregungen,
- die Erforschung der DDR-Pädagogik zu intensivieren und sich an der kollegialen Würdigung der fachlichen Leistung von Erziehungswissenschaftlerinnen und Erziehungswissenschaftlern aus der DDR zu beteiligen,

- die akademische Grundschullehrerausbildung in den neuen Ländern gegen einschränkende Eingriffe und gegen die Verlagerung an Fachhochschulen zu verteidigen,
- eine konsequente Anwendung rechtsstaatlicher Prinzipien bei der politischen Überprüfung von Stellenbewerbern aus der DDR sicherzustellen und sich für deren strikte Gleichbehandlung mit Bewerbern aus den alten Bundesländern einzusetzen,
- die relativen Standortvorteile der neuen Länder stärker als bisher zu nutzen, um Programme zur Kooperation mit pädagogischen Aus- und Weiterbildungseinrichtungen in den osteuropäischen Ländern zu entwickeln und dafür Drittmittel einzuwerben.

Die Empfehlungen der Enquête-Kommission sind im März 1996 von der Mitgliederversammlung der DGfE in Halle zustimmend zur Kenntnis genommen worden, womit die Arbeit der Kommission offiziell beendet war. Angesichts der vielfältigen Entwicklungsaufgaben wird man sich freilich fragen dürfen, ob dieses Ende nicht zu früh gekommen ist und ob eine dritte Stufe der Bilanzierungsarbeit nicht notwendig gewesen wäre. Nimmt man aber im Vergleich mit anderen Fächern und ihren Fachgesellschaften zur Kenntnis, wieviel kritische Aufmerksamkeit der deutsch-deutsche Annäherungs- und Vereinigungsprozess gerade in der Erziehungswissenschaft mit zahlreichen Projekten und Veröffentlichungen gefunden hat, dann wird man unserer Zunft und insbesondere der DGfE sicherlich keine Versäumnisse vorwerfen können. Man wird als ein wesentliches Untersuchungsergebnis der Enquête-Kommission allerdings auch zur Kenntnis nehmen müssen, dass die DGfE als erziehungswissenschaftliche Fachgesellschaft in den Beratungs- und Entscheidungsprozessen der politischen Instanzen so gut wie keine Rolle gespielt hat. Weder war sie an der Besetzung von Gründungs- und Berufungskommissionen in den neuen Bundesländern beteiligt, noch war der Rat ihres Vorstands oder ihrer Fachkommissionen bei der Planung von Studiengängen offiziell gefragt (vgl. ebd., S. 7, 11, 13). Diese offensichtliche Geringschätzung ist sicherlich eine genauere (auch selbstkritische!) Analyse wert, wenn es hoffentlich gelingen wird, an der Erforschung der Transformationsprozesse im Bildungs- und Wissenschaftssystem der neuen Länder als einer längerfristigen Aufgabe unserer Disziplin festzuhalten.

5. Vom intensiven Meinungsaustausch zur Mammutveranstaltung: Die Arbeitstagungen und Kongresse der DGfE

Kongresse von Fachgesellschaften rahmen die periodisch anstehenden Mitgliederversammlungen und Vorstandswahlen ein und sorgen dafür, dass wenigstens ein paar Mitglieder zu diesen Mitgliederversammlungen kommen, sie sind also Medium der Organisation und Strukturierung der Fachgesellschaften. Sie erfüllen aber darüberhinaus noch andere Funktionen, sei es des persönlichen Kontaktes und Gesprächs mit Kolleginnen und Kollegen anderer Hochschulen, sei es der Präsentation neuer Erkenntnisse vor der (fachinternen wie -externen) Öffentlichkeit. Dies gilt selbstverständlich auch für die Erziehungswissenschaft und ihre Fachgesellschaft.

Umso interessanter ist es, dass sich in den Akten der DGfE manche Briefe, Notizen und Protokolle finden, die Probleme mit der Zählung der Kongresse deutlich machen. So antwortete der damalige Vorsitzende Herwig Blankertz auf eine Anfrage aus der Bibliothek der Technischen Universität Braunschweig bezüglich der Kongresse und Kongressdokumentationen wie folgt:

„[...] auf Ihre freundliche Nachfrage nach den Dokumentationen der Kongresse der DGfE muß ich Ihnen gestehen, daß die Zählung, die den Duisburger Kongreß als den fünften ausweist, nicht sehr korrekt ist. Die DGfE hat alle 2 Jahre eine Mitgliederversammlung. Diese Mitgliederversammlung ist stets mit einer wissenschaftlichen Arbeitstagung verbunden, die sich gelegentlich zu einem Kongreß ausweitet. Streng genommen hat es bisher nur zwei Kongresse gegeben, nämlich 1970 in Berlin (dokumentiert in: 9. Beiheft der ZfP) und 1976 in Duisburg (dokumentiert in: 13. Beiheft der ZfP). Zwischen diesen beiden Kongressen gab es eine Arbeitstagung in Nürnberg (1972), die nicht dokumentiert wurde (vgl. den Bericht von Löffelholz in: ZfP 1972/3 S. 457-462) und in Salzburg (1974), dokumentiert in: Neue Sammlung, 1974/4. Vor 1970 hat es mehrere Arbeitstagungen gegeben, aber alle nicht als zusammenhängende Dokumentationen festgehalten wurden. Die Redner hatten vielmehr ihre Referate in verschiedenen Zeitschriften unabhängig vom Tagungszusammenhang publiziert. Zählt man alle Arbeitstagungen zusammen und nennt sie alle Kongresse, so hätte die Duisburger Veranstaltung der sechste Kongreß sein müssen; unterscheidet man aber die Kongresse von Arbeitstagungen, so hätte die Duisburger Veranstaltung erst der zweite Kongreß sein können. Sie sehen, daß unsere Gesellschaft nicht sehr ‚professionalisiert' ist. Dessen ungeachtet ermutigt mich Ihr freundliches Interesse darauf hinzuweisen, daß der – sagen wir einmal vorsichtshalber: ‚nächste' und dann wohl als sechster auszugebende – Kongreß der DGfE vom 8. bis 10. 3. 1978 in der Universität Tübingen stattfinden wird [...]." (Blankertz an Frau Renkert, TU Braunschweig, vom 30.8.1977; 7.5)

Nun lag Blankertz nicht mit allen Informationen falsch, aber die Vor- und Frühgeschichte der Kongresse sah etwas anders aus. Zwar wurde schon auf einer der ersten Vorstandssitzungen des ersten Vorstandes im Juli 1964 festgehalten, „daß größere Pädagogische Kongresse [...] zu den ferneren Zielen der

Gesellschaft gehören müssen". Man einigte sich dann jedoch darauf, zunächst nur „interne Tagungen" duchzuführen, denn erst wenn die Kommissionen der Gesellschaft ihre Arbeit aufgenommen und sich konsolidiert hätten, sei es sinnvoll, an öffentliche Tagungen zu denken (VP 11.7.1964, TOP 2). Wie aus dem Bericht von Hans Scheuerl über die Anfangsjahre der DGfE hervorgeht, tagte die Gesellschaft darum zunächst weiterhin im Rahmen der Konferenzen der Westdeutschen Universitätspädagogen, wobei auch Vorträge – 1965 zur Pädagogischen Anthropologie, 1966 zum Thema „Aufbau und Zusammenhang der pädagogischen Studien an den Universitäten und Pädagogischen Hochschulen" – gehalten und diskutiert und in Beiheften der *Zeitschrift für Pädagogik* dokumentiert wurden (vgl. Scheuerl 1987).

Vier Jahre nach ihrer Konstituierung hat die DGfE dann ihren ersten als „Arbeitstagung" bezeichneten selbständigen Kongress im Jahr 1968 in Göttingen durchgeführt:

„Für mich war das wesentlichste Ergebnis meiner Wiederwahl zum Vorsitzenden der Auftrag, eine erste größere Tagung in Göttingen vorzubereiten. Weil mir das Wort Kongreß zu anspruchsvoll erschien, nannte ich sie bescheidener Arbeitstagung, was zur Folge hatte, daß sie jetzt unter den Kongressen der Gesellschaft nicht mitgezählt wird." (Schreiben von Otto Friedrich Bollnow an Helmut Heid, 5.9.1985; 11.15)

Blankertz hatte die Göttinger Tagung tatsächlich nicht auf seiner Rechnung gehabt und war ohne sie auf fünf „Kongresse" der DGfE bis 1976 gekommen. Wenn man jedoch alle Arbeitstagungen in Verbindung mit den Mitgliederversammlungen vor 1970 mitzählt, dann hätte man 1976 schon beim siebten Kongress angelangt sein müssen. Dies war aber nicht der Fall. Offenkundig ist also bei der Kongresszählung die Göttinger Arbeitstagung von 1968 immer schon als der erste Kongress der DGfE angesehen worden.

Inzwischen hat die DGfE insgesamt 18 Kongresse und – außer der Reihe der Kongresse – eine Professionspolitische Konferenz durchgeführt. Im Jahr 2004 findet der 19. Kongress in Zürich statt (vgl. die Übersicht im Anhang). Was hat sich geändert, was ist gleichgeblieben in der 40-jährigen Geschichte der Kongresse der DGfE?

5.1 Der erste Kongress: Göttingen 1968

Im ersten Vorstand der DGfE wurde im Hinblick auf die Außenwirkung u.a. als ein Ziel *künftiger* Kongresse formuliert, dass mit ihnen „die wissenschaftliche Pädagogik die Erzieherschaft erreich[en]" solle (VP 11.7.1964, TOP 2). Zunächst aber herrschte eine Tendenz zu eher geschlossenen Tagungen vor, die in der Folgezeit immer wieder deutlich wurde. Die Mitglieder der DGfE waren in den Anfangsjahren deutlich stärker an der disziplininternen Kommunikation als an der öffentlichen Präsentation interessiert (vgl. MVP 30.4.1965, TOP 5; 1.2). Die Planungen für den Göttinger Kongress 1968 begannen 1966. Dem Vorstand schwebte eine Arbeitstagung nach dem Vorbild der Philosophen vor, die „der Diskussion der verschiedenen Richtungen dienen [sollte], die heute in der Pädagogik herrschen". Organisatorisch waren vorgesehen „Parallelvorträge über dasselbe Thema, vorausgehende Thesen, die allen Teilnehmern zur Verfügung stehen, verantwortliche Vorsitzende für je einen Themenkreis, ein einleitender öffentlicher Vortrag". Die Vorbereitung und die Verhandlungen mit den Referenten wurden dem Vorsitzenden Bollnow übertragen (VP 24.6.1966).

Bollnow wandte sich im September 1966 mit einem Zwischenbericht zum Stand der Vorbereitungen der Göttinger Tagung an seine Vorstandskollegen und bat um „möglichst reichhaltige Vorschläge" für die weiteren Planungen im Hinblick auf Referenten, Reihenfolge der Beiträge und Diskussionsleiter (Schreiben vom 10.9.1966; 4.1). Bis zum März des Folgejahres hatte er allerdings lediglich von Ilse Lichtenstein-Rother eine Rückmeldung erhalten, so dass er seine Aufforderung an die Vorstandsmitglieder wiederholte (Schreiben vom 30.3.1967; ebd.). Etwa zwei Monate später beklagte sich Bollnow erneut über die mangelnden Rückmeldungen auf sein erstes Schreiben vom September 1966. Nun aber hatten sich die Vorstandskollegen geäußert, im Großen und Ganzen den Planungen Bollnows zustimmend (Schreiben vom 2.6.1967; ebd.). Am 7. August 1967 konnte Bollnow schließlich in einem „Rundschreiben an die Redner auf der Arbeitstagung der Deutschen Gesellschaft für Erziehungswissenschaft über Sprache und Erziehung" (ebd.) den Beteiligten das fast vollständige Programm der Arbeitstagung vorstellen. In diesem „Rundschreiben" betonte Bollnow ein weiteres Mal, dass es sich nicht um einen Kongress handele, auch wenn sich diese Bezeichnung im „nachlässigen Sprachgebrauch [...] eingebürgert habe", sondern „bescheidener und der Sache angemessener" um eine „Arbeitstagung". Es gehe vornehmlich um den „wissenschaftlichen Meinungsaustausch", weswegen auch von einem „reichhaltigen, aber buntscheckigen Programm" abgesehen und „auf die Einladung möglichst prominenter, darunter auch ausländischer Redner" zugunsten einer intensiven Diskussion verzichtet werden sollte.

Der Göttinger Kongress 1968, wie wir ihn „nachlässig", aber aufgrund der historischen Einbettung der Einfachheit halber nennen, dem auch Experten aus anderen Fächern als Referenten eingeladen waren, wurde von einem einleitenden öffentlichen Vortrag am Vorabend eröffnet, den Wilhelm Flitner hielt. An den drei Kongresstagen danach wurden insgesamt neun Plenarvorträge gehalten und eine Plenar- sowie Gruppendiskussionen zu vier Themen durchgeführt. Den Abschluss bildete eine weitere Plenardiskussion und ein zusammenfassendes Schlussreferat Bollnows. Insgesamt waren 12 Referenten beteiligt, darunter auch einige jüngere Erziehungswissenschaftler (Peter Martin Roeder,

Werner Loch, Klaus Giel, Hartmut von Hentig) sowie vier Redner aus Philosophie und Sprachwissenschaft.

Bollnow wertete den Kongress offenbar als Erfolg, denn er schlug im Rahmen der Mitgliederversammlung der Gesellschaft in Göttingen vor, „von nun ab jährlich eine Arbeitstagung abzuhalten", da ein „Turnus von zwei Jahren" nicht ausreiche (MVP 9.4.1968, TOP 7; 4.1). Dazu kam es in der Folgezeit freilich nicht.

5.2 Organisationsfragen

Dass Bollnow den Göttinger Kongress fast im Alleingang vorbereitet hat, ist heute kaum mehr vorstellbar. Dies nicht nur, weil die Anzahl der Fachvertreter und der Mitglieder der DGfE inzwischen um einiges größer geworden ist, sondern auch, weil das Fach sich weiter binnendifferenziert hat und kaum mehr von einer Person allein im Ganzen überblickt werden kann.

Die Planung der Kongresse wurde in der Folgezeit immer zeit- und personalintensiver. An der Vorbereitung des 2. Kongresses 1970 in Berlin, die bereits unmittelbar nach dem 1. Kongress in Angriff genommen wurde, sollten sich alle Vorstandsmitglieder beteiligen (VP 8./9.11.1968, TOP 8), vier von ihnen übernahmen die Vorbereitung von Arbeitsgruppen (VP 10./11.1.1969, TOP 5). Dieser Kongress wurde von Beginn an als öffentliche Veranstaltung geplant (VP 14./15.6.1968, TOP 8) und schließlich in einer Mischform aus öffentlichen Vortrags- und Diskussionsveranstaltungen sowie Arbeitsgruppen realisiert. Für die Vorträge wurden auch wieder Referenten außerhalb der Mitgliederschaft der DGfE, nun auch aus dem internationalen Bereich angesprochen (der international ausgewiesene Bildungsforscher Torsten Husén hielt einen der öffentlichen Vorträge). Die Planung als öffentlicher Kongress hatte zugleich zur Folge, dass der Kreis der eingeladenen Personen und Institutionen (Studienseminare, Kultusministerien, Fachschaften, Lehrerverbände) ausgeweitet und auch die Presse berücksichtigt wurde. Außerdem wurde eine Tagungsgebühr erhoben, die für die Mitglieder (DM 10,–) mit dem Mitgliedsbeitrag verrechnet wurde; Nichtmitglieder sollten DM 6,–, Studenten DM 3,– bezahlen.

Die Kongresse 1972 in Nürnberg und 1974 in Salzburg wurden dann wieder eher als Arbeitstagungen im Rahmen der DGfE-Mitglieder geplant und durchgeführt. Beide Male wurde auf intensive Arbeit in Arbeitsgruppen – fünf in Nürnberg, sieben in Salzburg – gesetzt, die durch wenige Vorträge im Plenum strukturiert wurde. Für den Duisburger Kongress 1976 wurde bei der Planung vom Vorstand bewusst auf Kontroversität gesetzt. Dies schlug sich im geplanten Tagungsablauf nieder, der neben einem einführenden „Grundsatzreferat, das die wichtigsten erziehungswissenschaftlichen Positionen zum Kongreßthema darstellt", eine Podiumsdiskussion mit Vertretern der verschiedenen Richtungen

– der „traditionellen", „progressiven", „positivistischen" und „marxistischen" Pädagogik – und auch für die Arbeitsgruppen die Repräsentanz der verschiedenen Richtungen der Erziehungswissenschaft vorsah (VPe 18.5.1974, TOP 2; 11.7.1974, TOP 5; 11.4.1975, TOP 3). Ansonsten wurde die Struktur des Kongresses wieder von Arbeitsgruppensitzungen geprägt. Neben dem Eröffnungsvortrag des Vorsitzenden Herwig Blankertz und dem Grundsatzreferat von Klaus Mollenhauer wurde lediglich ein öffentlicher Vortrag (Theodor Schulze: „Kann Erziehung die Gesellschaft verändern?") in das Programm aufgenommen. Die Rückmeldungen zum Duisburger Kongress waren zwar insgesamt positiv, wie im Protokoll der Vorstandssitzung vom 12.6.1976 festgehalten wurde, aber der Zusammenhang zwischen der Eröffnungsveranstaltung mit Podiumsdiskussion und den insgesamt 23 Arbeitsgruppen wurde als zu schwach beurteilt und geäußert, dass die Podiumsdiskussion die ihr gesetzte Aufgabe nicht erfüllt habe (TOP 2).

Die Vorbereitung der Kongresse hatte bis 1976 allein in den Händen des Vorstandes der DGfE gelegen. Im Vorfeld des Duisburger Kongresses wurde dies bereits kritisiert und eine Änderung des Verfahrens vorgeschlagen. Von der Mitgliederversammlung in Duisburg wurde daraufhin der Vorschlag des Vorstandes angenommen, dass künftig eine ad-hoc-Gruppe zur Vorbereitung der Kongresse gebildet werden sollte. Ihr sollten der Vorstand sowie die Vorsitzenden der Kommissionen angehören. Für den Kongress 1978 wurde diese Gruppe im Oktober 1976 konstituiert. Vorher schon hatte sich der Vorstand Gedanken über die Planungen gemacht, die von der Vorbereitungsgruppe dann weitgehend übernommen wurden (VP 12.6.1976, TOP 7; Protokoll der Vorstandssitzung mit der ad-hoc-Gruppe Kongress vom 5.10.1976, TOP 6). Am Tagungsablauf änderte sich nur wenig: Die Podiumsdiskussion, die in Duisburg am Anfang stand, wurde 1978 in Tübingen an das Ende des ersten Tages gesetzt, vier öffentliche Vorträge angekündigt, davon drei hintereinander am zweiten Tag, und insgesamt 48 Arbeitsgruppen angeboten, von denen 43 mit ca. 200 Referentinnen und Referenten tatsächlich durchgeführt wurden. Kein Wunder, dass in der Nachbetrachtung zum Kongress die Kritik aufkam, dass eine zu starke Separation in den verschiedenen Arbeitsgruppen stattgefunden habe und verbindende und zusammenfassende Veranstaltungen gefehlt hätten (VP 14.4.1978, TOP 3). Daraus entwickelte sich eine Debatte darüber, ob ein Rahmenthema nötig und sinnvoll sei und welche Rolle Einzelvorträge, Symposien und Podiumsdiskussionen spielen sollten.

Der 7. Kongress wurde erneut 1980 in Göttingen durchgeführt. Man einigte sich wieder auf ein Rahmenthema und veränderte nach den Erfahrungen der früheren Kongresse den Kongressverlauf: 31 Arbeitsgruppen an den drei Kongresstagen, ein öffentlicher Vortrag am ersten Tag, je eine öffentliche Podiumsdiskussion am zweiten und dritten Tag sowie vier öffentliche Symposien am dritten Tag. Die Symposien sollten von mehreren Kommissionen gemeinsam getragen werden, und auch die Arbeitsgruppen wurden in die Verantwortung der Kommissionen gelegt (VP 14./15.3.1979, TOP 4 und TOP 5).

Wie zu erwarten, gab es auch zu diesem Kongress kritische Rückmeldungen, u.a. dahingehend, dass die Arbeitsgruppen den Kongress zu sehr bestimmt hätten. Darüberhinaus wurde grundlegend nach der Funktion der Kongresse gefragt: Sollte der „fachliche Erfahrungsaustausch" im Mittelpunkt stehen oder dienten die Kongresse vornehmlich der „Öffentlichkeitsarbeit"? Und schließlich wurde erneut die Frage aufgeworfen, ob ein Rahmenthema „vorteilhaft sei oder nicht, ob das Rahmenthema nur für die öffentlichen Veranstaltungen gelten oder auch die Arbeitsgruppen strukturieren solle" (VP 2.5.1980, TOP 4). Für den nächsten Kongress wurde in der Konsequenz die stärkere Zusammenarbeit der Kommissionen bei der Planung der Symposien betont. Während die Symposien sowie die öffentlichen Vorträge unter das Rahmenthema gestellt wurden, sollten die Arbeitsgruppen thematisch offener, aber in ihrer Anzahl auf eine pro Kommission beschränkt werden, wobei die Auswahl der Vorträge für die Arbeitsgruppen mit Blick auf eine Qualitätssteigerung strenger werden sollte.

Bei der Vorbereitung des folgenden Kongresses, der 1982 in Regensburg stattfinden sollte, beschloss der Vorstand in seiner Sitzung am 17.11.1980 auf ein „Generalthema" zu verzichten (VP, TOP 6) – der Verzicht sollte nach Auskunft von Helmut Heid sowohl ein gewisses Selbstvertrauen („wir wissen, wer wir sind") als auch thematische Offenheit signalisieren (vgl. RG, S. 13f.). Den Arbeitsgruppen in Verantwortung der Kommissionen wurde ein ganzer Arbeitstag zur Verfügung gestellt, die vom Vorstand konzipierten Symposien sollten sechs bis acht Stunden umfassen. Ansonsten schlug der lokale Organisator Heid vor, „mehr Freiräume für persönliche Kontakte zu schaffen und auch Gelegenheiten einzuplanen, sich von den Reizen der Stadt und der Region inspirieren zu lassen." (VP 17.9.1980, TOP i) Das geplante Beiprogramm, als Vortragende waren Heinrich Böll, Günther Grass, Heinrich Albertz in der Diskussion, kam aber nicht zustande.

Von einem Mitarbeiter bei der Kongressvorbereitung und -durchführung, dem Diplompädagogen H.-J. Reinecke, wurden im Juni 1983 nach Abschluss aller Arbeiten „Einige Bemerkungen inhaltlicher und organisatorischer Art zum 8. Kongreß der Deutschen Gesellschaft für Erziehungswissenschaft im März 1982 in Regensburg" vorgelegt (9.5), in denen aus der Sicht der Organisation „Erfahrungen" für die Planung der zukünftigen Kongresse weitergegeben werden sollten. Diese organisatorischen Hinweise (von der Ausschilderung in der Stadt und an der Universität über Personal und Mobiliar, Kopien und Material, Referenten- und Teilnehmerbetreuung bis zur finanziellen Abrechnung und zahlreichen „Verwirrungen") ergänzten die Rückmeldungen zum Regensburger Kongress von der Teilnehmerseite her, in denen zwar der Rahmen der Veranstaltung und die öffentlichen Vorträge positiv gewürdigt wurden, an der Vorbereitung und Durchführung einzelner Symposien jedoch „massive Kritik" geäußert wurde (fehlender roter Faden, Referenten als Selbstdarsteller, Glaubensbekenntnisse statt wissenschaftlicher Vorträge u.a.m., vgl. Schreiben von Heribert Tilmann an Heid vom 4.6.1982; 9.6). Das Standardfazit des Vorstandes dazu lautete: „Nach Rücksprache mit den Kommissions-Vorsitzenden wird der Vorstand rechtzeitig strengere Maßstäbe für die Vorbereitung und Durchführung einzelner Kongreß-Veranstaltungen festsetzen und auf die Einhaltung dieser Maßstäbe dringen." (VP 29.6.1982, TOP 5) Der Regensburger Kongress sollte allerdings der einzige Kongress ohne Rahmenthema in der Geschichte der DGfE bleiben. Ob dies allerdings bedeutet, dass es ohne Rahmenthema nicht geht, ist damit nicht gesagt (vgl. auch Heid im RG, S. 13f.).

In welchem Umfang diese „strengeren Maßstäbe" bei der Planung des nächsten Kongresses zum Tragen kamen, lässt sich nur schwer klären. Nachdem der zunächst vorgesehene Kongressort Wien aus Kostengründen nicht in Frage kam (vgl. Kap. 3.1), wurde aus mehreren Universitäten Kiel ausgewählt. Inhaltlich sollte für die Hälfte des Kongresses ein Rahmenthema festgelegt werden – es lautete schließlich „Arbeit • Bildung • Arbeitslosigkeit" –, davon unabhängig aber auch spezielle Kommissionsveranstaltungen und weitere Schwerpunkte zugelassen werden (VP 15.11.1982, TOP 6). Zum Rahmenthema sollten kommissionsübergreifende Veranstaltungen geplant werden und die Symposien sollten mehr Zeit für die Diskussion bieten. Die Themen und Vorträge sollten in Anlehnung an nationale und internationale Beispiele öffentlich ausgeschrieben, die „Chairmen" gestärkt und schließlich auch ein anspruchsvoller Kongressbericht publiziert werden, dessen Beiträge nach Qualität und nicht nach dem Prinzip der Vollständigkeit der Dokumentation ausgewählt werden sollten (VP 17./18.1.1983 sowie VPK 18.1.1983, TOPs 6 bzw. 1 und 2).

Die Struktur des Kieler Kongresses mit Symposien und öffentlichen Vorträgen zum Generalthema des Kongresses in Verantwortung des Vorstandes sowie Arbeitsgruppen der Kommissionen und Kolloquien nach Genehmigung durch den Vorstand, hatte sich nach Auffassung des Vorstandes bewährt und sollte in Heidelberg beim 10. Kongress 1986 beibehalten werden (VP 24./25.8. 1984, TOP 14). Eine weitergehende Zentralisierung der Kongressplanung, wie sie von Klaus Prange vorgeschlagen worden war (Schreiben an Hans-Georg Herrlitz vom 28.9.1984; 11.1), wurde hingegen abgelehnt, obwohl der Vorstand sich der Notwendigkeit einer engeren Verzahnung der einzelnen Kongressteile bewusst war (VP 19.10.1984, TOP 12). Das Rahmenthema „Allgemeinbildung" wurde in 12 Symposien, einem Eröffnungsvortrag und fünf öffentlichen Vorträgen sowie in 13 Arbeitsgruppen der Kommissionen bearbeitet. Daneben fanden drei thematisch nicht gebundene „Kolloquien" statt.

Doch auch nach diesem Kongress wurde Kritik laut, auf die der Vorsitzende Heid in einem Schreiben an Peter Menck vom 18.4.1986 detaillierter einging (12.3):

„Die Urteile über den Kongreß, die mir bisher zu Ohren gekommen sind, sind sehr unterschiedlich, z. T. ausgeprochen positiv, im Detail häufig kritisch, kaum allerdings so entschieden negativ wie Ihre Einschätzung. – Einige von Ihnen angeschnittene Kritikpunkte haben die entsprechenden Vorstände durch Jahre hindurch beschäftigt, und wir glauben alle nicht, daß wir mit den Problemen ‚fertig‘ geworden sind. Aber Alternativen zu realisieren, ist schwierig, und ob sie dann besser ausfielen, steht dahin. Die Kommissionen, die ja die eigentliche Substanz unserer Gesellschaft bilden, lassen es sich m. E. mit Recht nicht nehmen, maßgeblich auf die Gestaltung der Kongresse Einfluß zu nehmen. Nun haben wir vom Vorstand immer deutlich zu machen versucht, daß die Kommissionen, wenn sie denn verantwortlich die Gestaltung von Symposien übernehmen, nicht einfach ihre bisherige Arbeit 'fortschreiben' dürften, wir haben einige Kommissionen dazu bewegen können, gemeinsam Symposien auszurichten, andere haben mindestens Referenten, die nicht aus der jeweiligen Kommission bzw. Arbeitsgruppe stammten, eingeladen. Daß solche Einladungen nur z. T. gefruchtet haben, liegt oft daran, daß die angeschriebenen Referenten schon in anderen Zusammenhängen engagiert waren. Unleugbar ist gewiß auch, daß es mindestens einige Kommissionen gibt, die unsere Versuche, die Einbindung in ein Rahmenthema wirklich strikt ernst zu nehmen, mehr oder minder bewußt eher unterlaufen als befolgt haben.

Ausfall von Referenten, da gibt es nun manchmal doch wohl ‚höhere Gewalt‘. [...] Ähnliches gilt für die Zeitüberschreitungen. Sie sind in der Tat oft ärgerlich, aber Sie werden als Organisator ähnlicher Veranstaltungen wissen, daß man oft vorweg entsprechende Absprachen mit großem Nachdruck getroffen zu haben meint, die dann de facto doch unterlaufen werden. [...] Die Frage einer strikten Zeitdisziplin ist überdies zweischneidig: Ich erinnere mich an frühere Kongresse bzw. Symposien und Arbeitssitzungen, bei denen eine solche vorherige Zeitfestlegung strikt eingehalten wurde. Da meldete sich dann bald scharfer Protest der Teilnehmer, daß man derart formalistisch nicht verfahren dürfe, weil man dann interessante, ertragreiche Diskussionszusammenhänge abschnitte, und man solle lieber auf irgendein vorgesehenes Referat verzichten usw. Wie man prinzipiell aus den Schwierigkeiten herauskommen will, ist mir leider noch unklar.

Auf wieviel Vorträge Ihr Urteil über ‚das miserable Niveau‘ sich erstreckt, geht aus Ihrem Brief nicht ganz hervor. Das Referat, das Sie beispielhaft nennen, glaube ich auch gehört zu haben, und es ging mir in gewisser Weise wie Ihnen: Die ersten 25 Minuten schienen mir überflüssig bzw. eine gewisse Zumutung für die Zuhörer. Nun, wenn man den Referenten kennt (und im Prinzip schätzt), nimmt man das letzten Endes vielleicht in Kauf; denn der letzte Teil des Vortrages hatte m. E. (und der Meinung waren auch etliche andere Zuhörer) doch beträchtliches Niveau. Übrigens war diesem Vortrag ein anderer vorausgegangen, den nicht nur ich, sondern alle, die ich bisher dazu gesprochen habe, als hervorragend beurteilten.

Aber noch einmal: Wir werden auf der nächsten Vorstandssitzung Anfang Mai auch über Ihren Brief ausführlich diskutieren und im Hinblick auf den nächsten Kongreß überlegen, was wir von dieser Kritik und Ihren Anregungen fruchtbar machen können.“

Die von Heid angekündigte Besprechung führte zu einer ersten Diskussion von „Leitlinien der kommenden Kongreßplanung“ und von „Grundsatzentscheidungen“: Die Zahl der Vorstandssymposien sollte reduziert, die Symposien von den anderen Veranstaltungen deutlicher entkoppelt und eine Planungskommission zur Unterstützung des Vorstandes eingerichtet werden, mit der Aufgabe, die wissenschaftliche Qualität der Symposien sicherzustellen und „damit auch auf das Niveau der übrigen Kongreß-Veranstaltungen vorbildhaft einzuwirken“. Erwogen wurde auch erstmals die Frage einer Evaluation der Kongresse (VP 2. 5.1986, TOP 6).

Damit war der Vorstand zumindest teilweise wieder da, wo er schon 12 Jahre zuvor gelandet war: bei der Einrichtung einer „Planungskommission“, die beim ersten Versuch aus dem Vorstand und den Vorsitzenden der Kommissionen bestanden hatte, was aber über den Duisburger Kongress 1976 hinaus anscheinend keine Fortsetzung gefunden hatte. Die Vorbereitung, Durchführung und Auswertung der Kongresse war also bis dahin trotz einiger Versuche des Vorstands noch nicht so professionalisiert, wie es gewünscht wurde. In der Folgezeit wiederholten sich einige der Vorschläge zur besseren Vorbereitung und Durchführung der Kongresse. Für den Saarbrückener Kongress 1988 sollten erneut die Anzahl der Vorstandssymposien reduziert, eine Planungsgruppe ernannt und eine rigorose Vorauswahl der Referenten getroffen werden. Die Themen der Symposien sollten für die Podiumsdiskussion bestimmend sein, die Kolloquien inhaltlich zwischen den Symposien und den Kommissionen stehen, ein „Teilnehmer-feed-back" erhoben und ein call for papers durchgesetzt werden (VP 23.6.1986, TOP 12).

Doch auch jetzt gelang nicht alles: Mit 14 Symposien gab es in Saarbrücken zwei mehr als in Heidelberg und auch die Zahl der Arbeitsgruppen war mit 19 wieder angestiegen. „Multa, non multum", habe es gegeben, so wurde moniert, aber die Kritik fiel wohl insgesamt geringer aus als in früheren Jahren. Wieder einmal wurde im Rückblick festgehalten, dass sich die Grundstruktur „offenbar bewährt" habe: „Wenige, möglichst kommissionsübergreifend organisierte Symposien in der Verantwortung des Vorstands + offenere Arbeitsgruppen, allerdings zukünftig mit dem Appell, den vorgegeben Zeitplan strenger einzuhalten, + drei Vortragsbänder." (VP 7.5.1988, TOP 3) „Mit Skepsis" wurde allerdings die Anregung zu „einer ‚Selbsterforschung' der Kongresse aufgenommen (‚Diskurspolizei')" (ebd.).

Am Ende legte das Lokale Organisationskomitee (LOK) einen kurzen Erfahrungsbericht vor (13.14), der sich weitgehend auf organisatorische Fragen beschränkte, aber seitdem in gewisser Weise von allen LOKs weitergeschrieben wurde, auch wenn sie nicht immer Bezug auf die Vorgängerpapiere nahmen.

Beim Folgekongress in Bielefeld, der durch den Mauerfall eine besondere deutsch-deutsche Bedeutung erlangen sollte (vgl. Kap. 4.2), wurde die Kongressstruktur weitgehend beibehalten, aber mehrere zentrale Themensymposien und zwei Podiumsveranstaltungen in alleiniger Verantwortung vom Vorstand geplant (VP 11./12.11.1988, TOP 6). Ein halbes Jahr nach dem Kongress erinnerte Klaus Beck, ehemaliges Vorstandsmitglied, den neuen Vorsitzenden, Dietrich Benner, an die Frage der Evaluation der Kongresse, die bereits mehrfach diskutiert worden sei (Schreiben vom 19.10.1990; 14.2). Es sei, so Beck, nicht ausreichend, die Auswertung der Kongresse weiterhin nur anhand von Presseberichten, „eher zufällig aufgeschnappten Randbemerkungen und seltenen Mitgliederbriefen" vorzunehmen. Deshalb schlug er nach dem Muster US-amerikanischer Gesellschaften eine empirische Evaluation vor, die die Qualität des Inhalts und der Präsentation ebenso berücksichtigen sollte wie das Verhältnis von Erwartung und Angebot, die Einschätzung der Relevanz des Themas und des tatsächlich Gebotenen sowie die Dauer und Qualität der Diskussionen und der Diskussionsleitung. Daraus entwickelte sich für den Kongress 1992 in Berlin der

Vorschlag, dass die AEPF die Kongressevaluation vornehmen solle (VP 21./22. 4.1991, TOP 7). Allerdings bestand offenbar nur „wenig Interesse" an einer systematischen Evaluation, so dass es letztlich doch nicht dazu kam (VP 1./2.7. 1991, TOP 1), und auch spätere Ansätze zur Evaluation versandeten zunächst (vgl. VP 22.1.1998, TOP 6: „Da die AEPF sich nicht imstande sah, die Evaluation des Kongresses durchzuführen, muss diese entfallen."). Erst beim Münchener Kongress 2002 wurde eine Evaluation durchgeführt, die neben lokalspezifischen (Unübersichtlichkeit des Hauptgebäudes der Ludwig-Maximilians-Universität), verpflegungstechnischen und wetterbedingten Problemen eher die bekannten Kritiken früherer Kongresse zum Ergebnis hatte: zu viele Veranstaltungen, zu viele parallel, keine gleichzeitigen Pausen bei den parallelen Veranstaltungen, zu wenig Diskussionsmöglichkeiten. Eine Evaluation der einzelnen Veranstaltungen, wie Beck sie angeregt hatte, fand nicht statt.

Bei der Aussprache über den Berliner Kongress wurde neben Altbekanntem (Reduktion der Symposien und Arbeitsgruppen, Gleichtakt der Veranstaltungen) u.a. die Einführung eines Programmkomitees vorgeschlagen sowie eine klarere Kompetenzdefinition zwischen LOK und Vorstand gefordert (VP 10./11.5. 1992, TOP 7). In nicht wenigen der 26 Sitzungen des LOK, die zur Vorbereitung des Kongresses zwischen Juli 1990 und Februar 1992 stattfanden, wurden Probleme besprochen, die sich aus unklaren Kompetenzabgrenzungen ergeben hatten (vgl. die Protokolle; 14.31).

Noch ohne eigenes Programmkomitee wurden die folgenden Kongresse vorrangig vom Vorstand geplant, während die Organisation vor Ort den jeweiligen LOKs oblag. Der Kongress in Dortmund 1994 wurde zu einem großen Teil vom Initiativkreis Ruhrgebiet finanziert und weitete die Perspektive auf Europa aus (vgl. Kap. 3). Geplant wurden hier, wie auch für Halle 1996, Hamburg 1998, Göttingen 2000 und München 2002, Vorstandssymposien sowie Symposien von je zwei Kommissionen, Vorträge, diverse Arbeitsgruppen, seit 1998 auch Roundtables und Poster-Sessions. Foren wurden nur kurzzeitig in das Programm aufgenommen und die Podiumsdiskussionen sind inzwischen wieder aus den Kongressprogrammen verschwunden. Wiederholt wurde auf die Möglichkeiten eines call for papers hingewiesen, doch erst bei der Vorbereitung der Kongresse in Göttingen und München wurde die Planung stärker auf die Grundlage eines call for papers gestellt, wenngleich die meisten Veranstaltungen immer noch von den Kommissionen bzw. Sektionen verantwortet wurden, für die die jeweiligen Organisatoren in der Regel die Referenten selbst anfragten. Die inhaltliche Gestaltung der Kongresse wird seit Göttingen 2000 von einem Programmkomitee getragen, das die eingereichten Vorschläge für die einzelnen Programmsparten prüft. Lediglich die Auswahl der Referenten für die Hauptvorträge liegt weiterhin ausschließlich in der Hand des Vorstands.

Die Planungsarbeiten für die Kongresse beginnen inzwischen in der Regel schon mehr als zwei Jahre vorher und füllen pro Kongress mehrere Aktenordner. Von den Planungen anno 1968, die in den Akten Teil des normalen Briefwechsels des Vorsitzenden waren, führte der Weg der Kongresse der DGfE hin zu den LOKs mit mehr als 20 Vorbereitungssitzungen und umfangreichen Akten. Die Zahl der Kongressveranstaltungen nahm trotz der Begrenzungsversuche kontinuierlich zu. Für den Kongress in Zürich im Jahr 2004 sind 12 Parallelvorträge, 24 Symposien und 40 Arbeitsgruppen sowie Postersessions, Roundtables, Workshops und ad-hoc-Gruppen geplant.

Dieser Zunahme an Veranstaltungen korrespondiert auch die Zunahme der Teilnehmerzahlen. Waren bei den ersten Kongressen, wie angesichts der noch nicht ausgebauten Disziplin zu erwarten war, lediglich ein- bis zweihundert Teilnehmer zusammengekommen, konnten schon 1976 in Duisburg etwa 1.000 Teilnehmer begrüßt werden. Bei manchen Kongressen waren es in der Folgezeit noch mehr (Tübingen 1978 und v.a. Berlin 1992 mit mehr als 1.200 Teilnehmern), bei manchen deutlich weniger, bedingt auch durch die Terminierung (z. B. Osterferien).

Die enorme Ausweitung der Kongresse hat zudem zu einer Veränderung der Publikationspraxis geführt. Zu Beginn konnten noch ganze Tagungen in Beiheften der *Zeitschrift für Pädagogik*, die bis in die 1990er Jahre das Haupt-Publikationsorgan der DGfE war, dokumentiert werden. Schon in den siebziger Jahren aber musste eine Auswahl aus den Beiträgen getroffen werden. Heute werden die ausgewählten Kongressbeiträge in der Schriftenreihe der DGfE publiziert. Viele Vorträge findet man auch in den einschlägigen erziehungswissenschaftlichen Fachzeitschriften.

5.3   Die Kongressthemen 1968 bis 2004

Die Kongresse sind freilich nicht nur unter organisatorischen Gesichtspunkten von Interesse, sondern können auch als Indikatoren der herrschenden erziehungswissenschaftlichen und bildungspolitischen Diskurse der Zeit entziffert werden. Dabei geht es um das Selbstverständnis der Disziplin, wenn man die DGfE pars pro toto nimmt; es ist also nach den Themen der Kongresse zu fragen.

Im Hinblick auf die Funktion der Kongresse, die Mitglieder alle zwei Jahre in einer gemeinsamen Großveranstaltung zum fachlichen Gespräch zusammenzuführen, müssen die Kongressthemen mindestens ein Kriterium erfüllen: Sie müssen hinreichend offen und allgemein formuliert sein, damit die Angehörigen der verschiedenen Teildisziplinen der Erziehungswissenschaft eine Möglichkeit der Beteiligung sehen. Dies scheint im Blick auf die Themen in unterschiedlicher Weise gelungen zu sein, wenn man die periodisch zu vernehmenden kritischen Stimmen berücksichtigt, die eine gewisse thematische Ferne einzelner Veranstaltungen zum Kongressthema monieren. Neben der Offenheit und

Allgemeinheit müssen die Rahmenthemen zudem den „Zeitgeist" treffen, um eine entsprechende Resonanz zu erfahren.

Schon beim Thema des ersten Kongresses in Göttingen 1968 wurde der Zeitbezug deutlich, wenn Bollnow die Themenwahl ausdrücklich mit der zunehmenden Bedeutung der Sprache innerhalb der philosophischen Debatten begründete und darüberhinaus auch die soziologische bzw. sozialisationstheoretische Seite der Frage hervorhob (vgl. Rundschreiben an die Redner auf der Arbeitstagung der Deutschen Gesellschaft für Erziehungswissenschaft über Sprache und Erziehung; 4.1). „Sprache und Erziehung" war im Gefolge der sprachsoziologischen Untersuchungen der 1960er Jahre ein eminent wichtiges und zentrales Thema der Erziehungswissenschaft. Ursprünglich sollte Basil Bernstein, einer der Repräsentanten des Forschungsfeldes, als Redner gewonnen werden, wozu es aber dann doch nicht kam. Dennoch gab es neben grundsätzlichen Beiträgen zur Sprachlichkeit des Menschen, zu sprachwissenschaftlichen und didaktischen Themen auch einen Vortrag über den Zusammenhang von „Sprache, Sozialstatus und Schulerfolg", den Peter Martin Roeder hielt.

Die weitere Entwicklung der Kongresse ist im Hinblick auf die Themen von Scheuerl nicht ganz zu Unrecht unter dem Stichwort Politisierung beschrieben worden (vgl. Scheuerl 1987, S. 280). Dies kann man am Thema des 2. Kongresses 1970 in Berlin erkennen: „Erziehungswissenschaft – Bildungspolitik – Schulreform". Schon bevor das Thema feststand, wurde Einvernehmen darüber erzielt, dass der „Methodenstreit" und „die gesellschaftliche und politische Relevanz der Erziehungswissenschaft" zum Gegenstand werden sollten (VP 14./15.6.1968, TOP 8). Der Kongress sollte „die klärende Durchdringung der gegenwärtigen schulreformerischen und bildungspolitischen Prozesse" leisten und dabei insbesondere die Rolle der Erziehungswissenschaft in diesen Prozessen thematisieren (VP 8./9.11.1968, TOP 8). Später wurde die Themenwahl noch ausführlicher besprochen und begründet: Das Thema „geht auf das aktuelle Interesse der deutschen Erziehungswissenschaft zurück, an der Entwicklung der Bildungsreformpolitik in der Bundesrepublik aktiv mitzuwirken und erziehungswissenschaftliche Erkenntnisse in den Reformprozessen zur Geltung zu bringen."

Daraus resultierten zwei „Aufgabenstellungen". Zunächst „stellt sich die Aufgabe einer wissenschaftlichen Objektivation der gegenwärtig in der BRD stattfindenden, seit einigen Jahren beschleunigten Veränderungsprozesse auf dem Gebiet des Bildungswesens in ihren vielseitigen Aspekten und komplexen Zusammenhängen." Mit dieser Tatbestandsaufnahme sollte „eine kritische Reflexion der faktischen Innovationsprozesse [...] verbunden sein". Diese zielte darauf,

„die schulreformerischen Vorstellungen der Erziehungswissenschaft mit oder gegenüber den Reformbewegungen zu präzisieren, die wissenschaftsmethodologischen Implikationen dieser Zielvorstellungen herauszuarbeiten und im gleichen Zusammenhang die in die Reformprozesse und Planungen stets schon eingehenden Wissenschaften und ihre Methoden pädagogisch-kritisch zu überprüfen, und schließlich die praktisch-politischen Konsequenzen und Möglichkeiten für die Durchsetzung erziehungswissenschaftlicher Zielvorstellungen und Verbreitung erziehungswissenschaftlicher Erkenntnisse zu erfassen [...]." (VP 10./11.1.1969, TOP 5)

Die Politisierung zeigte sich bei der thematischen Planung dieses Kongresses, vor allem aber bei der Auswahl des Schlussredners: Jürgen Habermas, der über „Politik und Wissenschaft" sprechen sollte, sagte ab, weil er befürchtete, dass radikale Studenten die Veranstaltung platzen lassen würden (Schreiben von Scheuerl an die Vorstandsmitglieder vom 3.2.1969; 4.1). Statt seiner übernahm Hermann Lübbe diesen Part. Für den Fall seiner Absage waren der bayerische Kultusminister Hans Mayer bzw. der Direktor des Berliner Max-Planck-Instituts für Bildungsforschung Saul B. Robinsohn vorgesehen – was zumindest für eine relative politische Offenheit bei der Rednerauswahl spricht.

Die Notwendigkeit, aktuelle und möglichst allgemeine Themen für die Kongresse zu wählen, führte auch in der Folgezeit zu Rahmenthemen, die einen Bezug zu politischen Fragen aufwiesen. Dabei sind die Kongresse von 1970 („Erziehungswissenschaft – Bildungspolitik – Schulreform"), 1980 („Das politische Interesse an der Erziehung und das pädagogische Interesse an der Gesellschaft"), 1984 („Bildung – Arbeit – Arbeitslosigkeit"), 1988 („Erziehung und Bildung als öffentliche Aufgabe"), 1996 („Bildung zwischen Staat und Markt") und 2000 („Bildung und Erziehung in Übergangsgesellschaften") besonders hervorzuheben. Aber selbst bei dem Nürnberger Kongress von 1972 (vgl. auch Kap. 6.1) wurde die pädagogische Begleitforschung nicht nur im Hinblick auf die Methoden kritisch betrachtet, sondern es sollte in einem Beitrag von Ilse Dahmer besonders auch das „emanzipatorische Interesse" im Zentrum stehen (vgl. Blankertz an Scheuerl vom 12.3.1971; 3.3.). Der Titel ihres Vortrags lautete schließlich: „Theoretische und politische Implikationen pädagogischer Begleitforschung", und in einer der fünf Arbeitsgruppen wurden Fragen der „Politischgesellschaftliche[n] Einflüsse von Außengruppen auf die Begleituntersuchungen" bearbeitet (vgl. Einladung zu einer Arbeitstagung der DGfE ..., 4.1.1972; 2.1).

Das Generalthema des Kongresses von 1980 basierte auf einem Vorschlag von Heid, der deutlicher formuliert hatte: „Erziehung als Politik?" (VP 14./15.3. 1979, TOP 4) Mit diesem Thema wurde „die Frage nach der gesellschaftlichen Funktion, nach den gesellschaftlichen Bedingungen, Aufgaben und Restriktionen pädagogischen Handelns" in den Mittelpunkt gestellt, gegen eine Tendenz, die der Vorsitzende Hans Thiersch als Rückzug auf „das Erzieherische" und Vermeidung der kontroversen und „oft so ideologisch überlagerten" Debatte benannte (Vorbemerkung im Kongressprogramm, S. 3). Da diese Fragen nicht nur die Bildungspolitiker beschäftigten, sondern auch „das Selbstverständnis, die Handlungskonzepte und Handlungsbedingungen von Heranwachsenden, Eltern, Lehrern und Erziehern" beträfen, sei eine fundierte Auseinandersetzung nötig, nicht Verweigerung der Diskussion. Dem Kongress trug diese Perspektive neben dem Vortrag von Ivan Illich über „Erziehung als Grundmuster des

Industrie-Zeitalters – Über die historische Herausbildung pädagogischer, politischer und ökonomischer Sphären" – über den sich die Zuhörer offenbar köstlich amüsierten, weil hinter dem Redner zwei Kinder Illich nachmachten, wie Thiersch im Rahmen des Rundgesprächs ehemaliger DGfE-Vorsitzender in der BBF, Berlin, am 7.7.2000 (RG, S. 11) berichtete – Symposien u.a. zu Themen wie „Arbeitslosigkeit – ein freizeit- und sozialpädagogisches Problem" oder „Integration von Ausländern als bildungspolitische Aufgabe" ein und auch die Arbeitsgruppen befassten sich mehr oder weniger deutlich mit dem Zusammenhang von Pädagogik und Politik.

An Themen wie diesen wurde ein Problem deutlich, das auch vier Jahre später auf dem Kieler Kongress wieder offen zu Tage trat:

„Wie weit soll der Rahmen (in andere gesellschaftswissenschaftliche Disziplinen) gespannt werden? Wie soll die Systematisierung (und damit die thematische Akzentuierung der Symposien) im einzelnen aussehen? Wie können wir (gerade im Hinblick auf die Ausbildungsleistungen unserer Disziplin) eine neue Perspektive gewinnen, ohne in unrealistischen Wunschbildern befangen zu bleiben?" (VP 17./18.1.1983, TOP 6)

In seiner Vorbemerkung zum Kongressprogramm nahm Heid diese Fragen auf und wendete sie ins Positive: Zwar sei Massenarbeitslosigkeit „kein primär pädagogisches Problem" und die Ansicht, Bildungsmaßnahmen allein könnten Arbeitslosigkeit überwinden, müsste „zumindest als zweifelhaft" und als Versuch der Verschiebung eines gesellschaftlichen Problems auf „individuelles Versagen" angesehen werden. Aber menschliche Arbeit sei von „überragende[r] Bedeutung [...] für die Selbst-Verwirklichung des Menschen [...] – also ein pädagogisches Thema par excellence". Dass man im Verlauf des Kongresses eng an der pädagogischen Dimension des Problems Arbeitslosigkeit arbeitete, wird in der Kongressdokumentation deutlich, auch wenn ein nicht unerheblicher Teil der Arbeitsgruppen sich mit der Arbeitslosigkeit von Lehrern befasste – und damit das gesamtgesellschaftliche Problem als Professionsfrage aufgriff.

Auch bei der Themenfindung der anderen Kongresse wurde in der Regel das Verhältnis von Pädagogik, Politik, Gesellschaft und Öffentlichkeit als ein Aspekt betont. Zur thematischen Vorbereitung des Kongresses in Saarbrücken 1988 legte Wolfgang Klafki Ende 1986 seinen Vorstandskolleginnen und -kollegen einige „Bemerkungen" vor, in denen er explizit auf die Kontinuität der Themen seit 1970 hinwies (Vorlage Klafkis vom 2.12.1986; 12.11). Unter Rückbezug auf den Berliner Kongress von 1970 nahm er insbesondere die Thematik der Bildungsreform mit all ihren Facetten (u.a. die Förderstufen- und Gesamtschulproblematik, die Integrationsfrage, die Debatte um die Klassen- und Schulgröße) auf und versuchte die hier zu stellenden Fragen nach den Fortschritten und/oder Rückschritten auf andere erziehungswissenschaftliche Gebiete auszuweiten.

Im Kongressprogramm wurde dementsprechend ein weiter Bogen gespannt. Der Prozess der Verlagerung von Erziehungs- und Bildungsaufgaben auf den Staat in der Moderne wurde insgesamt thematisiert, wobei „Öffentlichkeit" und „Staatlichkeit" von Erziehung und Bildung einander kritisch gegenübergestellt wurden (vgl. Klafkis „Vorbemerkung zum 11. Kongreß der DGfE" im Programmheft zum Kongress, S. 5 und 7). Im Rahmen des Kongresses sollten Analysen und Befunde dazu im Blick auf Zukunftsperspektiven vorgelegt und diskutiert werden (ebd., S. 5).

Eine andere Form der Politisierung erlebte der Bielefelder Kongress 1990 in zweierlei Hinsicht. Zum einen durch den Fall der Mauer (vgl. dazu Kap. 4.2), zum anderen durch die Aufnahme eines Themas in den Kongress, das vier Jahre zuvor noch eher am Rande verhandelt worden war, aber in den ausgehenden 1980er Jahren in der bundesdeutschen Erziehungswissenschaft eine derart bedeutsame Rolle gespielt hat (vgl. zur Übersicht Dudek 1990), dass es an der Zeit war, es im Rahmen eines Kongresses prominent zu platzieren: Pädagogik und Erziehungswissenschaft in der Zeit des Nationalsozialismus. Die Folgeveranstaltung zu dem thematisch einschlägigen Rundgespräch, das Peter Menck im März 1985 in Siegen veranstaltet hatte, wurde noch 1986 erst nach Abschluss des Heidelberger Kongresses durchgeführt (vgl. Schreiben Heids an Menck vom 4.9.1985; 11.7). Die 1990 vom Vorstand verantwortete und von Wolfgang Klafki moderierte Plenarveranstaltung zum Thema „Pädagogik und Nationalsozialismus" war auf dem Podium mit Protagonisten der Auseinandersetzung um die Rolle der Erziehungswissenschaft in der Zeit des Nationalsozialismus besetzt und fand unter großem Zuspruch der Kongressteilnehmer im Audimax der Universität statt (vgl. Klafki 1990). Zudem wurde vom Vorstand ein Symposion zur „Bilanz erziehungshistorischer Forschung: Pädagogik und Nationalsozialismus" unter Federführung von Christa Berg durchgeführt, das spezielleren Aspekten der Forschung gewidmet war und ebenfalls große Aufmerksamkeit erhielt (vgl. Berg/Ellger-Rüttgardt 1991). Daneben organisierte Karl-Christoph Lingelbach eine Arbeitsgruppe zum Thema „Erziehungswissenschaft und Nationalsozialismus. Kontinuitätsproblem und Positionsbestimmung" und Hildegard Feidel-Mertz konnte in einer Ausstellung die Ergebnisse ihrer Forschungen zur „Pädagogik im Exil nach 1933" präsentieren. Eine ähnlich starke Konzentration auf ein Thema auf allen Ebenen der Veranstaltungen eines Kongresses hat es vorher und danach nicht gegeben. Die Erziehungswissenschaft war mit dieser öffentlichen Thematisierung ihres Verhältnisses zum Nationalsozialismus einigen anderen Fachgesellschaften und Disziplinen weit voraus.

Die folgenden Kongresse der 1990er Jahre bildeten in ihren Themen jeweils Trends der gesamtgesellschaftlichen und politischen Entwicklungen ab. Die Probleme der Modernisierung und der „Modernitätskrise" angesichts ökonomischer und ökologischer, politischer und gesellschaftlicher Problemlagen wurden in Berlin 1992 intensiv in ihren Auswirkungen auf die Erziehungswissenschaft und die Erziehungsverhältnisse sowie im Hinblick auf die Rolle der Erziehungswissenschaft bei der Bewältigung dieser Probleme diskutiert. Der Prozess der europäischen Einigung wurde zum Ausgangspunkt für den Kongress in Dortmund 1994, bei dem u.a. das „Verhältnis von Erziehung, Bildung und

Demokratie" und die „Vorstellungen zur Koordinierung der europäischen Bildungssysteme unter Wahrung ihrer mannigfaltigen Traditionen" diskutiert wurden (vgl. Dietrich Benner, Vorbemerkung zum 14. Kongreß der DGfE im Programmheft, S. 4). Die ökonomischen Probleme sowie die Tendenzen zur Einführung marktwirtschaftlicher Prinzipien in den Erziehungs- und Bildungssektor sowie zu dessen Deregulierung und Entstaatlichung boten den Hintergrund für den Hallenser Kongress 1996, mit dem die DGfE zum ersten (und bisher einzigen) Mal im Osten Deutschlands tagte. Der Hamburger Kongress 1998 war dem Rahmenthema „Medien-Generation" gewidmet, was drei Optionen für die Ausgestaltung der einzelnen Veranstaltungen des Kongresses bot: die Perspektive auf Medien(pädagogik), die Perspektive auf die Generationenproblematik und die Verknüpfung beider Themenfelder. Entsprechend breit fielen auch die Überschriften der einzelnen Veranstaltungen im Rahmen des Kongresses aus.

Der 17. Kongress der DGfE fand – nunmehr bereits zum dritten Mal – in Göttingen statt, wo die DGfE sich im Rahmen der EXPO mit ihrem Kongress außerhalb des sonst üblichen März im September 2000 präsentierte. Allerdings wurde nicht das Thema der EXPO – „Mensch, Natur und Technik" – aufgenommen, sondern das der Umbrüche in den Gesellschaften am Ausgang des 2. Jahrtausends (z.B. Internationalisierung und Globalisierung) und deren Konsequenzen für Erziehung und Bildung. Diese und andere gesellschaftliche Entwicklungen bestimmten auch die Wahl des Rahmenthemas für den Münchener Kongress im Jahr 2002: „Innovation durch Bildung". Dieses Thema wurde zugleich in Richtung auf Innovation des Erziehungs- und Bildungswesens verstanden (vgl. Ingrid Gogolin: Grußwort der Vorsitzenden der Deutschen Gesellschaft für Erziehungswissenschaft im Programmheft des Kongresses, S. 7-8), hat aber bei vielen Mitgliedern Assoziationen an technokratisches und funktionalistisches Denken genährt und dadurch schon im Vorfeld zu Kontroversen geführt. Das Thema des jüngsten Kongresses in Zürich 2004, „Bildung über die Lebenszeit", nimmt ebenfalls die neuesten gesellschaftlichen, politischen und ökonomischen Entwicklungen auf (Stichwort Wissensgesellschaft).

Ein besonderer Blick sei zum Schluss noch der professionspolitischen Konferenz der DGfE in Dortmund 1999 gewidmet, die sich mit der „Erziehungswissenschaft in Studium und Beruf" befasste und zum ersten Mal einen deutlichen Schwerpunkt auf Fragen der Erziehungswissenschaft in den Universitäten, auf Ausbildungsgänge und professionelle Notwendigkeiten setzte. Diese Konferenz fand außerhalb der Reihe der Kongresse statt, hat aber bedeutsame Folgen für die DGfE gehabt: Hier wurden nicht nur prominent Fragen der Studienorganisation und der Selbstdarstellung der Erziehungswissenschaft innerhalb der Universitäten und im Verhältnis zu den anderen Disziplinen besprochen, sondern auch eine detailliertere Selbstverständigung über die Aufgaben der DGfE in Gang gesetzt bzw. auf breiterer Basis diskutiert. Unter anderem wurde auch der Grundstein für den Erziehungswissenschaftlichen Fakultätentag gelegt, der die Aufgaben übernommen hat, die nicht genuin zu den Aufgaben einer Fachgesellschaft gehören (vgl. auch Kap. 8). Es wäre zu überlegen, ob nicht in regelmäßigen, längeren Abständen solche Konferenzen in Kooperation von DGfE und Erziehungswissenschaftlichem Fakultätentag veranstaltet werden sollten, in Ergänzung zu oder evtl. auch statt eines der regulären Kongresse.

5.4 Die Hauptredner der Kongresse

Von Interesse im Rahmen der Kongressgeschichte ist nicht zuletzt die Auswahl der Referenten für die öffentlichen (Parallel-)Vorträge. Unter den insgesamt 89 Referentinnen und Referenten aller Kongresse befanden sich 23 ausländische Fachvertreter, wobei für diese Zuordnung die Herkunftsuniversität zum Zeitpunkt des Vortrags ausschlaggebend ist. Fünf von diesen 23 kamen aus den USA, je drei aus den Niederlanden und aus der Schweiz, je zwei aus England, Frankreich und Österreich sowie je einer aus Mexiko, Norwegen, Polen, Spanien, Südafrika und Ungarn. Diese 23 Repräsentanten der Erziehungswissenschaft aus anderen Ländern hielten 24 Vorträge, d.h. einer, Helmut Fend, war zweimal (1988 und 1990) vertreten. Nimmt man die fünf Vertreter der Erziehungswissenschaft in den beiden deutschsprachigen Ländern Österreich und Schweiz aus der Rechnung heraus, da es zwischen diesen beiden Ländern und Deutschland zu Überschneidungen kam (wie das Beispiel Helmut Fend besonders deutlich zeigt, der aus Österreich stammend lange Jahre auch in Deutschland wirkte, bevor er an die Universität Zürich wechselte), dann bleiben 18 Fachvertreter aus nicht-deutschsprachigen Ländern, die je einmal einen Vortrag auf einem der Kongresse hielten.

Im Durchschnitt war also pro Kongress ein (Haupt- oder öffentlicher) Vortrag von einem ausländischen Referenten gehalten worden. Im Zeitverlauf lässt sich aber, analog zur langsamen internationalen Öffnung der DGfE (vgl. Kap. 3.) eine Zunahme der ausländischen Referenten feststellen (hier wieder ohne Österreich und Schweiz). 1968, 1972 bis 1976 sowie 1982 und 1990 fanden die Kongresse ohne Beteiligung ausländischer Hauptredner statt. War 1970, 1978, 1980 und 1984 bis 1988 jeweils nur ein ausländischer Referent vertreten, waren es beim „europäischen" Kongress 1994 fünf. 1996 und 1998 wurde jedoch wiederum nur jeweils einer der Hauptvorträge von einem Fachvertreter aus dem Ausland gehalten, während bei den Kongressen 2000 drei und 2002 zwei ausländische Referenten als Hauptredner zu Wort kamen.

Zwei dieser Hauptredner sorgten für erregte Debatten: 1980 war es Ivan Illich, der die Erziehungswissenschaft heftig kritisierte, was sogar zu Überlegungen führte, der Vorstand müsse vielleicht zurücktreten, weil er „so jemand" eingeladen habe (vgl. Thiersch im RG, S. 11). Ähnlich kontrovers wurde die Einladung an Hans Weiler zum Münchener Kongress aufgenommen, der ebenfalls die Erziehungswissenschaft heftig ob ihrer (vermeintlichen) mangelnden

Leistungen in der Bildungsforschung kritisierte. Auch hier waren kritische Stimmen zu hören, die fragten, wie man zum Kongress der deutschen Fachgesellschaft für Erziehungswissenschaft einen solchen Kritiker zu einem Hauptvortrag einladen könne. Der Vorstand war sich allerdings einig darin, dass man den Kritiker nicht ausschließen sollte, folgerte aber aus der Kritik auch, dass die DGfE „sich als Fachgesellschaft intensiver mit dem Gegenstand und der Zukunft der Disziplin" auseinandersetzen sollte, auch weil in der Öffentlichkeit eine Gleichsetzung von Erziehungswissenschaft und Lehrerbildung bzw. Bildungsforschung vorherrschte (VP 28./29.4.2002, TOP 2.2).

Von den 66 Fachvertretern aus Deutschland, die bei einem der Kongresse einen Hauptvortrag hielten, waren zwei gleich zweimal vertreten: Klaus Mollenhauer (1976 und 1990) und Jochen Kade (1998 und 2002). Insgesamt wurden von den deutschen Fachvertretern demnach 68 Vorträge an prominenter Stelle gehalten. Betrachtet man die Liste der Personen unter fachlichen Aspekten, kann man acht der Vortragenden (z.B. Ludwig von Friedeburg, Hermann Lübbe, Bettina Hurrelmann, Ingo Richter) anderen Disziplinen zuordnen, wenngleich alle sich fachlich im Überschneidungsbereich zur Erziehungswissenschaft bewegen. Von den verbleibenden 58 Erziehungswissenschaftlern waren 10 Frauen, die ab 1986 (Hannelore Faulstich-Wieland) unter den Hauptrednern präsent waren.

Die erziehungswissenschaftlichen Referentinnen und Referenten stammten anfangs vorrangig aus dem Bereich der Allgemeinen Pädagogik, mit der Zeit wurden analog zur Ausdifferenzierung des Faches auch die anderen Teildisziplinen berücksichtigt. Interessant ist aber, dass Vertreter der empirisch orientierten Erziehungswissenschaft lange Zeit überhaupt nicht zum Zuge kamen. Erst beim 8. Kongress 1982 war mit Manfred Hofer und Peter Martin Roeder der Bann gebrochen, die Vertreter der klassischen Tradition der Erziehungswissenschaft – v.a. in ihrer kritischen Variante – dominierten freilich weiterhin. Auffällig ist, dass zwar viele der prominenten Fachvertreter zu finden sind, jedoch einer der bekanntesten, Wolfgang Klafki, nicht als Hauptvortragender auftauchte (wenn auch sonst durchaus in vielerlei Funktionen). Bedeutsam ist aber auch die Feststellung, dass eine ganze Reihe von Erziehungswissenschaftlern, die die Entwicklungen der letzten vierzig Jahre durchaus mitbestimmt haben, überhaupt nicht vorkommen. Dies ist sicher nicht auf bewusste Ausgrenzung zurückzuführen, doch lässt sich der Eindruck nicht ganz abweisen, dass die Vorstände der DGfE bei der Auswahl der Redner für die öffentlichen (Parallel-)Vorträge zuweilen fachlich und politisch selektiv vorgegangen sind.

Selbstangebote lehnte der Vorstand freilich immer ab. Ein prominentes Beispiel hierfür ist Wolfgang Brezinka, über dessen Verdienste für die Erziehungswissenschaft es widerstreitende Ansichten gab und gibt. 1985 bot er dem Vorstand für den Heidelberger Kongress einen Vortrag zum Thema „Tüchtigkeit als allgemeines Erziehungsziel" an. Der Vorstand wandte sich gegen diesen Vorschlag. Brezinka reagierte darauf folgendermaßen:

„Ich weiß es zu schätzen, daß Sie sich mit der Begründung der Absage viel Mühe gegeben haben. Dadurch habe ich auch etwas Einblick in die Arbeitsweise und die Politik der Deutschen Gesellschaft für Erziehungswissenschaft erhalten, der mich in den Zweifeln bestärkt, die andere Kollegen schon längst zum Austritt veranlaßt haben. Vielleicht wäre es wirklich richtig, eine Alternative zu diesem monströsen Betrieb zu schaffen, wie es einige unserer Kollegen planen. Ich habe mich an diesen Plänen bisher nicht beteiligt, weil mir die Zeit für organisatorische Nebenbeschäftigungen zu schade ist. Ich werde aber keiner Kommission der DGfE beitreten und auch keiner Kommission einen Beitrag für ein Symposium anbieten. Wenn ich sehe, wer seit Gründung der Gesellschaft schon Gelegenheit zu einem öffentlichen Vortrag bei den Kongressen der Gesellschaft erhalten hat, dann schätze ich mich nicht geringer ein als die meisten dieser Referenten. Mein Angebot war aus meiner Sicht auch ein Test und der Zweck, Klarheit zu schaffen, ist ja auch erreicht worden." (vgl. Briefwechsel Brezinka – Heid Mai bis Juli 1985; 11.7)

Helmut Heid erinnerte sich im Rahmen des Rundgesprächs an diese Begebenheit und betonte, dass der Vorstand sich einig gewesen sei in der Ablehnung des Vorschlags von Brezinka. Dass dieser mit einem Hinweis auf eine Gruppe unzufriedener Kollegen reagiert hat, erwähnte Heid nicht. Die Frage nach der Repräsentanz der verschiedenen Richtungen innerhalb der DGfE wurde aber in dem Rundgespräch wiederholt aufgegriffen (vgl. RG, S. 16f.; S. 21; S. 44; S. 47; S. 50). Dies geschah mehrfach auch mit Bezug auf Brezinka, dessen Bedeutung für die Erziehungswissenschaft und seine Nichtbeachtung in der DGfE – die mit einer Einladung zum Münchener Kongress 2002 eine gewisse Korrektur erfahren hat. An diesem Beispiel wird noch einmal deutlich, wie sehr und wie lange auch die DGfE in den politischen Zerwürfnissen der späten 1960er und der 1970er Jahre verhaftet blieb, wenn Hans Thiersch in dem besagten Rundgespräch die Ablehnung eines Vortrages von Brezinka primär mit politischen, weniger mit wissenschaftlichen Kriterien begründete.

Politisierung ist also nicht nur bei der Themenfindung für die Kongresse, sondern auch bei der Auswahl der Redner zu vermuten und bis in die jüngste Zeit scheint hier ein zentrales Problem der DGfE durch, das sich in der Frage nach dem politischen Mandat (vgl. Kap. 8) deutlicher zeigt, aber selbst bei fachlichen Fragen unterschwellig wirkt.

6. Forschungsförderung – Forschungsprobleme – Forschungsfreiheit

6.1 Forschungsförderung als Zweckbestimmung der DGfE

„Die ‚Deutsche Gesellschaft für Erziehungswissenschaft' dient dem Gedankenaustausch ihrer Mitglieder. Dazu pflegt sie Beziehungen zu anderen Wissenschaften sowie zur Pädagogik des Auslandes; sie bemüht sich um die Förderung des erziehungswissenschaftlichen Nachwuchses und um die Klärung von Ausbildungs- und Prüfungsfragen der pädagogischen Berufe." (1.2)

Diese Zweckbestimmung wurde als Paragraph 1 der Satzung gleich in der konstituierenden Sitzung der DGfE am 28.4.1964 festgeschrieben. Im Laufe ihrer Geschichte hat die DGfE diesen Paragraphen zwar mehrfach neu formuliert, nie aber in der Substanz verändert. Auch in der aktuell geltenden Fassung ist die „Förderung von Wissenschaft und Forschung, Bildung und Erziehung auf dem Gebiet der wissenschaftlichen Pädagogik" die vornehmste Aufgabe der DGfE, der letztlich alle ihre Aktivitäten dienen sollen – neben ihren auf Dauer gestellten Veranstaltungen, ihren turnusmäßig wiederkehrenden Tagungen und Kongressen, ihren Publikationen, Stellungnahmen und Informationen –, vor allem auch die „Anregung von Forschungsprojekten" und nicht zuletzt „die Förderung des wissenschaftlichen Nachwuchses, insbesondere durch Vergabe von fachlichen Preisen" (jetzt § 2). Dass dabei Forschungsfreiheit als Prämisse und allzeit zu wahrendes Gut gelten sollte, war unstrittig. Wie Forschungsförderung und Forschungsfreiheit mit Effizienz in einzelnen Projekten wie als ständig geltende Leitlinie zu realisieren und zu konkretisieren seien, vor allem in der Kooperation mit wissenschaftlichen, gesellschaftlichen und politischen Institutionen, das führte schon bald nach der Gründung der DGfE zu grundsätzlichen Erwägungen und wissenschaftspolitischen Initiativen. So wurde bereits auf der ersten ordentlichen Mitgliederversammlung am 30.4.1965 in Kassel im letzten Tagesordnungspunkt „Weitere Anregungen und Hinweise" vorgeschlagen, „die Gesellschaft möge mit der Deutschen Forschungsgemeinschaft Verbindung aufnehmen und ihr Vorschläge für die Wahl der Gutachter machen". Außerdem sollte eine „zentrale Auskunftsstelle für laufende erziehungswissenschaftliche Arbeiten" eingerichtet werden. Für die „organisatorischen Arbeiten" wurde an das Institut für Bildungsforschung in der Max-Planck-Gesellschaft oder an das Pädagogische Zentrum, beide in Berlin, gedacht (1.1). Damit war der Kooperation mit zwei der damals bestehenden erziehungswissenschaftlichen For-

schungszentren sowie der Dokumentation erziehungswissenschaftlicher Forschung der Weg gewiesen. Der Leiter des Pädagogischen Zentrums, Carl-
Ludwig Furck, bot sich für einen zentralen „Auskunftsdienst" an. Als
Dienstleister für Wissenschaft und Praxis sowie als Vermittler zwischen Theorie
und Praxis wollte sich das Pädagogische Zentrum gerne verstehen (Korrespondenzen in 1.1 und 4.1). Nach einigen Vorklärungen erfolgte in den Jahren 1965
und 1966 der erste noch wenig erfolgreiche Versuch einer flächendeckenden
Erfassung laufender erziehungswissenschaftlicher Arbeiten (Fragebogen in 4.1).
Die sehr ausführlichen Fragen nach Methoden und Einordnungen bereiteten
den angeschriebenen Instituten und Lehrstuhleinheiten Schwierigkeiten, schienen das Unternehmen eher zu hemmen als zu fördern (Andreas Flitner an Carl-
Ludwig Furck am 9.5.1966; 1.1). In den Akten befindet sich außerdem eine
gleichzeitige Initiative der europäischen Kultusministerkonferenz mit einem
Bericht über ein Expertentreffen in Straßburg vom 19. bis 20.10.1965 dokumentiert, das ebenfalls der „Sammlung und Verbreitung von Informationen
über die dem europäischen Kulturabkommen angehörenden Länder hinsichtlich
ihrer erziehungswissenschaftlichen Forschung" durch die Gründung eines entsprechenden Ausschusses dienen wollte (4.1). Doch zu großen Ergebnissen
führten diese ersten koordinierenden und dokumentierenden Schritte offenbar
noch nicht. Die Akten lassen keine konsequenten Erfolgsspuren erkennen,
allenfalls wiederholte Anstöße.

Auf Initiative von Heinrich Roth befasste sich der Vorstand der DGfE am
14./15.6.1968 mit der Bedeutung des „Beirats für praxisbegleitende Untersuchungen im Rahmen des Experimentalprogramms des deutschen Bildungsrats".
Der Vorstand hielt seine eigene Beteiligung für dringend erforderlich und beschloss darüber hinaus auch noch einen Vorstoß beim Generalsekretär der
Stiftung Volkswagen-Werk, um in deren geplantem wissenschaftlichen Beirat
mitzuwirken, sich „an der Entscheidung über Projekte zu beteiligen" und
schließlich überhaupt kundzutun, dass die DGfE „Situation und Möglichkeiten
pädagogischer Forschung besonders gut überblicke" (VPe 14./15.6.1968, TOP
6; 8./9.11.1968, TOP 4).

Als bilanzierendes und innovierendes Zwischenergebnis kritischer Selbstbesinnung auf die eigene Zwecksetzung der Forschungsförderung, aber durchaus
auch im mainstream der in jenen Jahren in allen Sozialwissenschaften ausgetragenen Theorie- und Methodendebatten kann die Vorbereitung einer Arbeitstagung „zur Wissenschaftstheorie und Methodologie pädagogischer Begleitforschung" im Jahre 1971 angesehen werden. Die zugehörigen Vorstandsprotokolle (22.2.1971, TOP 5; 7.10.1971, TOP 3; 28.2.1972, TOP 1; vgl. auch Kap. 5)
dokumentieren – anders als sonst üblich – ausführlich den Gang der Diskussionen, die im Vorfeld der am 10. bis 12.4.1972 in Nürnberg realisierten Tagung
ausgetragen wurden. Ilse Dahmer wünschte „eine gründliche wissenschaftstheoretische Diskussion der emanzipatorischen Qualität von Erziehungswissenschaft". Doch der Vorstand favorisierte einen Vorschlag von Ilse Lichtenstein-

Rother, das vorgesehene methodologisch-wissenschaftstheoretische Thema „um die Problematik der begleitenden Forschung zu zentrieren". Es erschien dem Vorstand eine „lohnende Aufgabe der Arbeitstagung", „die Aufmerksamkeit der Erziehungswissenschaft auf das eklatante Mißverhältnis zu lenken, das zwischen dem in den laufenden Schulbegleituntersuchungen angewandten dilettantischen methodischen Instrumentarium und dem Stand der wissenschaftstheoretischen und –methodologischen Diskussion besteht". Bereit, die „Unzulänglichkeit" dieser Forschungen „schonungslos aufzudecken" (Lichtenstein-Rother), nannte Herwig Blankertz zwei Mängel:

„1. die Beschränktheit jedweder empirisch-analytischen Forschungsmethodik gegenüber einer Erörterung der Probleme in der hermeneutisch-kritischen Dimension (Reduktionismus) 2. die Primitivität eines faktisch angewandten Forschungsinstrumentariums gegenüber dem, was heute an methodischen Möglichkeiten zur Verfügung steht." (VP 22.2.1971, TOP 5)

Man spielte verschiedene Aspekte bzw. Gruppierungen bzw. Ebenen einer kritischen Untersuchung von begleitender Forschung durch und wollte auf bereits veröffentlichte, laufende oder geplante praxisnahe Begleitforschungsprojekte zurückgreifen, zum Beispiel aus den Bereichen Vorschule, Kompensatorische Erziehung, Gesamtschule, Förderstufe (Problem der sozialen Koedukation), Arbeitslehre (Lehrplan), politische Bildung, Mathematik, Sozialpädagogik. Auch wurden schon Referenten genannt, die – gegebenenfalls in Kooperation – eine kritische Untersuchung, Berichterstattung oder Interpretation ausgewählter Forschungsprojekte leisten könnten (Ilse Dahmer, Frank Achtenhagen, Peter Menck, Christoph Führ, Wolfgang Edelstein, Jürgen Diederich, Forscher aus dem „Roederkreis", dem „Brezinkakreis", der AEPF u.a.) (ebd.). An Begleitforscher, Forschungsgruppen bzw. Forschungsinstitute wurde ein Fragebogen versandt, dessen Rücklauf – terminiert – an das DIPF gehen sollte. Dann wurde die Organisation der Tagung konkret in Angriff genommen. Schließlich wurde sie vom Bundesministerium für Bildung und Wissenschaft finanziell unterstützt. Die Umfrage führte zunächst zu 21 Antworten, die aber noch kaum eine systematische Auswertung oder den Entwurf bündelnder Hypothesen für Referenten in Arbeitsgruppen erlaubten. Rückfragen wurden nötig, Themen für Arbeitsgruppen aber schon einmal vorgeschlagen.

Dieser Initiative wurde so viel Bedeutung zugemessen, dass sie die Vorstandsprotokolle der genannten Sitzungen während eines ganzen Jahres geradezu beherrscht. Sie ist gewiss als Versuch wissenschaftlicher Selbstverständigung, der Validierung von Forschungsprozessen wie der Steigerung bildungs- und schulpolitischer Beratungskompetenz zu werten. Es war dies im ersten Jahrzehnt des Bestehens der DGfE aber auch – neben den regulären Kongressen und Tagungen – ihr einziger nennenswerter Vorstoß satzungsgemäßer Selbstverpflichtung auf Forschung und Forschungsförderung. Andere Probleme dominierten den Geschäftsgang.

In den ersten Jahren ihrer Geschichte war die DGfE vor allem eine Sammlungsbewegung. Werbend um Mitglieder und Beachtung bei den großen Wissenschaftsorganisationen und -förderern war sie primär noch mit ihrer eigenen Etablierung, Selbstverständigung und Selbstverwaltungsorganisation beschäftigt. Ihre wissenschaftlichen Leistungen dokumentierte sie auf ihren Kongressen und Tagungen sowie in den Publikationen ihrer Mitglieder. Selbst in ihrem Verhältnis zur Deutschen Forschungsgemeinschaft verfuhr sie in ihrer Frühphase zögerlich und unsicher. Bezeichnend hierfür ist ein Schreiben Otto Friedrich Bollnows an seine Vorstandskollegen: „Die Deutsche Forschungsgemeinschaft fordert uns auf, Vorschläge für die Neuwahlen ihrer Gutachter zu machen. Ich finde, wir sollten von diesem Angebot Gebrauch machen." (Schreiben vom 28.12.1966; 1.1) Nach einigen Wirrnissen und einer Mahnung des Präsidenten der DFG kam endlich ein Wahlvorschlag zustande (ebd.).

6.2   Kooperation mit der DFG

Das Verhältnis zur Deutschen Forschungsgemeinschaft wurde für die DGfE von entscheidender Bedeutung. Es ist ein Dauerthema ihrer bisherigen Geschichte, da es sich nicht spannungsfrei und nicht immer zu gegenseitiger Zufriedenheit gestaltete. Oftmals sah sich die Erziehungswissenschaft in ihren wissenschaftlichen Leistungen nicht angemessen gewürdigt. Klagen darüber führten bereits 1965 zu Bemühungen, im Gesamtspektrum ihrer Forschungsrichtungen und –methoden überhaupt wahrgenommen zu werden. Es ließe besonders die Förderung empirischer Forschungsvorhaben zu wünschen übrig (1.1). Darum wurde erwogen, ähnlich der Soziologie, mit „zwei Positionen im Katalog der wissenschaftlichen Disziplinen" bei der DFG vertreten zu sein, „1. Erziehungswissenschaft 2. empirisch-pädagogische Forschung" (Briefwechsel vom Mai 1965 zwischen Heinrich Abel – Johannes Zielinski – Bollnow mit Bezug auf Heinrich Roth; 1.1). Bis dahin fand sich in der Liste der Fachausschüsse der DFG in der fünften Gruppe, zusammen mit Philosophie und Psychologie, einzig die „Pädagogik" aufgeführt (vgl. Anhang 10.). Das galt auch noch für die Fachgutachterwahl 1967, für die der Vorstand der DGfE erstmals eine Liste von Wahlvorschlägen vorlegte, die eilig und mühsam genug zustande gekommen war, Rücksicht auf Repräsentanz von Forschungsrichtungen und Methodenvielfalt jedenfalls nicht verrät. Die Kommentierung dieser Wahlvorschläge durch den amtierenden Vorstandsvorsitzenden an die DFG ist aufschlussreich:

„Nach Rückfrage bei den übrigen Vorstandsmitgliedern schlage ich namens der Deutschen Gesellschaft für Erziehungswissenschaft die Herren Professoren
Ernst Lichtenstein, Münster
Josef Dolch, Saarbrücken
Hans Scheuerl, Frankfurt a.M.
Hans-Hermann Groothoff, Köln

Heinrich Roth, Göttingen
Andreas Flitner, Tübingen
Wolfgang Klafki, Marburg a.L.
vor. Von den Herren Lichtenstein und Dolch ist anzunehmen, dass sie nach ihrer Emeritierung Zeit für die Gutachtertätigkeit finden. Die übrigen Herren gehören, mit Ausnahme des schon etwas älteren Herrn Roth, der mittleren Generation an. Ich habe zur Reserve einen siebten Namen hinzugefügt, falls einer der Herren schon einmal Gutachter gewesen ist und nicht wieder gewählt werden kann oder falls Herr Roth wegen seiner Tätigkeit im Bildungsrat als schon anderweitig zu überlastet erscheint." (Schreiben vom 3.2.1967; 1.1)

Die richtigen Kandidaten für die Gutachterwahl zu finden und dabei Bereitschaft, Alter, Erfahrung, Prestige, Aus- und Überlastung, Kompetenz, Disziplinzuordnung im ausdifferenzierten Gesamtspektrum von Erziehungswissenschaft, Methodenausrichtung, nicht zuletzt die Auflagen der DFG zu berücksichtigen – das alles waren Gesichtspunkte, auf die Herwig Blankertz, Vorstandsvorsitzender 1974-1978, in einem ausführlichen, vom Vorstand gebilligten Schreiben (VP 27.11.1975, TOP 6) an Elfriede Höhn einging, um Kritik an der Ausübung des Vorschlagsrechts des Vorstandes und dessen Liste für DFG-Wahlen abzuwehren (Brief vom 26.11.1975; 6.7; Briefe von Höhn 7.5): Kandidaten müssten nicht zwingend Mitglieder der DGfE sein – das Vorschlagsrecht sollte gerade nicht in „vereinsmeierischer Weise" ausgeübt werden. Hätten frühere Vorstände in einem Rundschreiben an alle Mitglieder um Gutachtervorschläge gebeten, wären die Rückmeldungen „so gering [gewesen], daß man dieses Verfahren wieder eingestellt hat". Blankertz äußerte in seinem Schreiben Zweifel, ob die Einschaltung der Kommissionen bei ihrer sehr unterschiedlichen Struktur und Aktivität mehr Hilfe erwarten ließe.

Aus der Verteidigung gegenüber der Kritik wurde der Vorschlag für ein modifiziertes Verfahren der Kandidatenaufstellung, vorgelegt auf der Mitgliederversammlung während des Kongresses in Duisburg 1976. Für die Zukunft sollten die DGfE-Vorstände vor der Entscheidung über die Benennung von Kandidaten für die Wahl von DFG-Gutachtern Rücksprache bei den Kommissionsvorsitzenden nehmen (VP 5.2.1976, TOP 3d; Schreiben Blankertz an Gunther Eigler vom 8.3.1976; 7.5, ähnlich an Karl-Heinz Flechsig am 8.12.1975; 6.6). Die Mitgliederversammlung beschloss in diesem Sinne das folgende Verfahren:

„Sobald die Deutsche Forschungsgemeinschaft (DFG) die DGfE auffordert, Kandidatenvorschläge für die DFG-Wahl zu unterbreiten, unterrichtet der Vorsitzende der DGfE die Kommissionsvorsitzenden mit der Bitte, bis zu einem bestimmten Termin Kandidatenvorschläge aus dem Arbeitsfeld der jeweiligen Kommission zu machen. Der Vorstand soll die von den Kommissionen eingebrachten Vorschläge für die Repräsentation der jeweiligen Disziplin der Erziehungswissenschaft berücksichtigen. Der Vorstand ist gehalten, dafür zu sorgen, dass auch für solche Gebiete, für die keine Vorschläge eingehen – (sei es, daß es dafür keine Kommission gibt, sei es, daß Vorschläge aus anderen Gründen ausbleiben) – geeignete Kandidaten aufgestellt werden. Die Mitgliedschaft in der DGfE ist nicht unbedingt Voraussetzung, um als DFG-Kandidat von der DGfE vorgeschlagen zu werden. Sofern die Kandidaten nicht an Mitgliedshochschulen der DFG tätig sind, soll der Vorstand der DGfE beim Präsidenten der

DFG das passive Wahlrecht für diese Kolleginnen und Kollegen beantragen." (mit Schreiben vom 20.12.1976 der DFG mitgeteilt; 7.5)

Dieses Verfahren wurde fortan praktiziert (vgl. z.B. VP 22.11.1978, TOP 7). Eine ausführliche Beratung der Begutachtung von Forschungsanträgen und der dabei auftretenden Schwierigkeiten sowie der hohen Ablehnungsquote dokumentiert das Vorstandsprotokoll vom 14./15.3.1979. An diesem Gespräch nahmen neben den Vorstandsmitgliedern auch die Gutachter Ulrich Bleidick, Ulrich Herrmann und Peter Menck teil. Im Zeitraum vom 1.1.1977 bis zum 30. 9.1978 wurde für die Pädagogik mit 67% die höchste Ablehnungsquote bei der DFG verzeichnet. Auch das Verhältnis von Antragssumme (8,9 Millionen DM) zu der Bewilligungssumme (2,4 Millionen DM) zeigte eine große Differenz. Sehr offen bekannten die Gutachter die Probleme ihrer Tätigkeit: keine „genauere Kenntnis der künftigen Aufgaben", keine „Hinweise und Ratschläge der vorigen Gutachter", „thematische Breite" und „Vielzahl der Anträge", hohe Belastungen. Viele Anträge würden nicht „beurteilungsreif" eingereicht. „Oft fehle der theoretische Bezugsrahmen, der Versuchsplan sei nicht zu erkennen und auch ein Arbeitsplan, der die genaue Verteilung der Arbeitskräfte und Mittel auf Zeit erkennen lasse, werde oft nicht berücksichtigt. Die Antragsteller ließen oft nicht erkennen, zu welcher Frage ihre Untersuchung Ergebnisse erbringen solle und wie sie den gegenwärtigen Forschungsstand sehen." Konventionelle Forschungsansätze und –methoden würden nicht bevorzugt. Allerdings gäbe es auch im Prozedere bei der DFG Unzuträglichkeiten und Informationsverluste. Möglichkeiten für eine Erleichterung und bessere Koordination der Gutachtertätigkeit wurden diskutiert. Die praktischen Vorschläge reichten von Kommentierungen der geltenden Richtlinien, „Literaturempfehlungen für den Aufbau von Untersuchungen" bis hin zu „anonymisierte[n] Mustern erfolgreicher Anträge". Die DGfE sollte „eine gemeinsame Tagung der bisherigen und neuen Gutachter veranstalten, damit Erfahrungen weitergegeben und Maßstäbe erarbeitet werden können". Diese Anregung wollte der Vorstand gerne aufgreifen. Der Vorschlag von Herrmann, „durch Befragungen festzustellen, was an welchen Hochschulen an pädagogischer Forschung durchgeführt werde, was angeregt werden sollte, um somit gewissermaßen eine Infrastruktur unserer Wissenschaft zu erkennen", wurde nicht aufgenommen (VP 14./15.3.1979, TOP 1). Die Feststellung aber, die DGfE brauche eine Forschungskommission, fand Resonanz. Gegründet wurde sie allerdings erst fünf Jahre später (vgl. Kap. 6.3).

Gemeinsame Besprechungen von Vorstandsmitgliedern mit DFG-Gutachtern wiederholten sich. Dabei wurden in der Regel die Antragsentwicklung, Bewilligungen und Ablehnungsquoten, Finanzvolumina, die Einrichtung von Schwerpunktprogrammen und Sonderforschungsbereichen besprochen. 1980 entsprach die Ablehnungsquote für die Erziehungswissenschaft der durchschnittlichen Gesamt-Ablehnungsquote bei der DFG; sie lag nunmehr bei ca. 45% (VP 16./17.11.1980, TOP 4). Wegen der großen Belastung wünschten die Gutachter eine Erhöhung ihrer Zahl auf acht, was inhaltlich auch mit der fortschreitenden Differenzierung der Disziplin begründet werden konnte. Im übrigen wurde der DFG die Mitgliedschaft der nicht in Universitäten eingegliederten Pädagogischen oder Erziehungswissenschaftlichen Hochschulen empfohlen. Die Gutachter erklärten sich bereit, zu den Antragsrichtlinien der DFG Kommentare zu erarbeiten und in Zusammenarbeit mit der Geschäftsstelle der DFG aufzuschlüsseln, welche Forschungsthemen in den letzten drei Jahren gefördert worden seien (ebd.).

Die wiederholten Vorstöße des Vorstands (schon VP 2.7.1979, TOP 11), die Pädagogischen Hochschulen zu Mitgliedern in der DFG zu machen, stießen dort auf Zurückhaltung, die mit statistischen Angaben begründet wurde:

„Bezogen auf den Zeitraum 1.1.1974 bis 31.12.1980 sind bei der DFG 138 Anträge von Pädagogischen Hochschulen eingegangen, das sind also pro Jahr knapp 20 Anträge. Von diesen sind im Durchschnitt der Jahre, ohne daß ich dies genau ermittelt habe, etwa die Hälfte abgelehnt und die Hälfte bewilligt worden. Zur Zeit werden 13 Forschungsvorhaben überwiegend kleineren Umfangs an Pädagogischen Hochschulen von der DFG gefördert. Ich fürchte, daß von daher gesehen wenig für die Aufnahme der PH's als Mitglieder der DFG spricht. Liegt doch das Volumen der DFG-geförderten Projekte an einzelnen Hochschulen, die auch noch nicht der DFG angehören, zum Teil höher als an allen Pädagogischen Hochschulen zusammen." (Dr. Bruno Zimmermann/DFG am 27.2.1981 an Hans Thiersch; 9.2)

Das Problem schwelte weiter und konnte zwischenzeitlich nur durch begründete Einzelanträge des Vorstands auf Verleihung des aktiven Wahlrechts für Kollegen an Pädagogischen Hochschulen wenigstens annähernd gelöst werden (9.6; 10.2).

Das Unbehagen unter Erziehungswissenschaftlern gegenüber der DFG wuchs weiterhin, da man wiederholt Anzeichen dafür feststellte, dass die Erziehungswissenschaft in der DFG zurückgedrängt werde. Die „Senatskommission für Erziehungswissenschaft der DFG" unter dem Vorsitz von Walter Hornstein legte 1981 einen 40 Seiten langen „Rechenschaftsbericht und Empfehlungen für die künftige Beratung der DFG" vor (9.3). In einer durchaus selbstkritischen Bilanz ihrer fünfjährigen Arbeit fragte die Senatskommission, „in welcher Weise sich seit 1975 die allgemeinen Rahmenbedingungen der erziehungswissenschaftlichen Forschung verändert und wie sich die seinerzeit empfohlenen Förderungsinstrumente ausgewirkt haben" (Vorwort). Für 1975 hatte man die Ausgangslage wie folgt charakterisiert:

„Die Erziehungswissenschaft ist in einer Phase mangelnder Konsolidierung und in einem Moment der Neuorientierung als Handlungswissenschaft mit Anforderungen bildungspolitischer Art konfrontiert und überlastet worden. Diesem Anspruch, zu dem noch die Explosion der Studentenzahlen an den Hochschulen kam, war sie angesichts ihrer beschränkten Mittel nur bedingt gewachsen, obgleich sie in dieser Phase – getragen von den gleichen Impulsen – stark expandierte. Der Schwerpunkt der Empfehlungen lag folgerichtig darauf, der Erziehungswissenschaft durch Verbesserung ihrer strukturellen und institutionellen Bedingungen den notwendigen Freiraum für Stabilisierung, Konsolidierung und Weiterentwicklung zu geben." (S. 1)

Doch 1981 musste man die Erziehungswissenschaft immer noch als „Entwicklungswissenschaft" bezeichnen und konnte dafür gewichtige Gründe anführen. Die Forschungsbedingungen hätten sich sogar zum Teil verschlechtert (ebd.). Der Bericht des seinerzeitigen Fachausschussvorsitzenden für Erziehungswissenschaft bei der DFG, Ulrich Herrmann, zeichnete auf der Mitgliederversammlung während des Kongresses 1982 in Regensburg mit Bezug auf die Statistik der geförderten bzw. abgelehnten Forschungsprojekte, ebenfalls für den Zeitraum 1975 bis 1980, ein entsprechendes Bild: Die Forschung spiele in der Erziehungswissenschaft „nach wie vor nur eine marginale Rolle".

„Wo sie in nennenswertem Umfang betrieben werde, konzentriere sie sich auf einige wenige Teilbereiche und einige wenige Hochschulorte. Es seien Forschungsprojekte zu vermissen, die unmittelbar etwas mit der Klärung von Erziehungsproblemen, mit der Spezifik und Typik pädagogischer Handlungsformen und mit den Wirkungen pädagogischen Handelns zu tun hätten." (MVP 24.3.1982, S. 3; 3.4; 10.8)

Auch 1986 konstatierte die DFG erneut, dass „die Zahl der Anträge in der Pädagogik hinter dem jedenfalls quantitativ vorhandenen Potential an Forschern hinterherhängt". Es gäbe nach wie vor keine erziehungswissenschaftlichen Schwerpunktprogramme. Die Qualität der Anträge im Normalverfahren habe sich allerdings gebessert, die Quote der Ablehnungen (ein Drittel) entspräche „ziemlich genau dem Durchschnitt der anderen Fächer" (Dr. Zimmermann/DFG an Helmut Heid am 29.1.1986; 11.3).

Die Intensivierung der Forschungsarbeit blieb allen Vorständen der DGfE ein dauerhaftes Anliegen. Immer wieder wurden sie initiativ bei der DFG und ihren Gremien, mit Bitten um Informations- und Meinungsaustausch bei den Mitgliedern der Fachausschüsse, bei der sorgfältigen Vorbereitung von Gutachterwahlen, im Bemühen um ausgleichende Entlastung der Gutachter durch Erhöhung der Fachgutachterzahl, um bessere Binnengliederung der Gutachtergremien, im Ausgleich fachpolitischer Vorstellungen (10.2). Zugleich ging es auch um die Wahrnehmung heterogener Fachinteressen, um das Anliegen – z.B. der „Arbeitsgemeinschaft Fachdidaktik der Naturwissenschaften und der Mathematik" (AFNM) –, bei der Begutachtung von Forschungsanträgen überhaupt angemessen vertreten zu werden. Die AFNM, deren Anträge noch am ehesten in das Fachgebiet 34 „Lehr-Lernforschung, Didaktik und Hochschuldidaktik" bei der DFG fielen, wollte darum zwei ihrer Mitglieder bei der Fachgutachterwahl auf die Kandidatenliste genommen sehen (Brief von Klaus Weltner an Heid vom 3.12.1984; 11.1). Für dieses Anliegen der AFNM konnte eine kompromisshafte, aber faire Lösung in Gestalt einer Sondergutachterliste für die genannten Fachdidaktiken und als Modellverfahren auch anderer Didaktiken gefunden werden (Antwortschreiben von Helmut Heid vom 12.2.1985; 11.3). Ohnehin hatte sich die Besetzung des Fachgebietes 34 schon quantitativ als nicht mehr ausreichend erwiesen. Mit Schreiben vom 29.8.1985 an den Präsidenten der DFG bat deshalb Helmut Heid um die Erweiterung des Fachausschusses von derzeit zwei auf künftig vier Fachvertreter, also mit gleicher Zahl wie für das Fachgebiet 33 „Erziehungswissenschaft und Bildungsforschung" (11.3), da das Antragsaufkommen für beide Fachgebiete jetzt in etwa ausgeglichen sei. Diesem Anliegen wurde seitens der DFG stattgegeben. Fortan gab es für die Fachausschüsse sechs bzw. vier Fachgutachter (11.8; vgl. Anhang 10.).

Auch der neu zusammengesetzte Vorstand unter dem Vorsitz von Wolfgang Klafki befasste sich intensiv mit der Verbesserung der Beziehungen zur DFG. Ein Gespräch der Herren Wolfgang Klafki, Hans-Georg Herrlitz und Karlwilhelm Stratmann (Fachausschussvorsitzender bei der DFG) mit dem seinerzeitigen Präsidenten der DFG, Hubert Markl, wurde in die Wege geleitet. Zugleich wurde überlegt, mit welchen „Hebeln" die Interessen der Erziehungswissenschaft wirkungsvoller in allen Gremien der DFG, z.B. im Hauptausschuss und auf der Senatsebene, vertreten werden könnten (VP 20./21.3.1987, TOP 2.2). In einem Schreiben Wolfgang Klafkis vom 2.7.1987 an die DFG wurden die Gravamina offen ausgesprochen: „Wir haben den Eindruck, dass Anträge von Kollegen oder Kollegengruppen unserer Disziplin bei der DFG bisweilen im Hauptausschuss ‚unter Wert' verhandelt und bisweilen abgelehnt werden, nicht zuletzt, weil unsere Disziplin in den Entscheidungsgremien der DFG personell überhaupt nicht vertreten ist und offenbar auch eines gewissen Beistandes entbehrt, den wir in früheren Jahren etwa durch Herrn Weinert gehabt haben" (12.6, auch 12.24). Zugleich wurde – zum wiederholten Male – erwogen, wie die Basisarbeit in den einzelnen Universitäten zur Steigerung von Quantität und Qualität der Einzelanträge wie für gute Initiativen zur Einrichtung von Schwerpunktprogrammen intensiviert werden könnte. Auch hier wurde an die Berufung von Forschungsberatern in den Kommissionen und Arbeitsgruppen erinnert. Konkret wollte man beim Gespräch mit dem Präsidenten der DFG die „Sondersituation unseres Faches im Spannungsfeld zwischen Theorie und Praxis deutlich" machen und die „Neuauflage der alten Senatskommission Erziehungswissenschaft" anregen. (VP 15.16./1.1988, TOP 14.3)

Gute Kooperation mit der DGfE wurde auch von Seiten der DFG gewünscht und gesucht, etwa bei der Erstellung und Fortschreibung des sogenannten „Grauen Plans (Aufgaben und Finanzierung)", in dem die DFG alle vier Jahre vermutliche Forschungstendenzen der nächsten Jahre vorausschauend beschrieb, auch Forschungsdesiderate analysierte, um daraus Vorschläge z.B. für Schwerpunktprogramme oder Forschergruppen zu entwickeln. In einem Schreiben vom 26.3.1986, mit dem Dr. Zimmermann seitens der DFG Doris Knab sowie Frank Achtenhagen, Ulrich Herrmann, Wolfgang Klafki, Hans-Uwe Otto, Karlwilhelm Stratmann und Franz E. Weinert, alle durch Ämter aktiv der DFG verbunden, zur Mitarbeit an der Vorbereitung eines neuen „Grauen Plans VIII" einlud, wurde noch einmal dessen Ziel verdeutlicht, nämlich

„in den einzelnen Fächergruppen eine Rückschau zur Entwicklung der letzten Jahre, eine Beschreibung der augenblicklichen Situation sowie einen Ausblick auf künftige Entwicklungen im Sinne einer Selbstbesinnung der einzelnen Fächer vorzunehmen. In diesem Zusammenhang ist darauf hinzuweisen, daß sich die DFG zunehmend Anfragen und Vorschlägen von

Regierungen und Parlamenten zu bestimmten Forschungsthemen oder –schwerpunkten ausgesetzt sieht, auf die zum Teil kurzfristig und dementsprechend unvorbereitet reagiert werden muß. Der neue Graue Plan könnte so angelegt sein, daß nicht nur für die wissenschaftliche, sondern auch für die politische Öffentlichkeit erkennbar ist, welche Problembereiche, theoretische [sic] Entwicklungen und methodischen Ansätze im Mittelpunkt der Diskussion des jeweiligen Faches stehen." (12.24, Fortschreibung des Grauen Plans von 1975 im Bereich Erziehungswissenschaft, ebd.)

Nach einer gemeinsamen Sitzung konnten die Eingeladenen einen Vorentwurf der DFG ergänzen und korrigieren. Die Endfassung dieser Zusammenarbeit lieferte der amtierende Fachausschussvorsitzende, Karlwilhelm Stratmann, am 3.6.1986 an seine Kollegen und die DFG ab (12.24).

Ein anderes Mal ersuchte die DFG die Hilfe der DGfE für eine eigene Recherche über die

„Bedingungen und Wirkungen der Förderung durch die DFG, vor allem im Hinblick auf die Förderung des wissenschaftlichen Nachwuchses. Die Forschungsgemeinschaft wendet etwa die Hälfte ihres Geldes für die Gehälter von Nachwuchswissenschaftlern auf, die in Forschungsvorhaben mitarbeiten, teils als Doktoranden, teils als ‚postdocs'. Wir wissen aber auch, daß wir nur einen je nach Fachrichtung verschiedenen Teil zur Förderung des wissenschaftlichen Nachwuchses beitragen. Ziel der Untersuchung ist unter anderem, die Förderung der DFG im Kontext der übrigen Förderungsmöglichkeiten und der je verschiedenen Lage des Nachwuchses in den einzelnen Disziplinen zu charakterisieren.
Um dies tun zu können, möchten wir auch die Lage des Nachwuchses in den einzelnen Fächern gut kennen und verstehen." (Brief des Präsidenten der DFG, Hubert Markl, vom 23.8.1988 an den Vorsitzenden der DGfE, Volker Lenhart; 13.2)

Der Präsident der DFG fragte nach einschlägigen Studien, die auf die Initiative wissenschaftlicher Fachgesellschaften entstanden. Es traf sich gut, dass Volker Lenhart im gemeinsamen Bemühen, „Förderungs- und Beschäftigungsmöglichkeiten für den wissenschaftlichen Nachwuchs im Fach Erziehungswissenschaft zu eruieren", gleich drei neuere Studien überreichen konnte:

„1. Udo Kuckartz/Dieter Lenzen: Die Situation des wissenschaftlichen Nachwuchses im Fach Erziehungswissenschaft. In: Zeitschrift für Pädagogik 1986, Nr. 6
2. Bundesarbeitsgemeinschaft der Diplom-Pädagogen e.V. (Hrsg.): Die Ausbildungssituation im Diplomstudiengang Erziehungswissenschaft. Essen 1988
3. Arbeitsbericht der Deutschen Gesellschaft für Erziehungswissenschaft. Darin besonders: Kuckartz/Lenzen: Die Situation des wissenschaftlichen Nachwuchses im Fach Erziehungswissenschaft II. Marburg 1988." (mit Schreiben vom 30.8.1988; 13.2)

Nach Jahren der Klagen stand die Kooperation schließlich auf einem zumindest regulären Fuß. Mit Selbstkritik wurden eigene Initiativen entwickelt und das Thema Forschung in die Aktivitäten von Forschungskommissionen bzw. Forschungsförderungskommissionen verlagert. 1997 wurde eine Neugliederung und Erweiterung der DFG-Gutachtergruppen intern im Vorstand, dann auch in einer weiteren Sitzung mit Jürgen Baumert, Mitglied im Senat der DFG, Fachgutachter und stellvertretender Vorsitzender des Fachgutachterausschusses, diskutiert und bei der DFG beantragt:

- Allgemeine und historische Erziehungswissenschaft
- Lehr- Lern- und Qualifikationsforschung
- Sozialisations-, Institutions- und Professionsforschung

(VPe 6./7.7.1997, TOP 17 bzw. 2./3.11.1997, TOP 17). Die DFG folgte diesem Antrag und erhöhte die Gutachterzahl auf nunmehr zehn (VP 24.10.1998, TOP 5).

6.3 Forschungskommission

Nachdem auf der gemeinsamen Sitzung von Vorstandsmitgliedern und DFG-Gutachtern am 14./15.3.1979 die Notwendigkeit einer Forschungskommission festgestellt worden war, wurde dieser Gedanke nicht wieder aufgegeben. Zunächst wurde als kleinere Lösung über die Einsetzung eines Ausschusses für Forschungsfragen diskutiert, der vom Vorstand benannt werden sollte und in dem „möglichst mehrere Richtungen" vertreten sein sollten (VP 2.7.1979, TOP 13). Unter dem Namen (Vorstands-)Kommission für „Wissenschaftsförderung" wurde diese Initiative weiter verfolgt, dabei Dietrich Benner, Karl Frey, Wolfgang Mitter, Klaus Mollenhauer, Peter Martin Roeder, Hans-Georg Schönwälder, Heinz-Elmar Tenorth und Doris Knab als potentielle Mitglieder genannt. Die „Aufgabenbestimmung" musste allerdings noch präzisiert und abgestimmt werden. Die Vorbereitung der konstituierenden Sitzung, an der die Vorstandsmitglieder teilnehmen sollten, wurde in die Hände von Klaus Mollenhauer gelegt (VP 4./5.10.1979, TOP 2). Er berichtete auch auf der Mitgliederversammlung der DGfE am 18.3.1980 in Göttingen über ein erstes informelles Treffen, das zwei Tage zuvor stattgefunden hatte (3.4). Wieder änderte die Kommission ihren Namen. In den weiteren Protokollen wird sie als „ad hoc-Kommission ,Forschungsförderung'" geführt (VP 2.5.1980, TOP 6). Verfolgt man die Überlegungen über ihr Aufgabenprofil, so scheint die Unentschiedenheit im Namenswechsel symptomatisch. Vorschläge, Überlegungen, Kooptationen, Sorgen um die hochschuleigene Forschung bei Tendenzen zur Auftragsforschung durch kommerzielle Unternehmen, Konzentration der Fördermittel auf staatseigene Institute, Tendenzen zu staatlichen Autarkiebestrebungen – dies und anderes mehr wurde erwogen, bedacht, diskutiert.

Die Schließung des Instituts für wissenschaftliche Pädagogik in Münster verstärkte das pessimistische Bild:

„Es wurde deutlich, daß eine sich restaurativ verhaltende Kirche sich ein relativ eigenständiges Institut nicht mehr leisten zu können glaubte und daß außerdem das Eindringen der Gewerkschaften in diesen Raum als nicht hinzunehmender Präzedenzfall gesehen wurde. Der Vorstand fragte sich, was eine Resolution jetzt noch für einen Sinn hätte [...] Es bestand Einigkeit, daß die DGfE zuständig für die wissenschaftliche Pädagogik und für die Forschung und Lehre auf Hochschulebene sei, sich aber nicht als Berufsverband verstehe. Wenn eine Institution unserer Gesellschaft unter Rückgriff auf staatliche Förderung ein Institut mit Wissenschafts-anspruch gründe, dann könne sich eine solche Institution nicht vom Verfassungsgrundsatz der Wissenschaftsfreiheit suspendieren." (TOP 7)

In diesem Sinne beschloss der Vorstand eine Stellungnahme zur Schließung des Instituts zu verfassen.

Der endgültige Name „Forschungskommission" taucht zuerst im Protokoll vom 16./17.11.1980 auf. Das bis dahin eher unkonturierte Aufgabenfeld ge-wann Profil, die Vorstandskommission nannte sich jetzt „Ausschuss", der die Forschungskommission vorbereiten sollte. Er empfahl dem Vorstand, dieser Kommission zunächst drei Themenbereiche aufzutragen:

„a) Entwurf ethischer Standards für die erziehungswissenschaftliche Forschung; b) Erarbei-tung eines Forschungsatlanten, der Auskunft über die finanziellen Hilfsmittel gibt, die erzie-hungswissenschaftlicher Forschung zur Verfügung stehen, und der regionale Auskunft über die Schwerpunkte erkennen läßt; c) Empfehlungen für das Fachinformationssystem."

Auf diese Weise sollten dem Vorstand Unterlagen für die „Einleitung von Akti-vitäten im Bereich der Forschung" zugeliefert werden. Der Vorstand folgte diesen Vorschlägen, begrenzte den Auftrag auf die genannten drei Punkte, ü-bertrug ausdrücklich keine Entscheidungsbefugnis und setzte Karlheinz Ingen-kamp als Leiter der Forschungskommission ein (TOP 3). Die Berufung der einzelnen Mitglieder zog sich hin. Es gab Absagen, sogar überhaupt keine Reak-tion auf die ausgesprochene Kooptation. Doch konnte für den 16.2.1981 end-lich die konstituierende Sitzung anberaumt werden (VP 2.2.1981, TOP 2). Es gehörten der Forschungskommission neben Ingenkamp Jürgen Diederich, Helmut Fend, Thorsten Kapune, Rudolf Mayer, Wolfgang Mitter, Heinz-Elmar Tenorth und Dieter Ulich an. Nach Durchsicht der Protokolle der Sitzungen der Forschungskommission wurden kontinuierlich

- Probleme verbesserter Information und Dokumentation diskutiert. Dazu gehörte auch der Wunsch, ein Rezensionsorgan für die Erziehungswissen-schaft zur „Selbstdarstellung und Selbstkontrolle" zu schaffen;
- die Bestandsaufnahmen der erziehungswissenschaftlichen Forschung zu verorten und voranzutreiben gesucht. Dabei wurde schon die Eingrenzung und Kennzeichnung „erziehungswissenschaftlich" zum Problem, so dass man als „einzig praktikable Lösung" akzeptieren musste, erziehungswissen-schaftliche Forschung von den Institutionen und Selbstetikettierungen der Forscher her zu definieren. Das Projekt „Forschungsatlas" wurde weiterhin favorisiert, die Nominierung eines ständigen Forschungsreferenten im Vor-stand der DGfE als notwendig erachtet;
- unter dem Kürzel „Ethische Standards" die „problematische Polarisierung von Idealstandards und Realpraxis" in Hochschulforschung bzw. in staatli-chen Forschungsaufträgen bzw. in vom Bund finanzierten Forschungsin-stituten thematisiert (vgl. Protokoll der dritten Sitzung der Forschungs-kommission von 2.7.1981, dieses und andere als Beilage zu den Vorstands-protokollen dieses Zeitraums; ähnlich der Bericht Ingenkamps über die

Forschungskommission auf der Mitgliederversammlung der DGfE am 24.3.1982 in Regensburg; 3.4). Beim Entwurf ethischer Standards für die erziehungswissenschaftliche Forschung zeigten sich bald Diskrepanzen in den Auffassungen, so dass ein langwieriger Prozess in Diskussion und Ausformulierung begann. Schließlich sollten in diesen Prozess auch die Kommissionen mit Änderungswünschen und Stellungnahmen einbezogen werden. Er zog sich über vier Jahre hin (vgl. VP 12.12.1981, TOP 6; 21.3.1981, TOP 4; vgl. Kap. 6.7).

Unter dem Vorsitz von Gunther Eigler wurde die Forschungskommission am 23./24. November 1984 neu konstituiert (10.5; 11.10; auch VPe 18.5.1984, TOP 9; 23./24.11.1984). Ihre Mitglieder waren neben Gunther Eigler Rita Süßmuth, Jürgen Baumert, Klaus Beck, Friedrich Busch, Karlheinz Ingenkamp, Karl-Josef Klauer, Peter Menck, C. Wolfgang Müller und für die Geschäftsführung Gerd Macke. Für diese neu aktivierte Forschungskommission wurde ein präziser, „auf ein besonders gravierendes Problemfeld" konzentrierter Aufgabenkatalog festgelegt und für den nächsten Kongress im März 1986 von ihr ein „Bericht zur Lage der Erziehungswissenschaft in der Bundesrepublik" erwartet. Er sollte – in vorläufiger Grobgliederung – eingehen auf:

„a) Die Entwicklung der institutionellen (organisatorischen, finanziellen, personellen) Rahmenbedingungen seit 1970

b) Die Entwicklung der Forschungsschwerpunkte (Fragestellungen, Methoden, Praxisfelder) seit 1970

c) Zusammenfassende Evaluation und Perspektiven künftiger Entwicklung".

Selbst über die Arbeitsschritte der Erhebungsverfahren machte der Vorstand sich Gedanken. Die Aufgabe und Bedeutung der Forschungskommission erschienen ihm so wichtig, dass er einen erziehungswissenschaftlich kompetenten, methodisch versierten Kommissionsassistenten finanzieren und mit der Literatur- und Dokumentenauswertung beauftragen wollte (VP 6./7.7.1984, TOP 10; 24./25.8.1984, TOP 5; Protokolle der Forschungskommission 11.1; 11.10).

In einem allgemeinen Rundschreiben vom 23.1.1985 an alle Mitglieder der DGfE stellte ihr Vorsitzender, Helmut Heid, die Forschungskommission, ihre Aufgabe und Mitglieder vor, und bat die Kolleginnen und Kollegen in den einzelnen Seminaren, Instituten und Fachbereichen um Unterstützung der Forschungskommission bei ihren notwendigen Recherchen – „im Interesse des Faches, der Erhaltung seiner Forschungskapazität und seines wissenschaftlichen Nachwuchses" (11.1). Zur Begründung führte er aus:

„Der Vorstand der Deutschen Gesellschaft für Erziehungswissenschaft ist über die Entwicklung der Forschungssituation im Fach Erziehungswissenschaft an den einzelnen Universitäten und Hochschulen beunruhigt. Diese Entwicklung hat forschungsimmanent betrachtet zur Folge, daß Forschung nur noch unter inhaltlichen Einschränkungen und unter schwierigen Bedingungen möglich ist, und personell bedeutet sie einen offensichtlichen Rückgang der Stellen. Das dürfte im Augenblick eine Verschärfung der Stellenlage für den Nachwuchs und längerfristig eine sowohl quantitative als auch qualitative Minderung der Forschungskapazität des Faches nach sich ziehen."

Zur „Sondierung der Situation" sei darum eine Forschungskommission ins Leben gerufen worden (ebd.).

Mit Datum vom 9.6.1986 legte der Vorsitzende der Forschungskommission, Gunther Eigler, einen Bericht vor (11.10), der noch einmal die Aufgabenstellung, nämlich „an der Selbstvergegenwärtigung des Faches mitzuwirken" benannte, und dies zunächst in drei Teilprojekten mit folgenden Leitfragen:

1. „Wie entwickelten sich an den Universitäten einige infrastrukturelle Bedingungen (Personal, Studentenzahlen, Drittmittel) einerseits und die wissenschaftliche Produktion andererseits"?

2. „Wie entwickelten sich Themen und thematische Schwerpunkte"? (starker Wandel oder relative Konstanz der Themen, dargestellt mit einer Zeitschriftenanalyse)

3. Parallel zum Teilprojekt 2 eine Analyse der Dissertationen und Habilitationen.

Gemessen am anvisierten Gesamtvorhaben „Bestandsaufnahme erziehungswissenschaftlicher Forschung" erschienen diese Teilprojekte zwar eingeschränkt, aber bei der Begrenztheit der zur Verfügung stehenden Mittel wenigstens machbar. Schließlich wurde aus dem gesamten Aufgaben- und Fragenkomplex der Kommission ein Bereich ausgegrenzt und als Antrag bei der DFG eingereicht: „Thematische und methodische Entwicklungen im Fach Erziehungswissenschaft. Analysen zu einigen Aspekten des Formierungsprozesses einer Disziplin". In dieses Antragsprojekt wurden die Teilaspekte „Entwicklung von Ressourcen und Studentenzahlen in unserem Fach" (Baumert) und „Entwicklung erziehungswissenschaftlicher Produktion" (Tenorth) integriert (VP 23.6.1986, TOP 6f). Eine Erfassung der realisierten und geplanten Forschungen in der Erziehungswissenschaft über das gesamte Fachspektrum hinweg erschien je länger je mehr unrealistisch, „weder sinnvoll noch machbar". Solche weitergehenden Aufgaben wurden darum aufgegeben. Statt dessen sollten die Kommissionen/Arbeitsgruppen angeregt werden, „Forschungsbeauftragte für ihren Arbeitsbereich zu benennen" (VP 16./17.10.1987, TOP 6.11). Der von vornherein befristete Auftrag der Forschungskommission kam damit an sein Ende.

6.4 Forschungsförderungskommission – Informationsstelle zur Vermittlung deutsch-deutscher Forschungsvorhaben

Informationen über Förderungsmöglichkeiten zu geben, Aufklärung und Beratung zu betreiben, um Anträgen auf Drittmittel für Forschungsprojekte zum Erfolg zu verhelfen, wurden als unerlässliche Aufgaben von jedem Vorstand übernommen. Entsprechende Informationsveranstaltungen wurden fester Bestandteil der Kongressplanungen. In seiner Sitzung vom 17.5.1990 beschloss der Vorstand eine neue Initiative zu starten, nämlich eine Forschungsförderungskommission einzurichten, „deren Mitglieder über Erfahrungen mit DFG-Anträgen verfügen und innerhalb der Kommissionen als aktivierende Ansprechpartner und Berater für solche Anträge zur Verfügung stehen". Die Vorstandsmitglieder übernahmen es, in den einzelnen Kommissionen gezielt namhafte Kolleginnen und Kollegen anzusprechen, um in jeder Kommission einen Forschungsbeauftragten zu gewinnen (VP 17.5.1990, TOP 8). In der folgenden Vorstandssitzung wurde diese Initiative noch einmal bekräftigt:

„Es besteht Einvernehmen darüber, daß die Aufgabe der Forschungsförderungskommission primär in der Aktivierung und der ‚technischen' Beratung von Forschungsanträgen, nicht aber in der Erarbeitung eines Forschungsprogramms bestehen soll. Mit der Einsetzung der Kommission wird das Ziel verfolgt, die Vorbereitung von Forschungsanträgen zu effektivieren, die Informationsdichte über die Voraussetzungen für die Bewilligung von Forschungsanträgen zu optimieren sowie die Qualität und Anzahl der Forschungsanträge zu erhöhen. Um dies zu erreichen, beabsichtigt der Vorstand, der Forschungsförderungskommission den Auftrag zu erteilen, einen Katalog von Kriterien zu erarbeiten, deren Beachtung die Bewilligungschancen erziehungswissenschaftlicher Forschungsanträge bei der DFG erhöht.
Wünschenswert wäre darüber hinaus eine nach erziehungswissenschaftlichen Teilgebieten differenzierte Zusammenstellung in Frage kommender Forschungsförderungseinrichtungen." (VP 17./18.6.1990, TOP 6a)

Die Arbeit der Kommission wurde befristet: Bis zum Kongress 1992 in Berlin sollten ihre Ergebnisse vorliegen und im Mitteilungsblatt veröffentlicht werden, außerdem in jeder Kommission Forschungsbeauftragte ernannt sein (ebd.). Mitglieder der Forschungsförderungskommission wurden Hannelore Faulstich-Wieland sowie die Herren Achtenhagen, Diederich, Heid, Otto und Tenorth.

Gleichzeitig betrieb der Vorstand in Zusammenarbeit mit der DFG die Planung von DFG-Rundgesprächen zur Ermittlung von Forschungsdesiderata, zur Anregung von Forschungsanträgen sowie zur Verbesserung des erziehungswissenschaftlichen Dokumentationswesens. Auch sollten die deutsch-deutschen Forschungs-Kontakte intensiviert werden. Für diese Aufgabe wurde die Einrichtung einer „Informations- und Kontaktstelle" unter Leitung von Dieter Lenzen in Berlin erwogen (ebd., TOP 5 bzw. 6c, 7c, 7d).

Die Forschungsförderungskommission wurde in der Vorstandssitzung vom 13.8.1990 förmlich beschlossen. Ihren Vorsitz übernahm Hans-Uwe Otto. Desgleichen wurde – wie geplant – die „DGfE-Informationsstelle für deutsch-deutsche Forschungsvorhaben im Fach Erziehungswissenschaft" eingerichtet (VP 13.8.1990, TOP 6a bzw. 8). Im Laufe ihres einjährigen Bestehens erreichten diese Informationsstelle 52 Anfragen aus den neuen, über 100 aus den alten Bundesländern, die miteinander in Kontakt gebracht werden konnten. Auch die Forschungsförderungskommission brachte ihre Arbeit zu einem Abschluss. Zukünftig sollte ihre Aufgabe in erster Linie „dezentral" über die Forschungsbeauftragten in den Kommissionen erfüllt werden (VP 1./2.7.1991, TOP 8 bzw. 10; vgl. auch EW 2 (1991) 3, S. 20 bzw. 12).

6.5 Forschungskolloquien

Auch die Tradition punktueller Forschungsberatung wurde – in gewandelter Form – fortgeschrieben, so durch die Initiative des Vorstands, für den 5.2.2000 ein „Kolloquium der DGfE zur Vorberatung von Forschungsanträgen" in Hamburg einzuberufen. Es sollten alle Personen, die für ein Forschungsvorhaben Drittmittel bei einer der üblichen Förderinstitutionen (z.B. DFG, VW-Stiftung) einwerben wollten, eingeladen werden und von ehemaligen Fachgutachterinnen und Fachgutachtern der DFG beraten werden. Ansprechbare Kolleginnen und Kollegen aus dem Gutachterkreis wurden vorgeschlagen, konnten auch für diese Aufgabe gewonnen werden. Vor allem die Unterstützung von Helmut Heid wurde gesucht und gefunden (VP 16./17.7.1999, TOP 13). Allerdings musste man gegen Ende des Jahres feststellen, dass noch keine Anmeldungen zu der geplanten Veranstaltung vorlagen. So beschloss der Vorstand, das beratende Forschungskolloquium nur stattfinden zu lassen, wenn mehr als 10 Anmeldungen vorlägen. Sollten weniger Anmeldungen eingehen, sollte diesen Antragstellern eine „Mentorin bzw. ein Mentor" aus dem Kreise der die Initiative unterstützenden Gutachter vermittelt werden (VP 3./4.12.1999, TOP 14). Dann aber lagen im Januar 2000 doch Anmeldungen von rund 30 Projekten vor. Das erste Forschungskolloquium der DGfE fand darum wie geplant am 5.2.2000 statt (VP 21./22.1.2000, TOP 14 mit Anlage 4). Nach einer allgemeinen Einführung wurden die Antragsteller in kleinen Arbeitsgruppen, in denen Projekte von nicht allzu disparaten Interessen gebündelt wurden, jeweils von einer ehemaligen Fachgutachterin bzw. einem Fachgutachter betreut (18.37). Das Forschungskolloquium wurde abschließend als erfolgreich betrachtet und sollte darum im nächsten Jahr wiederholt werden (VP 28./29.4.2000, TOP 14). Wieder wurden die Vorbereitungen eingeleitet (VP 14.12.2000, TOP 14), doch gab es zunächst erneut keine konkreten Anmeldungen (VP 23./24.2.2001, TOP 13), dann aber zuletzt 25 eingereichte Vorhaben. Auch dieses Forschungskolloquium, das am 21.4.2001 stattfand, wurde als großer Erfolg verbucht (Bericht vom 25.4.2001 von Ingrid Gogolin an Dr. Nießen/DFG; 18.38, dort auch Einladungsschreiben). Forschungskolloquien wurden eine stehende Einrichtung, die nunmehr regelmäßig jedes Jahr stattfanden. Für 2002 gingen – anders als bisher – schon im Vorfeld der Planungen 38 Anträge ein (VP 28./29.4.2002, TOP 5) – ein Beleg für die Akzeptanz bzw. die Notwendigkeit solcher Beratungsgremien. Unterstützt wurde diese Form der Forschungsförderung auch weiterhin durch die von der DFG initiierten und organisierten „Rundgespräche", bei denen es um die Entwicklung von Förderprogrammen einzelner Forschungsfelder ging

oder gar um die Gründung bzw. Vorfinanzierung von Zentren der Bildungs-
bzw. Lehr-/Lern-Forschung (vgl. VP 30.11./1.12.2001, TOP 2.2).

6.6 Freiheit der Forschung – Einengung der Forschungsfreiheit

Auf der Vorstandssitzung vom 12.6.1976, TOP 6a, befasste sich der Vorstand
mit einem Antrag von Karlheinz Ingenkamp, der Eingriffe in seine Forschungsfreiheit beklagte und den in seinen Auseinandersetzungen mit der Kultusbürokratie des Landes Rheinland-Pfalz entstandenen Briefwechsel publizieren wollte.
Davon riet ihm der Vorstand ab, empfahl ihm statt dessen, im Vorwort seiner
Publikation auf diese Auseinandersetzungen zu verweisen. Generell beschloss
der Vorstand: „In Fällen von Eingriffen der Administration in Publikationen
von Erziehungswissenschaftlern sollte die DGfE einmal grundsätzlich Stellung
nehmen, nicht aber zu jedem einzelnen Fall." (ebd.) Nachdem die Arbeitsgemeinschaft für empirische pädagogische Forschung (AEPF) das Anliegen von
Ingenkamp und die Initiative zur Abwehr von „Zensur" bei Forschungsprojekten unterstützte (3.4), schlug der Vorstand im Sinne seiner „nur" generellen
Zuständigkeit und nach neuerlicher Befassung mit diesem Thema vor,

„daß Herr Ingenkamp bzw. die AEPF sowohl Konfliktfälle wie auch Verträge über Forschungsvorhaben in Schulen oder andere Regelungen (z.B. Erlasse) sammeln und auf der
Grundlage dieses Materials einen Mustervertrag entwirft. In diesem Fall wird der Vorstand
nach einer Beratung einen solchen Entwurf gegenüber den Ministerien vertreten." (VP 28.1.
1977, TOP 7)

Ein schließlich von der AEPF ausgearbeiteter Resolutionsentwurf zur Einengung der Forschungsfreiheit – inzwischen war ein von Ingenkamp verfasster
Initiativtext zur Resolution in der Neuen Sammlung veröffentlicht worden –
fand in der Grundintention zwar Zustimmung und Unterstützung im Vorstand,
sollte im Detail aber noch Modifikationen und Ergänzungen erfahren (VP
7.3.1978, TOP 5).

„Die Vorstandsmitglieder hielten es für wichtig, daß Anträge auf Untersuchungen nur unter
Angabe von Gründen abgelehnt werden können, daß die Administration nicht das Recht
erhält, nur Teilergebnisse der Forschung zu publizieren und den Kontext zu unterdrücken und
daß das betroffene Untersuchungsfeld nicht nur auf Schulen bezogen wird." (VP 14.4.1978,
TOP 5)

Die schließlich verabschiedete Resolution der DGfE über die Einengung der
Forschungsfreiheit fand ein beachtliches Echo, zum Beispiel in den Kultusministerien von Baden-Württemberg, Bayern und Rheinland-Pfalz (VP 13.10.1978,
TOP 7). Darum beschloss der Vorstand, für den nächsten Kongress eine „Dokumentation zur Forschungsfreiheit" vorzubereiten (VP 2.7.1979, TOP 10), um

deren Entwurf man Ingenkamp bitten wollte (VP 4./5.10.1979, TOP 6). Auf der folgenden Vorstandssitzung wurde über den Entwicklungsstand der Dokumentation berichtet: Nach Abklärung der inhaltlichen Aspekte mit den Vorstandsmitgliedern Thiersch, Klafki und Heid sollte von Ingenkamp eine umfängliche Dokumentation reproduktionsfähig vorgelegt werden, die auf dem Göttinger Kongress zum Selbstkostenpreis angeboten werden könnte. Gleichzeitig konnte der Vorstand sich in seiner Auffassung durch ein für die DGfE von Hermann Avenarius verfasstes Rechtsgutachten bestätigt sehen (VP 21.1. 1980, TOP 1). Die Akten bekunden, dass der Vorstand im konkreten Fall zurückhaltend verfuhr, sich nur auf einer grundsätzlichen Generallinie engagieren mochte. Die politische Brisanz verhandelte er dabei kaum, was dadurch erklärt sein könnte, dass der Vorstand sich der Interpretation der konkreten Vorgänge durch Ingenkamp, die Einflussnahme der Kultusbürokratie bei der Veröffentlichung seiner empirischen Studien sei aus politischen Gründen erfolgt, nicht anschließen mochte (Schreiben Blankertz an Roeder vom 8.10.1976; 3.4).

Die Dokumentation, die unter dem Titel „Behinderung der erziehungswissenschaftlichen Forschung in der BRD" erschien, fand besonderes Interesse bei der „Deutsche[n] Pestalozzi-Gesellschaft e.V. Wissenschaftliches Forum für den Vergleich ost- und westeuropäischer Bildungsprobleme". Ihr Vorstand bat mit Schreiben vom 23.4.1981 um 15 bis 20 Exemplare der Dokumentation, da einige pädagogische Hochschulen und Institute in Osteuropa – eine Liste mit 35 Adressen war beigefügt – um dieses „Studienmaterial" gebeten hätten (9.2). Der Vorstand vermutete wohl zu Recht ein Missverständnis, schickte zunächst nur ein Prüfexemplar mit dem Kommentar:

„Da wir uns nicht sicher sind, ob unsere Dokumentation für Ihre Zwecke nicht vielleicht zu speziell ist, wollten wir Sie bitten, unsere Broschüre darauf hin noch einmal zu prüfen. Sollte Ihr Interesse weiter bestehen, sind wir gerne bereit, Ihnen 20 Exemplare der Dokumentation zur Verfügung zu stellen." (G. Walz-Rauschenbach an Herrn Jahns am 22.5.1981, ebd.).

Im Antwortschreiben vom 28.5.1981 wurde umgehend um weitere Exemplare der Publikation gebeten, „die exemplarisch die großen Schwierigkeiten der erziehungswissenschaftlichen Forschungen darlegt", außerdem sei sie „ein sehr interessantes Beispiel für die Einengung der Forschungsfreiheit in der Praxis und der Bevormundung der Verwaltungen in der Bundesrepublik" – „für die Kollegen in den osteuropäischen Instituten [...] ein interessantes Studienmaterial" (ebd.). Anders reagierten die westdeutschen Kollegen: Hier wurde die Forschungsdokumentation nur „in geringem Umfang abgesetzt", so dass mehr Werbung dafür beschlossen wurde (VP 2.5.1980, TOP 5). Ingenkamp sorgte dafür, dass das Thema weiter auf der Tagesordnung des Vorstands blieb und in verschiedenen Richtungen anhaltend diskutiert wurde (VP 17.9.1980, TOP f; 16./17.11.1980, TOP 7).

6.7 Ethische Standards für erziehungswissenschaftliche Forschung – Ethik-Kodex

Was zunächst eine Teilaufgabe der Forschungskommission war, nämlich das Spannungsfeld zwischen dem „Informationsbedürfnis einer freien Wissenschaft und dem Persönlichkeitsschutz der Bürger" so zu klären, dass die tangierten Rechtsgüter Forschungsfreiheit, Einhaltung professioneller Standards und Schutz der von Untersuchungen betroffenen Personen deutlich geschieden und nicht verletzt würden, wurde in die Verantwortung aller Mitglieder der DGfE gegeben, die über ihre jeweiligen Kommissionen bis zum 1.1.1983 zu Stellungnahmen oder zur Überarbeitung bzw. Ergänzung eines Entwurfs der Forschungskommission über ethische Standards der Forschung aufgefordert wurden (vgl. gemeinsames Schreiben des DGfE-Vorsitzenden Heid und des Vorsitzenden der Forschungskommission Ingenkamp mit beigelegtem Entwurf in der Fassung vom 21.3.1982; 10.2). Verwiesen wurde dabei auf Ethik-Kommissionen, ethische Codes oder Standards wissenschaftlichen Arbeitens im internationalen Rahmen, die bestehende juristische Regelungen ergänzen sollten.

„Diese Forderung gilt in besonderem Maße für die Bundesrepublik Deutschland, deren Verfassung einerseits ein Grundrecht auf Freiheit von Forschung und Lehre vorsieht, deren Datenschutzgesetzgebung andererseits zu einer Praxis führte, die dem Grundrecht der Wissenschaftsfreiheit und den notwendigen Arbeitsbedingungen der Forschung nicht immer entsprach. Dabei zeigte sich deutlich, daß gerade die Sozialwissenschaften ihre wissenschaftlichen und ethischen Standards nicht genügend reflektiert hatten und daher in Schwierigkeiten gerieten, ihre Bedürfnisse im Zuge der Güterabwägung zu artikulieren." (ebd.)

In den Akten befinden sich die diversen Fassungen, Korrekturen und Stellungnahmen (10.2; 10.5; 10.9; 11.1; 11.7). Der Prozess der Überarbeitungen zog sich über Jahre hin. Die AEPF begrüßte die Initiative und den Entwurf, da sie gerade „die ethischen Probleme der empirisch-pädagogischen Forschung in ebenso differenzierter wie abgewogener Weise behandelt" sah (Brief Klauers an Heid vom 27.4.1984; 10.5). Die Kommission Erwachsenenbildung hingegen meldete, sich mit dem Entwurf „schwer getan" zu haben und bat darum, „das Papier in dieser Form nicht zu verabschieden", da „Funktion, Adressaten und Verwertungszusammenhang unklar" seien. Die Kritik fiel harsch aus: Zu viele Ziele würden auf einmal verfolgt, zur Ethik der Wissenschaft und des Wissenschaftlers enthalte das Papier einerseits „zu viel Allgemeinplätze", „andererseits zu wenig konkrete Problemaufrisse". Insgesamt werde allzu sehr „von einer an den Naturwissenschaften orientierten Vorstellung von Forschung ausgegangen" (Erhard Schlutz für die Kommission Erwachsenenbildung am 5.12.1984 an Heid; 11.1).

Auch der Vorstand beschäftigte sich wiederholt mit Überarbeitungen und Korrekturen (VP 14./15.6.1985, TOP 10; Brief Klafkis an Heid vom 18.6.1985; 11.7). Die Formulierungen im Vorstandsprotokoll vom 27./28.8.1985, TOP 6, dokumentieren das Aufatmen des Vorstands, diese Aufgabe endlich abschließen zu können:

„Herr Heid wird gebeten, seinen Entwurf einer Präambel abschließend durchzuformulieren. Mit dieser Ergänzung wird der gesamte Text, wie ihn Herr Klafki redigiert hat, endgültig und ein für alle Mal verabschiedet. Diese Fassung soll dann im nächsten Mitgliederrundbrief veröffentlicht sowie dem BMBW, den MWKs und KMs, benachbarten Gesellschaften usw. mitgeteilt werden mit der Erläuterung, daß dieser Text sowohl das Ergebnis eines langwierigen Klärungsprozesses innerhalb der DGfE wie auch die Grundlage für anstehende Genehmigungsverfahren bei erziehungswissenschaftlichen Forschungsvorhaben darstellt."

Doch das nächste Protokoll spricht noch einmal von einer „weiteren Diskussion der Textvorlage", Korrekturen und endgültiger Klärung (VP 2./3.10.1985, TOP 6).

Mit der Annahme der „Standards erziehungswissenschaftlicher Forschung" als Resolution der DGfE verpflichteten sich deren Mitglieder auf die Prinzipien:

„– Freiheit und gesellschaftliche Verantwortung des Wissenschaftlers
– Verantwortung des Wissenschaftlers für die Einhaltung professioneller Standards
– Verantwortung des Wissenschaftlers für die Information und den Schutz der von Untersuchungen betroffenen Personen".

Knapp fünfzehn Jahre später findet sich das Thema erneut auf der Tagesordnung:

„Die Vorsitzende berichtet von mehreren Anfragen, die veranlaßt haben, eine Erkundung über Ethikkonventionen/Ethikräte in Nachbarfächern vorzunehmen. Nach kurzer Aussprache ist der Vorstand einhellig der Meinung, daß eine entsprechende Einrichtung in der DGfE begrüßt würde." (VP 30.4./1.5.1999, TOP 4.5)

Ein Entwurf für einen Ethikrat bzw. Ethikkodex unter besonderer Berücksichtigung spezifisch erziehungswissenschaftlicher Belange, verfasst von Jan-Hendrik Olbertz, sollte die weitere Diskussion, auch mit den Vorsitzenden der Sektionen/Kommissionen, vorbereiten. Nach verschiedenen Lesungen und wenigen Rückmeldungen aus den Sektionen und Kommissionen (VPe des Jahres 1999) wurde der Entwurf im Vorstand verabschiedet (VP 3./4.12.1999, TOP 11, Anlage 2). Mit seiner Veröffentlichung im Mitteilungsblatt (EW 10 (1999) 20, S. 52-57) trat der „Ethik-Kodex der Deutschen Gesellschaft für Erziehungswissenschaft" in Kraft.

Ohne dass ein konkreter Anlass durch Datenmissbrauch oder Datenfälschung gegeben war, sollte es generell auch der „Kultur des Faches" zugute kommen, wenn die DGfE – wie zuvor schon andere Fachgesellschaften und die DFG – ihre Mitglieder durch einen fachspezifischen Kodex auf „Integrität und Lauterkeit im wissenschaftlichen Arbeitsprozeß" sowie einen „fairen Umgang" mit Kolleginnen und Kollegen verpflichtete. Diese Forderungen ergäben sich als Konsequenz aus der Prämisse, „daß es heute keine wissenschaftliche Erkenntnis oder Lösung mehr gibt, die nicht der ethischen Reflexion ihres Wertes und ihrer Folgewirkungen bedarf" (Präambel ebd., S. 52f.). Daraus folgten Prinzipien wissenschafts- und berufsethischen Handelns, die in den folgenden Paragraphen vor allen Dingen über Forschung (§ 1), Publikationen (§ 2), Gutachten und Rezensionen (§ 3), Rechte von Probandinnen und Probanden (§ 4) festgehalten wurden. Dieser Ethik-Kodex gilt als Konsens ethischen Handelns innerhalb der professionellen und organisierten Erziehungswissenschaft bis heute unverändert für alle Mitglieder der DGfE. Der seitdem bestehende Ethik-Rat, ein in geheimer Wahl aus einer Vorschlagsliste der Sektionen für die Dauer von vier Jahren gewähltes Gremium aus einer Frau und einem Mann, die Mitglieder der DGfE sind, hat die Aufgabe, „den Vorstand der DGfE und die Sektionen bzw. Kommissionen zu generellen und spezifisch-ethischen Fragen der Erziehungswissenschaft zu beraten", „bei formellen Beschwerden über ein Fehlverhalten die Vorwürfe zu prüfen und gegebenenfalls Anhörungen der Parteien durchzuführen" (§ 6). In den ersten Ethik-Rat der DGfE wurden Doris Knab und Hans Thiersch gewählt. Gleich wurden ihnen zwei anhängige Fälle zur Bearbeitung übergeben (VPe 28./29.4.2000, TOP 6; 30.6./1.7.2000, TOP 5; Schreiben von Ingrid Gogolin an Wolfgang Nieke am 24.8.2000; 18.6), für die die Neugewählten aber „aus formalen Gründen" die Befassung ablehnten (VP 13./14.7.2001, TOP 4.4).

Es kann nicht übergangen werden, dass es nach Inkrafttreten des Ethik-Kodex in der Kommission Bildungs- und Erziehungsphilosophie heftige Reaktionen gab, „tiefgreifende Verunsicherung und Ablehnung", „verständlich [...] im Blick auf das fachliche Selbstverständnis der KollegInnen in dieser Kommission, die sich zentral mit Fragen von Ethik als philosophisch begründeter und begründbarer Morallehre befasst und deshalb mit der Verwendung dieses Terminus in einem anderen, weiteren Sinne Schwierigkeiten haben muss" (Schreiben vom 3.7.2000 des Kommissionsvorsitzenden Wolfgang Nieke an die DGfE-Vorsitzende Gogolin; 18.6). Die Kommission war befremdet und in Sorge „über einige Inhalte dieser Selbstbindungsregelungen und vor allem über das Beschlussverfahren". Sie fragte, warum ein Ethik-Kodex überhaupt erforderlich sei, was geregelt werden kann und soll, um schließlich einen erweiterten Diskussionsprozess und Präzisierungen einzufordern (Stellungnahme der Kommission als Anlage zum Schreiben vom 3.7.2000; 18.6). Der Vorstand nahm zu diesem Schreiben einerseits dankbar für die konstruktiven Anregungen, andererseits mit Bedauern über deren verspäteten Eingang Stellung: Er teilte die Auffassung, dass im Ethik-Kodex auch „Selbstverständlichkeiten" festgehalten seien, blieb aber dabei, „dass ein klärender Diskurs über Fragen der wissenschaftlichen Ethik eine sinnvolle Binnenwirkung haben kann". Im übrigen sei der Text nicht „sakrosankt". Nach „einer gewissen Zeit der Erprobung und Erörterung" werde er einer Revision unterzogen. Insgesamt konnte sich der Vorstand für seine Initiative und Verabschiedung des Ethik-Kodex großer Zustimmung in der Mitgliedschaft der DGfE erfreuen.

6.8 Förderpreis

Die Mitgliederversammlung der DGfE hatte während des Kongresses in Kiel 1984 der Initiative Peter Martin Roeders im Vorstand zugestimmt, einen Förderpreis für junge Erziehungswissenschaftler zu stiften, und zwar durch Auszeichnung von Veröffentlichungen in wissenschaftlichen Zeitschriften. Eine entsprechende Satzung wurde dort ebenfalls verabschiedet, die erste Realisation auf der Vorstandssitzung vom 18.5.1984 in Gang gesetzt. Der ersten Jury, unter Mitwirkung der Kommissionsvorsitzenden für zwei Jahre gewählt, gehörten Helga Thomas (federführend) und Ingrid Leis-Schindler sowie Manfred Hofer, Klaus Mollenhauer und Lothar Reetz an.

Als Veröffentlichungszeitraum der einzureichenden Arbeiten wurde der 1.7.1983 bis 30.6.1985 festgelegt. Satzung und Ausschreibungstext wurden 25 erziehungswissenschaftlichen Zeitschriften mitgeteilt, deren Schriftleitungen um Vorschläge gebeten (VP 18.5.1984, TOP 7; 6./7.7.1984, TOP 6; Liste der angeschriebenen Zeitschriften in 11.1). Die erste Förderpreisverleihung mit zugehörigem Bericht der Jury fand in der Mitgliederversammlung des Kongresses in Heidelberg 1986 statt. Es waren insgesamt 22 Aufsätze aus elf Zeitschriften des Jahrgangs 1984 eingereicht worden. Die Jury benannte auch ihre Auswahlkriterien:

„– nach Möglichkeit Streuung der ausgewählten Beiträge über verschiedene Bereiche erziehungswissenschaftlicher Forschung
– Neuigkeitsgehalt für die Erziehungswissenschaft bzw. für aktuelle Problemstellung in Thematik, Fragestellung, Ergebnissen
– Präzision der Argumentation, Methode
– Qualität der Darstellungsweise" (11.8).

1986 wurde der erste Preis nicht vergeben, der zweite aber gleich zweimal (vgl. die Liste aller Förderpreisträger im Anhang 6.). Auch bei der nächsten Preisverleihung 1988 blieb der erste Platz unbesetzt, für den zweiten Platz gab es wiederum eine Doppelplatzierung. Als Beurteilungskriterium waren in diesem zweiten Auswahlverfahren festgelegt worden:

„a) Originalität (Neuigkeitsgehalt)
b) Einordnung der Fragestellung und Ergebnisse in den Stand der Forschung
c) Klarheit und Differenziertheit der Gedankenführung
d) Beherrschung des methodischen Instrumentariums (empirisch/hermeneutisch/historisch)
Ausdrücklich nicht angelegt werden soll das Kriterium des Praxisbezugs."
(Protokoll der Sitzung der Förderpreis-Jury am 10.7.1987; 12.9)

Aus dem Protokoll der Sitzung der Förderpreis-Jury vom 23.10.1987 wie aus dem Schreiben ihres Vorsitzenden Klaus Beck vom 28.10.1987 geht hervor, dass sich die Ausschreibungsmodalitäten noch als verbesserungsbedürftig erwiesen, um das wünschenswerte Qualitätsprofil zu erreichen. Es wurden in diesem Auswahlverfahren überhaupt nur sechzehn Arbeiten von nur vier Zeitschriften eingereicht (fünf von der „Deutschen Jugend", drei von der „Deutschen Schule", drei von der „Zeitschrift für Pädagogik", fünf von „Westermanns pädagogischen Beiträgen"). Die Redaktionen erziehungswissenschaftlicher Zeitschriften sollten darum ermutigt werden, „sich zahlreicher als bisher an der Ausschreibung zu beteiligen"; sie sollten darauf aufmerksam gemacht werden, „damit einen Beitrag der Förderung des wissenschaftlichen Nachwuchses [zu] leisten"; sie sollten aber auch daran erinnert werden, „daß es sich bei den vorgeschlagenen Arbeiten um wissenschaftliche Texte handeln" sollte – so einige der Anregungen der Jury, die durchaus auch die „Abschaffung des Preises" oder seine Umwidmung für „Praktiker-Publikationen", die „Einrichtung eines Sonderpreises für Praktiker-Publikationen" sowie die „Einrichtung eines Preises für Wissenschaftsjournalismus" erwog (12.4). Die Akten belegen auch, dass sich die Jury von Anfang an, schon unter dem Vorsitz von Helga Thomas, mit der Einbeziehung bzw. Ausschließung von Habilitierten und der Definition des Begriffs „Nachwuchswissenschaftler" ebenso schwer tat wie mit der Eingrenzung des Begriffs „erziehungswissenschaftlich". Auch schien die Altersfrage bedenkenswert (Schreiben von Helga Thomas an Helmut Heid vom 24.2.1986; 12.4).

Das Jury-Mitglied Manfred Hofer hatte nach den Erfahrungen der ersten Preisvergabe und für seine weitere Mitwirkung zur Auslobung des Förderpreises schon einen Vorschlag zur Präzisierung unterbreitet:

„Ein Nachwuchswissenschaftler ist eine erziehungswissenschaftlich tätige Person, die mindestens über ein Hochschulexamen verfügt, nicht habilitiert ist, auf keiner Professorenstelle sitzt und zum Zeitpunkt der Veröffentlichung nicht älter als 35 Jahre ist." (Brief vom 11.6.1986 an Klafki; 12.4, auch 12.33)

Damit hatte Manfred Hofer alle kritischen Punkte der Preisvergabe angesprochen. Er hakte nach: „Soll man Soziologen, Psychologen, Historiker usw., die sich mit pädagogischen Fragen wissenschaftlich befassen und/oder in nicht erziehungswissenschaftlichen Institutionen arbeiten, ausschließen?" Unter den ersten Preisträgern waren zwei Habilitierte gewesen. Darum kommentierte er,

„dass ein Privatdozent eine Nachwuchskraft nur mehr im Hinblick auf die Besetzung einer Stelle ist, nicht jedoch im Hinblick auf die Feststellung der Qualität seiner wissenschaftlichen Arbeit. Diese ist bereits ausgiebig durch das Habilitationsverfahren erfolgt. Förderungswürdig kann ein Privatdozent nur mehr im Hinblick auf eine Stellenvermittlung sein, nicht jedoch im Hinblick auf die Anerkennung seiner Leistung".

Und zur Altersfrage: „Ein akademischer Rat, der bereits zwanzig Jahre eine Stelle besetzt, kann wohl nicht als Nachwuchskraft bezeichnet werden." Es waren dies alles Hinweise, die Vorgaben der Preisverleihung zu präzisieren. Das Verfahren gewann ohnedies seine eigene Dynamik und Routine. In den Akten wie in den Vorstandsprotokollen lässt sich die Linie dieser Entwicklung verfolgen.

Die Zahl der Einsendungen veränderte sich allerdings nicht wesentlich – in der Regel um zwanzig (vgl. VP 30.11./1.12.2001, TOP 5.3.2) –, wohl aber die

Zahl der einsendenden Zeitschriften. Eine neue Situation trat durch einen Selbstvorschlag aus der DDR ein. Aus formalen Gründen – ein Selbstvorschlag war in der Satzung nicht vorgesehen, die DDR außerdem nicht Auslobungsgebiet – musste diese Bewerbung abgelehnt werden. Dem Bewerber sollte die Ablehnung in einem „ausgewogenen" Brief mitgeteilt werden. Für die Zukunft wollte man aber intern prüfen, ob mit Beiträgen aus der DDR auch anders verfahren werden könnte (VP 19.6.1989, TOP 5).

Für 1996 wurde der Förderpreis aufgrund der bis dahin gemachten Erfahrungen noch einmal in einigen Punkten neu gestaltet:

„Begründete Vorschläge können eingereicht werden von Kandidat(innen), die das vierzigste Lebensjahr noch nicht vollendet haben und die noch nicht habilitiert sind [...]. Der Preis wird zusätzlich zu den Fachzeitschriften sowie dem Mitteilungsblatt in der Wochenzeitung ‚Die Zeit' ausgelobt. Die Anzeigekosten gehen zu Lasten des Preisvolumens." (VP 23.10.1994, TOP 4.3)

In einer neuerlichen ausführlichen Befassung mit dem Förderpreis und dem Bericht seiner Jury, wurde bei der Analyse der Sekundärkriterien deutlich, dass diese bei der „Ausgewogenheit der Geschlechter" annähernd erfüllt waren (bei 19 Autoren 10 weiblich/9 männlich), nicht aber bei der Ausgewogenheit bei den Verlagen. Von mehr als 100, darunter 89 deutschen angeschriebenen Verlagen waren nur fünf im Wettbewerb vertreten: „die ZfE (mit sechs Beiträgen), die ZfPäd (mit vier Beiträgen), die Deutsche Schule (mit vier Beiträgen), Kunst und Unterricht (mit vier Beiträgen); zwei Autoren als Selbsteinreicher mit je zwei Beiträgen, BIOS (mit einem Beitrag)". Auch die „Ausgewogenheit der Inhaltsbereiche" ließ zu wünschen übrig. Sie könne bei neunzehn eingereichten Arbeiten nicht gegeben sein. Es stimme aber nachdenklich, „daß z.B. der Unterricht gar nicht vorkommt". Noch nicht einmal angesprochen würden die Schulpädagogik, die Sozialpädagogik, die vergleichende Pädagogik, die Bildungsphilosophie, die Geschlechterforschung sowie fachdidaktische Arbeiten mit erziehungswissenschaftlichen Inhalten. Das Kriterium „Ausgewogenheit Ost-West" könne verabschiedet werden, da eine eindeutige Zuordnung gar nicht (mehr) stattfinden könne (VP 30.11./1.12.2001, TOP 5.3.2). Schien das Verfahren der Förderpreisvergabe also noch immer verbesserungsbedürftig, so wurde die Einrichtung und Vergabe des Förderpreises selbst als Aufforderung und Ermutigung zu herausragender wissenschaftlicher Produktivität des Nachwuchses von niemandem bestritten. Im Gegenteil. Nicht zuletzt erhielt die sonst nur geschäftsmäßig verfahrende Mitgliederversammlung durch diesen kleinen Festakt einen freudig-feierlich-lobenden Programmteil.

7. Studiengänge, Studienreform, Strukturfragen – zwischen Professionsbezug und Disziplinorientierung

7.1 Kernstudium Erziehungswissenschaft

Im Herbst des Jahres 1968 erschien im Beltz-Verlag eine Broschüre der DGfE mit dem Titel „Das Kernstudium der Erziehungswissenschaft für die pädagogischen Ausbildungsgänge" (DGfE 1968b). Die Broschüre enthält neben dem Text der gleichnamigen Entschließung, der zuvor schon in der „Zeitschrift für Pädagogik" abgedruckt worden war (vgl. DGfE 1968a), einen kurzen Beitrag des damaligen DGfE-Vorsitzenden Hans Scheuerl zur Entstehungsgeschichte dieser Entschließung sowie verschiedene „Voten und Gutachten zum Kernstudium".

1966 hatte der Vorstand der DGfE – parallel zu den Vorarbeiten für den Diplomstudiengang – einen „Arbeitskreis 'Elementarstudium'" eingesetzt, der später als „Kommission für Fragen des pädagogischen Studiums" firmierte. Dieser Kommission gehörten an: Wilhelm Flitner, der in der Anfangsphase den Vorsitz führte, Theo Dietrich als Vertreter der Pädagogischen Hochschulen, Günther Dohmen, Hans-Hermann Groothoff, der wie Dietrich zugleich dem von der Konferenz der Westdeutschen Universitätspädagogen eingesetzten Fachausschuss für den Diplomstudiengang angehörte, Marian Heitger, Wolfgang Klafki, Saul B. Robinsohn und Peter Martin Roeder. Robinsohn verzichtete bald auf die weitere Mitarbeit, da man, wie er es sah, bei der Terminplanung mehrfach auf seine Vorstellungen keine Rücksicht nahm (vgl. Brief an W. Flitner vom 30.5.1967; 1.1). Als Gastgeber der Kommission in Frankfurt trat seit 1967 Scheuerl hinzu, der in der Schlussphase auch ihren Vorsitz übernahm.

Ihren formalen und inhaltlichen Ausgangspunkt nahm die Kommissionsarbeit von den Vorträgen, die Wilhelm Flitner und Theo Dietrich zum Thema „Aufbau und Zusammenhang der pädagogischen Studien an den Universitäten und Pädagogischen Hochschulen" am 27. April 1966 im Rahmen der Versammlung der DGfE in Würzburg gehalten hatten (Flitner 1966; Dietrich 1966). Die Ausführungen bezogen sich sehr stark auf die Schule und die Lehrerbildung. Diese starke Betonung der Schule als Bezugspunkt für die pädagogischen Studien ist zu verstehen, wenn man die zeitgenössischen Diskussionen um die Stellung der Pädagogischen Hochschulen und um das pädagogische Begleitstudium für Gymnasiallehrer berücksichtigt. Zur selben Zeit, als man intensiv über die Einführung eines pädagogischen Hauptfachstudienganges und über das Kernstudium nachdachte, wurde auch der Frage nach dem Pädagogikum für künftige Gymnasiallehrer große Aufmerksamkeit gewidmet. Beide Aspekte flossen darum in die Debatten um ein Kernstudium ein.

Die erste Sitzung der „Kommission für Fragen des pädagogischen Studiums" fand am 25. Juni 1966 in Frankfurt am Main statt. Danach traf sich die Kommission bis zum Februar 1968 insgesamt neunmal und erarbeitete die Entschließung zum Kernstudium, die am 9. April 1968 in Göttingen von der dritten ordentlichen Mitgliederversammlung der DGfE verabschiedet wurde.

Wie die Protokolle der Kommissionssitzungen zeigen, wurden durchaus kontroverse Diskussionen geführt, wobei schon die Einigung auf den Begriff „Kernstudium" einen Großteil der ersten Sitzungen einnahm. Klafki und Roeder mahnten gegenüber den Flitnerschen Ausführungen eine verstärkte Berücksichtigung der empirischen Forschung an, was sogleich zu der Diskussion führte, ob das Studium „stärker nach inhaltlichen oder nach methodologischen Aufbauprinzipien zu strukturieren sei" (vgl. das Protokoll der ersten Kommissionssitzung; 1.2). Während Klafki und Roeder für letzteres votierten, beharrte Flitner auf der inhaltlichen Orientierung. Ebenso kontrovers wurde der Anteil der historischen Studien und die Auswahl der Texte verhandelt. Einer Auswahl von Texten nach systematischen Gesichtspunkten, wie von Klafki und Dietrich favorisiert, standen Roeder und Groothoff skeptisch gegenüber, mit dem Hinweis, dass dadurch „leicht die historische Dimension vernachlässigt werde" (ebd.). Weitere zentrale Diskussionspunkte waren der wissenschaftstheoretische Status einer Kinder- und Jugend„kunde", die Zusammenarbeit mit den Nachbardisziplinen, insbesondere der Soziologie und der Psychologie, und hier insbesondere die Frage, ob diese Nachbardisziplinen in reiner oder in pädagogisierter Form vertreten sein sollten, sowie schließlich die Forderung nach „Kompendien und Textbooks".

Zu den einzelnen Punkten wurden Gutachten in Auftrag gegeben, die bei den nachfolgenden Sitzungen diskutiert wurden; dabei fand eine Einengung auf die akademischen Ausbildungsgänge statt: Die zu Beginn noch mitthematisierten Ausbildungsgänge außerhalb der Universitäten und Pädagogischen Hochschulen wurden im Laufe der Zeit nicht mehr berücksichtigt. Das Kernstudium wurde angesichts der realen Ausbildungssituation in der Folgezeit als „Idealentwurf" und als „Korrektiv" der damaligen Praxis konzipiert, d.h. es sollte eine Einheit herstellen, die in den verschiedenen Studienmöglichkeiten noch nicht gegeben war, die aber angesichts der „derzeitigen organisatorischen Lösungen zu verwirklichen" sein „und zugleich künftige Entwicklungen nicht verbau(en)" sollte (Protokoll der Zwischensitzung vom 10. März 1967; 1.2; vgl. auch DGfE 1968a, S. 387). In der Sitzung am 8. April 1967 einigte man sich daher darauf, dass das Kernstudium zu verstehen sei als eine „Darlegung sachlich unabdingbarer, aber realisierbarer Forderungen, die zugleich an bestehenden Verhältnissen Kritik übt" (Protokoll der Sitzung vom 8. April 1967; 1.2).

In ihrer endgültigen Gestalt war die Entschließung zum Kernstudium in drei Teile gegliedert. Im ersten Abschnitt wurden „Begriff und Funktion eines pädagogischen Kernstudiums" vorgestellt. Der zweite Abschnitt war den „Inhalte(n) des Kernstudiums" gewidmet. Den Abschluss bildeten Hinweise zu „Lehrgangsaufbau und Studienorganisation" des Kernstudiums.

Das Kernstudium sollte demzufolge einen „Kernbereich" der Erziehungswissenschaft benennen, der für alle pädagogischen Studiengänge (Lehrämter, Diplom, Magister und Promotion) gleichermaßen verbindlich sein sollte. Dieser Kern wurde „durch einen Katalog von Problembereichen und wissenschaftlichen Methoden umschrieben" (DGfE 1968a, S. 386). Damit sollten eine gemeinsame Grundlage und gemeinsame Strukturen in den pädagogischen Lehrangeboten und Studien sowie zentrale Fragestellungen, die in den verschiedenen pädagogischen Berufsfeldern in variierter Form wiederkehren, angesprochen werden; zugleich sollte ein Minimum definiert werden, ein grundlegender „Kanon von Fragestellungen, Methoden und Kenntnissen, dessen Beherrschung man bei jedem Absolventen eines erziehungswissenschaftlichen Studiums mit einiger Sicherheit voraussetzen" können sollte. Der zeitliche Umfang dieses Kernstudiums sollte insgesamt 22 Semesterwochenstunden zuzüglich 6 Wochen Praktika während der vorlesungsfreien Zeit umfassen.

Die Kommission wollte Festlegungen auf bestimmte wissenschaftliche Standpunkte vermeiden und eine breite Realisierungsmöglichkeit an verschiedenen Standorten ermöglichen. In der Entschließung wurde darum notwendigerweise und bewusst auf eine eigene Systematik verzichtet. Die Kommission beschränkte sich stattdessen auf einen Aufgabenkatalog, der als Konsens über ein Minimum zu verstehen sein sollte und folgende Elemente umfasste:

(A) Für alle pädagogischen Studiengänge eine Einführung in fünf *Problembereiche*:
   a) Kindheit, Jugend, Erwachsenenalter,
   b) Erziehen,
   c) Lehren, Lernen, Unterricht,
   d) gesellschaftliche und psychische Voraussetzungen von Erziehung und Unterricht,
   e) Entstehung, Wirkung und Binnenstruktur pädagogischer Institutionen.

(B) Gleichzeitig sollten an ausgewählten Gegenständen aus den genannten fünf Problembereichen (oder in besonderen Veranstaltungen) Einführungen in die hermeneutischen und empirischen *Methoden*, in die *pädagogische Theoriebildung* sowie in die Fragestellung der Vergleichenden Erziehungswissenschaft erfolgen.

(C) Dabei sollten gleichzeitig vier *Gesichtspunkte* berücksichtigt werden:
   a) Ziele und Inhalte,
   b) Prozesse, Methoden und Medien,
   c) Personen und Institutionen,
   d) soziokulturelle Bedingungen.

Diese einzelnen Bestandteile des Kerns der Erziehungswissenschaft waren nicht in einer bestimmten Lehrgangsfolge konzipiert, sondern jedes der Elemente sollte als Einführung für Studienanfänger wie auch als Veranstaltung auf Fortgeschrittenenniveau möglich sein. Für die Einführungen wurde eine Orientierung an konkreten Einzelproblemen empfohlen, das Praktikum sollte nicht am Studienbeginn liegen. Das Problem der Beteiligung der Nachbardisziplinen wurde schließlich so gelöst, dass psychologische und soziologische Fragestellungen in das Kernstudium einbezogen wurden und darüber hinaus eine enge Kooperation bzw. Koordination empfohlen wurde.

In einer Notiz für den DGfE-Vorsitzenden Bollnow hatte W. Flitner nach der Kommissionssitzung vom 8. April 1967 berichtet, dass die Kommission möglicherweise zwei Vorschläge vorlegen werde: „Meine (veraltenden) Vorstellungen", so berichtete Flitner, „weichen beträchtlich von denen der jüngeren ab. Ein sachlicher Gegensatz wird zu einem Generationenproblem" (Schreiben W. Flitners an den Geschäftsführer der DGfE, Gottfried Bräuer vom 22.4.1967; 1.1). Flitners Äußerung bestätigt den Eindruck, den man beim Lesen der Kernstudiumsentschließung gewinnt: der Entwurf zum Kernstudium ist ein Dokument des Übergangs. Die Kommission konnte sich nicht mehr dazu entschließen, dem Flitnerschen pädagogischen Grundgedankengang zu folgen. Stattdessen wollte man die Vielfalt der Richtungen berücksichtigen, was eher Diffusität zur Folge hatte. Andererseits wurde zwar eine neue sozialwissenschaftliche Orientierung sichtbar, doch blieb der Kernstudiumsentwurf insgesamt zwischen dem Alten und dem Neuen stecken.

Diese Zwitterstellung trug dem Entwurf in systematischer Hinsicht einige Probleme ein. Die beispielhafte Umsetzung der Kernstudiumsvorschläge zeigt denn auch einige konzeptionelle Schwachpunkte des Kernstudiums auf: 1. den zwar beanspruchten, aber nicht realisierten Allgemeinheitsgrad; 2. den Verzicht auf eine systematische Grundlegung; 3. den Verzicht auf eine curriculare Festlegung (vgl. dazu ausführlicher Horn 1999a). Der Vorschlag eines erziehungswissenschaftlichen Kernstudiums wurde zwar breit gestreut – neben den Erziehungswissenschaftlern an den Universitäten wurde die Erklärung an die Kultusministerien der Länder, die Kultusministerkonferenz, die Westdeutsche Rektorenkonferenz, die Pädagogischen Hochschulen, die Fakultätentage, den Bildungsrat, den Wissenschaftsrat, den Arbeitskreis Studienseminare sowie an die Lehrerverbände versandt –, hatte aber angesichts der systematischen Probleme und der institutionellen Ausgangslage zumindest im Bereich der Lehrerbildung nur wenig Aussichten auf eine erfolgreiche Umsetzung und geriet in der Folge weitgehend aus dem Blick. Mehr als 30 Jahre später sollte im Rahmen der DGfE erneut eine Diskussion über ein Kerncurriculum Erziehungswissenschaft aufbrechen (vgl. Kap. 7.4).

7.2 Erziehungswissenschaft in den Lehramtsstudiengängen

Die Ausbildung der Lehrer für die höhere Schule folgte nach 1945 im Westen Deutschlands weiterhin den Bahnen der Zweiphasigkeit, d.h. der Trennung in ein vornehmlich der fachlichen Ausbildung gewidmetes Studium und eine pädagogisch-praktische Ausbildung im daran anschließenden Studienseminar. Erziehungswissenschaft war – bei Unterschieden zwischen den Bundesländern im einzelnen – in der Regel ein nur untergeordneter Bestandteil des Lehramtsstudiums. Hatten sich schon in den 1950er und 1960er Jahren die Universitätspädagogen gegen diese Marginalisierung der Erziehungswissenschaft im Lehramtsstudium gewandt, sahen sie sich in den Jahren der Bildungsreform und –expansion entgegen den eigenen Erwartungen genötigt, sich gegen einen Abbau der universitären Lehrerbildung durch Rekrutierung von Fachleuten ohne erziehungswissenschaftliche und pädagogische Ausbildung zur Behebung des Lehrermangels auszusprechen (vgl. die Entschließung der Konferenz der westdeutschen Universitätspädagogen von 1963 in Horn 2002, S. 254). Ein Jahr später, 1964, wurden die früheren Forderungen wieder aufgenommen und betont, dass die erziehungswissenschaftliche Ausbildung schon während des Studiums „unerläßlich" sei (vgl. Stellungnahme der Westdeutschen Universitätspädagogen von 1964, ebd., S. 254f.). Zwar gab man sich auch jetzt noch mit einer „bescheidenen" Semesterwochenstundenzahl zufrieden, beharrte aber darauf, dass die Erziehungswissenschaft kontinuierlich im Studium vertreten sein sollte. Ebenso deutlich wurde die Forderung erhoben, im Studium zwei Praktika im Zusammenhang mit den erziehungswissenschaftlichen Studien durchzuführen und eine engere Abstimmung der 1. und der 2. Phase der Ausbildung herbeizuführen.

Die DGfE wurde zum ersten Mal 1968 auf Anfrage des Präsidiums der Westdeutschen Rektorenkonferenz (WRK) aktiv. Die Bitte, man möge drei Kollegen für den „Fachausschuß ‚Pädagogik' im Rahmen der Kommission für die wissenschaftliche Staatsprüfung des gymnasialen Lehramts" benennen, kam der Vorsitzende Scheuerl mit der Nominierung von Groothoff sowie Carl-Ludwig Furck, und Klaus Schaller nach. Der Vorstand stimmte diesem Vorgehen nachträglich zu und diskutierte im Anschluss über das Verfahren mit der Tendenz, mehr Fachvertreter und weniger Ministerialbürokraten in solchen Kommissionen zu wünschen, was Scheuerl an die WRK und die Ständige Konferenz der Kultusminister der Länder der Bundesrepublik Deutschland (KMK) weitergeben sollte (VP 8.11.1968, TOP 5).

Bis zu Beginn der achtziger Jahre spielten Fragen der Lehrerbildung dann kaum eine Rolle in den Debatten der DGfE. 1976 wurde vom Vorstand eine Initiative von Dieter Lenzen, damals Münster, zu einer Erziehungswissenschaftlichen Landeskonferenz in Nordrhein-Westfalen unterstützt, die sich mit der Situation des erziehungswissenschaftlichen Studiums für Lehrer in diesem Land befassen sollte (VP 5.10.1976, TOP 3). 1978/79 wurde über „bedenkliche Tendenzen" von Plänen der KMK zur Vereinheitlichung der Lehramtsprüfungen diskutiert, allerdings ohne eine weitere Aktivität auszulösen (VP 22.11.1978, TOP 8; VP 14./15.3.1979, TOP 11).

Am 2. Mai 1980 wurde im Vorstand „angesichts bedrohlicher Entwicklungen im Rahmen des Pädagogik-Studiums in der Lehrerbildung" der Beschluss gefasst, eine ad-hoc-Kommission zu bilden, die eine Stellungnahme zu dieser Problematik vorbereiten sollte. Der Kommission gehörten Manfred Bayer, Dietrich Benner, Jürgen Diederich, Dieter Lenzen und Hans Thiersch an (VPe 2.5.1980, TOP 11; 17.9.1980, TOP d; 17./18.9.1981, TOP 1). Diese Kommission legte 1981 einen Entwurf vor, der am 14.12.1981 vom Vorstand verabschiedet wurde (VP, TOP 4). In dieser Stellungnahme (vgl. DGfE 1982; Auszüge aus dieser und den folgenden Stellungnahmen der DGfE in Horn 2002) wurde die Erziehungswissenschaft als „Berufswissenschaft für Lehrer" bezeichnet, obwohl bis dahin den früheren Forderungen nach einer umfangreicheren Berücksichtigung der Erziehungswissenschaft im universitären Studium angehender Lehrer noch längst nicht in allen Bundesländern Genüge getan war. Das erziehungswissenschaftliche Studium sollte ein gemeinsames „Fundamentum" und eine wissenschaftliche Ausbildung für alle Lehrämter gewährleisten. Das gemeinsame Fundamentum sollte Vorstufe eines einheitlichen Lehramtes sein. Durch eine Ausweitung der Praxisorientierung auf die „außerschulische Lebenswelt der Schüler" sollte zugleich das Berufsverständnis der angehenden Lehrer verändert werden.

Inhaltlich sollte sich die erziehungswissenschaftliche Ausbildung künftiger Lehrer an fünf Problemfeldern (Theorie der Erziehungswissenschaft, Erziehung und Bildung, Bildungs- und Gesellschaftssystem, Didaktik und Unterricht, Praktische Studien) orientieren, in deren Lehre zum Teil auch die „Nachbardisziplinen" (Philosophie, Politikwissenschaft, Psychologie, Soziologie) integriert werden sollten, allerdings nur im Wahlpflichtbereich. Waren frühere Entschließungen und Stellungnahmen bei der Nennung von Stundenanteilen noch zurückhaltend gewesen, wurden nun 40 Semesterwochenstunden (SWS) als Minimum für die erziehungswissenschaftlichen Studien bezeichnet, wovon 28 SWS auf die Erziehungswissenschaft (davon 16 SWS im Pflichtbereich) und 12 SWS auf die Nachbardisziplinen entfallen sollten.

Diese Minimalforderung wurde auch 1990 anlässlich der Vereinigung der beiden deutschen Staaten mit kleineren Veränderungen in den Bezeichnungen der Problemfelder wieder aufgenommen (vgl. DGfE 1990). Der Wissenschaftsrat hatte freilich andere Vorstellungen, die er als „Empfehlungen zur Lehrerbildung in den neuen Ländern" im Sommer 1991 veröffentlichte (Wissenschaftsrat 1991). Auf einer Konferenz der DGfE mit den Gründungsdekanen an den ostdeutschen Hochschulen sowie mit Vertretern der Wissenschaftsministerien in Dresden wurde dagegen die „Dresdener Erklärung" verabschiedet, die entgegen den Empfehlungen des Wissenschaftsrats an der Einrichtung von Lehramtsstudiengängen in Verbindung mit Hauptfachstudiengängen festhielt und an alle einschlägigen Ministerien sowie an den Vorsitzenden des Wissenschaftsrates geschickt wurde (DGfE 1992, S. 24; VP 14.10.1991, TOP 5). Dessen Reaktion fiel jedoch erwartbar ablehnend aus (VP 2.12.1991, TOP 3).

In diesen Kontext gehört auch eine Auseinandersetzung um das Potsdamer Modell der Lehrerbildung im Jahr 1993. Der Vorstand hatte bei drei Kommissionen um Stellungnahmen zum Potsdamer Modell gebeten, die in Teilen (zu starke Orientierung an der Psychologie und im Gegenzug eine Schwächung der Erziehungswissenschaft) durchaus kritisch ausfielen. Auf eines der Papiere von Wolfgang Klafki u.a. reagierte Wolfgang Edelstein als einer der Schöpfer des Potsdamer Modells mit einer Anfrage an den Vorsitzenden der DGfE, Dietrich Benner, ob der Vorstand sich die dort festgehaltenen Kritikpunkte zu eigen mache und warum man diejenigen, die das Potsdamer Modell entwickelt hatten, nicht vorab über diesen Vorgang informiert und dadurch die Gelegenheit zur Stellungnahme gegeben hätte. Benner konnte aber klarstellen, dass der von Edelstein genannte Text keine Stellungnahme des Vorstands der DGfE, sondern lediglich ein Diskussionspapier zur Vorbereitung einer Stellungnahme der DGfE darstellte, die bei einer in Potsdam stattfindenden Diskussion zur Lehrerausbildung vorgestellt werden sollte (15.5b).

Die Diskussion um die Lehrerbildung ist in den letzten Jahren nicht mehr abgerissen. Nach der Neuordnung der Lehrerbildung in den neuen Ländern wurde durch den Prozess der europäischen Einigung eine neue Herausforderung deutlich. Der DGfE-Vorstand befasste sich u.a. mit den „Empfehlungen zur Neuordnung des erziehungswissenschaftlichen Studiums in der Lehrerausbildung (NRW)" (VP 8./9.1.1998, TOP 12), nahm Stellung zum „Fragenkatalog Lehrerbildung", den das Sekretariat der KMK zur Vorbereitung einer Anhörung am 18. März 1999 vorgelegt hatte, sowie zu den Empfehlungen zur Lehrerbildung, mit denen ein „Expertenrat" Anfang des Jahres 2001 in Nordrhein-Westfalen für Aufregung sorgte. Diese Aktivitäten wurden von einer ad-hoc-Kommission des Vorstands in der „Stellungnahme der Deutschen Gesellschaft für Erziehungswissenschaft zur Weiterentwicklung der Lehrerbildung" gebündelt (DGfE 2001b). In dieser Stellungnahme vom August 2001 wird „das gestiegene öffentliche Interesse am Thema Bildung" und an der Lehrerbildung begrüßt und die Auffassung, dass die Lehrerbildung einer Revision bedürfe, geteilt, zugleich aber auf die unbestreitbaren „positiven und erhaltenswerten Momente der bestehenden Lehrerbildung in Deutschland" hingewiesen, die es zu berücksichtigen gelte. In sechs Punkten (Erhalt der grundständigen Lehrerbildung, Wissenschaftlichkeit der Lehrerbildung, Berufsfeld- und Praxisbezug, kontinuierliche Innovation, Kerncurriculum und Modularisierung sowie institutionelle Verankerung und Qualitätsentwicklung) werden Essentials festgehalten und nötige Neuerungen angesprochen, z.B. im Hinblick auf die Schwerfälligkeit bei der Änderung von Studien- und Prüfungsordnungen oder auf die Gestaltung des Studiums mit zentralen Elementen der Erziehungswissenschaft.

Die Forderung nach Einführung konsekutiver Studiengänge nach dem angelsächsischen Muster von Bachelor- und Master-Studiengängen (vgl. Kap. 7.5), die schon der Expertenrat NRW erhoben hatte, wurde zwar nicht vollständig zurückgewiesen. Bei der Ausgestaltung von BA-/MA-Studiengängen für künftige Lehrer wurde jedoch weiterhin eine grundständige Variante der erziehungswissenschaftlichen Ausbildung befürwortet. Damit stand die DGfE wieder einmal gegen den Wissenschaftsrat, der in einer im November 2001 vorgelegten Empfehlung die Überlegungen der DGfE nicht zur Kenntnis nahm und für ein anderes Modell plädierte – Anlass zu einer erneuten Stellungnahme der DGfE, die im Februar 2002 im Internet veröffentlicht wurde (http://dgfe-aktuell.uni-duisburg.de/bildpol/Wissenschaftsrat_2002-02.htm; vgl. VPe 30.11./1.12.2001, TOP 4.6; 1./2.2.2002, TOP 12; EW 12 (2001) 24, S. 71).

Der 2002 neu gewählte Vorstand hat sich auf Initiative des Vorsitzenden Hans Merkens das Thema Lehrerbildung als einen Arbeitsschwerpunkt vorgenommen (vgl. EW 14 (2003) 26, S. 75). Er nahm dies auch rasch in Angriff mit der Durchführung einer Tagung zum Thema „Lehrerbildung zwischen Reform und Neubildung" im Oktober 2002, in deren Anschluss vom Vorstand eine Fortschreibung der Stellungnahme von 2001 verabschiedet wurde (Merkens 2003), sowie mit einer Tagung zur Grundschullehrerbildung – „IGLU und die Folgen" – im Mai 2003 (Publikation in Vorbereitung, VP 23.5.2003, TOP 11). Darüber hinaus fand im Januar 2004 eine Fachtagung zu „Zentren der Lehrerbildung" statt (VPK 5.7. 2003, TOP 1.3; vgl. auch EW 14 (1993) 27, S. 137f.).

In der Stellungnahme von Oktober 2002 wird bei prinzipieller Beibehaltung der Wissenschaftlichkeit der Lehrerbildung ihre Reformbedürftigkeit zugestanden, vor einer verkürzten Reform durch bloße Transformation bisheriger Studiengänge in BA/MA-Studiengänge allerdings gewarnt. Neuere Expertisen aufnehmend wird zudem die stärkere Vernetzung der drei Phasen der Lehrerbildung (Studium, Referendariat und Fort- bzw. Weiterbildung im Beruf) und eine Verbesserung der Zusammenarbeit zwischen Universitäten und Berufspraxis gefordert. Hervorgehoben werden darüber hinaus der Stufenbezug der Lehrerausbildung, der eine Differenzierung nötig mache, sowie die Rolle der Fachdidaktiken. Straffung und Verbindlichkeit des Studiums sollen durch Kerncurricula und Modularisierung gesichert werden, neue Studiengänge erprobt werden, jedoch unter Berücksichtigung von Qualitätsstandards der Lehrerbildung, der Übergangsmöglichkeiten und der wechselseitigen Anerkennung der Abschlüsse durch die Länder (ebd., S. 179f.).

Lässt man die Stellungnahmen zur Erziehungswissenschaft im Lehramtsstudium Revue passieren, kann man zum einen eine abwehrende Haltung gegenüber Empfehlungen anderer Organisationen feststellen, wobei insbesondere der Wissenschaftsrat ins Visier geriet (vgl. neben den genannten Stellungnahmen auch die Entgegnung zur Empfehlung des Wissenschaftsrates, die Ausbildung der Primarstufenlehrer an Fachhochschulen zu verlagern, EW 4 (1993) 8, S. 92). Andererseits wurden aber auch die eigenen Forderungen kontinuierlich ausgeweitet, die Erklärungen im Laufe der Jahre offensiver, die Bedeutung der Erziehungswissenschaft für die Lehrerausbildung immer stärker betont.

Dies vermittelt einen anderen Eindruck, als die Reaktion des ehemaligen Vorsitzenden der Gewerkschaft Erziehung und Wissenschaft, Dieter Wunder, vermuten lässt, der sich angesichts des Papiers zum „Selbstverständnis der DGfE: Zur Lage und Zukunft der Erziehungswissenschaft in Studium und Beruf" vom September 1999 (im Folgenden kurz als „Selbstverständigungspapier" bezeichnet; vgl. Anhang 12.) besorgt über den Stellenwert der Lehrerbildung für die Erziehungswissenschaft äußerte (Wunder 2000). Auch ist durchaus eine selbstkritische Haltung zu den Problemen der Lehrerbildung festzustellen, wenn auch nicht in den Dokumenten, die Wunder zitiert. Dennoch muss man festhalten, dass die Erziehungswissenschaft sich selbst inzwischen stärker über das Hauptfachstudium definiert und auch von außen stärker über das Hauptfachstudium wahrgenommen wird.

Die Erklärungen der DGfE müssen sich freilich am Stand der Entwicklungen in den einzelnen Bundesländern, aber auch an den Einstellungen von Lehramtsstudierenden messen lassen. Neben Ländern mit relativ hohen erziehungswissenschaftlichen Stundenanteilen stehen bis heute solche, in denen die Erziehungswissenschaft in der Lehrerausbildung ein Schattendasein führt. Und nicht wenige Studierende für die Lehrämter messen der erziehungswissenschaftlichen Ausbildung keinen hohen Stellenwert zu. Dies ist allerdings nicht den Erklärungen der DGfE anzulasten. Die föderale Struktur des Bildungssystems und der Lehrerausbildung lässt eine einheitliche Regelung nur schwer zustande kommen. Im Hinblick auf die Studierenden gehen die Stellungnahmen durchaus von zutreffenden Diagnosen aus und unterbreiten entsprechende Verbesserungsvorschläge, doch deren Umsetzung vor Ort liegt in den Händen anderer.

7.3 Erziehungswissenschaftliche Hauptfachstudiengänge

Die Einrichtung des Diplom-Studienganges Erziehungswissenschaft in der Bundesrepublik der späten sechziger bzw. beginnenden siebziger Jahre des 20. Jahrhunderts verdankte sich der günstigen Konstellation, dass die politisch-gesellschaftliche Nachfrage nach pädagogischem Expertenwissen und pädagogischen Experten im Rahmen der Bildungsreform und der Entwicklung des Sozial- und Wohlfahrtsstaates auf ein Angebot und Versprechen der akademischen Pädagogik traf, diese Nachfrage befriedigen zu können (vgl. Lüders 1989; Horn 1999b). Dabei wurde von der Seite der akademischen Pädagogik zugleich das Interesse verfolgt, die Pädagogik endgültig als anerkanntes Fach an der Universität zu etablieren. Für die Abnehmer wie für die Anbieter schien der Königsweg in der Verwissenschaftlichung der Ausbildung zu bestehen, die wiederum der Professionalisierung der pädagogischen Arbeit zugute kommen sollte. Der daraufhin entwickelte Diplom-Studiengang stand daher von Beginn an in der Spannung, tragendes Element einer eigenständigen akademischen Disziplin sein und zugleich durch wissenschaftliche Ausbildung auf eine Vielfalt pädagogischer Berufe vorbereiten zu sollen.

Bis zur Mitte der sechziger Jahre gab es, abgesehen von einigen Versuchen mit dem Magisterstudium, die aber randständig blieben (vgl. Gängler 1994), keinen eigenständigen erziehungswissenschaftlichen Hauptfachstudiengang an den deutschen Universitäten. Die immer wieder laut gewordenen Rufe danach erhielten neuen Auftrieb, als Mitte der sechziger Jahre die DGfE eine Kommission ins Leben rief, die sich mit der Frage nach einem allen pädagogischen Ausbildungsgängen gemeinsamen „Kernstudium" der Erziehungswissenschaft befassen sollte (vgl. Kap. 7.1). Im Vorfeld der Tagung, auf der dieses Thema ausführlich behandelt werden sollte, stellte Heinrich Roth in einem Brief vom 1. Februar 1966 an den Vorsitzenden der DGfE, Otto Friedrich Bollnow, auch eine Verbindung zur Frage nach einem Diplomstudiengang her: Für ihn sei „noch nie die Frage beantwortet worden, wie man Pädagogik eigentlich studiert. Gäbe es einen Diplom-Pädagogen, müsste das einmal gründlich durchdacht werden. Es würden dann vermutlich die Erzieher- und die Lehrberufe nur eine Strecke gemeinsam gehen können." (1.1)

Nachdem die Frage nach einem erziehungswissenschaftlichen Hauptfachstudiengang schon in den fünfziger Jahren wiederholt von den westdeutschen Universitätspädagogen behandelt worden war, ohne dass es zur Einführung eines Diplomstudienganges kam, stand sie nun also erneut auf der Tagesordnung. Im Rahmen der außerordentlichen Mitgliederversammlung der DGfE, die im Anschluss an die 14. Konferenz der westdeutschen Universitätspädagogen in Würzburg im April 1966 stattfand, wurde parallel zum Kernstudiums-Arbeitskreis gemäß einer früheren Absprache – bei der Vorgängerkonferenz in Kassel war offenbar schon eine „Kommission für diese Frage" benannt worden – das Thema „Studiengang für Diplompädagogen" als Punkt 2 der Tagesordnung besprochen (vgl. das Einladungsschreiben von Albert Reble sowie das MVP 1966; 1.2). Hierzu hatte Heinrich Roth, der aufgrund eines Termins im Bildungsrat nicht teilnehmen konnte, eine Vorlage erstellt (ebd.), deren Diskussion ergänzt wurde von einem provisorischen Entwurf einer Diplomprüfungsordnung von Reble sowie von einem Kurzbericht von Hermann Röhrs über Bestrebungen in Baden-Württemberg, Berlin und Nordrhein-Westfalen, ein Diplom an den Pädagogischen Hochschulen als Ergänzung zur dortigen Lehrerbildung und zur Aufwertung der Pädagogischen Hochschulen einzuführen. Hans Scheuerl erläuterte im Anschluss die aus der Sicht der Westdeutschen Rektorenkonferenz (WRK) zu berücksichtigenden rechtlichen Regelungen zum weiteren Vorgehen.

Roth betonte in seiner Vorlage insbesondere den Anteil, den die Einführung eines Diplomstudienganges für die Disziplin hätte, hob aber auch die

Notwendigkeit einer wissenschaftlichen Ausbildung für die erzieherischen Berufe hervor. Im Hinblick auf die Disziplin stellte er fest, dass die

„Pädagogik dann einmal herausgefordert (wäre), in definierten Lehrgängen klarzustellen, was Pädagogik zu studieren in concreto überhaupt heisst. Der vage Begriff einer pädagogischen Bildung als Studienziel, der bestenfalls, wenn er überhaupt Substanz hatte, philologisch-historische Fähigkeiten und Fertigkeiten betraf, genügt heute nicht mehr. Ebenso auch nicht der vage Wunsch, der also Studierende möchte wünschenswerterweise über etwas Praxis im Schulehalten verfügen. [...] Die Pädagogik müsste bei der Erstellung dieses Studienganges erweisen, was sie an erzieherischen Einsichten und Leistungsformen für die erzieherische Praxis tatsächlich nachweislich aus einer umfassenden Theorie und Methodik heraus zu leisten vermag. Die Lehrgänge wären aber auch als Durchgang für die Doktoranden in Pädagogik äusserst heilsam. Vor allem würden sich dann vielleicht die seltsame Angst vor Psychologie und Soziologie oder die künstliche und verkehrte Abwehr vor *deren* Erhellung des Erziehungs-feldes verlieren, zu schweigen von jener falschen Überlegenheitsattitüde, die nichts als ein Zeichen der Schwäche ist." (ebd.)

Zur Weiterentwicklung der Disziplin trüge, so Roth weiter, auch die Tatsache bei, dass die Absolventen eine Diplomarbeit vorzulegen hätten. Die Diplomarbeit ließe nämlich endlich zu, dass die Themen und Gegenstände der pädagogischen Untersuchungen von der Pädagogik allein bestimmt werden könnten, wodurch erst längerfristige und planmäßig aufgebaute Forschungsarbeiten möglich würden und „auch die Wissenschaft selbst vorwärts" gebracht werden könnte. Im Sinne der von ihm selbst geforderten „realistischen Wendung" schien Roth durch den Diplomstudiengang eine Abkehr von der „blossen Text-Pädagogik" hin zu erziehungswissenschaftlichen „Forschungsgruppen" möglich.

Im Hinblick auf die Leistungen und den Zweck der wissenschaftlichen Ausbildung betonte Roth aber auch den Berufsbezug und die Idee, dass die so Ausgebildeten Leitungsfunktionen übernehmen sollten:

„Die Pädagogik als Wissenschaft hat auch Erzieherausbildung zu leisten. Um diese geht es vorzüglich beim Diplom-Pädagogen. [...] Die weitschichtige Erziehungspraxis schreit nach akademisch ausgebildeten Pädagogen, die erziehen und Erzieher umfassend anleiten können, ist aber gegen ihre eigene Überzeugung und Erfahrung gezwungen, vielfach an Stelle von Pädagogen Psychologen und Soziologen zu berufen. Der Student, der heute Sozialpädagogik studiert, bewegt sich als einzelner oft relativ hilflos zwischen einer theoretischen Pädagogik, einer unpädagogischen Psychologie und einer pädagogikfeindlichen Soziologie. Der Diplom-Pädagoge ist in erster Linie als leitende Kraft innerhalb institutionalisierter Erziehungsbereiche gedacht." (ebd.)

Dieser Sicht stimmten die meisten der anwesenden „Universitätspädagogen" zu, für die Röhrs stellvertretend die Forschungsorientierung und die absehbare Konsolidierung der Erziehungswissenschaft durch die Einführung des Diploms analog zur Psychologie und Soziologie als zentrale Argumente für den Diplomstudiengang noch einmal hervorhob.

Nach eingehender Diskussion der Vorlagen und Vorträge kam man überein, „die Einführung eines pädagogischen Diploms einer wissenschaftlichen Hochschule gemäß den bestehenden allgemeinen Bestimmungen für Diplomordnungen an wissenschaftlichen Hochschulen bei den dafür zuständigen Instanzen zu beantragen". Für den notwendigen Fachausschuss wurden seitens der DGfE Carl-Ludwig Furck, Hans-Hermann Groothoff, Marian Heitger, Hartmut von Hentig, Heinrich Roth und Klaus Schaller nominiert. Der Fachausschuss tagte nach Anerkennung des Antrags durch die WRK und die KMK zum ersten Mal im Februar 1967 und entwickelte in mehreren Sitzungen die erste „Rahmenordnung für die Diplomprüfung in Erziehungswissenschaft", die im März 1969 von der KMK beschlossen wurde (Rahmenordnung 1969).

Bei ihrer ersten Zusammenkunft verständigten sich die Mitglieder des Fachausschusses darauf, „dass das Diplom im Gegensatz zum MA oder zum Doktorat durch enge Berufsbezogenheit gekennzeichnet werden muss" (Protokoll der 15. Konferenz der Westdeutschen Universitätspädagogen in Berlin vom 12. - 14.4.1967, TOP 1; 1.2). Dieser Vereinbarung lag die Unterstellung eines Bedarfs an wissenschaftlich ausgebildeten Pädagogen zugrunde, den schon Heinrich Roth beschrieben, aber wohl kaum geprüft hatte, als er schrieb, dass die „weitschichtige Erziehungspraxis [...] nach akademisch ausgebildeten Pädagogen" schreie. Allerdings war der Wunsch nach berufsständischer Aufwertung durch eine Akademisierung der Ausbildung von Seiten der Praktiker nicht zu übersehen. Die berufsständischen Ambitionen waren neben dem Wunsch der universitären Fachvertreter nach einer Aufwertung der Disziplin und größerer Eigenständigkeit durch einen eigenen Studiengang ein weiterer, nicht zu unterschätzender Faktor für die relativ rasche Einführung des Diplomstudienganges Erziehungswissenschaft. Diese Wünsche wurden Ende der sechziger Jahre schließlich im Rahmen der staatlichen Reformbestrebungen im Bildungs- und im sozialen Sektor aufgenommen und – wie es im Nachhinein scheint, fast zu schnell – in die Realität umgesetzt. Weder die Konsolidierungswünsche der Disziplin noch die Bedürfnisse der Praktiker nach Aufwertung ihres Berufsstandes je für sich allein hätten das gewünschte Ergebnis herbeiführen können. Dazu bedurfte es der staatlichen Zustimmung und Mitwirkung, die aufgrund der in jenen Jahren einsetzenden sozialstaatlichen Modernisierung in Verbindung mit einer durch Strukturpolitik und Wissenschaftseuphorie gekennzeichneten Bildungsreform rasch zustande kam – in struktureller Analogie zum Prozess der Institutionalisierung des Diplomstudiengangs in Psychologie in der Zeit des Nationalsozialismus (vgl. Geuter 1984).

Die Einrichtung des Diplomstudienganges zeitigte schnell nicht prognostizierte Folgen. Schon 1970 wies Klafki darauf hin, dass eine „Erhebung zum Stand der Entwicklung des Studiengangs zum Diplom-Pädagogen" nötig sei (VP 6.10.1970, TOP 5). Diese Untersuchung wurde von einer Tübinger Arbeitsgruppe mit Unterstützung durch den Vorstand der DGfE vorgenommen, die feststellte, dass die Studentenzahlen bereits innerhalb weniger Jahre rapide angestiegen waren, im Wintersemester 1972/73 waren mehr als 13.000 Studenten zu verzeichnen (vgl. Langenbach/Leube/Münchmeier 1974, S. 40ff.). Die Erziehungswissenschaft war angesichts dieser explosionsartigen Expansion der

Studentenzahlen seit 1970 schnell überfordert und bot, wie es Hans Thiersch 1974 im Vorwort zu der genannten Studie formulierte, das „Bild einer nicht hinreichend strukturierten und überlasteten Disziplin, die infolgedessen nur bedingt arbeitsfähig und dringend auf Ausbau angewiesen" war (ebd., S. IX; vgl. RG, S. 7f.). Diese Überlastungs-Diagnose wurde in der Folgezeit immer wieder vorgetragen und ist zu einem geläufigen Topos in der Geschichte des Diplomstudiengangs geworden. Trotz des für die Begründung des Studienganges immer wieder unterstellten Bedarfs war die universitäre Erziehungswissenschaft dann aber offensichtlich völlig überrascht von der hohen Nachfrage nach dem Diplomstudiengang, deren Folgen die Universitätspädagogen schnell zu spüren bekamen.

Wurde die Überlastung anfangs v.a. im Hinblick auf fehlendes Hochschulpersonal zu einer Stützung von Bedarfsargumenten im Hochschulbereich, denen damals von den Wissenschaftsverwaltungen im Rahmen der Hochschulexpansion noch weitgehend entsprochen wurde, geriet mit der Zeit die ungenügende konzeptionelle Vorbereitung des Diplomstudienganges und die „verhinderte Professionalisierung" in den Vordergrund der Debatte (vgl. Münchmeier/ Thiersch 1976, S. 228ff.). Die (Selbst-)Kritik an der ungenügenden inhaltlich-konzeptionellen Vorbereitung des Diplomstudiengangs wurde extern von kritischen Einschätzungen der beruflichen Einsetzbarkeit von Diplompädagogen und nicht minder kritischen Prognosen des zukünftigen Bedarfs an Diplompädagogen begleitet, gegen die sich die DGfE zur Wehr setzte (vgl. dazu Kap. 8).

Kaum installiert, führten die nur partiell befriedigende Situation des Studiums, die 1974 vorgelegte Untersuchung der Praxis des Diplomstudienganges, die Arbeitsmarktprobleme der Absolventen sowie die Empfehlung der WRK von 1975, den Diplomstudiengang „auf keinen Fall weiter auszubauen, eher einzuschränken" (VP 5.2.1976, TOP 2), schon ab Mitte der 1970er Jahre zu Überlegungen seitens der DGfE zu einer Novellierung der Rahmenordnung (DGfE 1982). Hierbei wurde betont, dass die Probleme des Diplomstudienganges keineswegs Beleg dafür seien, dass er überflüssig sei, wohl aber für die Notwendigkeit seiner Weiterentwicklung. Möglichkeiten der Weiterentwicklung wurden insbesondere in der Veränderung der Studienschwerpunkte, in einer stärkeren Praxisorientierung (Praktika, Handlungskompetenzen) und in einer besseren Abstimmung der allgemeinen und der speziellen Studienanteile gesehen. 1976 wurde eine entsprechende ad-hoc-Kommission eingesetzt, die nach Klärung „sehr grundlegende[r] Probleme und Differenzen" – die Meinungen reichten selbst bei den Fachkollegen von Abschaffen des Diploms bis Beibehalten – bis 1978 die Empfehlungen zur Reform der Prüfungsordnung für den Diplomstudiengang ausarbeitete (VPe 12.6.1976, TOPs 5 und 6; 5.10.1976, TOP 8; 13.1.1978, TOP 3). Am 7.3.1978 wurde die Empfehlung der DGfE vom Vorstand verabschiedet (VP, TOP 2). Die Novellierung der Rahmenordnung ließ dann zwar noch bis 1986 auf sich warten, nahm aber doch zentrale Elemente der DGfE-Stellungnahme auf (vgl. Rahmenordnung 1989).

Die Probleme mit dem Diplomstudiengang und mit manchenorts unbefriedigenden Verhältnissen verschwanden auch in diesen Jahren nicht (summarisch seien außerdem erwähnt: Besoldung, Einstufung und Arbeitsfelder; Anerkennung von Diplom-Abschlüssen an Pädagogischen Hochschulen als Einstiegsvoraussetzung für den Höheren Dienst in Baden-Württemberg; Zusammenarbeit mit den Berufsverbänden der Diplom-Pädagogen; Klassifizierung der Diplom-Pädagogen als „Geisteswissenschaftler" in den Arbeitsämtern; Zugang von Diplom-Pädagogen zum Therapeutenberuf). Mehrfach wurden diese im Vorstand angesprochen: ein unzureichendes Studienangebot an manchen Standorten (VP 2.5.1980, TOP 11), die seltsame Praxis der Zentralen Vergabestelle für Studienplätze, Bewerber an Standorte zu schicken, an denen der von ihnen gewünsche Schwerpunkt nicht studiert werden konnte, und dass die Empfehlungen der DGfE von den Kollegen zu wenig beachtet würden (VP 14.12.1981, TOP 9). An der Novellierung wurde von Seiten des Vorstandes wiederholt moniert, dass die Allgemeine Erziehungswissenschaft im Hauptstudium unterrepräsentiert und die Gefahr einer zu frühzeitigen Spezialisierung gegeben sei (VPe 27./28.8.1985, TOP 3, und 5./6.12.1986, TOP 6.11; vgl. auch den Rechenschaftsbericht des Vorsitzenden der DGfE für die Amtszeit 1984 bis 1986, DGfE 1986, S. 93ff.).

Für die universitäre Erziehungswissenschaft und die von ihr verantworteten Studiengänge ist die Auseinandersetzung mit der Hochschule Hildesheim über die Benennung eines Studienganges von Belang. Als 1982 an der Hochschule Hildesheim ein Modellstudiengang „Kulturpädagogik" eingerichtet werden sollte, in dessen Rahmen der Studienanteil der Pädagogik sehr gering ausgefallen war bzw. sogar ganz außer Acht gelassen werden konnte, aber der Grad eines Diplompädagogen vergeben werden sollte, nahm der Vorstand gegen diesen Studiengang Stellung, u.a. mit dem Hinweis, dass ein „Diplom-Heilpsychologe, der keine Stunde Psychologie studiert haben muß" kaum vorstellbar sei (VPe 1982 sowie Briefe in 9.3 und 9.6). Diese Auseinandersetzung zog sich bis 1984 hin, als der Vorsitzende Heid sich direkt an den zuständigen Minister in Hannover wandte – allerdings ohne durchschlagenden Erfolg, denn sowohl die Hochschule als auch das Ministerium blieben bei dem Konzept eines Studienganges, der im Namen die Pädagogik führte, diese aber nicht zu einem verbindlichen Teil des Studiums machte (vgl. Bericht über die Tätigkeit des Vorstandes für die Amtszeit 1982/1984; 11.2). Erst später wurde die Bezeichnung des Studienganges geändert.

Als wenige Jahre später eine Anfrage um Befürwortung eines eigenen Studienganges „Freizeitpädagogik" beim Vorstand einging, einigte sich der Vorstand darauf,

„daß der wildwüchsigen Vermehrung erziehungswissenschaftlicher Studienrichtungen Einhalt geboten werden muß, daß die bereits vorhandenen Spezialisierungen eines möglichst breiten allgemeinpädagogischen Fundaments bedürfen, daß aber neben den etablierten Studienrichtungen auch neue Fach- und Arbeitsmarktentwicklungen berücksichtigt werden müssen" (VP 27.8.1985, TOP 3).

Ein entsprechendes Schreiben wurde von Klafki und Heid vorbereitet, doch dem „Wildwuchs" konnte man nicht auf Dauer Einhalt gebieten. Im Zuge der deutschen Vereinigung sollte, so die Empfehlung der DGfE zum 3. Oktober 1990, der Diplomstudiengang Erziehungswissenschaft auch in den neuen Bundesländern übernommen werden (DGfE 1990), was jedoch nur teilweise geschah. Darauf und auf die Empfehlungen des Wissenschaftsrates, der erziehungswissenschaftliche Hauptfachstudiengänge nur an je einer Hochschule pro neuem Bundesland einrichten wollte, reagierten die „Dresdener Abschlußerklärung" von 1991 (DGfE 1992) und die „Erfurter Erklärung zur Weiterentwicklung des erziehungswissenschaftlichen Diplomstudienganges vom 12. Dezember 1993" (DGfE 1994), in der die früheren Beschlüsse der DGfE noch einmal bekräftigt wurden und auf die Notwendigkeit einer ausreichenden Personalausstattung hingewiesen wurde.

In Ansätzen neuartige Überlegungen zur Rahmenordnung wurden 1998 von einer Kommission der DGfE in die Diskussion eingebracht (DGfE 1998). Neben den Überlegungen zu einer Stärkung der Position des Diplomstudienganges durch Profilierung, Strukturierung und Flexibilisierung sind einerseits die studieninhaltlichen, andererseits die studienorganisatorischen Überlegungen hervorzuheben. Inhaltlich wurde eine Erweiterung der Studienschwerpunkte um „Kultur-, Freizeit- und Medienpädagogik" und eine mögliche Konzentration des Nebenfachstudiums auf ein Nebenfach vorgeschlagen. Die aktuelle Frage nach der Einführung von Bachelor- und Master-Abschlüssen wurde zwar aufgenommen, aber eher abwartend mit einem Festhalten am Diplom-Abschluss beantwortet. Die Grundidee der Rahmenordnung für den Diplomstudiengang habe sich weitgehend bewährt und sei lediglich in Teilen zu überarbeiten, weiter zu entwickeln und zu profilieren, wobei die Fragen nach Akkreditierung und Einführung neuer Abschlüsse wieder aufgenommen werden sollten, wenn weitere Erfahrungen mit den ersten Versuchen vorliegen.

Sicher auch durch die BA/MA-Debatten mit angeregt, wurde schließlich im Gegensatz zu den früheren Stellungnahmen empfohlen, „im Diplom-Studiengang wissenschaftsbezogene Erkenntnis- und Bildungsprozesse" durch eine entsprechende Differenzierung des Diploms und die Einrichtung von einschlägigen Promotionsstudiengängen „zu stärken".

Dieses Dokument stellte allerdings lediglich eine Diskussionsgrundlage und noch keinen Beschluss der DGfE dar. Es reagierte auf neuere Entwicklungen, deren Diskussion noch nicht abgeschlossen ist (vgl. Kap. 7.5).

Neben dem Diplomstudiengang ist der Magisterstudiengang Erziehungswissenschaft/Pädagogik zu erwähnen, der an einigen Hochschulen angeboten wird. Mit ihm beschäftigte sich die DGfE immer nur am Rande. 1995 aber spielte er einmal für kurze Zeit eine besondere Rolle in den Arbeiten des DGfE-Vorstands. Die KMK hatte schon 1991 eine „Fachkommission Pädagogik eingesetzt mit dem Auftrag, auf der Grundlage der Allgemeinen Bestimmungen für die Magisterprüfungsordnungen fachspezifische Bestimmungen zu erarbeiten" (Brief des Sekretariats der KMK an Lenzen vom 25.8.1995; 16.7). Die Fachkommission unter Leitung von Erich E. Geißler hatte 1993/94 an diesen fachspezifischen Bestimmungen gearbeitet und im Dezember 1994 einen Entwurf vorgelegt, der „von der ‚Gemeinsamen Kommission für die Koordinierung der Ordnung von Studium und Prüfungen' verabschiedet und zum Stellungnahmeverfahren freigegeben" wurde, das im Wintersemester 1995/96 stattfinden sollte. Ein Sachverständiger der DGfE könne zu der Sitzung eingeladen werden, in der die Kommission ihren Entwurf noch einmal bearbeite – wenn die Kommission einen entsprechenden Beschluss fasse (ebd.).

Der Vorstand informierte die Vorsitzenden der Kommissionen und Arbeitsgemeinschaften der DGfE darüber und bat um deren Stellungnahmen, die in der Stellungnahme der DGfE zusammengefasst werden sollte (Schreiben Lenzen an die Vorsitzenden vom 28.8.1995; 16.7). Auf seiner Oktobersitzung verurteilte der Vorstand „aufs Schärfste die Verfahrensweise bei der Zusammensetzung der Fachkommission", verabschiedete eine eindeutig negative Stellungnahme zu dem Papier der Fachkommission und beauftragte den Vorsitzenden, der HRK und der KMK die Einberufung einer neuen Kommission unter Beteiligung der DGfE als zuständiger Fachgesellschaft vorzuschlagen (VP 20.10.1995, TOP 9). Der Vorsitzende der HRK, Hans-Uwe Erichsen, reagierte auf das entsprechende Schreiben von Lenzen mit einem Gesprächsangebot, das am 8.12.1995 in Berlin realisiert wurde. Eine neue Kommission sei aufgrund formaler Erwägungen nicht möglich, aber es bestehe die Möglichkeit, dass die DGfE einen eigenen Vorschlag vorlege, der in der gemeinsamen Kommission von HRK und KMK beraten werden könnte (ebd.; Schreiben von Erichsen an Lenzen vom 10.1.1996; 16.8).

In der Folge äußerten sich sowohl die Kommissionen und Arbeitsgemeinschaften als auch die einschlägigen erziehungswissenschaftlichen Institute der Hochschulen zu der Vorlage der Fachkommission, in denen in der Regel eine einseitige Ausrichtung der Vorlage an spezifischen Inhalten und Traditionen sowie die Standardisierung eines im Gegensatz zum Diplomstudiengang offeneren Studienganges kritisiert wurde (ebd.), doch gab es auch Kritik an einigen Formulierungen der Stellungnahme des Vorstands, in der z.B. die pädagogische Anthropologie, wenn sie sich nicht als historische begreife, in die Nähe des Nationalsozialismus gerückt wurde, oder auch daran, dass Inhalte als obsolet bezeichnet wurden, während man andererseits doch die Offenheit des Magisterstudiums betonte (ebd. und 17.2). Klaus Beck hielt den Vorstandstext bei Zustimmung zur Kritik am Procedere der HRK insgesamt „für nahezu skandalös" und konnte „die Argumente des Vorstandspapiers weder im Duktus noch in den meisten Details akzeptieren" (Schreiben an Franz Hamburger, 22.2.1996, von Hamburger an Lenzen weitergeleitet; 17.2). Beck wies nicht nur darauf hin, dass ein Studiengang, bei dem keine verbindlichen Inhalte benannt würden, einer „disziplinären Bankrotterklärung" gleichkäme, sondern betonte auch, dass die Argumentation des Vorstands in Teilen widersprüchlich sei, wenn einerseits die Verbindlichkeit bestimmter Inhalte mit dem Argument des mangelnden Nutzens für die spätere Berufstätigkeit bestritten würde, zugleich aber andere Inhalte als nötig angegeben würden, bei denen der Nutzen auch nicht belegt, sondern lediglich behauptet würde.

Es ist hier nicht der Ort, über die Triftigkeit der wechselseitigen Kritiken zu befinden. Der Vorstand beauftragte die Strukturkommission mit der Vorbereitung eines eigenen Entwurfs, der im Mitteilungsblatt abgedruckt wurde (EW 7 (1996) 14, S. 9-12). In diesem Entwurf wurde die „Flexibilität und individuelle Gestaltbarkeit" betont und im Hinblick auf die Studiengebiete ein sehr formaler Kern angesprochen: Grundlagen der Erziehungswissenschaft, Geschichte und Theorien der Pädagogik und der Erziehungswissenschaft sowie Grundlagen erziehungswissenschaftlicher Forschungsmethoden als fachliche Zulassungsvoraussetzung für die Zwischenprüfung im Hauptfach, Allgemeine Pädagogik und eines der anderen erziehungswissenschaftlichen Studiengebiete als fachliche Zulassungsvoraussetzung für die Magisterprüfung im Hauptfach (ebd., S. 10f.), was wiederum die Kritik von Seiten des Kritisierten herauforderte (vgl. das Schreiben von Geißler an Lenzen vom 7.8.1996; 17.2).

Damit war die Strukturkommission noch recht weit entfernt von Vorgaben, die sie selbst einige Jahre später mit dem Kerncurriculum Erziehungswissenschaft, das ja auch für den Magisterstudiengang Geltung haben soll, vorlegen sollte. Wie auch immer, die Fachkommission wurde um mehrere von der DGfE benannte Kollegen erweitert (VP 19./20.8.1996, TOP 15) und legte in der neuen Zusammensetzung 1998 eine neue Rahmenordnung vor (vgl. EW 10 (1999) 18, S. 75-91), die von der Gemeinsamen Kommission für die Koordinierung von Studium und Prüfungen von KMK und HRK gebilligt wurde. Dieser Entwurf trug deutlich andere Züge als die frühere. Er betonte die relative Offenheit für standortspezifische Schwerpunktsetzungen und war insofern tendenziell gegen die Vorstellung eines Kerncurriculums gerichtet. Dennoch wurde ein Soll für die Standorte formuliert, nun sogar wieder mit der pädagogischen Anthropologie als einem Teilbereich. Besondere Wirkung kam diesem Entwurf jedoch nicht mehr zu, er wurde von den Überlegungen zur Umwandlung der hergebrachten Studiengänge in BA/MA-Studiengänge überholt.

Bei den Stellungnahmen zu den eigenständigen erziehungswissenschaftlichen Hauptfachstudiengängen ist insgesamt eine kontinuierliche Entwicklung festzustellen. Es wird betont, dass das erziehungswissenschaftliche Studium ein wissenschaftliches Studium (Forschungskompetenz) sei, das immer auch in engem Bezug auf Praxis gestaltet werden müsse (Ausbildung berufsrelevanter Handlungskompetenzen, begleitete Praktika, Kasuistik usw.). Die Rahmenordnung für den Diplomstudiengang Erziehungswissenschaft wurde, wenngleich mit Verzögerungen und mit örtlichen Besonderheiten, an den einzelnen Studienstandorten umgesetzt, so dass hier von einer relativen Homogenität gesprochen werden kann. Gleichwohl gibt es neuerdings auch wieder vermehrt Diskussionen über die Einheitlichkeit der erziehungswissenschaftlichen Studien, womit sich in gewisser Weise ein weiterer Kreis schließt.

7.4 Kerncurriculum Erziehungswissenschaft

Die Debatte um das Kernstudium Erziehungswissenschaft kam im letzten Jahrzehnt wieder auf, als angesichts der Vielfalt erziehungswissenschaftlicher Studiengänge die Definition eines „verbindlichen Kerns" (VP 13.8.1990, TOP 7) wieder stärker in das Bewusstsein drang. Im Vorstand wurde im Anschluss an die Professionspolitische Konferenz von 1999 und das „Selbstverständigungspapier" der DGfE übereinstimmend festgehalten, dass „eine Ausarbeitung des Vorstands über ein Kerncurriculum Erziehungswissenschaft wünschenswert wäre" (VP 3./4.12.1999, TOP 12). Als Grundlage sollten u.a. die Veröffentlichungen der einschlägigen Vorträge bei der o.g. Konferenz (vgl. Zeitschrift für Pädagogik 45 (1999), Heft 5) sowie ein Thesenpapier von Lothar Wigger auf den Internetseiten der DGfE zu Rate gezogen werden. Der Vorstand beauftragte die Strukturkommission mit der Erarbeitung eines Vorschlags für ein Kerncurriculum Erziehungswissenschaft (VP 30.6./1.7.2000, TOP 4.2), die im Mai 2001 eine entsprechende Vorlage einbrachte, die im Juli nach Diskussion und Überarbeitung verabschiedet wurde (VPe 10./11.5.2001, TOP 4.2; 13./14. 7.2001, TOP 5.2; vgl. DGfE 2001a).

Auch dieser Vorschlag einer Definition des Kerns erziehungswissenschaftlicher Studiengänge sollte gleichermaßen für die Hauptfach- wie auch für die Lehramtsstudiengänge gelten, wobei die Hauptfachstudien als Ausgangspunkte gewählt wurden. Der Fokus lag auf einem disziplinorientierten Kern für alle erziehungswissenschaftlichen Studiengänge, in dem es nicht um die „Fixierung von Lehrmeinungen" geht, sondern um die diskursive Auseinandersetzung mit pädagogischen Fragen. Das Kerncurriculum sollte sich sowohl auf das Grund- als auch auf das Hauptstudium erstrecken, eine Einführung in Forschungsmethoden beinhalten und im Grundstudium die theoriegeleitete Auseinandersetzung mit pädagogischen Sachfragen in den Mittelpunkt stellen, während im Hauptstudium eine stärker erkenntnis- und wissenschaftstheoretische Reflexion hinzukommen sollte. Das Kerncurriculum sollte auch nicht den Pflichstudienbereich abdecken, um Wahlmöglichkeiten offenzuhalten und lokale Differenzierungen zu ermöglichen.

Drei Module mit insgesamt 26 SWS sollten das Kerncurriculum der ersten sechs Semester für die Hauptfachstudiengänge, das 4. Modul die Vertiefung im Hauptstudium bzw. im Masterbereich bilden:

1. Allgemeine Erziehungswissenschaft (Erziehungswissenschaftliche Grundbegriffe; Geschichte der Erziehung und Bildung; Grundformen pädagogischen Handelns; Einführung in die pädagogischen Handlungs- und Berufsfelder)
2. Gesellschaftliche, politische und rechtliche Bedingungen von Bildung, Ausbildung und Erziehung unter Einschluss internationaler Aspekte (Geschichte institutionalisierter Bildung und Erziehung; Theorien und Funktionen der Bildungs- und Erziehungseinrichtungen; Bildungspolitik, Bildungsrecht und Bildungsorganisation; Bildungssysteme im internationalen Vergleich; Interkulturelle Erziehung und Bildung)
3. Forschungsmethoden (Qualitative und quantitative sozialwissenschaftliche Methoden; Erziehungswissenschaftlich besonders relevante Ansätze)
4. Vertiefende erziehungswissenschaftliche Studien (Erkenntnis- und Wissenschaftstheorien, Methodologie; Ideen- und Sozialgeschichte der Erziehung und Bildung, Geschichte der Pädagogik und Erziehungswissenschaft; Politische und ökonomische Aspekte der Erziehung und Bildung; Bildung über die Lebensspanne) (vgl. DGfE 2001a, S. 23f.)

Für die Lehrerbildung wurde dieses Modell etwas abgewandelt und um insgesamt 8 SWS verkürzt. Es umfasste drei Module:

1. Erziehungswissenschaftliche Grundbegriffe und Forschungsmethoden (Erziehungswissenschaftliche Grundbegriffe; Einführung in Forschungsmethoden)
2. Pädagogisches Denken und Handeln (Geschichte der Erziehung und Bildung; Grundformen pädagogischen Handelns; Einführung in die pädagogischen Handlungs- und Berufsfelder)
3. Gesellschaftliche, politische und rechtliche Bedingungen von Bildung, Ausbildung und Erziehung unter Einschluss internationaler Aspekte (Geschichte und Theorien institutionalisierter Bildung und Erziehung; Bildungspolitik, Bildungsrecht und Bildungsorganisation; Interkulturelle Erziehung und Bildung) (vgl. DGfE 2001a, S. 26)

Dieser Vorschlag eines Kerncurriculums Erziehungswissenschaft sollte nicht als endgültige Fixierung eines Modells verstanden werden, sondern nach weiteren Diskussionen und Erfahrungen überarbeitet und fortgeschrieben werden (vgl. dazu EW 12 (2001) 24, S. 71f.; 13 (2002) 25, S. 24f.; 14 (2003) 26, S. 75), wobei insbesondere die erziehungswissenschaftlichen Teildisziplinen aufgefordert wurden, für ihre Bereiche eigene Kerncurricula zu entwerfen. Auf einer Tagung Ende Oktober 2003 haben Vertreter der Teildisziplinen mit Mitgliedern der Strukturkommission, die im Juni 2003 einen leicht veränderten Entwurf ihrer „Empfehlungen für ein Kerncurriculum" vorgelegt hat, und des Vorstands versucht, sich auf einen gemeinsamen Entwurf eines Kerncurriculums zu verständigen, der die Anschlussfähigkeit der Teildisziplinen ermöglichen soll (VP 23.5.2003, TOP 9; VPK 5.7.2003, TOP 4).

Die Diskussion um ein Kerncurriculum ist also nicht beendet, sondern erhält vor dem Hintergrund der Neugestaltung von konsekutiven Studiengängen und deren Akkreditierung erneute Brisanz, kann man sich doch des Eindrucks eines neuerlichen Wildwuchses „pädagogischer" Studiengänge nicht erwehren.

7.5 Neustrukturierungen – Bachelor- und Masterstudiengänge in der Diskussion

Die Diskussionen um die Einführung konsekutiver Studiengänge erreichten Ende der 1990er Jahre selbstverständlich auch die DGfE, die sich um die Umgestaltung der erziehungswissenschaftlichen Studiengänge Gedanken machte und im Januar 1999 die Strukturkommission damit beauftragte, eine „Stellungnahme zur Einführung neuer Studiengänge und Abschlüsse (BA, MA)" vorzubereiten (vgl. Bericht und Empfehlungen 1999). Unter Federführung von Marianne Horstkemper legte die Kommission dem Vorstand die Empfehlung vor,

„für eine gezielte Entwicklung und Erprobung innovativer Studiengangskonzepte mit den Abschlüssen BA bzw. MA im Fach Erziehungswissenschaft in Modellversuchen unter geeigneten Rahmenbedignungen einzutreten. Eine flächendeckende Einführung ohne spezifische Prüfung erscheint dagegen derzeit nicht ratsam." (Bericht und Empfehlungen 1999, S. 16)

Auf der Grundlage der rechtlichen Rahmenbedingungen hat die Kommission die Spezifik konsekutiver Studiengänge sowie die Hoffnungen und Erwartungen, die mit ihnen verbunden sind, im Allgemeinen und im Besonderen im Hinblick auf die erziehungswissenschaftlichen Studiengänge herausgearbeitet. Insbesondere im Hinblick auf die Lehrerbildung wurden die Vorgaben der KMK als „nicht verträglich" (ebd., S. 27) bezeichnet, weil sie für das BA-Studium auf die Konzentration auf ein Kernfach setzten und damit nach Eindruck der Kommission die grundständige Lehrerbildung ausgehebelt würde. Bei prinzipieller Zustimmung zu einzelnen Momenten der Neustrukturierung (Modularisierung, credit points, Qualitätssicherung; klarere Orientierung für Studierende), wurden von der Kommission doch auch Probleme benannt, die entstehen könnten, wenn z.B. durch die curriculare Struktur die Freiheiten des Studiums für Lehrende wie für Studierende eingeschränkt werden könnten, die Etablierung neuer Strukturen nicht die beabsichtigten Effekte nach sich zöge, die alten Strukturen aber zerstört seien oder die finanziellen Anreize zur übereilten Einführung der neuen Strukturen führten, die dann nach der Erprobungsphase von den Hochschulen nur mit großen Schwierigkeiten oder gar nicht weitergeführt werden könnten.

Die Erprobung der neuen Studiengänge müsse darum nach Ansicht der Kommission auf die Einhaltung bestimmter Bedingungen achten.

„Gesichert werden müssen:
- ein klares curriculares Profil, das teilweise mit anderen Studiengängen verflochten sein kann, dabei aber hinreichend konturiert bleibt und modular aufgebaut ist bei sinnvoller Vernetzung inhaltlicher Bereiche auf verschiedenen Anforderungsniveaus,
- eine breite Anlage des BA-Studiengangs mit einem hohen Anteil obligatorischer Studien und Vertiefungsmöglichkeiten in späteren Studienabschnitten,
- eine auf Spezialisierung und stärkere Wahlmöglichkeiten angelegte Studienstruktur das MA-Studiengangs mit klarer theoretischer und Forschungsausrichtung;
- ein deutlich erkennbarer Berufsbezug in beiden neuen Studiengängen, einschließlich aussichtsreicher Kooperationsbezüge mit Einrichtungen des regionalen Arbeitsmarkts, damit die Erschließung zukunftsfähiger Berufsfelder gesichert ist;
- eine Relation von Studierenden und Lehrenden, die arbeitsfähige Lerngruppen in wissenschaftlichen wie praxisorientierten Studienangeboten erlaubt;
- ein hinreichend ausgebautes Beratungs- und Betreuungssystem, das die orientierende Wirkung des modularisierten Aufbaus und der studienbegleitenden Leistungsbewertung unterstützt." (ebd., S. 36)

Empfohlen wurde also die „kontrollierte Erprobung", bevor man sich ganz auf das Wagnis einlässt – ein frommer Wunsch, wie man jetzt schon im Rückblick auf manche Entwicklungen feststellen muss.

Im Zusammenhang mit der Erprobung sollte die Akkreditierung und Qualitätssicherung der Modellversuche stehen. Die DGfE beteiligte sich in der Folge auch intensiv an den Vorarbeiten zur Gründung einer „Akkreditierungsagentur für Studiengänge in den Bereichen Soziales und Gesundheit, Bildung und Erziehung, Gesellschaft und Kultur, Medien und Geisteswissenschaften" (ASBEK). Zunächst war lediglich eine Akkreditierungsagentur für Bildungsberufe im Gespräch (vgl. VP 18.9.2000, TOP 6; dazu Unterlagen in 19.12). Mit der Zeit wurde das Spektrum der Partnerorganisationen und damit auch der Studiengänge ausgeweitet, die von dieser Akkreditierungsagentur begutachtet werden sollten (vgl. die weiteren VPe der Vorstandsperiode 2000 - 2002). Im Sommer 2001 wurde ein Satzungsentwurf für ASBEK vorgelegt, doch besetzen seit einiger Zeit andere Agenturen den Markt: die „weitere Entwicklung" sei offen, wurde im Frühjahr 2002 konstatiert (VP 28./29.4.2002, TOP 5.1). Inzwischen hat sich der Vorstand aus ASBEK zurückgezogen und für die Mitgliedschaft bei ACQUIN (Akkreditierungs-, Certifizierungs- und Qualitätssicherungs-Institut e.V.) entschieden (VPe 8./9.2.2003 und 23.5.2003, jeweils TOP 7; VPK 5.7.2003, TOP 3; vgl. EW 14 (2003) 27, S. 138f.), mit der Maßgabe, bei der Benennung von Gutachtern mitwirken zu können.

Im Zusammenhang mit der Akkreditierung ist auch die Evaluationsproblematik zu sehen. Auch in diesem Bereich ist die DGfE aktiv, etwa in der Erarbeitung eines „Evaluationskatalogs für die Erziehungswissenschaft" (vgl. EW 9 (1998) 17, S. 96ff.), und zuletzt in Zusammenarbeit mit dem Erziehungswissenschaftlichen Fakultätentag. Im Juli 2003 fand eine entsprechende Fachtagung zur „Evaluation in der Erziehungswissenschaft" statt, auf der Vertreter beider Vereinigungen auftraten.

7.6 Erziehungswissenschaft an den Universitäten – Strukturfragen

Kontinuierlich hat sich die DGfE den Problemen der erziehungswissenschaftlichen Ausbildung zugewandt, wobei die Erarbeitung der Rahmenordnungen für den Diplom- und den Magisterstudiengang, der Stellungnahmen zu Problemen der Lehrerbildung und zu Vorstellungen eines Kernstudiums/Kerncurriculums lange Zeit von ad-hoc-Kommissionen bzw. vom Vorstand bzw. einzelnen Vorstandsmitgliedern oder von den Kommissionen/Sektionen übernommen wurde. Schon 1974 hatte Hans Thiersch die Frage gestellt, ob es nicht einer ständigen Kommission zum Thema Studiengänge bedürfe (VP 11.7.1974, TOP 8). Auch 1986 wurden Überlegungen zu einer ständigen Ausbildungskommission, parallel zur damaligen Forschungskommission (vgl. Kap. 6.3), angestellt, aber dann doch nicht realisiert, sondern das Vorstandsmitglied Luise Wagner-Winterhager beauftragt, Daten zu den erziehungswissenschaftlichen Studiengängen zu sammeln (VP 5./6.12.1986, TOP 7.9). Dies sollte geschehen durch Befragung der Kontaktmitglieder an den Hochschulen (vgl. Wagner-Winterhager 1990), womit man eine Idee von 1983 wieder aufnahm, als schon einmal eine Erhebung der „Entwicklungstendenzen in den erziehungswissenschaftlichen Studiengängen" durch Anschreiben an ausgewählte Mitglieder der DGfE erwogen worden war, um daraus eine „Denkschrift zur Lage und zur weiteren Entwicklung erziehungswissenschaftlicher Studiengänge in der Bundesrepublik" zu erarbeiten (VP 27./28.4.1983, TOP 5).

Die Kommission „Pädagogische Studiengänge", die 1990 unter dem Vorsitz von Maria-Eleonora Karsten installiert wurde, war ebenfalls eine nicht auf Dauer gestellte Vorstandskommission, die sich den drängenden Fragen der Neuordnung erziehungswissenschaftlicher Studien in der DDR bzw. den neuen Bundesländern, aber auch den Entwicklungen der Studiengänge in der alten Bundesrepublik zuwenden sollte (VPe 17./18.6.1990, TOP 6.b, und 13.8.1990, TOP 7). Darüber hinaus standen bereits Fragen nach dem „für alle pädagogischen Studiengänge verbindlichen Kern erziehungswissenschaftlichen Wissens" auf der Tagesordnung.

1993 hielt es der Vorstand „für angezeigt, aus der Disziplin heraus eigene Beiträge und Vorschläge" zu Fragen der erziehungswissenschaftlichen Studiengänge zu entwickeln (vgl. Berichte und Mitteilungen des Vorstands, EW 4 (1993) 7, S. 40), und setzte eine neue Vorstandskommission ein, die sich mit Strukturfragen der Erziehungswissenschaft in Lehre, Forschung und Studium befassen sollte. Die später so benannte „Vorstands-Kommission für Strukturberatung in der Erziehungswissenschaft", kurz „Strukturkommission", hat unter der Leitung von Carl-Ludwig Furck seither nicht nur verschiedene erziehungswissenschaftliche Fachbereiche an Universitäten auf deren Anfrage hin beraten, sondern sich auch intensiv mit Fragen des erziehungswissenschaftlichen Studiums beschäftigt.

Darüber hinaus befasste sie sich intensiv mit Strukturfragen der Erziehungswissenschaft an den Hochschulen, mit der Evaluationsproblematik sowie den Fragen der Akkreditierung. Aus dieser Arbeit heraus entwickelten sich im Laufe der Zeit zwei neue Kommissionen: 1995 zunächst eine Unterkommission, ab 1997 eine eigenständige „Kommission für Evaluierungsfragen in der Erziehungswissenschaft" (VPe 20.10.1995, TOP 4.1; 6./7.7.1997, TOP 4.1) sowie 1998 aus der Erkenntnis, dass eine Dauerbeobachtung der Disziplin wünschenswert wäre, eine ad-hoc-Kommission, die später als Kommission „Grund- und Strukturdaten der Erziehungswissenschaft" firmierte und seit dem Jahr 2000 im „Datenreport Erziehungswissenschaft" eine kontinuierliche Berichterstattung über die Entwicklungen der Disziplin vorgelegt hat bzw. vorlegt (vgl. Otto u.a. 2000; Merkens u.a. 2002; Tippelt u.a. 2004). Mit dem Datenreport wurde die Selbstbeobachtung der Disziplin fortgesetzt, erweitert und auf Dauer gestellt, die als Aufgabe der Forschungskommission (vgl. Kap. 6.3) sowie in spezifischer thematischer Engführung in den Studien von Kuckartz und Lenzen über die Situation des wissenschaftlichen Nachwuchses (vgl. Kuckartz/Lenzen 1986, dies. 1994) ihren Anfang genommen hatte.

Die Strukturkommission sah ihre Aufgabe von Beginn an darin,

„ortsbezogen und studiengangsspezifisch Erfahrungen zu bündeln, Neuerungen zu prüfen und Diskurse über weitere Profilierungen anzuregen, so daß es im Endeffekt zu einer übergreifenden institutionalisierten Stärkung der Erziehungswissenschaft in Lehre, Forschung und Studium kommen kann" (Ergebnisvermerk zur ersten Sitzung der Strukturkommission am 1.7.1994; 16.3).

Die Hauptaufgabe der Strukturkommission bestand bzw. besteht in der Beratung erziehungswissenschaftlicher Institute und Fachbereiche. Auf ihren eigenen Antrag hin wurden bislang die einschlägigen Einrichtungen in Bremen, Erfurt, Hamburg, Siegen und Vechta im Hinblick auf die Personalstruktur, Institutsgliederung und Lehrangebotsplanung beraten (16.3; 16.5; 17.14; 18.17).

7.7 Defensive und offensive Fachpolitik

Mit der Lehrerbildung und den erziehungswissenschaftlichen Hauptfachstudiengängen ist die Erziehungswissenschaft an den Universitäten und Pädagogischen Hochschulen vertreten. Innerhalb dieser Studiengänge waren und sind unterschiedliche Probleme und Handlungsmöglichkeiten gegeben – in der Lehrerbildung ist eher Defensive, bezüglich der Hauptfachstudiengänge eher Gestaltung zu konstatieren. Beide lassen sich bündeln in Überlegungen zum fachlichen Kern erziehungswissenschaftlicher Studien. Im Rückblick auf die Stellungnahmen, Entschließungen und Vorschläge der westdeutschen Universitätspädagogen und der DGfE zu den erziehungswissenschaftlichen Studien ist das frappierendste, aber nicht unbedingt überraschende Ergebnis, dass zentrale Probleme immer wieder neu diskutiert wurden: die Bedeutung der Erziehungswissenschaft für künftige Lehrer wird heute wieder in Frage gestellt wie vor Jahrzehnten; eine gemeinsame Grundlegung der verschiedenen erziehungswissenschaftlichen Studiengänge wird angemahnt, aber bisher nur in Ansätzen erreicht; ein verbindlicher Orientierungsrahmen wird gesetzt, aber in einer solchen Offenheit, dass die Differenzierungsmöglichkeiten die Intentionen konterkarieren können, zumal wenn die Schaffung neuer Studiengänge nach dem BA/MA-Modell scheinbar die Abkehr von vorhandenen Rahmenordnungen erlaubt.

Die westdeutschen Universitätspädagogen und die DGfE hatten bei ihren Stellungnahmen einerseits immer die Erziehungswissenschaft insgesamt im Blick (Einheitlichkeit), waren sich aber andererseits auch der Vielfalt der verschiedenen Konzeptionen bewusst (Differenzierung und Pluralität); zugleich sollten die Notwendigkeit der Vorbereitung auf einen pädagogischen Beruf und die eigene disziplinäre Existenz (wissenschaftlicher Nachwuchs, Stellen) berücksichtigt werden. Vor diesem Hintergrund gesehen konnten nur Erklärungen entstehen, die Einheitlichkeit in der Pluralität und Praxisorientierung in wissenschaftlicher Perspektive fordern. Mehr zu erwarten, würde die Möglichkeiten solcher Organisationen ignorieren.

8. Bildungs- und hochschulpolitisches Mandat

Die Frage, ob sich die DGfE in öffentliche Debatten um Bildungsreform und Hochschulpolitik einmischen sollte oder gar müsste, ob sie eher nur zurückhaltend Stellung beziehen oder besser in der Politikberatung überhaupt Abstinenz walten lassen sollte, diese Frage wurde in den verschiedenen Phasen ihrer Entwicklung mal offensiv, mal defensiv beantwortet. Gelegentlich, verstärkt in den siebziger Jahren und im letzten Jahrzehnt ihrer Geschichte, wurde eine intensivere fach- und bildungspolitische Diskussion mit Binnen- und Außenwirkung geradezu gefordert. In ihren Anfängen aber übte die DGfE bildungspolitische Zurückhaltung. Das entsprach ihrem Selbstverständnis als Wissenschaftsorganisation, gewiss auch dem der meisten ihrer Mitglieder. Im Bericht über die Mitgliederversammlung der DGfE am 30.4.1966 in Würzburg (verfasst von Wolfgang Scheibe und abgedruckt in der Zeitschrift für Pädagogik 12 (1966), S. 274-276) wird aus Otto Friedrich Bollnows Rechenschaftsbericht ausführlich, weil von grundsätzlicher Bedeutung, referiert:

„Es kann nicht die Aufgabe der Gesellschaft für Erziehungswissenschaft, wie auch nicht anderer wissenschaftlicher Gesellschaften sein, durch Resolutionen oder andere Verlautbarungen unmittelbar in die Schul- und Bildungspolitik einzugreifen. Hierin unterscheidet sie sich von für bestimmte Aufgaben berufenen Sachverständigengremien. Es würde auch der notwendigen Offenheit einer wissenschaftlichen Gesellschaft widersprechen, wenn sie durch Resolutionen, die auf Mehrheitsbeschlüssen beruhen, Majorisierungen in ihrem Mitgliederkreise vornehmen und sich in bestimmten Richtungen festlegen würde."

Noch 1985 wiederholte und bekräftigte Bollnow seine damalige Auffassung über die Aufgaben der DGfE: „Eine Stellungnahme zu aktuellen Fragen der Bildungspolitik schien mir nicht zu ihren Aufgaben zu gehören." (Brief Bollnow an Helmut Heid vom 5.9.1985; 12.19) Diese Position war schon in den Anfangsjahren unter den jüngeren Erziehungswissenschaftlern nicht unwidersprochen geblieben, und auch Heinrich Roth, damals Mitglied der Bildungskommission des Deutschen Bildungsrates, betonte, dass die „Mitarbeit mit Sachverständigen-Gutachten bei bildungspolitischen Entschlüssen und Entscheidungen" ebenso wichtig sei wie Bollnows vorrangige Zielsetzung, die „offene Kommunikation der pädagogischen Schulen und Richtungen zu deren gegenseitigem Nutzen und Ausgleich zu pflegen". Roth hielt seine Erfahrungen aus der Bildungskommission dagegen: Sie „erwartet wohl umgekehrt gerade die Mitarbeit der Pädagogen im Sinne von Sachverständigen" (Roth am 12.5.1966 an Andreas Flitner; 4.1). Der hier angesprochene Dissens blieb latent unentschieden in der weiteren Geschichte der DGfE.

Wolfgang Klafki nannte die „Öffnung zu bildungspolitischen Problemstellungen", die Frage, „wie weit Erziehungswissenschaft sich verpflichtet fühlt oder befähigt fühlt, zu bildungspolitischen Fragen Stellung zu nehmen", ein

„über die gesamte Zeit hinweg [...] schwieriges Problem [...], ein virulentes Problem" mit „höchst unterschiedlichen Positionen", das sogar in den siebziger Jahren einen „Spaltungsversuch" der DGfE zeitigte. Nicht jede bildungspolitische Option habe der Vorstand „um der Gesellschaft willen" befürworten oder mittragen können, selbst wenn „das manchmal schmerzlich" war. Wann der Vorstand in brisanten Fragen offene Worte sprechen könne oder müsse, dafür könne es außerhalb konkreter Situationen – nach Klafki – „kein Mittel und keine Strategie", „Ratschläge, Regeln oder [...] Prinzipien" geben. Allerdings berührten diese Überlegungen auch den „wissenschaftspolitischen Gesichtspunkt der Präsentation unserer Disziplin und der Forderungen, die sie stellen muss [...] gegenüber unterschiedlichsten [...] Parteigruppierungen" (RG, S. 21 f.).

Es brauchte in der Regel eine konkrete, ihr Selbstverständnis als Fach- und Standesorganisation tangierende Herausforderung, wenn sich die DGfE auf eine Resolution oder eine Stellungnahme verständigen, in selteneren Fällen zu einem Protest bereit finden konnte. Immer war dann ein langwieriger und strittiger Prozess interner Abklärungen vorangegangen.

8.1 Konkrete bildungs- und wissenschaftspolitische Herausforderungen – grundsätzliche Erwägungen

Im gesellschaftspolitisch viel zitierten Jahr 1968 begannen die Planungen für den Kongress 1970 in Berlin. Er sollte unter dem Thema: „Erziehungswissenschaft – Bildungspolitik – Schulreform" stehen. Damit war im vierten Jahr nach ihrer Gründung als DGfE auch die Erziehungswissenschaft – ganz gegen ihre ursprünglichen Absichten, aber vor allem da, wo sie sich als Sozialwissenschaft zu explizieren begann – an dem allgemeinen Politisierungsprozess von Gesellschaft und Wissenschaft aktiv beteiligt. Die DGfE wollte und musste Flagge zeigen, was einschloss, auch ihr eigenes Verhältnis zur Politik, namentlich zur Bildungs- und Schulpolitik zu klären und offensiv zu vertreten. Der Vorstand stellte sich der Herausforderung, zunächst mit der Verkündung des gewählten Kongressthemas, das er ausdrücklich mit einem eigenen Mandat und partizipatorischem Impetus begründete: „Das Thema des Kongresses geht auf das aktuelle Interesse der deutschen Erziehungswissenschaft zurück, an der Entwicklung der Bildungsreformpolitik in der Bundesrepublik aktiv mitzuwirken und erziehungswissenschaftliche Erkenntnisse in den Reformprozessen zur Geltung zu bringen." Dies sollte in doppelter Weise, in der „Unterscheidung zweier grundlegender Aufgabenstellungen" in „wechselseitiger Anregung" geschehen:
1. in der „wissenschaftlichen Objektivation der gegenwärtig in der BRD stattfindenden, seit einigen Jahren beschleunigten Veränderungsprozesse auf dem Gebiet des Bildungswesens". Als Gegenstandsbereiche solcher „Tatbestandsaufnahme" wurden „politische, soziale, ökonomische, wissenschaftli-

che, technische, kulturelle Gründe und Bedingungen der gegenwärtigen Bildungsreformbewegungen" sowie die „Rolle institutioneller Träger und Initiatoren der Reformprozesse" genannt, aber auch der „Ablauf bildungspolitischer Entscheidungsprozesse" selbst sowie die Rolle der (pädagogischen) Öffentlichkeit und die Realisierung von Bildungsmodellen.
2. in der „kritischen Reflexion der faktischen Innovationsprozesse" mit dem Ziel,

„die schulreformerischen Vorstellungen der Erziehungswissenschaft mit oder gegenüber den Reformbewegungen zu präzisieren, die wissenschaftsmethodologischen Implikationen dieser Zielvorstellungen herauszuarbeiten und im gleichen Zusammenhang die in die Reformprozesse und Planungen stets schon eingehenden Wissenschaften und ihre Methoden pädagogisch-kritisch zu überprüfen, und schließlich die praktisch-politischen Konsequenzen und Möglichkeiten für die Durchsetzung erziehungswissenschaftlicher Zielvorstellungen und Verbreitung erziehungswissenschaftlicher Erkenntnisse zu erfassen (etwa: Konstituierung einer informierten pädagogischen Öffentlichkeit als Träger von Reformprozessen)" (VP 10./11.1.1969, TOP 5a; vgl. Kap. 5.3).

Sprachduktus und Argumentationsweise dieser als „durchgängige Leitthemata" gedachten Aufgaben für die inhaltliche Kongressgestaltung belegen deutlich den Entwicklungsstand und die Zeitbedingtheit der Erziehungswissenschaft wie der DGfE. Selbstvergewisserung über die Ziele wissenschaftlicher Erkenntnis und die Nutzung valider Methodenrepertoires wurden hier mit der eindeutigen Option verbunden, im Reformprozess nicht nur eine vernehmliche Stimme zu haben, sondern auch für die Konstituierung einer pädagogischen Öffentlichkeit verantwortlich zu sein. Aufklärung über Ist-Zustände hat eine Stoßrichtung: Von der kritischen Reflexion gilt es fortzuschreiten zur Präzision eigener erziehungswissenschaftlich begründeter Reformvorstellungen – „mit" oder „gegenüber" den aktuellen Reformbewegungen –, um diese dann auch praktisch-politisch durchsetzbar zu machen. Deutlicher konnte das wissenschaftliche, pädagogische und politische Mandat nicht formuliert werden. Es war dann nur noch konsequent, Teilbereiche der aktuellen Bildungsreformbewegungen herauszugreifen, in denen entscheidende Innovationen diskutiert und realisiert wurden: Elementarerziehung inklusive Vorschulerziehung, Gesamtschule, Berufsausbildung, bildungspolitische Entscheidungsprozesse/pädagogische Öffentlichkeit. Wie aber sollte und konnte das hier so pointiert herausgestellte Mandat von einer Fachgesellschaft mit bildungs- und wissenschaftspolitisch durchaus heterogen optierenden Mitgliedern zwar ggf. kontrovers diskutiert, doch praktisch-politisch möglichst konfliktfrei eingelöst werden?

Aus gegebenem Anlass – die Kommission für Lehrerbildung plante „etwaige Stellungnahmen zur Lehrerbildung zu veröffentlichen" – mühte sich der Vorstand 1973 um eine Unterscheidung zwischen „Stellungnahmen zu wissenschaftlichen Problemen und aktuellen bildungspolitischen Fragen". Vorsicht schien ihm offenbar geboten, denn er wollte letztere mit ihm „abgeklärt" sehen und beantragte darum auf der nächsten Mitgliederversammlung, dass ihm „das

Mandat zur Veröffentlichung von Stellungnahmen zu bildungspolitischen Fragen erteilt wird" (VP 9.10.1973, TOP 3f.). In der Tendenz zu mehr Zurückhaltung, gepaart und begründet mit der Verpflichtung zur Integration statt Duldung zentrifugaler Entwicklungen, beschloss der Vorstand 1974, keine „bildungspolitischen Leitlinien in programmatischer Absicht" zu formulieren. Er wollte sich darauf beschränken, „einzelne, besonders gravierende Probleme, zu denen eine Stellungnahme nötig, vertretbar und ohne Überstrapazierung der divergierenden Mitgliedermeinungen möglich erscheint, aufzugreifen". Das bildungspolitische Mandat beanspruchte er gleichwohl und wollte er auch nicht aus der Hand geben (VP 18.5.1974, TOP 3). Konkret beriet und beschloss der Vorstand eine Stellungnahme in Form einer Presseerklärung zur „Situation der Erziehungswissenschaft" (besonders zur Ausbildungssituation der Studenten im Hauptfach Pädagogik, über Bedarfsprognosen für Diplom-Pädagogen, zur Sicherung des akademischen Nachwuchses, die auch den zuständigen Referenten in den Kultusministerien der Länder, den Vorsitzenden der Kulturausschüsse der Landtage und des Bundestages sowie der „Gewerkschaft Erziehung und Wissenschaft" zugehen sollte (VPe 11.7.1974, TOP 8; 8.11.1974, TOP 3). Das Vorstandsprotokoll vom 11.4.1975 berichtet von einem enttäuschenden Ergebnis der für den 11.3.1975 einberufenen Pressekonferenz in München. Die Beteiligung war gering, der Verlauf nicht sehr ergiebig. Die schriftlichen Reaktionen hingegen waren zahlreicher und die vom Vorstand edierte Dokumentation war auch sehr gefragt (ebd., TOP 4).

Noch ganz unter dem Eindruck dieser Pressekonferenz – es waren 120 Journalisten, davon 40 in München ansässig, eingeladen worden, aber „kaum eine Handvoll Gäste" erschienen – schrieb Herwig Blankertz an Wolfgang Klafki, der eine Stellungnahme der DGfE zur Fortsetzung des Bildungsrates „sehr naheliegend" fand. Blankertz hatte selbst schon daran gedacht, fürchtete nun aber, dass eine solche Stellungnahme ziemlich spät herauskäme und fand außerdem fraglich, „ob sich jemand dafür interessiert". Die Zeitungen, die über den Bildungsrat etwas schreiben wollten, hätten dies bereits getan und wären wohl kaum durch „ein Wort unserer Gesellschaft" zu einer erneuten Aufnahme des Themas zu veranlassen.

„Ich bin da ziemlich pessimistisch [...]. Aus dem großen Topf der Bildungspolitik interessiert die Öffentlichkeit z. Zt. nur die Numerus clausus-Problematik an den Hochschulen und der entsprechende Sachverhalt bei den Lehrstellen, allenfalls noch die sog. ‚Lehrerschwemme' und die Jugendarbeitslosigkeit. Es fragt sich, ob wir unter diesem Gesichtspunkt noch einmal das Thema der Rahmenabiturprüfungsordnungen und der sog. ‚Normbücher' aufnehmen sollten. Wir hatten ja seinerzeit einen Brief an den Präsidenten der KMK geschickt, doch war außer einer unverbindlich freundlichen Antwort darauf nichts erfolgt. Inzwischen hat Herr Flechsig den Vorschlag gemacht, mit einer deutlich formulierten Analyse den Unfug der ‚Normbücher' in der Öffentlichkeit publik zu machen. Mit diesem Thema wären wir dann gleichsam die ‚Ersten' in der Diskussion. Vielleicht könnten wir damit noch ein gewisses Interesse der Journalisten erwecken. Möglicherweise könnte man dann daran eine kleine Bemerkung auch zu Gunsten des Bildungsrates anhängen, etwa in dem Sinne, daß die Kultusminister besser beraten wären, sich des Bildungsrates für solche heiklen Probleme zu bedienen und dessen Vorschläge zu befolgen, statt in einer Geheimaktion von einer wissenschaftlich gänzlich unberaten gebliebenen Bürokratie Festlegungen in der Art der Stiehlschen Regulative vorzunehmen [...]. Der Appell zur Kollegstufe NW ist von 208 Kollegen unterzeichnet worden; das sind mindestens doppelt so viel wie ich für möglich gehalten hatte. Der Text wird in den nächsten Tagen an die Adressaten und die Presse gehen; ich bin sehr gespannt, ob er etwas Aufmerksamkeit finden wird. Er könnte unter bestimmten Bedingungen auch eine Rolle im Wahlkampf spielen – vielleicht kann er einen kleinen Beitrag zu unserem Bemühen leisten, das fast schon verhängte Unheil doch noch abzuwenden." (Brief vom 14.3.1975; 6.4; der erwähnte erste Entwurf von Karl-Heinz Flechsig „Normbücher – das Ende der Bildungsreform?" in 3.4)

Mit neuem Mut beschloss der Vorstand die von Blankertz als noch potentiell effektiv eingeschätzten Stellungnahmen zu den Planungen für eine Rahmenabitursordnung bzw. für sog. Normbücher zur zentralisierten Regelung von Prüfungsanforderungen im Abitur (VPe 11.4.1975, TOP 5; 10.9.1975, TOP 4). In der zugehörigen Presseerklärung kritisierte die DGfE die unterstellten Voraussetzungen, besonders den Voraussagewert von Abiturnoten für den Studienerfolg, und verwies auf die problematischen Nebeneffekte von Normbüchern. Sie beklagte deren kurzfristige inkompetente Erstellung sowie inhaltlich eine zu enge Fachorientierung, überanstrengten Leistungsdruck und fehlenden Berufs- und Anwendungsbezug. Die Folgen wurden aufgewiesen und zuletzt unter den Vorschlägen auch eine Selbstempfehlung vorgenommen:

„In der Bundesrepublik gibt es genügend erziehungswissenschaftlichen Sachverstand, um Lösungen zu ermöglichen, die die angestrebte Vergleichbarkeit der Reifeprüfungen sichern, ohne zugleich alle Reformansätze stillzulegen und die Ergebnisse von anderthalb Jahrzehnten Bildungswerbung rückgängig zu machen. In diesem Zusammenhang sieht die DGfE einen wichtigen Grund, den Deutschen Bildungsrat beizubehalten. Eine Frage von einer so einschneidenden Bedeutung wie der bundeseinheitlichen Rahmenabiturprüfungsordnung mit vielfältigen Rückwirkungen auf die Organisation und die Inhalte des gesamten Bildungswesens, sollte nicht ohne Mitwirkung eines unabhängigen wissenschaftlichen Beratungsgremiums definitiv beschlossen werden." (Presseerklärung vom 9.5.1975 zum „,'Normenbuch' (bundeseinheitliche Richtlinien für das Abitur)"; 3.4)

Die Mitgliederversammlung des Duisburger Kongresses stimmte mehrheitlich dieser Vorstandsinitiative zu. Zu den Kritikern dieses Beschlusses gehörte Elfriede Höhn. Ihr versicherte Blankertz, dass er sich als Vorsitzender der DGfE darum bemühen werde, „unsere Gesellschaft als eine Vereinigung von Wissenschaftlern zusammenzuhalten und zu vergrößern, nicht durch einseitige Politisierung zu zerstören" (Brief vom 14.4.1976; 7.5).

Als der Bund demokratischer Wissenschaftler der DGfE 1977 eine Zusammenarbeit anbot, zog sich der Vorstand sofort wieder auf seine Grundlinie zurück: Der Vorsitzende sollte

„in seiner Antwort zum Ausdruck bringen, daß die DGfE in erster Linie so etwas wie ein Berufsverband ist, deren Mitglieder auch unterschiedliche gesellschaftspolitische Orientierungen vertreten. Eine Zusammenarbeit würde sich von daher eigentlich nur da ergeben, wo bestimmte bildungspolitische oder erziehungswissenschaftliche Interessen angesprochen sind." (VP 28.1.1977, TOP 8)

Einen solchen Anlass der Interessenberührung sah man schon bald gegeben. Zugunsten des Bielefelder Oberstufenkollegs wurden wenige Monate später verschiedene Initiativen ergriffen, da man zu dieser Zeit als eine allgemeine Tendenz beobachtete, verschiedene Reformen der sechziger Jahre wieder rückgängig zu machen (VP 27.5.1977, TOP 3.1). Dem wollte man Einhalt gebieten. Von den seinerzeit 703 Mitgliedern der DGfE stimmten 650 der Resolution zum Erhalt des Oberstufenkollegs zu (MVP 10.3.1978, TOP 2, in Tübingen; 3.4).

Das Forum „Mut zur Erziehung" stellte eine neuerliche und besonders brisante, weil strittige Herausforderung an das bildungspolitische Selbstverständnis der DGfE dar. Kurz vor dem Tübinger Kongress 1978 waren die Thesen des Forums „Mut zur Erziehung" veröffentlicht worden. Da „holte uns die politische und die bildungspolitische Situation voll ein", erinnerte sich der damals gerade zum Vorsitzenden der DGfE gewählte Hans Thiersch. Im Vorfeld des Kongresses hatte es bereits eine „sehr dramatische Auseinandersetzung" darüber gegeben, ob der „Vorstand als Vorstand sich gegen diese Thesen wenden soll oder nicht". Man verzichtete darauf, ließ aber „Protestlisten gegen die Thesen" auslegen,

„die wir demonstrativ vorneweg unterschrieben hatten, aber als Individualgelehrte. Ich denke, das war im Prinzip für die Entwicklung der Gesellschaft für Erziehungswissenschaft richtig, weil sie ja sehr unterschiedliche Lager hatte und auch dieses ja nicht ein Angriff [...] von außen war".

Es habe durchaus eine Gruppe von Kollegen gegeben, die hinter diesen Thesen stand. Man habe die DGfE nicht dadurch gefährden wollen, „dass man ganz einseitig sich auf eine Seite schlägt". Immerhin sei man „politisch" genug gewesen, den Verdächtigungen und Unterstellungen gegen einige Kollegen, nämlich kommunistisch unterwanderte Vertreter der „Pädagogik der neuen Linken" zu sein, nicht noch durch die Vergabe eines in dieser Weise polarisierenden Hauptvortrags auf dem Kongress Raum zu geben. Ohnedies habe „der politische Charakter oder der seltsam aufgeregte Charakter des Kongresses" noch genug anderen brisanten Stoff gegeben, den Hans Thiersch mit teils komischen, teils im Nachhinein kaum noch fasslichen Episoden aus seinen Erinnerungen zum Ergötzen seiner Zuhörer schilderte (RG, S. 8f.). Das seinerzeitige Kongressklima fing Hans Thiersch mit der Bemerkung ein: „Die Erziehungswissenschaftler waren sich in sich selbst und in ihrer Fortschrittlichkeit [...] sehr sicher". War der baden-württembergische Kultusminister Kurt Hahn auf dem Kongress in seiner Begrüßungsrede, die sich stark an die Thesen „Mut zur Erziehung" anlehnte, ausgelacht worden, konnte der aus eben diesem Amt in Hessen entlassene Ludwig von Friedeburg am Schluss des Kongresses „auf den Wogen begeisterter Zustimmung sprechen" (ebd.).

Auf der Mitgliederversammlung dieses durch die vorangegangenen Ereignisse überraschend politisch gewordenen Kongresses kam es in der Diskussion über den Rechenschaftsbericht des Vorsitzenden Herwig Blankertz zu grundsätzlichen Überlegungen und Entscheidungen über das politische Mandat. Hartmut von Hentig eröffnete die Debatte mit der Frage, „ob und in welcher Weise die DGfE sich in der Öffentlichkeit darstellen und zur Geltung bringen sollte". Er plädierte für mehr und systematischere Einwirkung auf die bildungspolitische Lage; die DGfE solle über ihre bisherige Praxis, nur von Fall zu Fall zu bestimmten Einzelfragen öffentlich Stellung zu nehmen, hinausgehen. Denkbar schienen ihm verschiedene Varianten regelmäßiger Berichterstattungen. Doch die Mitgliederversammlung stimmte mehrheitlich dem Antrag von Karl-Heinz Flechsig zu, nach dem der Vorstand das Mandat zur bildungspolitischen Stellungnahme „in der bisherigen Weise" wahrnehmen solle (MVP 10.3.1978; 3.4).

Der Vorstand diskutierte anschließend in mehreren Sitzungen, „ob grundsätzlich und möglicherweise in welcher Form die Diskussion [nach dem Kongress] fortgeführt werden sollte". Eine Fortführung wurde mehrheitlich gewünscht, dafür die Organisation einer Tagung ins Auge gefasst (VP 14.4.1978, TOP 6) oder auch eines Seminars mit dem Arbeitstitel „Mut zur Reform" (VP 27.6.1978, TOP 7 und 8). Schließlich sollte sich auch der nächste Kongress mit „Spannung und Abhängigkeit zwischen Politik und Erziehung" beschäftigen – ein Initiativantrag von Helmut Heid, der davon ausging, „daß auch der Vorschlag einer sogenannten unpolitischen Erziehung als politische Handlung zu diskutieren wäre" (VP 14./15.3.1979, TOP 4).

Dieser Vorstand scheute auch das bildungspolitische Gespräch mit parteipolitischen Arbeitsgruppen nicht – etwa bei der SPD-Fraktion mit der Teilnahme des Staatssekretärs Engholm und der Abgeordneten Dieter Lattmann und Gert Weißkirchen. Die Wiederbelebung der Bildungsreform war dabei ein wichtiges Anliegen. Auch wurde über die Vorteile eines unabhängigen Beraterkreises für das BMBW diskutiert (ebd., TOP 10). Politikberatung war in dieser Phase der Geschichte der DGfE eine offenkundig selbstverständliche und unstrittige Aufgabe. Unmittelbare Folge waren die Verabschiedung verschiedener Resolutionen (vgl. Liste im Anhang) und die Aufforderung an die zuständigen Kommissionen, sich „um Erhebungen und Initiativen auf dem Gebiet gegenwärtiger Schulpolitik" zu bemühen. Der amtierende Vorsitzende Hans Thiersch äußerte in diesem Zusammenhang die „Besorgnis, daß wir uns im Rahmen unseres bildungspolitischen Mandats bisher nicht mit *zentralen* bildungs- und schulpolitischen Fragen beschäftigt haben" (VP 4./5.10.1979, TOP 9 Herv. i. O.; ähnlich VP 17.9.1980, TOP k). Auch in der gemeinsamen Sitzung des Vorstandes mit den Vorsitzenden der Kommissionen am 17.11.1980 beklagte Hans Thiersch,

„daß der Vorstand in Ausübung seines bildungspolitischen Mandats zu oft nur dann zu einer Reaktion käme, wenn Einrichtungen, in denen Mitglieder arbeiten, in ihrer Existenz gefährdet seien. Er forderte die Kommissionen auf, aktuelle Probleme aufzugreifen, den Vorstand zu informieren und Stellungnahmen vorzubereiten." (VPK, TOP 3)

Am Ende von zwei Jahren Amtszeit und einer beachtlichen Beteiligung des Vorstands „an bildungspolitisch relevanten Diskussionen und Symposien" bi-

lanzierte Hans Thiersch: „Daß die Vertretung unserer Aufgaben in der bildungs-
und sozialpolitischen Öffentlichkeit, wie sie in unserer, der Pädagogik so widri-
gen Zeit, notwendig wäre, noch nicht befriedigend gelöst ist, ist uns schmerzlich
bewußt." (DGfE-Arbeitsberichte 1980-1982, S. 2f.)

Zwischen diesen Statements lagen dann in der Tat einige wenige Resolutio-
nen, die von Kommissionen erarbeitet, vom Vorstand überarbeitet und dann als
Vorstandsresolution übernommen wurden (VP 17.9.1980, TOP b). Doch Hans
Thiersch drängte auf Weiteres und Grundsätzlicheres: Er schlug dem Vorstand
vor, eine „umfangreichere Stellungnahme über die Bedeutung der Erziehungswissenschaft für die moderne Gesellschaft in Auftrag" zu geben. Als potentielle
Autoren wurden Wolfgang Klafki, Walter Hornstein, Herwig Blankertz und
Hans Merkens sowie ein bis zwei Vorstandsmitglieder ins Gespräch gebracht
(VP 12.1.1981, TOP 7), die auch ihre Bereitschaft zur Mitarbeit erklärten (VP
19.5.1981, TOP 15). Das Protokoll vom 15.11.1982, TOP 9, erwähnt aber nur
noch den „Plan und die Schwierigkeit" einer solchen Stellungnahme, das vom
24.2.1984, TOP 7, zählt sie immerhin noch einmal zu den vordringlichen Aufgaben. Dann verschwindet die Absicht aus den Vorstandsprotokollen und Akten.

Der neu zusammengesetzte Vorstand unter Vorsitz von Helmut Heid hatte
sich schon bald mit einer anderen Initiative zu befassen, die das bildungspolitische Mandat ernst nehmen und konkretisieren wollte: Andreas Flitner und
Hans Schiefele hatten der DGfE eine Kooperation mit der von ihnen neu definierten und repräsentierten „Akademie für pädagogische Entwicklung und Bildungsreform" angeboten (VP 17.5.1982, TOP 7). Schon in der nächsten Vorstandssitzung informierten Andreas Flitner und Hans Schiefele über die bisherige Entwicklung, über Rechtsformen, Aufgaben und Finanzrahmen der „Akademie"; sie präzisierten ihre Beweggründe und Vorschläge für eine Kooperation. Ziel der Akademie sei – vor allem nach dem Ende des Deutschen Bildungsrates – „die Intensivierung der bildungspolitischen und bildungsreformerischen
Initiativen. Man will damit einen vernachlässigten Bestandteil der erziehungswissenschaftlichen Aktivitäten intensivieren" (ergänzende, nicht vervielfältigte
Notiz Helmut Heids zur Vorstandssitzung vom 17.5.1985, TOP 7; 9.6; vgl. auch
den „Bericht über die Tätigkeit des Vorstandes für die Amtszeit 1982/1984";
10.6.).

Der Vorstand zeigte sich

„in Wahrnehmung seines bildungspolitischen Mandats nachdrücklich an einer Kooperation
interessiert und erklärt[e] sich grundsätzlich zu einer Vereinbarung bereit, die einerseits der
‚Akademie' einen satzungsgemäßen Status in der DGfE verleiht, ihr aber andererseits ein
notwendiges Maß an vereinsrechtlicher und bildungspolitischer Autonomie einräumt".

Die Modalitäten der Kooperation und einer noch zu beschließenden „Vereinba-
rung" erwiesen sich dann aber doch als sehr kompliziert und verlangten viel
Erörterung im Detail (VPe 29.6.1982, TOP 1; 15.11.1982, TOP 8; 17.1.1983,
TOP 5).

In der Erinnerung von Helmut Heid haben sich diese Vorgänge etwas anders festgeschrieben: Die Initiative von Andreas Flitner und die Einladung zur Mitarbeit und zum Engagement in der „Akademie" hätten den Vorstand „sehr unsicher" gemacht, „wie wir uns dazu verhalten sollten". „Ich kann mich sehr gut erinnern, dass wir alle miteinander, auch ich, sehr sehr skeptisch waren und uns sehr zurückgehalten haben." Nachdem der Bildungsrat abgeschafft worden war, habe Andreas Flitner gemeint, dass „unabhängige Beratung" durch ein bildungspolitisches Beratungsgremium nicht mehr vorhanden wäre, man diese selbst „in die eigene Hand nehmen", „wir [...] uns selbst organisieren" müssten, „um die [...] bildungspolitischen Bedingungen unserer Arbeit [...] nicht völlig zu vernachlässigen oder zu veruntreuen". Es hätte „Annäherung" und „Kooperation" gegeben, auch habe man den Eindruck gewonnen und bestätigt gefunden, dass es um „eine komplementäre Aktivität" und nicht um „Konkurrenz" gegangen sei, nämlich „die stärkere Konzentration auf Wissenschaft, auf wissenschaftliche Standards [...], die stärkere Akzentuierung und Berücksichtigung und Betonung der bildungspolitischen Bedingungen von Wissenschaft und Praxis" (RG, S. 17).

Da sich die „Akademie" nicht in den satzungsgemäßen Organisationsaufbau der DGfE eingliedern ließ (vgl. Schreiben Heids an A. Flitner vom 29.11.1982; 10.2), außerdem die DGfE „zu relativer politischer Neutralität verpflichtet ist, während die Akademie gerade politisch dezidiert und pointiert votieren möchte", blieb es letztendlich nur bei einer „informellen Kooperation" (vgl. Aktennotiz Heids vom 5.1.1983 zu einem Telefonat zwischen ihm und A. Flitner am 4.1.1983, zusammen mit weiteren Unterlagen in 10.2; 9.6).

8.2 Resolutionen und Initiativen gegen die Arbeitslosigkeit von Lehrern, Pädagogen, Erziehungswissenschaftlern

In den achtziger Jahren bewegte die wachsende Arbeitslosigkeit von Lehrern und Pädagogen auch die DGfE. Schon anlässlich der Schließung Pädagogischer Hochschulen in Baden-Württemberg hatte die DGfE 1982 und 1983 in umfangreichen Schriftwechseln Helmut Heids mit den hochschulpolitischen Entscheidungsträgern gegen Einsparungen im Bildungssektor protestiert und auf die Folgewirkungen einer nur am „unzuverlässig prognostizierbaren gesellschaftlichen Qualifikationsbedarf" orientierten Bildungspolitik hingewiesen, wobei auch das Thema (Lehrer-)Arbeitslosigkeit eine Rolle spielte (10.2; 10.6; 11.4). Das Problem eskalierte weiter. So beschloss der Vorstand eine Resolution zur Lehrerarbeitslosigkeit, für die Klaus Klemm einen Textentwurf vorlegte, an dem alle Vorstandsmitglieder dann Ergänzungen und Korrekturwünsche anbringen konnten (11.1). Zugleich wurde ein DGfE-Hilfsfonds für arbeitslose Erziehungswissenschaftler geplant, aus dem z.B. „ABM-Beteiligungen oder Vorlaufphasen für DFG-Anträge arbeitsloser Kollegen finanziert werden könnten" (VP 20./21.3.1985, TOP 8; 14./15.6.1985, TOP 4; 11.1). Die Resolution erfuhr 1985 eine breitgestreute Veröffentlichung (dpa, überregionale Tageszeitungen, wissenschaftliche Zeitschriften, Lehrerverbandsblätter, sämtliche Kultus- und Wissenschaftsministerien, zuständige Ausschüsse der Parlamente, Kontaktmitglieder der DGfE). In den Akten finden sich viele zustimmende, wohlmeinende und substantiell argumentierende Rückmeldungen, und zwar sowohl aus den Bundestagsfraktionen, Bundes- und Landesministerien wie auch aus den Universitäten.

Am 24.10.1986 stimmte der Vorstand einer Stellungnahme zu, die Wolfgang Klafki zum Gutachten der Max-Träger-Stiftung „Der Teilarbeitsmarkt Schule in den neunziger Jahren" verfasst hatte. Darin verwies Klafki explizit auf Forschungsergebnisse der historischen Pädagogik zu den „Bedingungen und sozialen Mechanismen der periodischen Wiederkehr von Überfüllungs- und Mangelsituationen im Lehrberuf" nicht zuletzt aufgrund einer Übersteuerungspolitik der Administration (12.10). Auf diese Weise durch öffentliche Resonanz einerseits, erziehungswissenschaftliche Forschungsergebnisse andererseits gestützt und legitimiert, wurden Klaus Klemm und Dieter Lenzen um weitere Vorlagen für Stellungnahmen zum Problem arbeitsloser Pädagogen (Diplom, Magister) bzw. arbeitsloser Erziehungswissenschaftler gebeten (VP 14./15.6. 1985, TOP 4; 11.7). Dankbar wurde das Angebot von Wilfried Lippitz aufgegriffen, eine Kartei arbeitsloser bzw. von Arbeitslosigkeit bedrohter Erziehungswissenschaftler/Privatdozenten zu erstellen, ergänzt um eine Kartei möglicher Vakanzen und Lehrstuhlvertretungen, Lehr- und Forschungsaufträge (VP 23.6.1986, TOP 11b). Eine entsprechende Umfrage wurde gestartet, dafür 356 Institutionen angeschrieben. Die Antworten kamen zügig und in großer Zahl (ca. 90%), enthielten letztendlich aber wenig konkrete Angebote für arbeitslose Erziehungswissenschaftler (VP 20./21.3.1987, TOP 7.4, vgl. auch den zweiten Mitgliederrundbrief der Vorstandsperiode 1986-1988 zur Realisierung der genannten Initiativen bzw. Resolutionen, Juni 1987; 12.15; weitere Unterlagen in 12.19). Die Akten belegen im übrigen, dass man sich in den Jahren 1985 bis 1987 im Vorstand und darüber hinaus vor allem im Kontakt mit so engagierten Kollegen wie Dieter Lenzen wiederholt auch über alternative Modelle und Sonderprogramme für den wissenschaftlichen Nachwuchs beriet, so über „Teilzeit-Professuren", das sogenannte „Fiebiger-Programm", „Diäten-Dozenturen" (12.9; 12.10; 12.19; 13.2; 13.3). Ende 1986 konnte die Erhebung über „Die Situation des wissenschaftlichen Nachwuchses im Fach Erziehungswissenschaft" von Udo Kuckartz und Dieter Lenzen als Sonderdruck an alle Dekanate, Fachbereichs- bzw. Institutsleitungen mit erziehungswissenschaftlicher Zuständigkeit verschickt werden. 1987 erfolgte eine „zweite Erhebung zum Ersatzbedarf des akademischen Personals" (12.9). Als 1987/1988 unter der Präsidentschaft von Peter Menck die „Gesellschaft zur Förderung pädagogischer Forschung" ein „Programm zur Förderung arbeitsloser Erziehungswissenschaftler" auflegte, traf sich das mit einer von Dietrich Benner und Peter Martin Roeder betriebenen Initiative, einen Verein zur Unterstützung arbeitsloser, hochqualifizierter Erziehungswissenschaftlerinnen und Erziehungswissenschaftler zu gründen. Der Vorstand stützte diese Anliegen und bemühte sich, sie zusammenzuführen. Um aber eine Konkurrenzsituation zu vermeiden, wurde schließlich auf die neuerliche Initiative zugunsten des bereits bestehenden Förderprogramms bei der „Gesellschaft zur Förderung pädagogischer Forschung" verzichtet (Korrespondenzen zwischen Benner – Klafki – Menck – Roeder und zugehörige Unterlagen; 13.1; 13.2).

8.3 Stellungnahmen zur Änderung des Hochschulrahmengesetzes

Im „Entwurf eines Dritten Gesetzes zur Änderung des Hochschulrahmengesetzes" (Bundesratsdrucksache 613/84 vom 28.12.1984) wurde in § 44, Abs. 3, Satz 1 festgelegt:

„Auf eine Stelle, deren Funktionsbeschreibung die Wahrnehmung erziehungswissenschaftlicher oder fachdidaktischer Aufgaben in der Lehrerbildung vorsieht, soll nur berufen werden, wer eine dreijährige Schulpraxis nachweist."

Nach Beratung im Vorstand (VP 25.1.1985) bat dieser mit einer Stellungnahme die zuständigen gesetzgebenden Gremien, diesen Passus ersatzlos zu streichen. Zwar wünschte sich auch die DGfE den „Zusammenhang von Wissenschaft und Berufspraxis in der Hochschulausbildung" gesichert und gestärkt, und zwar generell, nicht nur für die Erziehungswissenschaft und die Lehrerbildung, wollte „die Ausgestaltung von Stellenbeschreibungen und –anforderungen [aber] den dafür zuständigen Fachbereichen bzw. Fakultäten überlassen". Gegen die Einführung des Nachweises einer dreijährigen Schulpraxis als Berufungserfordernis sprächen außerdem 1. die „Tradition des Faches", 2. die „mühsam gewonnene Einheit der Erziehungswissenschaft", 3. die „gegenwärtige Struktur des Faches", 4. die Berufungschancen des wissenschaftlichen Nachwuchses, 5. die notwendige Polyvalenz der gegenwärtigen Ausbildungssituation (aus den Entwürfen zur Stellungnahme in 11.1). Vor den Beratungen des Entwurfs eines dritten Gesetzes zur Änderung des Hochschulrahmengesetzes verfasste Helmut Heid außerdem noch einen Rundbrief an alle Ansprechpartner der DGfE bei den Hochschulen. Doch obwohl auch die Westdeutsche Rektorenkonferenz (WRK) und zahlreiche Hochschulen die Streichung der genannten Bestimmung verlangten, blieben alle Initiativen erfolglos (vgl. „Rechenschaftsbericht des Vorsitzenden der DGfE für die Amtszeit 1984 bis 1986" und weitere Materialien zum Thema in 10.6 bzw. 11.1; 11.2). Die Diskussion der nach Auffassung vieler Erziehungswissenschaftler und DGfE-Mitglieder falschen gesetzlichen Weichenstellung für die Berufungspraxis mit besonders für den erziehungswissenschaftlichen Nachwuchs grotesken Auswirkungen ging weiter (Korrespondenzen in 13.3). Es war schließlich zu befürchten, dass die Kollegenschaft und die Ministerialbürokratien die Gesetzesvorgabe eng interpretierten und ausnahmslos erfüllten. Darum wurde ein Gespräch mit dem für Bildung und Wissenschaft zuständigen Bundesminister Jürgen Möllemann erwogen (VP 11./12.11.1988, TOP 10), allerdings nicht realisiert. 1989, anlässlich der erneuten Novellierung des Hochschulrahmengesetzes, wurde die „alte" Stellungnahme noch einmal an die Vorsitzenden des Bundestagsausschusses und an die parlamentarischen Sprecher der Parteien gesandt, begleitet von einem Schreiben des amtierenden DGfE-Vorsitzenden, Volker Lenhart, in dem die wichtigsten Argumente für eine Streichung des § 44, Abs. 3, Satz 1, erneut hervorgehoben und die Bereitschaft der DGfE zu einer entsprechenden Anhörung betont wurden (VP 30.10.1989, TOP 10). Auch dieses Bemühen führte zu keiner Änderung des Paragraphen. Die DGfE verfolgte das Thema aber weiter. Schließlich wurde ein Rechtsgutachten bei Professor Harro Plander (VP 5./6.5.1995, TOP 14; 25.6.1995, TOP 10) eingeholt, diskutiert und an die „Kontakt-Mitglieder" der DGfE sowie an die Vorsitzenden der Kommissionen und Arbeitsgemeinschaften weitergereicht; es sollte letztlich mit einer Erklärung des Vorstandes auch an politische Institutionen und Verwaltungen verschickt werden (VP 10.3.1996, TOP 11). Doch das Gutachten wurde, z.B. durch Ingo Richter, hinsichtlich seiner öffentlich-rechtlichen Bestandteile kritisch betrachtet, weshalb der Vorstand Anstrengungen unternahm, es vor seinem Versand an KMK, BMBFT, Fraktionen im Bundestag und Wissenschaftsministerien der Länder wie der HRK noch zu optimieren (VPe 19./20.8.1996, TOP 8; 10./11.11.1996, TOP 10, 11; 31.1.1997, TOP 11 und 12; 17.1). Am 25.4.1997 musste der Vorsitzende berichten, dass einzig die Bundestagsfraktion der CDU/CSU sich zur Resolution der DGfE geäußert habe (VP 25.4.1997, TOP 2). Auch die erneute Novellierung des Hochschulrahmengesetzes wurde vom Vorstand kritisch begleitet, die Chance zu Gesprächen mit politischen Instanzen gesucht bzw. angenommen (VP 2./3.11.1997, TOP 4, 20). Im nächsten Vorstandsprotokoll ist allerdings resigniert festgehalten, dass das Gespräch mit dem Vorsitzenden der KMK, Wissenschaftsminister Prof. Dr. E. Jürgen Zöllner, Rheinland-Pfalz, „fruchtlos" verlaufen sei und sich „die Vermutung einer Etablierung einer Gesprächsebene zwischen der KMK und der DGfE als falsch erwiesen" habe (VP 22.1.1998, TOP 13).

Fast vier Jahre später stand das Praxiskriterium im Entwurf zum „5. HRG-Änderungs-Gesetz" wieder auf der Agenda des DGfE-Vorstands und wieder wurde eine Stellungnahme verabschiedet, die verdeutlichte,

„a) welche Ziele der erziehungswissenschaftliche Teil der Lehrerbildung verfolgen soll und kann; b) daß der Nachweis von Praxis per se nicht als Qualifikationskriterium gelten könne, c) daß wenn überhaupt keine Verengung auf Schulpraxis, sondern pädagogische Praxis einzufordern sei" (VP 12.10.2001, TOP 6.2; als Offener Brief an Frau Bundesministerin Bulmahn im November 2001 verschickt).

Außerdem verabschiedete der Vorstand eine Stellungnahme zur Einführung von Juniorprofessuren (ebd.) und mit Bezug auf die HRG-Novelle eine weitere, „in der auf die Gefahr struktureller Verwerfungen und der Benachteilung von Nachwuchswissenschaftler(innen) eindringlich hingewiesen wird, die sich durch die Vorschrift der maximalen befristeten Beschäftigung von 12 Jahren Dauer ergibt" (VP 1./2.2.2002, TOP 5.3; MVP 26.3.2002, TOP 6).

8.4 Brennpunkte

Angesichts der unübersehbaren bildungspolitischen Herausforderungen durch den deutschen Einigungsprozess beschloss der 1990 neu zusammengesetzte Vorstand, die fach- und bildungspolitischen Diskussionen im Vorstand zu intensivieren (VP 7.5.1990, TOP 7.3). Fortan wurde dies ein eigener Tagesordnungspunkt jeder Vorstandssitzung mit angelegentlichen Selbstbefragungen, was an potentiellen einschlägigen Themen anstünde bzw. angeregt werden könnte. Peter Zedler schlug sogar

„die Einrichtung eines Arbeitskreises vor, der den Vorstand in bildungspolitischen Fragen berät und in der Lage ist, frühzeitig auf die aus Entwicklungen im Bildungssystem resultierenden fach- und bildungspolitischen Probleme aufmerksam zu machen sowie die für Stellungnahmen und Empfehlungen des Vorstandes nötige empirische Datenbasis zu liefern. Zielsetzung der fach- und bildungspolitischen Arbeit des Vorstandes sollte es sein, in struktureller Hinsicht Einfluß geltend zu machen, statt zu bildungspolitischen Entscheidungen oder Maßnahmen bloß nachträglich Stellung zu nehmen. Um diese Aufgabe erfüllen zu können, sei es zweckmäßig, an dem vorgeschlagenen Arbeitskreis erziehungswissenschaftlich interessierte Vertreter der Bildungsverwaltung zu beteiligen sowie regelmäßige Kontakte zu den einschlägigen Gremien auf Bundes- und Länderebene aufzunehmen." (ebd.)

Auf der nächsten Vorstandssitzung folgte man zwar diesem Vorschlag, sah aber schon Probleme der Realisierung und Finanzierung eines so weitgesteckten Rahmens des thematisch Wünsch- und Denkbaren. Adolf Kell, unterstützt durch Dieter Lenzen, plädierte für Konzentration und warnte vor Spaltungen der DGfE bei kontroversen und zu weitgesteckten Themenfeldern. Die Interessen der Erziehungswissenschaft in Lehre und Forschung müssten tangiert sein. Wichtig sei, „Punkte für bildungspolitische Aktivitäten zu finden, die [...] jedermann deutlich machen, daß ein Ausbau der Erziehungswissenschaft im allgemeinen Interesse liege". Ob und wie ein „Bildungsbericht der DGfE" erstellt werden könnte, mit welchen „Gebieten" er sich befassen sollte und „welche Arbeits- und Organisationsform hierfür am zweckmäßigsten" sei, blieb zunächst offen und wurde im Vorstand durchaus kontrovers diskutiert (VP 17.5.1990, TOP 7; ausführliche Tischvorlage von Zedler/Benner zu diesem TOP in 14.1;

VP 18.6.1990, TOP 7b). Letztlich wurde die Einrichtung einer Arbeitsgruppe unter Leitung von Peter Zedler beschlossen, die sich mit „Problemen der Entwicklung des Bildungswesens mit dem Schwerpunkt allgemeinbildendes Schulwesen" befassen sollte. Ihr sollten neben den Vorstandsmitgliedern Benner und Kell auch Vertreter der Bildungsverwaltungen aus Bund und Ländern und selbstverständlich Universitätskollegen angehören (VP 13.8.1990, TOP 5).

Nach diesen anfänglich ausführlich protokollierten Debatten gibt es für die nächste Zeit in den Vorstandsprotokollen nur noch knappe Vollzugsmeldungen. Umso mehr ist in den Akten die Produktivität dieser Arbeitsgruppe dokumentiert, deren Bedeutung auch dadurch noch verstärkt wurde, dass es zu diesem Zeitpunkt besonders notwendiger Weichenstellungen für ein deutsch-deutsches Bildungssystem weder auf Bundes- noch auf Länderebene Gremien unabhängiger bildungspolitischer Beratung gab. In der „bildungspolitischen Erklärung zu Brennpunkten der Schulentwicklung in der Bundesrepublik Deutschland (Diskussionsstand XII 1991)", vorbereitet für den Kongress 1992 in Berlin, wurden zunächst Selbstverständnis, Ausgangslage und Zielsetzungen umrissen:

„Vorrangige Aufgabe einer erziehungswissenschaftlichen Politikberatung kann es nicht sein, neue Bildungskonzepte und –programme aus gesellschaftlichen Modernisierungstrends abzuleiten, sondern die sich verändernden externen und internen Bedingungen des Bildungssystems unter pädagogischen Fragestellungen zu analysieren und die [...] Voraussetzungen für sachangemessene Entscheidungen zur Weiterentwicklung des Bildungssystems zu klären. Dies aber kann nur gelingen, wenn Bildungspolitik und erziehungswissenschaftliche Politikberatung im öffentlichen Bewußtsein einen neuen Stellenwert erhalten. Hierfür entschieden einzutreten ist insbesondere auch im Hinblick auf Folgeprobleme des deutschen Einigungsprozesses und der europäischen Integration notwendig. [...]
(1) Mit der folgenden bildungspolitischen Erklärung will die DGfE auf generelle Probleme der weiteren Entwicklung des allgemeinen [sic] Schulwesens hinweisen,
(2) auf eine Gefährdung der Erfolge der Bildungsreform und die Entstehung neuer Disparitäten im Bildungssystem aufmerksam machen sowie
(3) Perspektiven für eine zeitgemäße Grundbildung aller Bildungsgänge der Sekundarstufe I aufzeigen und zur Diskussion stellen." (14.8)

Die Beratungsergebnisse der Arbeitsgruppe „Entwicklung des Bildungswesens" wurden 1992 unter dem Titel „Strukturprobleme, Disparitäten, Grundbildung in der Sekundarstufe" (Zedler 1992) veröffentlicht. Die beschlossenen Empfehlungen zur Neugestaltung der Sekundarstufe II, die der Vorstand „zur Kenntnis nimmt" und der Kongressmappe beizufügen beschloss (VP 23./24.2.1994, TOP 3), erfuhren weniger Resonanz.

Eine Initiative des neuen Vorsitzenden, Dieter Lenzen, wurde vom Vorstand aufgegriffen, nämlich „künftig zu ausgewählten Themen des Erziehungs- und Bildungsbereichs Stellungnahmen zu erarbeiten, die der Presse anläßlich entsprechender Pressekonferenzen bzw. als Pressemitteilung übergeben werden" (VP 23.10.1994, TOP 9.8). Eine Liste „mögliche[r] Themen für Stellungnahmen der DGfE in der Öffentlichkeit" wurde vorbereitet, auf der Sitzung vom 8.1.1995, TOP 19, erweitert und aktualisiert, dann den Vorsitzenden der

Kommissionen und Arbeitsgemeinschaften übermittelt. Sie enthielt „1. Periodisch wiederkehrende Problemfelder", „2. Zeitabhängige (aktuelle) Probleme der jüngeren Vergangenheit (und Zukunft?)", „3. Zeitunabhängige, nicht periodische Probleme" (16.4; 16.6). Es war dies nicht nur das Bemühen um eine intensivere Selbstdarstellung in den Medien; es standen die Wissenschaftsorganisationen allgemein im politischen und ökonomischen Gegenwind.

In diesen politisch so ereignisreichen neunziger Jahren hatte die DGfE ihre eigenen bildungspolitischen Herausforderungen nicht nur im deutsch-deutschen Verhältnis zu bestehen und ihre Präsenz in der Öffentlichkeit zu verbessern, auch ihr machte die allgemeine restriktive Wissenschaftspolitik zu schaffen. Konkret musste sie auf Hilferufe ihrer eigenen Mitglieder und außeruniversitärer erziehungswissenschaftlicher Institutionen reagieren: 1992 ging es um die Schließung des „Staatsinstituts für Frühpädagogik und Familienforschung" in München. Die Petition der Kommission „Pädagogik der frühen Kindheit" zur Stützung des Instituts wurde vom Vorstand befürwortet (15.2, VP 8.11.1992, TOP 3). 1997 erfolgte die Evaluation des „Deutschen Instituts für Internationale Pädagogische Forschung" (DIPF)/Frankfurt a.M. mit anschließenden Empfehlungen des Wissenschaftsrates vom 11.7.1997. Nach umfänglichen Schriftwechseln verfasste der Vorstand eine Stellungnahme zum Gutachten des Wissenschaftsrates und zugunsten des DIPF (VP 2.11.1997, TOP 12; 17.8; 17.9; 18.14). Da Evaluationen aller Orten stattfanden, wurde 1997 eine Vorstandskommission unter dem Vorsitz von Hans-Uwe Otto ins Leben gerufen, die „Grundzüge eines Evaluationskatalogs für die Erziehungswissenschaft" (Stand 1998; 10.3) erarbeitete (VP 6.7.1997, TOP 4; 17.10).

Die ehemals eher unkonturierte bildungs- und wissenschaftspolitische Zuständigkeit wurde auf diese Weise am konkreten Fall profiliert und grundsätzlich, immer wieder sich selbst ermahnend und überprüfend, schließlich auch offensiv vertreten. Symptomatisch für dieses engagiert demonstrierte Selbstverständnis ist die Erklärung zum 17. Kongress der DGfE, für den mit Datum vom 20.9.2000 eine Erklärung zu „Erziehungswissenschaft, Demokratie und Rechtsextremismus" im Namen der DGfE abgegeben wurde:

„Als Erziehungswissenschaftlerinnen und Erziehungswissenschaftler haben wir eine besondere Verantwortung, in die Debatten [über rechtsextremistische, ausländerfeindliche und rassistische Tendenzen] einzugreifen. Weil wir fachlich zuständig sind für Bildungsfragen und Lebenschancen der jungen Generation, müssen wir die Öffentlichkeit darauf hinweisen, daß es sich bei Rechtsextremismus und Gewalt gegen Fremde nicht primär um ein Jugendproblem handelt [...]. Die politische Sphäre ist [...] zunächst uns allen Rechenschaft darüber schuldig, wo sie zu diesen Entwicklungen beigetragen hat. Da kurzschlüssiger, blinder Aktionismus kein Mittel ist, diesen Zustand zu beenden, bietet die Erziehungswissenschaft ihre Mitwirkung an der Problemlösung [...] an: In der Lehre [...]. In pädagogischer Beratung und Begleitung von Institutionen [...]. [Durch] erziehungswissenschaftliche Forschung [...]. Wir möchten als Erziehungswissenschaftlerinnen und Erziehungswissenschaftler, als Bürgerinnen und Bürger dieses Staates dazu beitragen, daß die deutsche Gesellschaft den Herausforderungen des Rechtsextremismus und der Fremdenfeindlichkeit auf eine Weise begegnet, die nachhaltige Wirkung hat und die zur Stärkung der demokratischen Grundprinzipien dieses Landes beiträgt." (18.31)

Ganz im Sinne deutlicher Signale auch für die politische Öffentlichkeit war schon der Auftakt der neuen Vorstandsperiode 1998 bis 2000 ausgefallen. Als „künftige Schwerpunktsetzung" wollte der Vorstand „die DGfE zur gesuchten Ansprechpartnerin in der bildungspolitischen Diskussion und anderen Feldern der öffentlichen Sphäre" werden [...] lassen". Es sollten darum auch bei den Kommissionen und Arbeitsgemeinschaften Themenfelder ermittelt werden, „zu denen forschungsgestützte Expertisen angeboten werden können, sobald entsprechende Nachfrage uns erreicht" (VP 3./4.5.1998, TOP 2). Es wurde dies Anliegen, verstärkt noch durch die Beobachtung eines großen öffentlichen Interesses an Erziehungsfragen, zu einem erneuten Appell, der Presse mit Themen und kurzfristigen Expertisen zuzuarbeiten. Aus gegebenem Anlass – das öffentliche Echo auf das Memorandum „Wissen für die Welt von morgen" des Instituts der deutschen Wirtschaft, Köln, war sehr groß – beschloss der Vorstand, „sich künftig zu öffentlichen Verlautbarungen mit Bezug zur Erziehungswissenschaft, die weite Resonanz erfahren, in öffentlichen Stellungnahmen [zu] äußern" (VP 8.1.1999, TOP 14). In diesem Sinne wurde auch in weiteren Vorstandssitzungen an möglichen Themen für Expertisen und Beteiligungen am bildungspolitischen Diskurs gearbeitet (zum Beispiel VPe 30.4./1.5. 1999, TOP 13; 16./17.7.1999, TOP 12, 13). Schließlich beschloss der Vorstand der DGfE, bemüht, als erziehungswissenschaftliche Fachgesellschaft in Politik und Öffentlichkeit stärker wahrgenommen zu werden, eine jährliche Pressekonferenz zu geben (VP 16./17.7.1999, TOP 2; VPK 23.10.1999, TOPs 1 und 6; VP 3./4.12.1999, TOP 13). Die erste Pressekonferenz, die am 21.1.2000 stattfand, wurde als Erfolg gewertet, „da der Vertreter der deutschen Presseagentur (dpa) der Einladung gefolgt war, sich sehr interessiert zeigte und konkret nachfragte" (VP 21./22.1.2000, TOP 2). Die Presseerklärung der DGfE zu dieser ersten Jahrespressekonferenz in der Geschichte der DGfE zeigt eine neue offensive Tonlage und eine für jedermann verständliche Sprache, die den öffentlichen Tadel nicht scheut:

„Die Rahmenbedingungen für Erziehung und Bildung wandeln sich gegenwärtig rasch und einschneidend. Es werden massive Eingriffe in das gesamte System von Erziehung und Bildung vollzogen. Zwar gibt es viele Sonntagsreden, in denen Bildung als höchstes Gut beschworen wird; anderen Tags aber [...] werden die Prioritäten nolens volens wieder anders gesetzt.
[ ][Es] wird selten davon geredet, daß
– seit Ende der 1970er Jahre einerseits die Studierendenzahlen enorm gestiegen sind
– in derselben Zeit die Investitionen in das Hochschulsystem im Verhältnis zum Bruttosozialprodukt kontinuierlich abgenommen haben.
Es wäre also angebracht, den Hochschulen dafür zu danken, daß sie immer noch so gut funktionieren, obwohl sie ständig schlechter gestellt werden [...]." (18.26)

Mit wachsender Besorgnis musste aber auch dieser Vorstand Entwicklungen zur Kenntnis nehmen, die belegten, dass die universitäre wie außeruniversitäre erziehungswissenschaftliche Forschung, etwa bei der Neustrukturierung des Max-Planck-Instituts für Bildungsforschung, beschnitten wurde (VP 8.1.1999, TOP

16; zugehörige Briefe von Dietrich Benner und Fritz Oser in 18.19; 18.22).
Außerdem waren fachfremde Besetzungen bei Berufungsverfahren für erziehungswissenschaftliche Professuren ebenso zu befürchten (VP 22./23.10.1999, TOP 14) wie Standortschließungen für erziehungswissenschaftliche Studiengänge – alles Vorgänge, die den Vorstand zu gesteigerter Wachsamkeit, Initiativen und Stellungnahmen herausforderten (VP 14.12.2000, TOPs 2, 4, 11).

8.5   Erziehungswissenschaftlicher Fakultätentag

Ins Zentrum der Hoffnungen auf Remedur rückte der Erziehungswissenschaftliche Fakultätentag, der seit 1999 auf allen Vorstandssitzungen in seinen Gründungsaktivitäten kritisch begleitet wurde und vor allem eine bessere Vertretung der Erziehungswissenschaft in der Hochschulpolitik erreichen sollte (vgl. z.B. VPe 21./22.1.2000, TOP 13; 23./24.2.2001, TOP 11; VPK 14.7.2001, TOP 5; Vorbereitungsmaterialien in 18.26; 18.33). Da die DGfE schon länger die Interessen der Erziehungswissenschaft im Rahmen des Philosophischen Fakultätentages zu wenig vertreten sah, hatte die DGfE-Vorsitzende, Ingrid Gogolin, am 11.10.1999 mit einem Anschreiben an die Dekaninnen und Dekane der erziehungswissenschaftlichen Fachbereiche bzw. Fakultäten aller Hochschulen der BRD die Initiative ergriffen (18.26).

Bei der Eröffnung des Initiativtreffens in Hamburg am 21.1.2000 erläuterte Gogolin die Motive der Einladung, für die schon die professionspolitische Konferenz, die am 10./11.2.1999 mit mehr als 750 Teilnehmern unter dem Thema „Erziehungswissenschaft in Studium und Beruf" in Dortmund stattgefunden hatte, den Anstoß gegeben habe:

„Wir alle wissen, dass die Erziehungswissenschaft eine Disziplin ist, der man vieles Unliebsame gern zuschreibt und der man zugleich weniger zutraut, als sie nachweislich leistet. Der Umstand, dass es vielen Menschen sehr leicht fällt, sich für ein Urteil über die Disziplin Erziehungswissenschaft und ihre Leistungen kompetent zu fühlen, weil sie eigene Erfahrung mit dem Erzogen-, Unterrichtet-, Belehrtwerden [haben] – und weil dies vielleicht eine Leidenserfahrung ist – kann nicht dafür ausschlaggebend sein, dass unser Fach einen schweren Stand in der Öffentlichkeit hat.
Wir sehen Ursachen dafür darin, dass die Disziplin Erziehungswissenschaft in ihrer jetzigen Erscheinungsform unter einer Reihe von Geburtsfehlern zu leiden hat. Sie hat in den siebziger Jahren zunächst eine enorme Expansion erlebt, getragen von der Euphorie, in die das wirtschaftliche Wiedererstarken nach dem Zweiten Weltkrieg dieses Land versetzt hat – was sich unter anderem in der Form einer vom Optimismus und Vertrauen in den ‚Fortschritt' getragenen Bildungsreformanstrengung äußerte. Aber diese Expansion des Faches geschah nicht auf die Weise, dass eine starke Leitdisziplin mit Verantwortung für alle pädagogischen Berufe geschaffen worden wäre. Vielmehr ergab sich faktisch eine halbherzige Verstreutheit der Erziehungswiss[enschaft] über verschiedene akademische Bereiche.
Diese strukturelle Anbindung hat zwar ihr Gutes. Sie trägt dem Umstand Rechnung, dass die Erziehungswissenschaft eine Disziplin ist, zu deren Selbstverständnis die Grenzüberschreitung

gehört. Wir alle wissen, dass die komplexen Zusammenhänge, in denen sich Erziehung und Bildung vollziehen, nur in einem interdisziplinären Modus angemessen bearbeitet werden können." (18.33)

Nach einer weiteren Analyse der schwierigen Situation der Erziehungswissenschaft im deutschen Universitätssystem im „Zustand der Mangelverwaltung", „gefolgt von der Phase der Verteidigung vor dem Kahlschlag" und unter einem „Modus der Steuerung des Bildungswesens [...], bei dem die Ökonomie das letzte Wort hat", sei genug Anlass gegeben, „darüber nachzudenken, wie uns die öffentliche Vertretung des Faches besser gelingen kann" (ebd.).

Im Ergebnisprotokoll dieses Treffens wird die von allen Anwesenden betonte Notwendigkeit der Gründung eines Erziehungswissenschaftlichen Fakultätentages festgehalten. „Neben der reinen wissenschaftlichen Fachvertretung durch die DGfE soll er explizit mit einem bildungspolitischen Mandat ausgestattet werden." Ob auch erziehungswissenschaftliche Struktureinheiten von Fachhochschulen und eigens organisierte Fachdidaktiken Mitglied werden könnten, wurde noch kontrovers diskutiert. In die „Arbeitsgruppe" zur Vorbereitung der nächsten Arbeitsschritte wurden aus dem Vorstand der DGfE Ingrid Gogolin, Hans-Uwe Otto und Winfried Marotzki gewählt, unter den anwesenden Erziehungswissenschaftlern Hans Thiersch, Werner Habel, Thomas Rauschenbach oder Peter Vogel, Rudolf Tippelt (Protokoll von Winfried Marotzki, 17.2.2000; 18.26, dort weitere Materialien). Die Frage der Beteiligung von Fachhochschulen erledigte sich schnell, da diese bei der Hochschulrektorenkonferenz eigene akkreditierte Fachbereichstage haben. Mit dem Vorsitzenden des Philosophischen Fakultätentages, Reinhold Grimm, wurden Gespräche geführt, der Verständnis für die Initiative und letztlich auch für die „eigenen Wege" der Erziehungswissenschaft zeigte (18.26; 18.32). Bei der Versammlung am 6.7.2001 in Hannover, bei der 21 Vertreterinnen und Vertreter erziehungswissenschaftlicher Fachbereiche und Fakultäten, durch diese wiederum 18 Hochschulen repräsentiert waren, außerdem Carl-Hans Hauptmeyer für den Philosophischen Fakultätentag zugegen war, wurde mit einer Gegenstimme und ohne Enthaltungen die Gründung eines Erziehungswissenschaftlichen Fakultätentages beschlossen und eine Satzung verabschiedet, außerdem Karin Böllert, Renate Girmes, Richard Huizinga, Thomas Rauschenbach, Lutz-Rainer Reuter und Hans-Uwe Otto in das Präsidium gewählt (Aktennotiz vom 10.7.2001 von Ingrid Gogolin; 19.1; Satzung in der Fassung vom 10.7.2001; 18.32). Das „Präsidium in Gründung" lud am 16.11.2001 zur Gründungsversammlung des Erziehungswissenschaftlichen Fakultätentages am 8.2.2002 nach Bielefeld ein und begründete in seinem Anschreiben noch einmal dessen Notwendigkeit,

„um Entwicklungen entgegentreten zu können, auf die Erziehungswissenschaftlerinnen und Erziehungswissenschaftler sorgenvoll blicken: Sei dies die Umwandlung von erziehungswissenschaftlichen Lehrstühlen in solche anderer Disziplinen, sei es das ‚Austrocknen' durch eine entsprechende Berufungspolitik der Ministerien oder seien es nun einseitige Verteilungsprozesse zu Lasten der Erziehungswissenschaft.

Anlass, sich institutionell zu artikulieren, geben auch pädagogisch wie erziehungswissenschaftlich bedeutsame Themen und Gestaltungsbereiche: z.B. Lehrerbildung, (Neu)-Gestaltung des Bildungssystems, lebensbegleitendes Lernen, wirksame sozialpädagogische Handlungsoptionen, vertretbare Prinzipien in der Kindererziehung und ähnliches. Ohne gesicherte funktions- und leistungsfähige erziehungswissenschaftliche Einheiten in den wissenschaftlichen Hochschulen ist eine verantwortbare Bearbeitung und Erforschung sowie der internationale Forschungsaustausch auf diesen Gebieten nicht möglich.
Um dem Nachdruck zu verleihen, bedarf es einer handlungsfähigen Organisationsform. Die Deutsche Gesellschaft für Erziehungswissenschaft kommt als Personenvereinigung von einzelnen Wissenschaftlern auch nach Meinung des Vorstandes der DGfE dafür nicht in Frage, weil diese nicht im Namen ihrer Organisationen sprechen können. [...]
Im Interesse der disziplinpolitischen Bedeutung bitten wir Sie sehr, die Gründungsabsicht des erziehungswissenschaftlichen Fakultätentages auf der nächstmöglichen Gremiensitzung zu erörtern und unterstützend zur Entscheidung zu bringen." (18.32)

In § 2 der Satzung wurden die „Aufgaben des Fakultätentages" festgehalten:

„Informationsaustausch und Beratung sowie die Wahrnehmung gemeinsamer Belange der Erziehungswissenschaft in Forschung, Lehre und hochschulrechtlichen Fragen, Struktur des Hochschulwesens, Struktur und Einführung neuer Studiengänge, internationale Anerkennung von Studienleistungen und Abschlüssen, Standards von Prüfungen und andere Fragen der Qualitätssicherung, Aufgaben der wissenschaftlichen Weiterbildung. Darüber hinaus hat er die Aufgaben, an der Organisationsentwicklung der Hochschulen mitzuwirken, personelle Mindeststandards zu formulieren. Zu seinen Aufgaben gehört ferner die Zusammenarbeit mit anderen Gremien und Fachverbänden, auch auf internationaler Ebene." (18.32)

Nachdem der Erziehungswissenschaftliche Fakultätentag im Februar 2002 unter Beteiligung von gut 50 Mitgliederhochschulen konstituiert worden war, musste die Kooperation der DGfE mit ihm ausgestaltet werden, was auch eine Abstimmung und Abgrenzung der inhaltlichen Zuständigkeiten einschloss, zum Beispiel bei der Erstellung von Datenreports, bei Evaluationen und bei der wissenschaftlichen Nachwuchsförderung. Bei der DGfE allein blieb vor allem das Vorschlagsrecht für die DFG-Fachgutachterwahlen (VP 1.6.2002, TOP 12; 25.10.2002, TOP 3).

8.6 Neues Selbstverständnis?

Es war auch ein Ergebnis der Dortmunder professionspolitischen Konferenz gewesen, in allen Gremien der DGfE eine neue „Selbstverständigung über die Lage und Zukunft der Erziehungswissenschaft" herbeizuführen. Unter dem Datum vom 11.2.1999 legte der Vorstand dazu eine „Diskussionsanregung" vor, die bis zum 23.10.1999 in allen Sektionen der DGfE bearbeitet werden sollte (18.23). In der Vorbemerkung wurde auf die quantitative wie qualitative „Stärkung der Erziehungswissenschaft im Wissenschaftssystem und im öffentlichen Diskurs" während der letzten dreißig Jahre abgehoben. „Erziehung, Bildung,

Lernen, Beratung, Hilfe in unterschiedlichen Lebenslagen" seien zu „Symbolbegriffen für gesellschaftliche Anforderungen" geworden, „denen sich die Erziehungswissenschaft stellt". Gegenwärtig aber kündigten sich „folgenreiche Veränderungen an, diesmal nicht getragen von einer Reformeuphorie, sondern von einer zunehmend restriktiven Bildungspolitik". Es sei unter diesen neuen Rahmenbedingungen nötig, dass unter anderem das „bildungspolitische Mandat" und die „Vertretung der Erziehungswissenschaft im Wissenschaftssystem" in allen Gremien der DGfE neu diskutiert werden. Die Vorstandsvorlage erfuhr im Laufe des Jahres – wie erwartet – Kommentierungen, namentlich von der Kommission Schulpädagogik unter dem Vorsitz von Marianne Horstkemper (18.7) sowie von der Kommission Wissenschaftsforschung unter dem Vorsitz von Peter Vogel (18.6). So entstand eine neue Fassung, die im September 2000 „als Beitrag zur kontinuierlichen Selbstverständigung der Erziehungswissenschaft und ihrer Fachgesellschaft" in die Diskussion der Sektionen/Kommissionen zurückgegeben wurde (18.50; vgl. Anhang 12.). Schärfer und prägnanter als im ersten Entwurf des Vorstandes wurde nunmehr zwischen einem „öffentlichen" und einem „professionspolitischen Mandat" unterschieden. Im Rahmen ihres professionspolitischen Mandats wollte die DGfE nunmehr für die Verständigung über „Standards professioneller Kompetenzen", für „Anregungen zu Weiterentwicklungen oder Veränderungen pädagogischer Handlungsfelder", für „neue Formen und Orte für die Aushandlung bildungspolitischer Perspektiven" zuständig sein.

„In diesem Sinne übernimmt die DGfE folgende Aufgaben:
- Sie veranlasst regelmäßig Verbleibstudien über Absolvent(inn)en sowie Untersuchungen über den Berufseintritt von Erziehungswissenschafler(inn)en.
- Sie fördert den Erfahrungsaustausch mit öffentlichen und privaten Arbeitgebern, klärt wechselseitige Erwartungen an die Ausbildung und die Kompetenzprofile künftiger Pädagoginnen und Pädagogen. Sie bringt ihre wissenschaftliche Expertise in die Entwicklung von Standards für die Beurteilung pädagogischer Praxis in den verschiedenen Handlungsfeldern ein.
- Sie trägt Sorge für Transparenz in der Fachverständigung in der Lehre und initiiert die Entwicklung und Prüfung eines ‚Kerncurriculums' für die verschiedenen erziehungswissenschaftlichen Studiengänge. Dieses benennt die Ansprüche an eine erziehungswissenschaftliche Grundbildung und dient als Basis für spezialisierende Studien, bietet also einen Orientierungsrahmen für die erziehungswissenschaftliche Ausbildung." (ebd.)

Die DGfE betrachtet die Erziehungswissenschaft als „Leitdisziplin für pädagogische Berufe". Es ist darum nur konsequent, dass sie sich für den wissenschaftlichen Nachwuchs und für Forschungskapazitäten, für die Regelung der Studiennachfrage wie für neue Studiengänge in der Verantwortung sieht.

Im Vergleich mit dem Urtext wurde der Passus über das „bildungspolitische Mandat" auffällig verkürzt und entschärft. Der Entwurf hatte noch konstatiert:

„Die Erziehungswissenschaft selbst hält sich in der öffentlichen Debatte weitgehend zurück oder ist durch Einzelmeinungen und Personen vertreten, deren Positionen oft fachintern kontrovers bleiben. Angesichts der vielfältigen Veränderungen im Bildungs-, Sozial- und

Erziehungswesen und der sie beeinflussenden gesellschaftlichen Herausforderungen müssen neue Formen und Orte für die Aushandlung bildungspolitischer Eckwerte gefunden werden." (18.23)

Gefragt wurde darum nach „angemessenen öffentlichen Darstellungsformen der Erziehungswissenschaft" und konkret, ob sich die DGfE durch Memoranden „zu wichtigen gesellschaftlichen Fragestellungen und Entscheidungen äußern" sollte, ob „der Vorschlag forciert werden [sollte], einen ‚Bildungsrat' neu einzurichten". Mit Blick auf die Marginalisierung der Erziehungswissenschaft im philosophischen Fakultätentag wurde des weiteren nach „Steuerungsinstrumenten bzw. Gremienvertretungen für und durch die Erziehungswissenschaft auf den akademischen und wissenschaftspolitischen Ebenen universitärer Selbstorganisation" oder nach „alternativen Formen (erziehungs)wissenschaftlicher Selbstorganisation" gefragt (ebd.).

Im neuen Konsenspapier heißt es unter dem Titel „Öffentliches Mandat und Vertretung der Erziehungswissenschaft im Wissenschaftssystem" nur noch knapp:

„Die DGfE nimmt als wissenschaftliche Fachgesellschaft ein öffentliches Mandat zu Fragen von Forschung, Lehre und Studium der Erziehungswissenschaft wahr. Sie bringt in öffentliche Diskurse erziehungswissenschaftliches Expertenwissen ein.
In der universitären Selbstorganisation gehört die Erziehungswissenschaft disziplinär dem Philosophischen Fakultätentag an, der für grundsätzliche Steuerungsprobleme, z.B. der Studiengänge, eine meinungsbildende Kompetenz wahrnimmt. Die Erziehungswissenschaft wird hier aktiver in Erscheinung treten und wissenschaftspolitische Unterstützung für ihre spezifischen Belange einfordern oder eine andere Form der Interessenvertretung finden. Bei aller Vergleichbarkeit mit anderen sozial- und geisteswissenschaftlichen Disziplinen gilt es, das Spezifische der Erziehungswissenschaft in Lehre und Studium zu vertreten.
Die DGfE initiiert und unterstützt entsprechende Bemühungen." (18.50)

8.7   Grundlinien

Nach Einschätzung Wolfgang Klafkis ist es der DGfE nach wie vor nicht gelungen, sich an den entscheidenden Stellen in das politische und wissenschaftspolitische Geschäft einzuklinken (RG, S. 22). Auch nach Meinung Helmut Heids hat es die Erziehungswissenschaft nicht geschafft, „ihre Unentbehrlichkeit [...] gesellschaftlich zu vermitteln". Bildung werde automatisch gleichgesetzt mit Schule oder Lehramtsstudiengängen; die Einschätzung der Bedeutung von Erziehungswissenschaft und Bildungsforschung befände sich darum in einer Krise, was nicht zuletzt auch eine Folge der Vermittlung ihrer Funktion und ihrer Selbstdarstellung sei (ebd., S. 18). Allerdings war die DGfE immer bemüht, bei ihren bildungspolitischen Voten auf eine solide wissenschaftliche Basis einerseits, auf potentielles Gehörtwerden andererseits zu setzen. Es musste sorgsam ins Kalkül einbezogen werden, die „Waffe Resolution" nicht durch zu häufigen Gebrauch stumpf werden zu lassen oder die eigene Wirksamkeit durch mangelnde empirische Fakten in ihren Stellungnahmen töricht zu minimieren. Lieber zurückhaltend, dann aber gezielt, auf keinen Fall leichtfertig oder vorlaut – so lässt sich die Grundhaltung beschreiben, mit der die DGfE ihr bildungs- und hochschulpolitisches Mandat wahrnahm und immer wieder neu austarierte, wo sie als Wissenschaftsorganisation nicht nur zu wissenschaftsrelevanten und hochschulinternen Entwicklungen gefragt war, sondern auch zu (bildungs-)politischen Herausforderungen. Ihre Antworten wollten und sollten immer wissenschaftliche Solidität beanspruchen. So verzichtete der Vorstand 1988 darauf, eine bildungspolitische Stellungnahme zur Orientierungsstufe und zur Hauptschule abzugeben, da ihm eine empirisch gesicherte Erkenntnisbasis für den Anspruch erziehungswissenschaftlicher Politikberatung in diesem Problemfeld zu diesem Zeitpunkt nicht gegeben schien (VP 25.6.1988, TOP 8). Auch blieben alle Vorstände allzeit bei der Grundsatzentscheidung, keine Resolutionen zu regionalen Entwicklungen zu verfassen – mit ganz seltenen Ausnahmen, denen man eine grundsätzliche Bedeutung beimaß (z.B. VP 2./3.11.1997, TOP 11, 12). Doch schwieg die DGfE auch gelegentlich, wo man gerade wegen des großen öffentlichen Aufsehens eine Stellungnahme von ihr erwartete, z.B. bezüglich der PISA-Untersuchungen. Dazu findet sich im Protokoll der Vorstandssitzung vom 29.4.2002, TOP 2 folgender Satz: „Es wird festgehalten, dass es wenig sinnvoll ist, zu den zahlreichen vorhandenen Stellungnahmen noch eine weitere [der DGfE] hinzuzufügen."

Es blieben Versuche nicht aus, die DGfE ins parteipolitische Boot zu zerren oder mit ihr zusammen Bildungs- und Hochschulpolitik in gemeinsamen Statements zu betreiben. Hier belegen die Akten deutliche Abwehrhaltungen, was nicht ausschloss, dass in Phasen ihrer Geschichte, z.B. in den siebziger und frühen achtziger Jahren, es „bildungspolitische Affinitäten gewesen sind, die eine große Gruppe der Deutschen Gesellschaft für Erziehungswissenschaft homogen gemacht hat und zusammengehalten hat" (Hans Thiersch im RG, S. 44). Aber auf die Einladung zu einem Gespräch und zu einer anschließenden gemeinsamen Presseerklärung mit der GEW während des Kieler Kongresses im März 1984 reagierte Helmut Heid in seiner Amtszeit als Vorsitzender „außerordentlich zurückhaltend", geneigt zwar, an dem Gespräch teilzunehmen, die gemeinsame Presseerklärung aber abzulehnen. Auf jeden Fall wollte er dies erst einmal mit dem Vorstand beraten (Schreiben an die Vorstandsmitglieder vom 14.3.1984; 10.2). Ein Jahr später gab es neue Avancen der GEW. Flankiert von den Vorstandsmitgliedern Hans-Georg Herrlitz und Wolfgang Klafki ging Helmut Heid in ein neuerliches Gespräch mit der GEW, in dem zunächst das Verbindende und Trennende zwischen DGfE und GEW erörtert wurde. Danach war klar:

„Die GEW ist eine von mehreren politisch konkurrierenden Interessenvertretungen; die DGfE ist die einzige Vertretung der Erziehungswissenschaftler. Primärer Zweck der DGfE ist die Förderung erziehungswissenschaftlicher Forschung und Lehre; eine erziehungswissenschaftliche Interessenvertretung steht im Dienste dieser primären Zwecksetzung."

Eine „formelle Kooperation" wurde nicht institutionalisiert, ein laufender Informationsaustausch aber erschien „etwa einmal im Jahr zweckmäßig". Im Vorstand sollte im übrigen überlegt werden, ob in den „regelmäßigen Informationsaustausch auch andere Verbände einbezogen werden sollten" (Aktennotiz Heids vom 3.7.1985; 11.1; 11.7).

9.   Zwischen Wissenschaft und Politik

Die Frage ihrer Verortung zwischen Wissenschaft und Politik ist in fast allen Etappen der Geschichte der DGfE und ebenso in fast allen inhaltlichen Fragen bedeutsam gewesen und bildete auch in dem Rundgespräch der ehemaligen Vorsitzenden einen Schwerpunkt (RG, S. 8, 21, 39f., 44, 46f., 52, 67). Einige Aspekte dieses Verhältnisses wurden in den vorangegangenen Kapiteln dargestellt: Mitgliedschaft und Ehrenmitgliedschaft, die internationale Vernetzung und die deutsch-deutsche Problematik, die Kongressthemen und die Auswahl der Hauptredner auf den Kongressen, Forschungsfreiheit und Ethik-Kodex, Studiengänge und Strukturfragen der Erziehungswissenschaft an den Universitäten sowie schließlich die Auseinandersetzungen um das bildungs- und hochschulpolitische Mandat.

An diesen Beispielen wird schnell deutlich, dass differenziert werden muss. Dabei geht es nur an der Oberfläche um die Problematik, zu welchen politischen Ereignissen eine wissenschaftliche Fachgesellschaft Stellung nehmen dürfe, solle oder müsse – wenngleich hier vielleicht mit der Unterscheidung von Fachproblemen, die die Fachgesellschaft bearbeiten muss, und gesellschaftlichen Problemen, die im Fach mit wissenschaftlichen Mitteln bearbeitet werden müssen, eine erste Abgrenzung gezogen werden kann. Tiefer liegt die grundlegende Unterscheidung von wissenschaftlichem und politischem Handeln. Während es in der Wissenschaft um Erkenntnis und Forschung geht, also um die Produktion von Wissen, das prinzipiell fallibel ist, dreht sich im Rahmen der Politik alles um die Realisierung von Ideen, meist unabhängig von den Ergebnissen der Forschung, auch wenn diese oft zur Legitimation herangezogen wurden und werden. Eine Fachgesellschaft wie die DGfE muss hier insbesondere darauf beharren, dass die Ergebnisse der Forschung angemessen zur Kenntnis genommen werden, auch wenn sie nicht dafür verantwortlich gemacht werden kann, was damit in der Politik letztlich geschieht.

Nach außen kann und muss die DGfE die Erziehungswissenschaft als Fach bzw. Disziplin gegenüber den anderen Fächern/Disziplinen sowie gegenüber den einschlägigen Gremien (Hochschulen, Ministerien, Wissenschaftsrat usw.) vertreten. Diese Außenvertretung betrifft z.B. Fragen der Absicherung der Erziehungswissenschaft und der von ihr verantworteten Studiengänge an den Universitäten. Dafür sollte die DGfE mit einer Stimme sprechen, was aber aufgrund der heterogenen Zusammensetzung der Gesellschaft kaum möglich scheint, denn hier kreuzen sich wiederum politische und fachliche Differenzen zwischen den Mitgliedern der Gesellschaft. Da sowohl hinsichtlich der Erziehungswissenschaft als Disziplin als auch hinsichtlich der Politik (im Sinne von politischen Haltungen) Pluralität besteht, kann es nicht zu einer einheitlichen

Lösung kommen, es sei denn, man schlösse die Vertreter anderer wissenschaftlicher und/oder politischer Ansichten aus der Entscheidungsfindung aus.

Dieses Problem ist u.a. eine Folge des Wandels von der Standes- zur Fachgesellschaft im Übergang von der Konferenz der Westdeutschen Universitätspädagogen zur DGfE. Erheblich zu seiner Verschärfung hat sicher auch die Expansion des Faches in den siebziger Jahren beigetragen, die aus einer kleinen und relativ homogen erscheinenden Hochschullehrergruppe eine Gesellschaft mit annähernd 2.000 Mitgliedern mit unterschiedlichen Status und unterschiedlicher fachlicher und politischer Zuordnung entstehen ließ, wobei es eine nicht unbeträchtliche Anzahl von Fachkolleginnen und -kollegen gibt, die nicht (mehr) Mitglieder der DGfE sind, weil sie die politischen Optionen, die in ihren Resolutionen und Stellungnahmen zum Ausdruck kommt, nicht mittragen wollten oder konnten.

Dies verweist auf die innere Problematik des Verhältnisses von Wissenschaft und Politik. Hatte die Konferenz der Westdeutschen Universitätspädagogen noch Exklusivität beansprucht – sowohl gegenüber den Dozenten und Professoren an den Pädagogischen Hochschulen als auch gegenüber den eigenen Nachwuchsleuten –, war die DGfE als Fachgesellschaft von vornherein zu einer gewissen Offenheit verpflichtet. Fachlich einschlägige PH-Professoren und -Dozenten wurden ebenso zur Mitgliedschaft aufgefordert wie die Privatdozenten der Erziehungswissenschaft an den Universitäten. Gegründet aus dem Kreis der Universitätspädagogen wurden für den „Aufbauausschuss" zur Vorbereitung der Konstituierung der DGfE neben den Universitätspädagogen Georg Geißler, Gottfried Hausmann (beide Hamburg), Andreas Flitner (Tübingen) und Heinrich Roth (Göttingen) bereits drei Mitglieder aus anderen Institutionen (Erika Hoffmann, Ev. Fröbelseminar Kassel; Wilhelm Hansen, PH Vechta; Hans Stock, PH Göttingen) eingeladen, die dann auch 1964 in den ersten Vorstand gewählt wurden (vgl. Anhang 1.).

Diese Repräsentanz nicht-universitärer Einrichtungen, die in den ersten Vorständen noch relativ hoch war, nahm im Verlauf der Jahre freilich deutlich ab. War in den Vorständen bis 1982 jeweils mindestens ein Mitglied zum Zeitpunkt seiner Wahl nicht an einer Universität tätig, waren seitdem mit Ausnahme der Vorstandsperioden 1998 bis 2002 keine Angehörigen außeruniversitärer Erziehungswissenschaft mehr im Vorstand vertreten. Von den nicht-universitären Vorstandsmitgliedern kamen je sechs aus Forschungsinstituten (Deutsches Jugendinstitut, Deutsches Institut für wissenschaftliche Pädagogik, Max-Planck-Institut für Bildungsforschung, Deutsches Institut für Internationale Pädagogische Forschung, Pädagogisches Landesinstitut) sowie aus Pädagogischen Hochschulen und nur eines aus einer Fach(hoch)schule. Unter den Vorsitzenden befand sich mit Walter Schultze vom DIPF lediglich ein Kollege aus dem nicht-universitären Bereich.

Auffällig ist auch, dass die meisten Vorstandsmitglieder, darunter fast alle Vorsitzenden, dem Bereich der Allgemeinen Pädagogik (34 von 58 insgesamt) zuzurechnen sind, wenn auch manche mit Überschneidungen zu anderen Teildisziplinen. 24 kamen aus den Teildisziplinen (8 Schulpädagogik, 7 Berufs- und Wirtschaftspädagogik, 5 Sozialpädagogik, 2 Erwachsenen-/Weiterbildung) bzw. aus anderen Fächern (je einmal Pädagogische Psychologie und Religionspädagogik). Von den sieben Berufs- bzw. Wirtschaftspädagogen haben fünf die Funktion des Schatzmeisters übernommen, davon drei als (zeitweise) kooptierte Vorstandsmitglieder.

Nun sind Wahlen von Vorstandsmitgliedern und Vorsitzenden von vielen Faktoren abhängig. Ein Politikum stellen sie aber auf jeden Fall dar, und zwar sowohl in Bezug auf die Frage, wer gewählt, als auch bei der Überlegung, wer nicht gewählt wurde. Es hat sich eingebürgert, dass der Vorstand die Kandidatin bzw. den Kandidaten für den Vorsitz vorschlägt und dass die Mitgliederversammlung diesem Vorschlag mit mehr oder weniger hoher Zustimmung folgt. Nur einmal, 1988 in Saarbrücken, kam es zu einer Konfrontation, als vom Vorstand ein Vertreter der empirischen Pädagogik als künftiger Vorsitzender vorgeschlagen wurde, die Mitgliederversammlung jedoch die Zustimmung verweigerte.

Diese Nichtwahl muss wohl vor dem Hintergrund der politischen Linie der Vorstände der Jahre zuvor gesehen werden, die offenbar die Zustimmung der Mehrheit der anwesenden Mitglieder gefunden hatte. Insofern ist die Nicht-Wahl auch im Zusammenhang mit politischen Optionen der DGfE zu sehen. Die Vorstände Blankertz, Thiersch, Heid und Klafki zeichneten sich durch eine intensive Beteiligung am bildungspolitischen Diskurs aus, wobei die Grenzen des Engagements, die Bollnow 1968 gezogen hatte, offenbar nicht mehr ausschließlich als relevant angesehen wurden. Diese Linie sollte die DGfE wohl nach Meinung der Mitgliederversammlung beibehalten, was dann auch in der Folgezeit geschah. Allerdings zeichnet sich in den letzten Jahren eine Veränderung ab, die möglicherweise eng mit dem deutschen Einigungsprozess zusammenhängt. Dietrich Benner, in diesen Jahren Vorsitzender, formulierte den Anspruch rückblickend folgendermaßen:

„dass wir, wo es Kontroversen gibt, sie theoretisch und wissenschaftlich formulieren und austragen müssen, dass wir bildungspolitische Optionen freigeben müssen unter den Mitgliedern, aber dass wir jede Gleichsetzung von theoretischer Diskussion, wissenschaftlicher Argumentation und praktisch politischer Entscheidung vermeiden müssen" (RG, S. 26).

Diesem Grundsatz hätten auch alle Vorgänger und Nachfolger Benners uneingeschränkt zugestimmt. Dennoch kam es immer wieder dazu, dass die Grenzen zwischen dem wissenschaftlich Möglichen und dem politisch Gewünschten verwischt wurden, nach innen wie nach außen.

In den späteren neunziger Jahren verstärkte die DGfE den Professionalisierungsprozess und sah sich auch durch Evaluierungen in den Wissenschaftsinstitutionen zu verstärktem Qualitätsmanagement gezwungen. Besonders Dieter Lenzen setzte in seinen Vorstandsperioden gezielt auf „policy-making", was für ihn auch hieß, „Gespräche zu führen", und zwar „mit Leuten, die sozusagen in den Networks stecken". Außerdem sah er auf die Zukunft hin die Notwendigkeit, angesichts knapper Haushaltsmittel die „Frage der Relevanz" zu stellen: „Wir werden schlicht nicht mehr alles machen können, was man machen könnte und was vielleicht auch Freude machen würde", sondern müssen „zum Ausdruck bringen, was noch gesellschaftlich notwendig ist" (ebd., S. 35).

Wenn von Anfang an die Frage war, „was ist eigentlich das Wesentliche unserer Disziplin, was hält uns zusammen, was ist [der] Kern?", dann – so meinte Adolf Kell – arbeiten wir heute noch an der „inneren Geschlossenheit", die von außen als Heterogenität wahrgenommen werde, weil es mit der Außendarstellung bisher „nicht optimal gelaufen sei". Es sei immer der Wunsch der DGfE gewesen, als Fachgesellschaft mit Sachverstand wahrgenommen und von der Politik gefragt und beansprucht zu werden. Nicht aber die DGfE habe aus ihren Reihen in die Politik auf deren Nachfrage hin kompetente Mitglieder delegiert. Wer politisch wirksam wurde, war wohl Mitglied der DGfE, wurde aber nicht „aus dieser Funktion" heraus berufen oder delegiert, kam vielmehr auf anderen Wegen in sein politisches Amt. Darin sah Adolf Kell einen „sehr deutlichen Beleg für dieses nicht sehr günstige Verhältnis von DGfE zu Bildungspolitik und Administration" (ebd., S. 39).

In wechselvoller Geschichte und in zugespitzten Druck- und Krisensituationen, auch in Kontroversen, blieb die DGfE bei ihrer Ansicht, dass sie als (einzige) erziehungswissenschaftliche Fachgesellschaft in der Pflicht sei, zu Fragen der Wissenschafts- und Bildungspolitik Stellung zu nehmen. Als wichtige Stimme wollte und will sie in der pluralistischen Demokratie und Verbändegesellschaft wahrgenommen und gehört werden, und zwar i.d.R. in kritischer Distanz zum Staat und dessen Bildungs- und Hochschulpolitik.

Quellen und Literatur

1. Die Vorstandsakten im Archiv der Bibliothek für Bildungsgeschichtliche Forschung (Grobübersicht)

a) Vorsitz Bollnow (1964 – 1968)
Nr. 1.1 – 1.4:
Briefwechsel, Aufnahmeanträge, Beschlüsse, Kommissionen (4 Ordner)

b) Vorsitz Scheuerl (1968 – 1972)
Nr. 2.1 – 3.4:
Kongressvorbereitung, Mitgliederlisten, Kommissionen, Protokolle, Rundschreiben (5 Ordner)

c) Vorsitz Schultze (1972 – 1974)
Nr. 4.1 – 5.1:
Personalien, Protokolle, Rundschreiben (3 Ordner)

d) Vorsitz Blankertz (1974 – 1978)
Nr. 6.1 – 7.6:
Briefwechsel, Neuaufnahmen, Kongressvorbereitung, Mitgliederverzeichnis, Diplom-Studiengang, Kommissionen, Bielefelder Laborschule, Landeskonferenz, Forschungsfreiheit (13 Ordner)

e) Vorsitz Thiersch (1978 – 1982)
Nr. 8.1 – 9.14:
Briefwechsel, Neuaufnahmen und Austritte, Kongressvorbereitung, Schulversuche, Protokolle, Rundschreiben, Diplom-Studiengang, Resolutionen, Forschungsfreiheit, Lehramtsstudiengänge, Finanzen, Satzungen, Ehrenmitglieder, Rahmengeschäftsordnung, Pädagogen-Kalender, Forschungskommissionen (36 Ordner)

f) Vorsitz Heid (1982 – 1986)
Nr. 10.1 – 11.15
Briefwechsel, Kommissionen, Protokolle, Mitgliederrundbriefe, Resolutionen, Pädagogen-Handbuch, Kongressvorbereitungen, Kontaktmitglieder, Geschäftsführung, Rechnungen und Belege, Vorstandssitzungen, Einladungen, Forschungskommissionen (31 Ordner)

g) Vorsitz Klafki (1986 – 1988)
Nr. 12.1 – 12.27:
Briefwechsel, Kongressvorbereitungen, Förderpreis, Neuaufnahmen, Forschungskommission, Resolutionen, Vorstandssitzungen, Kontakt mit Institutionen, Verlagen, Verbänden, DFG, WRK; Finanzen, Umfragen, Arbeitsgruppen a.Z., Kommissionen, Bildungspolitische Stellungnahmen (29 Ordner)

h) Vorsitz Lenhart (1988 – 1990)
Nr. 13.1 – 13.18:
Vorstandsprotokolle, Informationen der Kommissionen und Arbeitsgruppen, Neuaufnahmen, Kongress Bielefeld, AG Frauenforschung, Kommissionen (18 Ordner)

i) Vorsitz Benner (1990 – 1994)
Nr. 14.1 – 15.40:
Vorstandsprotokolle, Bildungspolitische Erklärungen, Konferenz mit Gründungsdekanen, Korrespondenzen, Rundschreiben, Mitgliederlisten, Aufnahmen und Austritte, Vorstandskommissionen und Arbeitsgruppen, Kongressvorbereitungen, Tagungen, Erfahrungsberichte, Kongressprogramme, Vortragsmanuskripte,, Kongressberichte (76 Ordner)

j) Vorsitz Lenzen (1994 – 1998)
Nr. 16.1 – 17.34:
Vorstandsprotokolle, Korrespondenzen, Enquête-Kommission, Forschungsatlas, Mitteilungsblatt, Aufnahmeanträge, Kongress 1996, Mitgliederlisten der Kommissionen und AGs, Austritte und Todesfälle, Binnenstruktur der DGfE, Vorstandskommission „Strukturberatung", Kontaktmitglieder, Kongress 1998, Verlagskontakte, Fröbelmuseum, Studienreform NRW, Lehrerbildung (68 Ordner)

k) Vorsitz Gogolin (1998 – 2002)
Nr. 18.0 – 19.45:
Berichte der Vorsitzenden, Korrespondenzen, Vorstandskommissionen und –beauftragte, Aufnahmeanträge, Mitgliederversammlung 2000, Erz.wiss. Fakultätentag, Forschungskolloquien, Kongress 2000, Förderpreise, Rundgespräch mit ehemaligen Vorsitzenden 7. 7. 2000, Geschichte der DGfE, Austritte und Todesfälle, Kongress 2002, Ethikrat, Fördermitgliedschaft, Aufnahmeanträge, Andere Fachgesellschaften, KMK/ HRK, Magister/Diplom, Lehrerbildung, Akkreditierungsagentur, EERA, bildungspolitische Erklärungen, Leistungsmessung/Schulqualität (94 Ordner)

2. Literaturverzeichnis

Benner, D./Lenhart, V./Otto, H.-U. (Hrsg.) 1990: Bilanz für die Zukunft: Aufgaben, Konzepte und Forschung in der Erziehungswissenschaft. Beiträge zum 12. Kongreß der Deutschen Gesellschaft für Erziehungswissenschaft vom 19. – 21. März 1990 in der Universität Bielefeld (= 25. Beiheft der Zeitschrift für Pädagogik). Weinheim und Basel.

Benner, D./Lenzen, D. (Hrsg.) 1994: Bildung und Erziehung in Europa. Beiträge zum 14. Kongreß der Deutschen Gesellschaft für Erziehungswissenschaft vom 14. – 16. März 1994 in der Universität Dortmund (= 32. Beiheft der Zeitschrift für Pädagogik). Weinheim und Basel.

Berg, Chr./Ellger-Rüttgardt, S. (Hrsg.) 1991: „Du bist nichts, Dein Volk ist alles". Forschungen zum Verhältnis von Pädagogik und Nationalsozialismus. Weinheim.

Bericht und Empfehlungen der Strukturkommission des Vorstandes der DGfE zur Einführung neue Studiengänge und Abschlüsse – Bachelor of Arts, Master of Arts

(BA, MA) im Fach Erziehungswissenschaft. (Vorläufige Fassung; Stand: 8. Oktober 1999). In: Erziehungswissenschaft 10 (1999), H. 20, S. 15-38.

Blankertz, H. (Hrsg.) 1978: Die Theorie-Praxis-Diskussion in der Erziehungswissenschaft. Beiträge zum 6. Kongreß der Deutschen Gesellschaft für Erziehungswissenschaft vom 8. – 10. 3. 1978 in der Universität Tübingen (= 15. Beiheft der Zeitschrift für Pädagogik). Weinheim und Basel.

Calderhead, J. 1997: The Europeanisation of Educational Research. In: Erziehungswissenschaft, H. 16, S. 5-15

Cloer, E./Wernstedt, R. (Hrsg.) 1994: Pädagogik in der DDR. Eröffnung einer notwendigen Bilanzierung. Weinheim.

DGfE 1968a = Kernstudium der Erziehungswissenschaft für die pädagogischen Ausbildungsgänge. Entschließung der Deutschen Gesellschaft für Erziehungswissenschaft. In: Zeitschrift für Pädagogik 14 (1968), S. 386-390.

DGfE 1968b = Deutsche Gesellschaft für Erziehungswissenschaft: Das Kernstudium der Erziehungswissenschaft für die pädagogischen Ausbildungsgänge. Weinheim, Berlin, Basel.

DGfE 1982 = Deutsche Gesellschaft für Erziehungswissenschaft: Stellungnahme zum „Erziehungswissenschaftlichen Studium im Rahmen der Lehrerausbildung" und zur „Diskussion und Beratung einer Neuordnung des Diplomstudiengangs Erziehungswissenschaft". Berlin.

DGfE 1986 = Deutsche Gesellschaft für Erziehungswissenschaft: Arbeitsberichte des Vorstandes, der Kommissionen und Arbeitsgruppen für die Amtszeit 1984 - 1986. Regensburg 1986.

DGfE 1988 = Deutsche Gesellschaft für Erziehungswissenschaft: Arbeitsberichte des Vorstandes, der Kommissionen und Arbeitsgruppen für die Amtszeit 1986 - 1988. Marburg/L. 1988.

DGfE 1990 = Erklärung der Deutschen Gesellschaft für Erziehungswissenschaft (DGfE) zu den Aufgaben erziehungswissenschaftlicher Studiengänge aus Anlaß des 3. Oktober 1990, in: Erziehungswissenschaft 1, H. 2, S. 116-118.

DGfE 1992 = Konferenz der DGfE mit Gründungsdekanen, Gründungsprofessoren und Vertretern der Wissenschaftsministerien der neuen Bundesländer. Dresdener Abschlußerklärung vom 8.10.1991. In: Erziehungswissenschaft 2 (1991),4, S. 24.

DGfE 1994 = Erfurter Erklärung zur Weiterentwicklung des erziehungswissenschaftlichen Diplomstudienganges vom 12. Dezember 1993. In: Erziehungswissenschaft 5, H. 9, S. 36-37.

DGfE 1998 = Vorschläge zur Weiterentwicklung der Rahmenordnung für das Diplom-Studium Erziehungswissenschaft, in: Erziehungswissenschaft 9, H. 17, S. 105-109.

DGfE 2001a = Empfehlungen für ein Kerncurriculum Erziehungswissenschaft. In: Erziehungswissenschaft 12 (2001), H. 23, S. 20-31.

DGfE 2001b = Stellungnahme der Deutschen Gesellschaft für Erziehungswissenschaft zur Weiterentwicklung der Lehrerbildung. In: Erziehungswissenschaft 12 (2001), H. 23, S. 32-39.

Deutsche Gesellschaft für Soziologie: Mitteilungsblatt der DGS, Heft 2/1984, Heft 1/1990, Heft 1/1991.

Deutscher Germanistenverband: Mitteilungen des DGV, 37. Jg. (Dez. 1990), 38. Jg. (Dez. 1991), 39. Jg. (Sept. 1992).

Dietrich, Th. 1966: Gedanken zum Aufbau, der Gliederung und dem Zusammenhang der pädagogischen Studien an den Pädagogischen Hochschulen. In: Pädagogische Rundschau 20, S. 713-728.

Dudek, P. 1990: Sozialwissenschaften und Nationalsozialismus. Zum Stand der disziplingeschichtlichen "Vergangenheitsbewältigung". In: Neue Politische Literatur 35, S. 407-442.

Dudek, P. 1993: Gesamtdeutsche Pädagogik im Schwelmer Kreis. Geschichte und politisch-pädagogische Programmatik 1952-1974. Weinheim und München.

Dudek, P./Tenorth, H.-E. (Hrsg.) 1993: Transformationen der deutschen Bildungslandschaft. Lernprozeß mit ungewissem Ausgang (= 30. Beiheft der ZfPäd). Weinheim und Basel.

EW = Erziehungswissenschaft. Mitteilungsblatt der Deutschen Gesellschaft für Erziehungswissenschaft. 1 (1990) 1 ff..

Flitner, W. 1966: Aufbau und Zusammenhang der pädagogischen Studien. In: Zeitschrift für Pädagogik 12, S. 195-212 (auch in: ders.: Gesammelte Schriften. Band 3: Theoretische Schriften. Abhandlungen zu normativen Aspekten und theoretischen Begründungen der Pädagogik. Paderborn u.a. 1989, S. 467-486).

Gängler, H. 1994: Akademisierung auf Raten? Zur Entwicklung wissenschaftlicher Ausbildung zwischen Erziehungswissenschaft und Sozialpädagogik. In: Krüger, H.-H./Rauschenbach, Th. (Hrsg.): Erziehungswissenschaft. Die Disziplin am Beginn einer neuen Epoche. Weinheim, München, S. 229-252.

Geuter, U. (Hrsg.) 1986: Daten zur Geschichte der deutschen Psychologie. Band 1: Psychologische Institute, Fachgesellschaften, Fachzeitschriften und Serien, Biographien, Emigranten 1879 - 1945. Göttingen, Toronto, Zürich.

Geuter, U. 1984: Die Professionalisierung der deutschen Psychologie im Nationalsozialismus. Frankfurt a.M.

Glatzer, W. 1995: Deutsche Gesellschaft für Soziologie (DGS) – die akademische soziologische Vereinigung seit 1909. In: B. Schäfers (Hg): Soziologie in Deutschland. Opladen, S. 215-230.

Habermas, J. 1992: Soziologie in der Weimarer Republik. In: H. Coing u.a.: Wissenschaftsgeschichte seit 1900. 75 Jahre Universität Frankfurt. Frankfurt a. M., S. 29-53.

Heckhausen, H. 1987: Zur Rolle und Bedeutung wissenschaftlicher Fachgesellschaften. In: Bayerisches Staatsinstitut für Hochschulforschung und Hochschulplanung (Hg.): Beiträge zur Hochschulforschung H. 4, München, S. 325-358.

Himmelstein, K./Keim, W. (Hrsg.) 1992: Erziehungswissenschaft im deutsch-deutschen Vereinigungsprozeß. Jahrbuch für Pädagogik 1992. Frankfurt a.M. u.a.

Hoffmann, D./Neumann, K. (Hrsg.) 1996: Erziehung und Erziehungswissenschaft in der BRD und der DDR. Bd. 3: Die Vereinigung der Pädagogiken (1989 – 1995). Weinheim.

Horn, K.-P. 1999a: Die Diskussion um ein Kernstudium der Erziehungswissenschaft in den 60er Jahren. In: Zeitschrift für Pädagogik 45, S. 749-758.

Horn, K.-P. 1999b: Professionalisierung und Disziplinbildung. Zur Entwicklung des Diplomstudiengangs Erziehungswissenschaft. In: Apel, Hans Jürgen u.a. (Hrsg.): Professionalisierung pädagogischer Berufe im historischen Prozeß. Bad Heilbrunn, S. 295-317.

Horn, K.-P. 2002: Lehre und Studium im Spiegel der Disziplin. Stellungnahmen erziehungswissenschaftlicher Gremien zu Ausbildungsfragen (1956-1998). Eine Dokumentensammlung. In: Otto, H.-U./Rauschenbach, Th./Vogel, P. (Hrsg.): Erziehungswissenschaft in Studium und Beruf. Band 2: Erziehungswissenschaft: Lehre und Studium. Opladen, S. 245-278.

Käsler, D. 1984: Die frühe deutsche Soziologie 1909-1934 und ihre Entstehungsmilieus. Eine wissenschaftssoziologische Untersuchung. Opladen.

Kell, A. (Hrsg.) 1994: Erziehungswissenschaft im Aufbruch? Arbeitsberichte. Weinheim.

Kell, A./Olbertz, J.-H. (Hrsg.) 1997: Vom Wünschbaren zum Machbaren. Erziehungswissenschaft in den neuen Bundesländern. Weinheim.

Klafki, W. 1990: Bericht über das Podium: "Pädagogik und Nationalsozialismus". In: Zeitschrift für Pädagogik, 25. Beiheft, S. 35-55.

Köhler, O. 1992: Im Vakuum der Rechtlosigkeit. Wie die westdeutschen Pädagogen ihre ostdeutschen Kollegen einschätzen und behandeln. In: DIE ZEIT v. 3.4.1992, S. 68.

Kossakowski, A. 1992: Abwicklung der Akademie der Pädagogischen Wissenschaften. In: Jahrbuch für Pädagogik 1992. Frankfurt a.M. u.a., S. 87-101.

Kozakiewicz, M. 1984: Bildung und Beschäftigung – ein wachsendes Problem zentralgeplanter Gesellschaften. In: Zeitschrift für Pädagogik 30, S. 457-469.

Kuckartz, U./Lenzen, D. 1986: Die Situation des wissenschaftlichen Nachwuchses im Fach Erziehungswissenschaft. In: Zeitschrift für Pädagogik 32, S. 865-877.

Kuckartz, U./Lenzen, D. 1994: Daten zur Stellensituation und zu den Chancen des wissenschaftlichen Nachwuchses in der deutschen Erziehungswissenschaft. Erste Ergebnisse einer empirischen Studie über die Entwicklung der Stellenstruktur, den Ersatzbedarf an akademischem Personal und die Lage des wissenschaftlichen Nachwuchses. In: Erziehungswissenschaft 5 (1994) 9, S. 130-143.

Langenbach, U./Leube, K./Münchmeier, R. 1974: Die Ausbildungssituation im Fach Erziehungswissenschaft. Eine Erhebung an den Hochschulen der Bundesrepublik Deutschland im Wintersemester 1972/73. Weinheim.

Lenger, F. 1994: Wemer Sombart 1863 - 1941. Eine Biographie. München.

Lüders, Chr. 1989: Der wissenschaftlich ausgebildete Praktiker. Entstehung und Auswirkung des Theorie-Praxis-Konzeptes des Diplomstudienganges Sozialpädagogik. Weinheim.

Merkens, H. u.a. (Hrsg.) 2002: Datenreport Erziehungswissenschaft 2. Ergänzende Analysen. Opladen.

Merkens, H. Hrsg.) 2003: Lehrerbildung in der Diskussion. Schriften der Deutschen Gesellschaft für Erziehungswissenschaft. Opladen.

Münchmeier, R./Thiersch, H. 1976: Die verhinderte Professionalisierung — Zwischenbericht zu Ausbildungsproblemen im erziehungswissenschaftlichen Hauptfachstudium. In: Haller, H.-D./Lenzen, D. (Hrsg.): Lehrjahre der Bildungsreform — Resignation oder Rekonstruktion? Stuttgart, S. 225-246.

Neugebauer-Wölk, M./Meumann, M./Zaunstöck, H. 2000: 25 Jahre Deutsche Gesellschaft für die Erforschung des 18. Jahrhunderts. Zur Geschichte einer wissenschaftlichen Vereinigung (1975-2000). Göttingen (Jubiläumsband der Zeitschrift „Das Achtzehnte Jahrhundert).

Otto, H.-U. u.a. 2000: Datenreport Erziehungswissenschaft. Befunde und Materialien zur Lage und Entwicklung des Faches in der Bundesrepublik. Opladen.

RG = Rundgespräch mit ehemaligen DGfE-Vorsitzenden in der Bibliothek für Bildungsgeschichtliche Forschung (BBF) in Berlin am 7. Juli 2000. Transkript, erstellt von Margret Kraul.

Rahmenordnung für die Diplomprüfung in Erziehungswissenschaft. Beschluss der Kultusministerkonferenz vom 20.3.1969. In: Zeitschrift für Pädagogik 15 (1969), S. 209-220.

Rahmenordnung für die Diplomprüfung im Studiengang Erziehungswissenschaft beschlossen von der Westdeutschen Rektorenkonferenz am 04. Juli 1988 und von der Ständigen Konferenz der Kultusminister der Länder in der Bundesrepublik Deutschland am 25./26. Januar 1989. Bonn 1989.

Ried, G. (Hrsg.) 1927: Die moderne Kultur und das Bildungsgut der deutschen Schule. Bericht über den Pädagogischen Kongreß des Deutschen Ausschusses für Erziehung und Unterricht, veranstaltet in Weimar vom 7. bis 9. Oktober 1926. Leipzig.

Ried, G. (Hrsg.) 1929: Wesen und Wert der Erziehungswissenschaft. Bericht über den Pädagogischen Kongreß des Deutschen Ausschusses für Erziehung und Unterricht, veranstaltet in Kassel vom 4. bis 6. Oktober 1928. Leipzig.

Scheuerl, H. 1987: Zur Gründungsgeschichte der Deutschen Gesellschaft fur Erziehungswissenschaft. Vorgeschichte- Konstituierung -Anfangsjahre. In: Zeitschrift für Pädagogik 33 (1987), S. 267- 287.

Scheuerl, H. 1994: Aus der Entwicklung der Erziehungswissenschaft an den Universitäten der BRD 1945 – 1965. Ein Dokument aus dem Jahre 1954 im Rahmen seiner Vor- und Nachgeschichte. In: Hoffmann, Dietrich/Neumann, Karl (Hrsg.): Erziehung und Erziehungswissenschaft in der BRD und der DDR. Band 1: Die Teilung der Pädagogik (1945 – 1965). Weinheim, 101-115.

Steinhöfel, W. (Hrsg.) 1993: Spuren der DDR-Pädagogik. Weinheim.

Steinhöfel, W. (Hrsg.) 1996: Erziehungswissenschaft und Bildungsgeschichte zwischen Engagement und Resignation. Berlin.

Stölting, E. 1986: Akademische Soziologie in der Weimarer Republik. Berlin.

Verband der Historiker Deutschlands: Mitteilungsblatt des VHD, Heft 1/1989, Heft 1/1990, 1991, 1993, 1995.

Wagner-Winterhager, L. 1990 (unter Mitarbeit von Jutta Lübbert): Neuere Entwicklungen in den wissenschaftlichen Diplomstudiengängen Erziehungswissenschaft/Pädagogik. In: Erziehungswissenschaft 1, H. 1, S. 44-66.

Weniger, E. 1955: Der Deutsche Ausschuß für das Erziehungs- und Bildungswesen. In: Zeitschrift für Pädagogik 1, S. 32-43.

Wiese, L. v. 1959: Die Deutsche Gesellschaft fur Soziologie. In: Kölner Zeitschrift fur Soziologie und Sozialpsychologie 11, S. 11-20.

Wissenschaftsrat 1991: Empfehlungen des Wissenschaftsrates zur Lehrerbildung in den neuen Ländern. Düsseldorf.

Wulf, Chr. 1991: Internationale Erziehung und Kooperation im Bildungsbereich UNESCO – DUK – DGfE. In: Erziehungswissenschaft H. 3, S. 92-103

Wulf, Chr. 1992: Internationale Erziehung und interkulturelles Lernen. UNESCO-Arbeit in der Bundesrepublik Deutschland. In: Erziehungswissenschaft H. 6, S. 80-87

Wulf, Chr. 1996: 50 Jahre UNESCO. In: Erziehungswissenschaft H. 13, S. 144-147

Wulf, Chr./Merkel, Chr. (Hrsg.) 2002: Globalisierung als Herausforderung der Erziehung. Münster.

Wunder, D. 2000: Welche Bedeutung hat die Berufsausbildung von Lehrerinnen und Lehrern für die Erziehungswissenschaft? Eine besorgte Anfrage. In: Erziehungswissenschaft 11, H. 22, S. 46-52.

Zedler, P. (Hrsg.) 1992: Strukturprobleme, Disparitäten, Grundbildung in der Sekundarstufe. Weinheim.

Anhang

1. Dokumente zur Konstituierung der DGfE

PÄDAGOGISCHES SEMINAR
der
Johann Wolfgang Goethe-Universität   Frankfurt am Main, d. 15.4.1964

6 FRANKFURT am MAIN
Mertonstrasse 17/25

T a g u n g

der

Konferenz der Westdeutschen Universitätspädagogen
April 1964 in Frankfurt/Main

S o n n t a g, d. 26.April   ab 19 Uhr 3o geselliges Beisammensein
    (Anreisetag)   im "SCHULTHEISS im WESTEND" (geschlosse-
                   ner Raum I.Stock), Bockenheimer Landstr.
                   (Strassenbahnhaltestelle Feuerbachstr.)

M o n t a g,   d. 27.April   9 Uhr - Eröffnung der Tagung im Senats-
                   saal der Universität, Mertonstrasse 17,
                   Haupteingang.

                 1) Gestaltung des Pädagogikstudiums für
                    Gymnasiallehrer
                    (Referent: Furck, Hamburg)

Palmengarten   - Mittagspause 13 - 15 Uhr -

                 2) Die gegenwärtige Diskussion um die
                    Lehrerbildung
                    Referat Geißler über das Votum der West-
                    deutschen Rektorenkonferenz zur Lehrer-
                    bildung, *Stock*

                 Als Gäste sind geladen:

                 Prof.Dr.Ellwein, Hochschule für Erziehung,
                            Frankfurt am Main
                 Prof.Dr.Engelmayer, Pädagogische Hoch-
                            schule, Nürnberg
                 Doz.Dr.Fiege, Pädagogisches Institut,
                            Hamburg

D i e n s t a g, d. 28.April 3) Fortsetzung der Diskussion des vori-
       9 - 13 Uhr   gen Nachmittags

                 4) Wahl eines Vertreters im Kuratorium des
                    Deutschen Institutes für Internationale
                    Pädagogische Forschung, Frankfurt/M.

                 5) Kurzbericht Hausmann, Hamburg: Probleme
                    des afrikanischen Bildungswesens

                 6) V e r s c h i e d e n e s

                                     b.w.

(Fortsetzung)   *Uccusa*

D i e n s t a g, d. 28.April   ⟍ Mittagspause 12.ßo - 15 Uhr -

7) Konstituierung der <u>Deutschen Gesell-</u>
   <u>schaft für Erziehungswissenschaft.</u>

   An dieser Sitzung nehmen teil:

   Prof.Dr.Hansen, Pädagogische Hochschule,
                    Vechta
   Prof.Dr.Hoffmann, Fröbelseminar, Kassel-
                    Wilhelmshöhe

   <u>Satzungsvorschlag,</u> den der in Hamburg beauftragte Ausschuss unter Leitung von
   Prof.Dr.A.Flitner ausgearbeitet hat,
   liegt bei.

   - Ende voraussichtlich 18.3o Uhr -

P R O T O K O L L

über die Konstituierung der "Deutschen Gesellschaft für
Erziehungswissenschaft" anlässlich der Konferenz Westdeutscher Universitätspädagogen in Frankfurt am Main

am 28.April 1 9 6 4

Vorsitz: Herr G e i ß l e r

Teilnehmer: siehe Anlage

1.) Herr Geißler berichtet über die Arbeit des Aufbauausschusses,
der, wie letztes Jahr in Hamburg festgelegt worden war, den Auftrag hatte, sich durch Zuwahl von drei Mitgliedern zu ergänzen,
die nicht an einer Universität wirkten. Der Ausschuss hat gewählt:

> Frau Hoffmann, Kassel
> Herrn Hansen, Vechta
> Herrn Stock, Göttingen.

Herr Geißler weist darauf hin, dass die Gesellschaft im letzten
Jahr gegründet worden sei, ohne dass festgelegt worden wäre, wer
sich als Mitglied betrachte. Diese damals versäumte namentliche
Festlegung sei jetzt durch Einzeichnung in eine Liste erfolgt.
Der Aufbauausschuss hat eine Satzung entworfen, die Herr Geißler
verliest. Herr A.Flitner berichtet über die Arbeit an diesem
Satzungsentwurf.

2.) Er weist darauf hin, dass bis jetzt eine Eintragung ins Vereinsregister nicht vorgesehen ist. In der Aussprache über diesen Punkt
wird gewünscht, dass eine solche Eintragung vorzunehmen sei, damit evtl. Zuwendungen Dritter für diese steuerabzugsfähig werden.
Die Versammlung beschliesst, den Vorstand zu ermächtigen, diese
Eintragung vornehmen zu lassen, sobald es sich als notwendig erweisen sollte.

3.) Diskussion der einzelnen Satzungspunkte:

[...]

197

4.) Aus zeitlichen Gründen unterbricht Herr Geißler die Beratung des
Satzungsentwurfes und beginnt mit der Wahl des Vorstandes.
Herr Zielinski bittet Herrn Geißler, den Vorsitz der Wahl zu über-
nehmen. Herr Geißler nimmt an. Er unterbreitet der Versammlung den
Wahlvorschlag des Aufbauausschusses, als ersten Vorsitzenden
Herrn Bollnow zu wählen.
Herr Geißler stellt dreissig stimmberechtigte Mitglieder fest.
Er bittet Herrn Abel und Herrn Zielinski, die Stimmauszählung vor-
zunehmen.

    1. Wahlgang: Von den dreissig stimmberechtigten Mitgliedern
                  werden dreissig Stimmen abgegeben.
                  Die Stimmauszählung ergibt:

für Herrn Bollnow	22 Stimmen
für Herrn W.Flitner	3 Stimmen *(hatte aus-*
für Herrn Dolch	1 Stimme *drücklich nur nicht-Wahl*
für Herrn Roth	1 Stimme *geboten)*
ohne Namen	3 Stimmen

                  Damit ist Herr Bollnow zum ersten Vorsitzenden der
                  Gesellschaft gewählt.

    2. Wahlgang: Der Wahlleiter verliest die Namen der bis jetzt
                  eingetragenen Mitglieder.
                  Von den sechs mal dreissig berechtigten Stimmen
                  werden 179 abgegeben.
                  Davon entfallen auf

Herrn Roth und Herrn Stock	je 2o Stimmen
Herrn A.Flitner	19 Stimmen
Frau Hoffmann u.Herrn Dolch	je 1o Stimmen
Herrn Hansen	9 Stimmen.

-5-

Damit sind

Herr Roth, Herr Stock, Herr A.Flitner,

Frau Hoffmann, Herr Dolch und Herr Hansen

in den ersten Vorstand der Gesellschaft gewählt

worden.

Die fünf anwesenden Gewählten nehmen die Wahl an.

5.)   Die Mitgliederversammlung beschliesst zum Abschluss:

a)   Die Satzung ist beschlossen bis einschliesslich § 1o.
§ 11 bis § 2o gelten als vorläufige Satzung, nach der der
Vorstand zu verfahren hat.

b)   Die nächste Mitgliederversammlung ist bereits in einem Jahr.

c)   Die nächste Mitgliederversammlung soll die noch ausstehenden
Paragraphen der Satzung beraten und ausserdem über Vorschläge
von Arbeitsthemen und Arbeitsgruppen sprechen.

d)   Die Mitgliederversammlung gibt dem Vorstand den Auftrag,
im Sinne des § 4 neue Mitglieder einzuladen.

e)   Die Mitgliederversammlung bittet den Vorstand, bis zur nächsten Mitgliederversammlung für die weitere Arbeit der Gesellschaft ein Arbeitsprogramm vorzulegen.

f)   Die Mitgliederversammlung beschliesst ohne Gegenstimmen,für
das erste Jahr einen Mitgliedsbeitrag von jährlich DM. 2o,-
zu erheben. Ein Antrag, beitragsmässig zwischen Ordinarien
und Privatdozenten zu unterscheiden, wird bis zur nächsten
Mitgliederversammlung vertagt.

Frankfurt am Main, d. 3o.April 1964

Das Protokoll führte: Dr.Geißler (Pädagogisches Seminar Frankfurt/M.

Beitritt
zur Deutschen Gesellschaft für Erziehungswissenschaft

Name	Universität	Name	Universität

(Die folgenden Einträge sind handschriftliche Unterschriften und Universitätsangaben, teils unleserlich:)

Name	Universität	Name	Universität
Kanz	Frankfurt	D. Ferner	Tübingen
Scheuerl	Frankfurt	Klafki	Marburg
Dörschel	München	Mühle	Tübingen
Hansen	Hamburg	Hentig	Göttingen
Jovaikoff	Köln	Schaller	PH Bonn / Mainz
Ritter	Bonn	Blankertz	PH Oldenburg / Mannheim
Doell	Bonn	Otter	Graz
Abel	T.H. Darmstadt	Paul Schwarz	München
Löbner	Erlangen-Nürnberg	Erich Weber	PH Bayreuth (Habilitation Tübingen)
Flügge	Hamburg–Kiel	Marian Heitger	Neuhausen
Lennert	FU Berlin	Kleinanm	Erlangen
Borinski	F.U. Berlin	Bohnen	Tübingen
Wenke	Hamburg	Menze	Köln
Kunze	Bochum	Flitner	Hamburg
Wichmann	Tübingen	Doldi	Saarbrücken
Ballauff	Mainz	Ruber	Würzburg
Freese	Marburg	Löers	Heidelberg
Wolf	Salzburg		Hamburg
Zielinski	Aachen		
Lermen	Lichtenstein Mainz		Hamburg
Freudler	Bochum		Göttingen

Name	Universität
Hansen	Vechta
Kiehn	Hamburg
Anbeln	Bonn
Blodenmann	Marburg
Hoffmann	Kassel

Beitritt zur Deutschen Gesellschaft für Erziehungswissenschaft, 27.4.1964
(Transkription und Ergänzung der Namen auf der vorigen Seite)

Martin Rang, Frankfurt
Hans Scheuerl, Frankfurt
Alfons Dörschel, München
Gottfried Hausmann, Hamburg
Hans-Hermann Groothoff, Köln
Wolfgang Ritzel, Bonn
Wilhelm Roessler, Bonn
Heinrich Abel, TH Darmstadt
Walter Löbner, Erlangen-Nürnberg
Johannes Flügge, Hamburg-Kiel
Rudolf Lennert, FU Berlin
Fritz Borinski, F.U. Berlin
Hans Wenke, Hamburg
Joachim H. Knoll, Bochum
Ottomar Wichmann, Tübingen
Theodor Ballauff, Mainz
Leonhard Froese, Marburg
Karl Wolf, Salzburg
Johannes Zielinski, Aachen
Ernst Lichtenstein, Münster
Oskar Anweiler, Bochum
Wilhelm Hudde, Gießen

Andreas Flitner, Tübingen
Wolfgang Klafki, Marburg
Günther Mühle, Tübingen
Hartmut von Hentig, Göttingen
Klaus Schaller, PH Bonn/Mainz
Herwig Blankertz, PH Oldenburg/Mannheim
Alois Eder, Graz
Richard Schwarz, München
Erich Weber, PH Bayreuth/München
Marian Heitger, München
Hans Bokelmann, Erlangen
Günther Dohmen, Tübingen
Clemens Menze, Köln
Wilhelm Flitner, Hamburg
Josef Dolch, Saarbrücken
Albert Reble, Würzburg
Hermann Röhrs, Heidelberg
Carl-Ludwig Furck, Hamburg
Wolfgang Scheibe, München
Georg Geißler, Hamburg
Hans Stock, Göttingen

Wilhelm Hansen, Vechta
Ludwig Kiehn, Hamburg
Josef Derbolav, Bonn
Elisabeth Blochmann, Marburg
Erika Hoffmann, Kassel

2.a Vorläufige Satzung (28.4.64)

„Deutsche Gesellschaft für Erziehungswissenschaft"

§ 1

Die „Deutsche Gesellschaft für Erziehungswissenschaft" dient der Förderung der wissenschaftlichen Pädagogik durch Zusammenwirken und Gedankenaustausch ihrer Mitglieder.
Dazu pflegt sie Beziehungen zu anderen Wissenschaften sowie zur Pädagogik des Auslandes; sie bemüht sich um die Förderung des erziehungswissenschaftlichen Nachwuchses und um die Klärung von Ausbildungs und Prüfungsfragen der pädagogischen Berufe.
Die Gesellschaft verfolgt ausschließlich und unmittelbar gemeinnützige Zwecke.

§ 2

Sitz der Gesellschaft ist der Dienstort des jeweiligen Vorsitzenden. Das Geschäftsjahr fällt mit dem Kalenderjahr zusammen.

§ 3

In die Gesellschaft kann als ordentliches Mitglied aufgenommen werden, wer sich durch wissenschaftliche Arbeiten so ausgewiesen hat, daß sich die Gesellschaft von seiner Mitarbeit Gewinn versprechen darf.

§ 4

De Aufnahme eines neuen Mitglieds wird von zwei ordentlichen Mitgliedern der Gesellschaft vorgeschlagen. Wird der Vorschlag von mindestens fünf Mitgliedern des Vorstands gutgeheißen, so richtet der Vorsitzende ein Einladungsschreiben an den Betreffenden, der mit seiner Zusage als aufgenommen gilt.

§ 5

Durch einstimmigen Beschluß des Vorstandes und Mehrheitsbeschluß der Mitgliederversammlung können Persönlichkeiten, die sich um die Erziehungswissenschaft oder das Erziehungswesen besonders verdient gemacht oder die Gesellschaft besonders gefördert haben, zu Ehrenmitgliedern ernannt werden.

§ 6

Organe der Gesellschaft sind die Mitgliederversammlung, der Vorstand und die Ausschüsse.

§ 7

Die Mitgliederversammlung besteht aus den ordentlichen Mitgliedern, von denen jedes über eine Stuimme verfügt. Sie tritt als ordentliche Mitgliederversammlung in der Regel alle zwei Jahre zusammen und wird vom Vorsitzenden unter Angabe der Tagesordnung spätestens drei Monate vorher schriftlich einberufen. Wenn fünf Mitglieder des Vorstandes es für nötig halten oder wenn ein Zehntel der Mitglieder es beantragt, muß der Vorsitzende innerhalb von drei Monaten eine außerordentliche Mitgliederversammlung mit einer Einaldungsfrist von vier Wochen einberufen.

§ 8

Jede ordentliche Mitgliederversammlung ist beschlußfähig; jede außerordentliche, wenn mindestens ein Drittel der ordentlichen Mitglieder der Gesellschaft anwesend ist. Für die Beschlüsse gilt (außer in den § 10, § 17, § 18, § 20 genannten Fällen) einfache Stimmenmehrheit der Anwesenden.

§ 9

Die Mitgliederversammlung wählt den Vorsitzenden und die übrigen Mitglieder des Vorstandes. Sie nimmt den Tätigkeitsbericht entgegen, gibt Anregungen für die weitere Tätigkeit der Gesellschaft, beschließt über Änderungen ihrer Satzung und über ihre Auflösung. Sie setzt den Mitgliedsbeitrag fest, hört den Kassenbericht und entlastet den Vorstand.

§ 10

Den Vorstand bilden
> der Vorsitzende und sein Stellvertreter
> der Schriftführer
> der Schatzmeister
> drei weitere Mitglieder.

Der Vorstand wird alle zwei Jahre durch die ordentliche Mitgliederversammlung in schriftlicher und geheimer Abstimmung neu gewählt. Wiederwahl ist zulässig. Die Wahl des Vorstandes erfolgt in zwei Wahlgängen: Zunächst wählt die Mitgliederversammlung den Vorsitzenden mit absoluter Mehrheit; wird diese nicht erreicht, so gilt in einem zusätzlichen Wahlgang derjenige als gewählt, der die meisten Stimmen erhält. Sodann werden die weiteren sechs Vorstandsmitglieder gewählt, indem jedes Mitglied der Gesellschaft sechs Namen nennt. Als gewählt gelten die, welche die meisten Stimmen auf sich vereinigen. Bei Stimmengleichheit zwischen dem sechsten und siebenten Mitglied entscheidet das Los.

§ 11

Unmittelbare Wiederwahl zum Vorsitzenden ist einmal zulässig. Stellvertretender Vorsitzender, Schriftführer und Schatzmeister werden vom Vorstand bestimmt.
Scheidet eines der Vorstandsmitglieder während der Amtsperiode aus, so kooptiert der Vorstand bis zur nächsten Wahl ein neues Mitglied, dem aber der Vorsitz oder seine Stellvertretung nicht übertragen werden kann.

§ 12

Die Vorstandsmitglieder sind ehrenamtlich tätig. Der Vorstand kann einen Mitarbeiter mit der Geschäftsführung betrauen und dessen Arbeit angemessen vergüten.

§ 13

Der Vorstand leitet die Gesellschaft nach den Beschlüssen der Mitgliederversammlung und sucht ihre Ziele zu verwirklichen. Insbesondere kann er Ausschüsse und Asrbeitsgruppen einsetzen, mit deren Hilfe wissenschaftliche Arbeiten gefördert oder Fragen der Ausbildung, des Prüfungswesens und des Ausbaus erziehungswissenschaftlicher Disziplinen geklärt werden könne. In solche Ausschüsse kann er auch sachkundige Nichtmitglieder berufen bzw. die Auschußvorsitzenden zu deren Beiziehung ermächtigen.

§ 14

Der Vorstand entscheidt über die Aufnahme neuer Mitglieder, über den Vorschlag von Ehrenmitgliedern und über die Streichung bzw. den Ausschluß von Mitgliedern laut § 16 und § 17. Er besorgt die Vorbereitung und Leitung von Mitgliederversammlungen und wissenschaftlichen Tagungen der Gesellschaft. Er beschließt (außer in den §§ 4, 5, 7 und 17 genannten Fällen) mit einfacher Mehrheit und ist mit mindestens fünf Mitgliedern beschlußfähig. Bei Stimmengleichheit entscheidet die Stimme des Vorsitzenden.

§ 15

Die Beschlüsse des Vorstandes und die der Mitgliederversammlung werden schriftlich niedergelegt. Das Protokoll ist vom Vorsitzenden und vom Schriftführer zu unterzeichnen.

§ 16

Der von der Mitgliederversammlung festgesetzte Beitrag ist zu Beginn des Geschäftsjahres fällig. Der Vorstand kann einzelnen Mitgliedern aus triftigen Gründen den Beitrag herabsetzen oder erlassen. Ausländische Mitglieder zahlen keinen Beitrag. Ist ein Mitglied mit mehr als einem Jahresbeitrag im Rückstand und erfolglos gemahnt worden, so ist der Vorstand berechtigt, es aus der Liste der Mitglieder zu streichen.

§ 17

Der Austritt aus der Gesellschaft kann jederzeit erklärt werde; die Beitragspflicht erlischt dann am Ende des laufenden Jahres. Der Ausschluß eines Mitgliedes muß vom Vorstand einstimmig beschlossen werden. Der Ausschluß wird dem Betroffenen schriftlich mitgeteilt. Diese kann deswegen Beschwerde einlegen und die Entscheidung der Mitgliederversammlung verlangen. In diesem Falle kann die Mitgliederversammlung die Entscheidung des Vorstandes mit Zweidrittel-Mehrheit widerrufen.

§ 18

Änderungen dieser Satzung können vom Vorstand oder von mindestens zehn Mitgliedern der Versammlung vorgeschlagen werden. Ein entsprechender Antrag muß acht Wochen vor der Mitgliederversammlung dem Vorstand eingereicht und durch diesen mit der Einladung oder spätestens zwei Wochen vor dem Zusammentreffen allen Mitgliedern bekanntgemacht werden. Für die Annahme ist eine Zweidrittelmehrheit erforderlich.

§ 19

Das Vermögen der Gesellschaft darf nur für die satzungsgemäßen Zwecke verwendet werden.

§ 20

Die Auflösung der Gesellschaft kann, wenn sie ebenso wie eine Satzungsänderung beantragt und der Antrag bekanntgemacht worden ist, durch Dreiviertelmehrheit der Mitgliederversammlung beschlossen werden. Das Vermögen der Gesellschaft ist dann einer wissenschaftlichen Einrichtung ähnlicher Art für ausschließlich gemeinnützige Zwecke zu überweisen. Der Beschluß über die künftige Verwendung des Vermögens erfolgt mit einfacher Mehrheit und bedarf der Einwilligung des zuständigen Finanzamts. Den Mitgliedern wird vom Gesellschaftsvermögen nichts ausgezahlt.

2.b   Satzung der DGfE e.V.
vom 14. 04. 1970 mit Änderungen vom 11. 04. 1972, vom 09. 04. 1974 und vom 28.03. 1984, vom 22. 10. 1990, vom 12. 06. 1996, vom 12. 03. 1996 und vom 19. 03. 1998

1. Die „Deutsche Gesellschaft für Erziehungswissenschaft e.V." (im folgenden DGfE) ist eine Vereinigung der in Forschung und Lehre tätigen Erziehungswissenschaftler und Erziehungswissenschaftlerinnen. Sie hat ihren Sitz in Hamburg und ist in das Vereinsregister beim Amtsgericht Hamburg eingetragen. Geschäftsjahr ist das Kalenderjahr.

2. Zweck der DGfE ist die Förderung von Wissenschaft und Forschung, Bildung und Erziehung auf dem Gebiet der wissenschaftlichen Pädagogik. Der Satzungszweck wird insbesondere verwirklicht durch:
    - die Veranstaltung von Fachkongressen, die alle zwei Jahre stattfinden,
    - die Veranstaltung von Tagungen, Seminaren und Vorträgen,
    - die Förderung der intradisziplinären Kommunikation innerhalb des Gesamtgebiets der Erziehungswissenschaften,
    - die Herausgabe und Förderung von Fachpublikationen,
    - die Stellungnahme zu öffentlichen Empfehlungen und wissenschaftliche Stellungnahmen zu Fragen der Bildungspolitik und pädagogischer Praxis,
    - die Information der Öffentlichkeit über Stand und Entwicklung der Erziehungswissenschaft,
    - die Klärung von Ausbildungs- und Prüfungsfragen der pädagogischen Berufe,
    - die Förderung des wissenschaftlichen Nachwuchses, insbesondere durch Vergabe von fachlichen Preisen.
    - die Förderung von in der Erziehungswissenschaft tätigen Frauen,
    - die Förderung der Völkerverständigung durch die Zusammenarbeit mit anderen nationalen Institutionen und die Mitarbeit in internationalen Institutionen

Die DGfE ist selbstlos tätig, sie verfolgt nicht in erster Linie eigenwirtschaftliche Zwecke. Sie verfolgt ausschließlich und unmittelbar gemeinnützige Zwecke im Sinne des Abschnitts „Steuerbegünstigte Zwecke" der Abgabenordnung.

3. In die „Deutsche Gesellschaft für Erziehungswissenschaft" kann als ordentliches Mitglied aufgenommen werden, wer sich durch wissenschaftliche Arbeiten so ausgewiesen hat, daß sich die Gesellschaft von einer Mitarbeit Gewinn versprechen darf.

Juristische Personen, Vereine und ähnliche Institutionen können in die DGfE als Fördermitglieder aufgenommen werden, wenn sie erziehungswissenschaftliche Forschung und/oder Lehre oder besondere Innovationen in der pädagogischen Praxis fördern.

4. Die Aufnahme eines neuen Mitglieds kann einmal in der Weise erfolgen, daß es von zwei ordentlichen Mitgliedern der Gesellschaft vorgeschlagen wird. Wird der Vorschlag von mindestens fünf Mitgliedern des Vorstandes gutgeheißen, so erhält das neue Mitglied ein Einladungsschreiben. Es gilt hiermit als aufgenommen.

Die Aufnahme kann auch in der Weise erfolgen, daß wissenschaftlich ausgewiesene Interessenten einen Antrag auf Mitgliedschaft stellen. Für die Aufnahme gelten die Bestimmungen in Absatz 1, Satz 2.

Das gleiche Verfahren gilt für Bewerbungen aus dem Ausland. An die Stelle des Vorschlags zweier ordentlicher Mitglieder können in diesem Falle auch Referenzen international bekannter Wissenschaftlerinnen und Wissenschaftler treten, die nicht Mitglieder der „Deutschen Gesellschaft für Erziehungswissenschaft" sind.

5. Durch einstimmigen Beschluß des Vorstandes können Persönlichkeiten, die sich um die Erziehungswissenschaft oder das Erziehungswesen besonders verdient gemacht oder die Gesellschaft besonders gefördert haben, zu Ehrenmitgliedern ernannt werden.

6. Organe der Gesellschaft sind die Mitgliederversammlung, der Vorstand, die wissenschaftlichen Sektionen, Kommissionen und Arbeitsgemeinschaften gem. § 13 der Satzung sowie die Vorstands-Kommissionen.

7. Die Mitgliederversammlung besteht aus ordentlichen Mitgliedern, von denen jedes über eine Stimme verfügt. Sie tritt als ordentliche Mitgliederversammlung in der Regel alle zwei Jahre zusammen und wird von der/dem Vorsitzenden unter Angabe der Tagesordnung spätestens einen Monat vorher schriftlich einberufen. Wenn fünf Mitglieder des Vorstandes es für nötig halten oder wenn ein Zehntel der Mitglieder es beantragt, muß innerhalb von drei Monaten eine außerordentliche Mitgliederversammlung mit der Einladungsfrist von vier Wochen einberufen werden.

8. Jede ordentliche Mitgliederversammlung ist beschlußfähig; jede außerordentliche, wenn mindestens ein Drittel der ordentlichen Mitglieder der Gesellschaft anwesend ist. Für die Beschlüsse gilt (außer in den Paragraphen 10, 17, 18, 20 genannten Fällen) einfache Stimmenmehrheit der Anwesenden.

9. Die Mitgliederversammlung wählt eines ihrer Mitglieder für den Vorsitz und die übrigen Mitglieder des Vorstandes. Sie nimmt den Rechenschaftsbericht entgegen, gibt Anregungen für die weitere Tätigkeit der Gesellschaft, beschließt über Änderungen ihrer Satzung und über ihre Auflösung. Sie setzt den Mitgliedsbeitrag fest, hört den Kassenbericht und entlastet den Vorstand.

10. Dem Vorstand gehören sieben Mitglieder an, davon vier mit den Ämtern: Vorsitz, Stellvertretender Vorsitz, Schriftführung und Schatzamt.

Der Verein „Deutsche Gesellschaft für Erziehungswissenschaft" wird gerichtlich und außergerichtlich durch seine Vorsitzende/seinen Vorsitzenden vertreten, bei deren Verhinderung durch Stellvertretung. Der Vorstand wird durch die ordentliche Mitgliederversammlung in schriftlicher und geheimer Abstimmung neu gewählt. Wiederwahl ist zulässig. Die Wahl erfolgt in zwei Wahlgängen.

Zunächst wählt die Mitgliederversammlung den Vorsitz für zwei Jahre mit absoluter Mehrheit; wird diese nicht erreicht, so gilt in einem zusätzlichen Wahlgang als gewählt, wer die meisten Stimmen erhält.

Die weiteren Vorstandsmitglieder werden für vier Jahre gewählt, und zwar so, daß jeweils die Hälfte der Mitglieder alle zwei Jahre neu gewählt wird. Dabei hat jede Wählerin/jeder Wähler soviel Stimmen wie Vorstandsmitglieder neu gewählt werden. Als gewählt gelten die, welche die meisten Stimmen auf sich vereinigen. Bei Stimmengleichheit zwischen dem 3. und 4. Mitglied entscheidet das Los.

11. Unmittelbare Wiederwahl zum Vorsitz ist einmal zulässig. Stellvertretung, Schriftführung und Schatzamt werden vom Vorstand bestimmt. Dabei kann für die Rechnungsprüfung ein Mitglied der Gesellschaft vom Vorstand zusätzlich kooptiert werden.

   Scheidet eines der Vorstandsmitglieder während der Amtperiode aus, so kooptiert der Vorstand bis zur nächsten Wahl ein neues Mitglied, dem aber der Vorsitz oder eine Stellvertretung nicht übertragen werden kann.

12. Die Vorstandsmitglieder sind ehrenamtlich tätig. Der Vorstand kann jemanden mit der Geschäftsführung betrauen und diese Arbeit angemessen vergüten.

13. Der Vorstand leitet die Gesellschaft und sucht ihre Ziele zu verwirklichen. Insbesondere kann er wissenschaftliche Sektionen und Vorstandsausschüsse einsetzen und wieder auflösen. Vor der Auflösung von Wissenschaftlichen Sektionen sind die ordentlichen Mitglieder dieser Sektionen zu hören. Wissenschaftliche Sektionen repräsentieren an den Hochschulen ausgebaute Schwerpunkte der Erziehungswissenschaft und dienen der wissenschaftlichen Arbeit und Weiterentwicklung der Erziehungswissenschaft. Vorstandsausschüsse dienen der Klärung von sektionsübergreifenden, insbesondere fachpolitischen Fragen der Erziehungswissenschaft. In die Vorstandsausschüsse kann der Vorstand auch sachkundige Nichtmitglieder berufen. Wissenschaftliche Sektionen können sich im Einvernehmen mit dem Vorstand in Kommissionen untergliedern.

14. Der Vorstand entscheidet über die Aufnahme neuer Mitglieder, über die Ernennung von Ehrenmitgliedern und über die Streichung bzw. den Ausschluß von Mitgliedern laut Paragraph 16 und Paragraph 17. Er besorgt die Vorbereitung und Leitung von Mitgliederversammlungen und wissenschaftlichen Tagungen der Gesellschaft. Er beschließt (außer in den Paragraphen 4, 5, 7 und 17 genannten Fällen) mit einfacher Mehrheit und ist mit mindestens fünf Mitgliedern beschlußfähig. Bei Stimmengleichheit entscheidet die Stimme des Vorstandsmitgliedes, das den Vorsitz innehat.

15. Die Beschlüsse des Vorstandes und die der Mitgliederversammlung werden schriftlich niedergelegt. Das Protokoll ist von den Vorstandsmitgliedern zu unterzeichnen, die den Vorsitz und die Schriftführung innehaben.

16. Der von der Mitgliederversammlung festgesetzte Beitrag ist zu Beginn des Geschäftsjahres fällig. Der Vorstand kann einzelnen Mitgliedern den Beitrag herabsetzen oder erlassen. Ist ein Mitglied mit mehr als einem Jahresbeitrag im Rückstand und erfolglos gemahnt worden, so ist der Vorstand berechtigt, es aus der Liste der Mitglieder zu streichen.

17. Der Austritt aus der Gesellschaft kann jederzeit erklärt werden; die Beitragspflicht erlischt dann am Ende des laufenden Jahres. Der Ausschluß eines Mitgliedes wird

schriftlich mitgeteilt. Das Mitglied kann deswegen Beschwerde einlegen und die Entscheidung der Mitgliederversammlung verlangen. In diesem Falle kann die Mitgliederversammlung die Entscheidung des Vorstandes mit Zweidrittelmehrheit widerrufen.

18. Änderungen dieser Satzung können vom Vorstand oder von mindestens zehn Mitgliedern der Versammlung vorgeschlagen werden. Ein entsprechender Antrag muß acht Wochen vor der Mitgliederversammlung dem Vorstand eingereicht und durch diesen mit der Einladung oder spätestens zwei Wochen vor dem Zusammentreffen allen Mitgliedern bekanntgemacht werden. Für die Annahme ist eine Zweidrittelmehrheit erforderlich.

19. Das Vermögen des Vereins und etwaige Gewinne dürfen nur für die satzungsmäßigen Zwecke verwendet werden. Die Mitglieder dürfen in ihrer Eigenschaft als Mitglieder keine Zuwendungen aus Mitteln des Vereins erhalten.

20. Der Verein darf keine Personen durch Verwaltungsausgaben, die dem Zweck des Vereins fremd sind, oder durch unverhältnismäßig hohe Vergütungen begünstigen.

21. Die Mitglieder haben bei ihrem Ausscheiden oder bei Auflösung oder Aufhebung des Vereins keinen Anspruch auf das Vereinsvermögen.

Die Auflösung der „Deutschen Gesellschaft für Erziehungswissenschaft" kann, wenn sie ebenso wie eine Satzungsänderung beantragt oder der Antrag bekanntgemacht ist, durch Dreiviertelmehrheit der Mitgliederversammlung beschlossen werden. Bei Auflösung des Vereins oder bei Wegfall steuerbegünstigter Zwecke fällt das Vermögen des Vereins einer wissenschaftlichen Einrichtung ähnlicher Art für unmittelbar und ausschließlich gemeinnützige Zwecke zu. Der Beschluß über die künftige Verwendung des Vermögens erfolgt mit einfacher Mehrheit und bedarf der Einwilligung des zuständigen Finanzamtes. Der Beschluß über die künftige Verwendung des Vermögens erfolgt mit einfacher Mehrheit und bedarf der Einwilligung des zuständigen Finanzamtes.

3.a Die Vorsitzenden der DGfE 1964 bis 2004

Otto Friedrich Bollnow

Hans Scheuerl

Walter Schultze

Herwig Blankertz

Hans Thiersch

Helmut Heid

Wolfgang Klafki

Volker Lenhart

Dietrich Benner

Dieter Lenzen

Ingrid Gogolin

Hans Merkens

3.b   Die Vorstände der DGfE 1964 bis 2004

1964–1966
Otto Friedrich Bollnow (Vorsitzender)
Josef Dolch
Andreas Flitner
Wilhelm Hansen
Erika Hoffmann
Heinrich Roth
Hans Stock

1966–1968
Otto Friedrich Bollnow (Vorsitzender)
Josef Dolch
Andreas Flitner
Elfriede Höhn
Wolfgang Klafki
Ilse Lichtenstein-Rother
Hans Stock
Heinrich Roth (kooptiert)

1968–1970
Hans Scheuerl (Vorsitzender)
Oskar Anweiler
Otto Friedrich Bollnow
Andreas Flitner
Wolfgang Klafki
Ilse Lichtenstein-Rother
Hans Stock
Joachim Peege (kooptiert)
Heinrich Roth (kooptiert)

1970–1972
Hans Scheuerl (Vorsitzender)
Oskar Anweiler
Herwig Blankertz
Wolfgang Klafki
Ilse Lichtenstein-Rother
Saul B. Robinsohn
Walter Schultze
Walter Reetz (kooptiert)

1972–1974
Walter Schultze (Vorsitzender)
Herwig Blankertz
Ilse Dahmer
Hartmut von Hentig
Wolfgang Klafki
Wolfgang Mitter
Hans Scheuerl
Walter Dürr (kooptiert)

1974–1976
Herwig Blankertz (Vorsitzender)
Karl Frey
Walter Hornstein
Wolfgang Klafki
Doris Knab
Theodor Schulze
Hans Thiersch
Walter Dürr (kooptiert)

1976–1978
Herwig Blankertz (Vorsitzender)
Walter Dürr
Wolfgang Klafki
Doris Knab
Klaus Mollenhauer
Theodor Schulze
Hans Thiersch

1978–1980
Hans Thiersch (Vorsitzender)
Walter Dürr
Helmut Heid
Karlheinz Ingenkamp
Wolfgang Klafki
Klaus Mollenhauer
C. Wolfgang Müller

1980–1982
Hans Thiersch (Vorsitzender)
Frank Achtenhagen
Dietrich Benner
Helmut Heid
Karlheinz Ingenkamp
Line Kossolapow
C. Wolfgang Müller

1982–1984
Helmut Heid (Vorsitzender)
Frank Achtenhagen
Hans-Georg Herrlitz
Wolfgang Klafki
C. Wolfgang Müller
Peter Martin Roeder
Helga Thomas

1984–1986
Helmut Heid (Vorsitzender)
Frank Achtenhagen
Hans-Georg Herrlitz
Wolfgang Klafki
C. Wolfgang Müller
Peter Martin Roeder
Helga Thomas

1986–1988
Wolfgang Klafki (Vorsitzender)
Frank Achtenhagen
Klaus Beck
Christa Berg
Hans-Georg Herrlitz
Volker Lenhart
Luise Wagner-Winterhager

1988–1990
Volker Lenhart (Vorsitzender)
Klaus Beck
Dietrich Benner
Christa Berg
Adolf Kell
Hans-Uwe Otto
Luise Wagner-Winterhager

1990–1992
Dietrich Benner (Vorsitzender)
Peter Diepold
Maria-Eleonora Karsten
Adolf Kell
Dieter Lenzen
Hans-Uwe Otto
Peter Zedler

1992–1994
Dietrich Benner (Vorsitzender)
Peter Diepold
Maria-Eleonora Karsten
Adolf Kell
Dieter Lenzen
Hans-Uwe Otto
Peter Zedler

1994–1996
Dieter Lenzen (Vorsitzender)
Peter Diepold
Ingrid Gogolin
Adolf Kell
Jan-Hendrik Olbertz
Hans-Uwe Otto
Christiane Schiersmann

1996–1998
Dieter Lenzen (Vorsitzender)
Peter Diepold
Ingrid Gogolin
Winfried Marotzki
Jan-Hendrik Olbertz
Hans-Uwe Otto
Christiane Schiersmann

2000–2002
Ingrid Gogolin (Vorsitzende)
Elisabeth Fuhrmann
Margret Kraul
Winfried Marotzki
Hans Merkens
Jan-Hendrik Olbertz
Rudolf Tippelt

1998–2000
Ingrid Gogolin (Vorsitzende)
Elisabeth Fuhrmann
Margret Kraul
Winfried Marotzki
Hans Merkens
Jan-Hendrik Olbertz
Hans-Uwe Otto

2002–2004
Hans Merkens (Vorsitzender)
Maria Fölling-Albers
Margret Kraul
Marianne Krüger-Potratz
Norbert Meder
Lutz-Rainer Reuter
Rudolf Tippelt

4. Ehrenmitglieder

Walter Asmus
Theodor Ballauff
Christa Berg
Fritz Blättner
Hans Bohnenkamp
Otto Friedrich Bollnow
Fritz Borinski
Helmut v. Bracken
Friedrich Edding
Andreas Flitner
Wilhelm Flitner
Leonhard Froese
Carl-Ludwig Furck
Georg Geißler
Hans-Hermann Groothoff
Helmut Heid
Hans-Georg Herrlitz
Hildegard Hetzer
Gerd Kadelbach

Ludwig Kiehn
Helmut Kittel
Wolfgang Klafki
Doris Knab
Martinus Langeveld
Rudolf Lennert
Werner Linke
Rudolf Lochner
Eugen Löffler
Gottfried Preissler
Martin Rang
Hermann Röhrs
Heinrich Roth
Hans Scheuerl
Walter Schultze
Karl Seidelmann
Elisabeth Siegel
Hans Stock
Martin Wagenschein

5.   Mitgliederentwicklung

Die Daten zu den Mitgliederzahlen stammen bis auf den ersten Wert aus den zweijährlich erfolgenden Rechenschaftsberichten der Vorsitzenden aus Anlass der Mitgliederversammlungen.

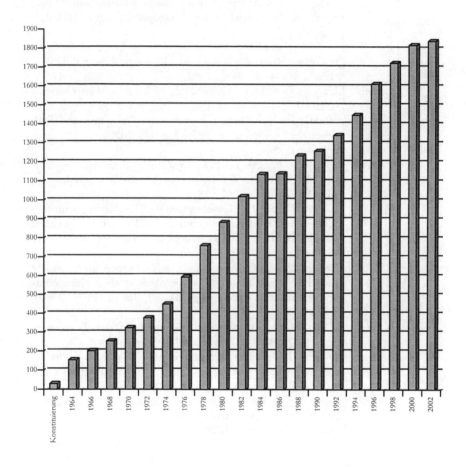

6. Preisträger des Förderpreises 1986 bis 2002

1986	1. Preis	unbesetzt
	2. Preis	*Barbara Gaebe*: Das Programm einer „nach mechanischen Gesetzen konstruierten didaktischen Maschine". Eine Untersuchung zu den Anfängen neuzeitlicher pädagogischer Theoriebildung. In: Zeitschrift für Pädagogik (ZfPäd) 30 (1984), S. 735-747
		Ulrich Steffens: Michaela – Wie Schüler mit Lernproblemen ihre Gesamtschule erleben. In: Die Deutsche Schule (DDS) 76 (1984), S. 134-157
	3. Preis	*Uwe-Jörg Jopt/Anke Engelbert-Holtze*: Elterliche Wertschätzung schulischer Tüchtigkeit: Ein Beitrag zur Erziehungsstilforschung. In: Zeitschrift für empirische Pädagogik und Pädagogische Psychologie 8 (1984) 3, S. 119-142
1988	1. Preis	unbesetzt
	2. Preis	*Anne Schmidt/Jürgen van Buer/Birgit Reising*: Zur impliziten Persönlichkeitstheorie der Lehrer an beruflichen Schulen. In: ZfPäd 32 (1986), S. 661-678
		Norbert Wenning: Das Gesetz gegen die Überfüllung deutscher Schulen und Hochschulen vom 25.4.1933 – ein erfolgreicher Versuch der Bildungsbegrenzung? In: DDS 78 (1986), S. 141–160
	3. Preis	*Barbara Dippelhofer-Stiem*: Forschendes Lernen im Studium? Eine Idee im Spannungsfeld von studentischen Kompetenzen und institutionellen Möglichkeiten. In: ZfPäd 31 (1985), S. 481-500
1990	1. Preis	*Ulrich Schiefele*: Motivationale Bedingungen des Textverstehens. In: ZfPäd 34 (1988), S. 687-708
	2. Preis	*Christian Lüders*: Der „wissenschaftlich ausgebildete Praktiker" in der Sozialpädagogik – Zur Notwendigkeit der Revision eines Programms. In: ZfPäd 33 (1987), S. 635-653
	3. Preis	*Erika Steinert*: Interaktionsort Frauenhaus. Zur moralischen Entwicklung von Frauenhaus-Bewohnerinnen. In: neue praxis 18 (1988), S. 275-290
		Klaus-Peter Horn: Das „Tagebuch" des Wahlafrid Strabo in der Geschichte der Pädagogik. Traditionsstiftung und Didaktisierung vs. Forschung. In: ZfPäd 32 (1986), S. 693-708
1992	1. Preis	*Lothar Wigger*: Die praktische Irrelevanz pädagogischer Ethik. Einige Reflexionen über Grenzen, Defizite und Paradoxien pädagogischer Ethik und Moral. In: ZfPäd 36 (1990), S. 309-330

	2. Preis	*Wolfgang Braungart / Diethelm Jungkunz*: Schülerinteressen, Unterrichtsgegenstände und außerschulische Erfahrungen. Eine Untersuchung am Beispiel des Faches Kunst in der gymnasialen Oberstufe. In: DDS 81 (1989), S. 73-89
	3. Preis	*Elke Kleinau*: Die „Hochschule für das weibliche Geschlecht" und ihre Auswirkungen auf die Entwicklung des höheren Mädchenschulwesens in Hamburg. In: ZfPäd 36 (1990), S. 121-138
1994	1. Preis	*Hans-Jürgen von Wensierski*: Mit uns ziehen die alten Zeiten. Die Mythologie der staatlichen Jugendkultur in der DDR. In: neue praxis 22 (1992), S. 484-503
	2. Preis	*Christine Mayer*: „... und daß die staatsbürgerliche Erziehung der Mädchen mit der Erziehung zum Weibe zusammenfällt". Kerschensteiners Konzept einer Mädchenerziehung. In: ZfPäd 38 (1992), S. 771-791
	3. Preis	*Yvonne Gabriele Lüders*: Hort: Auf der Suche nach einer Zukunft. In: ZfPäd 37 (1991), S. 581-602 *Waldemar Vogelsang*: Jugendliche Video-Cliquen. Eine ethnographische Analyse. In: deutsche jugend (1992), S. 326-334
1996	1. Preis	*Cornelie Dietrich / Claudia Sanides-Kohlrausch*: Erziehung und Evolution. Kritische Anmerkungen zur Verwendung bioevolutionstheoretischer Ansätze in der Erziehungswissenschaft. In: Bildung und Erziehung 47 (1994), S. 397-410
	2. Preis	*Hans-Christoph Koller*: Der pädagogische Diskurs und andere Diskursarten. Eine diskursanalytische Alternative zur systemtheoretischen Betrachtung des Erziehungswesens? In: Luhmann, Niklas / Schorr, Karl-Eberhard (Hrsg.): Zwischen System und Umwelt. Fragen an die Pädagogik, Frankfurt 1996, S. 110-143
	3. Preis	*Kai-Uwe Schnabel*: Ausländerfeindlichkeit bei Jugendlichen in Deutschland. Eine Synopse empirischer Befunde seit 1990. In: ZfPäd 39 (1993), S. 799-822
1998	1. Preis	*Elke Wild / Klaus-Peter Wild*: Familiale Sozialisation und schulische Lernmotivation. In: ZfPäd 43 (1997), S. 55-77
	2. Preis	*Yvonne Ehrenspeck*: Aisthesis und Ästhetik. In: Mollenhauer, Klaus / Wulf, Christoph (Hrsg.): Aisthesis / Ästhetik. Zwischen Wahrnehmung und Bewußtsein. Weinheim 1996, S. 201-229

	3. Preis	*Sönke Abeldt*: Das Problem Solidarität. Perspektiven der pädagogischen Ethik und der Kritischen Theorie. In: ZfPäd 43 (1997), S. 219-238
		Frank Bösch: „Zum umbau des schulwesens" nach 1945. Die bildungspolitische Konzeption Adolf Grimmes. In: DDS 88 (1996), S. 435-454
2000	1. Preis	*Cornelia Gräsel*: Die Rolle des Wissens – oder: Warum Umweltwissen träge ist. In: Unterrichtswissenschaft 27 (1999), S. 196-212
	2. Preis	*Ute Clement*: Die transnationale Kommunizierbarkeit des Berufes. Verständigungsprobleme im globalen Dorf. In: 40. Beiheft der ZfPäd, S. 209-231
		Helga Kelle: Geschlechterterritorien. Eine ethnographische Studie über Spiele neun- bis zwölfjähriger Schulkinder. In: Zeitschrift für Erziehungswissenschaft (ZfE) 2 (1999), S. 211-228
	3. Preis	*Roland Reichenbach*: Preis und Plausibilität der Höherentwicklungsidee. In: ZfPäd 44 (1998), S. 205-221
2002	1. Preis	*Eveline Wuttke*: Lernstrategien im Lernprozeß. Analysemethode, Strategieeinsatz und Auswirkungen auf den Lernerfolg. In: ZfE 3 (2000), S. 79-110
	2. Preis	*Ralf Bohrhardt*: Familienstruktur und Bildungserfolg. Stimmen die alten Bilder? In: ZfE 3 (2000), S. 189-207
		Heinz Reinders: Politische Sozialisation Jugendlicher in der Nachwendezeit. Eine psychische Rekontextualisierung. In: ZfE 4 (2001), S. 239-262
	3. Preis	*Robin Stark*: Experimentelle Untersuchungen zur Überwindung von Transferproblemen in der kaufmännischen Erstausbildung. In: ZfPäd 46 (2000), S. 395-415

7. Träger des Ernst-Christian-Trapp-Preises 1996 bis 2002

Die Stiftung des Preises geht auf eine Anregung des Vorsitzenden Dieter Lenzen zurück, der in der Vorstandssitzung vom 23. 10. 1994 vorgeschlagen hatte, „eine Ehrenmöglichkeit für originelle wissenschaftliche Leistungen im Fach durch die DGfE zu schaffen". Der Vorstand stimmte darin überein, dass dabei „an unkonventionelle und innovative Leistungen zu denken" sei, während besondere Verdienste um die DGfE auch weiterhin durch die Verleihung der Ehrenmitgliedschaft gewürdigt wrden sollten.

Die förmliche Einrichtung des Preises erfolgte durch einen Vorstandsbeschluss vom 5. 5. 1995. Der Preis ist mit 10.000,- DM (5.000,- Euro) dotiert und nicht unter mehrere Preisträger aufteilbar. Vorschlagsberechtigt ist jedes Mitglied der DGfE, die Entscheidung trifft der Vorstand. Die Benennung als "Ernst-Christian-Trapp-Preis" wurde vom Vorstand am 20. 10. 1995 beschlossen. Die Preisträger bisher sind:

1996   Peter Martin Roeder
1998   Hartmut von Hentig
2000   Klaus Mollenhauer
2002   Wolfgang Klafki

8.1 „Grundständige Kommissionen" der DGfE 1965 – 1998

Gründungszeitraum	1965 – 1976	1976 – 1988	1988 – 1998
Themenbereiche	1. Vergleichende Erziehungswissenschaft 2. Sonderpädagogik 3. Empirisch-pädagogische Forschung (AEPF) 4. Historische Pädagogik 5. Sozialpädagogik 6. Berufs- und Wirtschaftspädagogik 7. Erwachsenenbildung 8. Lehrerbildung	9. Pädagogik der frühen Kindheit 10. Bildungsforschung mit der Dritten Welt 11. Freizeitpädagogik 12. Schulpädagogik/Didaktik 13. Wissenschaftsforschung 14. Sportpädagogik 15. Bildungs- und Erziehungsphilosophie	16. Frauenforschung in der Erziehungswissenschaft 17. Bildungsorganisation, Bildungsplanung, Bildungsrecht 18. Psychoanalytische Pädagogik
Quelle:	„Informationen über den ggw. Stand ..." (1976), 6.3	Aufstellung Mai 1988, 12.15	Aufstellung Oktober 1998, 18.18

8.2 „Arbeitsgemeinschaften auf Zeit" der DGfE 1976 – 1998

Gründungszeitraum	1976 – 1988	1988 – 1994	1994 – 1998
Themenbereiche	1. Friedenspädagogik 2. Frauenforschung in der Erziehungswissenschaft 3. Pädagogik und Psychoanalyse	4. Pädagogische Anthropologie 5. Interkulturelle Pädagogik 6. Medienpädagogik	7. Erziehungswissenschaftliche Biographieforschung 8. Pädagogik und Humanistische Psychologie 9. Umweltbildung 10. Bildungsarbeit mit älteren Menschen[1] 11. Gesundheitspädagogik[1] 12. Grundschulforschung
Quelle	Auflistung Mai 1988, 12.15	EW 5 (1994) 10, S. 14	[1] geplant Auflistung Oktober 1998, 18.18, und Vorstandsprotokolle 1996 – 1997

8.3 Die disziplinäre Binnenstruktur der DGfE 1965 - 2003

Kommissionen ➤ AGs auf Zeit ----➤	1965-1976	1976-1988	1988-1998	Sektionen (ab Juni 2002)
Historische Kommission			➤	1. Historische Bildungsforschung
Bildungs- und Erziehungs- philosophie			➤	2. Allgemeine Erziehungswissenschaft
Erziehungswissenschaftliche Biographieforschung			---➤	
Pädagogische Anthropologie			---➤	
Wissenschaftsforschung			➤	
Vergleichende Erziehungswissenschaft		➤		3. International und interkulturell vergleichende Erziehungswissenschaft
Bildungsforschung mit der Dritten Welt			➤	
Interkulturelle Pädagogik			---➤	
AG für empirisch-pädagogi- sche Forschung (AEPF)		➤		4. Empirische Bildungsforschung
Bildungsorganisation, -planung, -recht			➤	
Schulpädagogik/Didaktik		➤		5. Schulpädagogik
Lehrerbildung		➤		
Grundschulforschung			---➤	
Sonderpädagogik		➤		6. Sonderpädagogik
Berufs- und Wirtschaftspädagogik		➤		7. Berufs- und Wirtschaftspädagogik
Sozialpädagogik		➤		8. Sozialpädagogik
Pädagogik der frühen Kindheit			➤	
Erwachsenenbildung		➤		9. Erwachsenenbildung
Freizeitpädagogik			➤	10. Pädagogische Freizeitfor- schung und Sportpädagogik
Sportpädagogik			➤	
Frauenforschung in der Erziehungswissenschaft			-----➤	11. Frauen- und Geschlech- terforschung in der Erzie- hungswissenschaft
Medienpädagogik			-----➤	12. Medien- und Umweltpädagogik
Umweltbildung			---➤	
Psychoanalytische Pädagogik			-----➤	13. Differentielle Erziehungs- und Bildungsforschung
Pädagogik und Humanistische Psychologie			---➤	
Audiovisuelle Publizistik	-----			
Friedenspädagogik		--------		
(Altenpädagogik)			-----	
(Gesundheitspädagogik)			-----	

9. Arbeitstagungen und Kongresse der DGfE 1968 bis 2004

Die folgende Liste nennt die fortlaufende Nummer, das Jahr, den Ort des Kongresses, das Kongressthema, die Referentinnen und Referenten der Eröffnungsvorträge (E) und der öffentlichen Vorträge sowie die Hauptpublikationen zu dem jeweiligen Kongress. Auf weitere Veröffentlichungen aus dem Kongresszusammenhang wird in den Kongressdokumentationen hingewiesen.

Nr.	Jahr	Ort	Thema, Hauptvortragende und Dokumentation
1	1968	Göttingen	*Sprache und Erziehung* Vortrag: Wilhelm Flitner Sprache und Erziehung. Bericht über die Arbeitstagung der Deutschen Gesellschaft für Erziehungswissenschaft vom 7. bis 10. April 1968 in Göttingen. Im Auftrag des Vorstandes herausgegeben von Otto Friedrich Bollnow. Weinheim, Berlin, Basel: Beltz 1968. (Zeitschrift für Pädagogik, Beiheft 7)
2	1970	Berlin	*Erziehungswissenschaft – Bildungspolitik – Schulreform* Vorträge: Heinrich Roth (E), Torsten Husén, Hermann Lübbe Erziehungswissenschaft, Bildungspolitik, Schulreform. Bericht über den Kongreß der Deutschen Gesellschaft für Erziehungswissenschaft vom 12. – 15. April 1970 in der Kongreßhalle in Berlin. Im Auftrag des Vorstandes herausgegeben von Hans Scheuerl unter Mitarbeit von Michael Löffelholz. Weinheim, Berlin, Basel: Beltz 1971. (Zeitschrift für Pädagogik, Beiheft 9)
3	1972	Nürnberg	*Zur Wissenschaftstheorie und Methodologie pädagogischer Begleitforschung* Zeitschrift für Pädagogik 19 (1973), H. 1.
4	1974	Salzburg	*Pädagogische Institutionen und Sozialisation* Vortrag: Hartmut von Hentig (E) Neue Sammlung 14 (1974), H. 4.
5	1976	Duisburg	*Interaktion und Organisation in pädagogischen Feldern* Vorträge: Klaus Mollenhauer (E), Theodor Schulze Interaktion und Organisation in pädagogischen Feldern. Bericht über den 5. Kongreß der Deutschen Gesellschaft für Erziehungswissenschaft vom 29. – 31.3.1976 in der Gesamthochschule in Duisburg. Im Auftrage des Vorstandes herausgegeben von Herwig Blankertz. Weinheim, Basel: Beltz 1977. (Zeitschrift für Pädagogik, Beiheft 13)

| 6 | 1978 | Tübingen | *Die Handlungsrelevanz erziehungswissenschaftlicher Erkenntnisse* |

Vorträge: Herwig Blankertz (E), Andreas Flitner (E), Ludwig v. Friedeburg, Frédéric Hartweg, Helmut Fahrenbach

Die Theorie-Praxis-Diskussion in der Erziehungswissenschaft. Beiträge vom 6. Kongreß der Deutschen Gesellschaft für Erziehungswissenschaft vom 8. – 10.3.1978 in der Universität Tübingen. Im Auftrage des Vorstandes herausgegeben von Herwig Blankertz. Weinheim, Basel: Beltz 1978. (Zeitschrift für Pädagogik, Beiheft 15)

7 1980 Göttingen *Das politische Interesse an der Erziehung und das pädagogische Interesse an der Gesellschaft*

Vortrag: Ivan Illich

Das politische Interesse an der Erziehung und das pädagogische Interesse an der Gesellschaft. Beiträge vom 7. Kongreß der Deutschen Gesellschaft für Erziehungswissenschaft vom 17. – 19. März 1980 in der Universität Göttingen. Im Auftrag des Vorstandes herausgegeben von Helmut Heid, Klaus Mollenhauer, Michael Parmentier, Hans Thiersch. Weinheim, Basel: Beltz 1981. (Zeitschrift für Pädagogik, Beiheft 17)

8 1982 Regensburg *Kein Rahmenthema*

Vorträge: Hans Aebli, Dietrich Benner, Manfred Hofer, Walter Hornstein, Peter Martin Roeder

Beiträge zum 8. Kongreß der Deutschen Gesellschaft für Erziehungswissenschaft vom 22. – 24. März 1982 in der Universität Regensburg. Im Auftrag des Vorstandes herausgegeben von Dietrich Benner, Helmut Heid und Hans Thiersch. Weinheim, Basel: Beltz 1983. (Zeitschrift für Pädagogik, Beiheft 18)

9 1984 Kiel *Bildung – Arbeit – Arbeitslosigkeit*

Vorträge: Mikolaj Kozakiewicz, Dieter Mertens, Ilona Ostner, Klaus Prange, Karlwilhelm Stratmann

Arbeit – Bildung – Arbeitslosigkeit. Beiträge zum 9. Kongreß der Deutschen Gesellschaft für Erziehungswissenschaft vom 26. – 28. März 1984 in der Universität Kiel. Im Auftrag des Vorstandes herausgegeben von Helmut Heid und Wolfgang Klafki. Weinheim, Basel: Beltz 1985. (Zeitschrift für Pädagogik, Beiheft 19)

10 1986 Heidelberg *Allgemeinbildung*
Vorträge: Wolfgang Klafki (E), Hannelore Faulstich-Wieland, Volker Lenhart, Wolfgang Nahrstedt, Fritz Oser, Adalbert Rang
Allgemeinbildung. Beiträge zum 10. Kongreß der Deutschen Gesellschaft für Erziehungswissenschaft vom 10. bis 12. März 1986 in der Universität Heidelberg. Im Auftrag des Vorstandes herausgegeben von Helmut Heid und Hans-Georg Herrlitz. Weinheim, Basel: Beltz 1987. (Zeitschrift für Pädagogik, Beiheft 21)

11 1988 Saarbrücken *Erziehung und Bildung als öffentliche Aufgabe. Analysen – Befunde – Perspektiven*
Vorträge: Jürgen Oelkers (E), Hellmut Becker, Ilse Dahmer, Helmut Fend, Helmut Heid, Ludwig Kötter, Volker Krumm, Richard J. Shavelson, Rudolf Tippelt, Luise Wagner-Winterhager
Erziehung und Bildung als öffentliche Aufgabe. Analysen, Befunde, Perspektiven. Beiträge zum 11. Kongreß der Deutschen Gesellschaft für Erziehungswissenschaft vom 21. bis 23. März 1988 in der Universität Saarbrücken. Im Auftrag des Vorstandes herausgegeben von Klaus Beck, Hans-Georg Herrlitz und Wolfgang Klafki. Weinheim, Basel: Beltz 1988. (Zeitschrift für Pädagogik, Beiheft 23)

12 1990 Bielefeld *Bilanz für die Zukunft. Aufgaben, Konzepte und Forschung in der Erziehungswissenschaft*
Vorträge: Peter Martin Roeder (E), Hans-Christoph Berg, Helmut Fend, Wolfgang Fischer, Hartmut von Hentig, Eckard König, Klaus Mollenhauer, Gertrud Nunner-Winkler, Hans Thiersch
Bilanz für die Zukunft. Aufgaben, Konzepte und Forschung in der Erziehungswissenschaft. Beiträge zum 12. Kongreß der Deutschen Gesellschaft für Erziehungswissenschaft vom 19. bis 21. März 1990 in der Universität Bielefeld. Im Auftrag des Vorstandes herausgegeben von Dietrich Benner, Volker Lenhart und Hans-Uwe Otto. Weinheim, Basel: Beltz 1990. (Zeitschrift für Pädagogik, Beiheft 25)

| 13 | 1992 | Berlin | *Erziehungswissenschaft zwischen Modernisierung und Modernitätskrise* |

13   1992   Berlin   *Erziehungswissenschaft zwischen Modernisierung und Modernitätskrise*
Vorträge: Dietrich Benner (E), Micha Brumlik, Hans-Jochen Gamm, Dieter Lenzen, Käte Meyer-Drawe, Hildegard-Maria Nickel, Helmut Peukert, Egon Schütz, Heinz-Elmar Tenorth
Erziehungswissenschaft zwischen Modernisierung und Modernitätskrise. Beiträge zum 13. Kongreß der Deutschen Gesellschaft für Erziehungswissenschaft vom 16.-18. März 1992 in der Freien Universität Berlin. Im Auftrag des Vorstandes herausgegeben von Dietrich Benner, Dieter Lenzen und Hans-Uwe Otto. Weinheim, Basel: Beltz 1992. (Zeitschrift für Pädagogik, Beiheft 29)

14   1994   Dortmund   *Bildung und Erziehung in Europa*
Vorträge: Dieter Lenzen (E), Gert Geißler, Frieda Heyting, Andrea Kárpáti, Hans Merkens, Peter Mortimore, François Orivel, Gabriele Ossenbach-Sauter, Thomas Rauschenbach
Bildung und Erziehung in Europa. Beiträge zum 14. Kongreß der Deutschen Gesellschaft für Erziehungswissenschaft vom 14. - 16. März 1994 in der Universität Dortmund. Im Auftrag des Vorstandes herausgegeben von Dietrich Benner und Dieter Lenzen. Weinheim, Basel: Beltz 1994. (Zeitschrift für Pädagogik, Beiheft 32)

15   1996   Halle   *Bildung zwischen Staat und Markt*
Vorträge: Adolf Kell (E), Jaap Dronkers, Wiltrud Gieseke, Marianne Horstkemper, Heinz-Hermann Krüger, Wolfgang Mitter, Horst W. Opaschowski, Paul Raabe, Heinz Sünker
Bildung zwischen Staat und Markt. Beiträge zum 15. Kongreß der Deutschen Gesellschaft für Erziehungswissenschaft vom 11.-13. März 1996 in Halle an der Saale. Im Auftrag des Vorstandes herausgegeben von Dietrich Benner, Adolf Kell und Dieter Lenzen. Weinheim, Basel: Beltz 1996. (Zeitschrift für Pädagogik, Beiheft 35)
Heinz-Hermann Krüger / Jan-Hendrik Olbertz (Hrsg.): Bildung zwischen Staat und Markt. Hauptdokumentationsband zum 15. Kongreß der DGfE an der Martin-Luther-Universität in Halle-Wittenberg 1996. Opladen: Leske + Budrich 1997.

| 16 | 1998 | Hamburg | *Medien-Generation* |

Vorträge: Hartmut von Hentig (E), Stefan Aufenanger, Dieter Baacke, Dieter Euler, Bettina Hurrelmann, Jochen Kade, Gunther Kress, Ingrid Lohmann, Jürgen Wittpoth

Ingrid Gogolin / Dieter Lenzen (Hrsg.): Medien-Generation. Beiträge zum 16. Kongreß der Deutschen Gesellschaft für Erziehungswissenschaft. Opladen: Leske + Budrich 1999.

| 17 | 2000 | Göttingen | *Bildung und Erziehung in Übergangsgesellschaften* |

Vorträge: Neville Alexander, David C. Berliner, Ernst Cloer, Karl-Heinz Gruber, Helga Kelle, Dieter Kirchhöfer, Marianne Krüger-Potratz, Meredith Watts

Frank Achtenhagen / Ingrid Gogolin (Hrsg.): Bildung und Erziehung in Übergangsgesellschaften. Beiträge zum 17. Kongreß der Deutschen Gesellschaft für Erziehungswissenschaft. Opladen: Leske + Budrich 2002.

| 18 | 2002 | München | *Innovation durch Bildung* |

Vorträge: Julian Nida-Rümelin (E), Frank Achtenhagen, Jürgen Baumert, Cornelia Gräsel, Gita Steiner-Khamsi, Ewald Terhart, Jochen Kade, Jan-Hendrik Olbertz, Ingo Richter, Hans Weiler

Ingrid Gogolin / Rudolf Tippelt (Hrsg.): Innovation durch Bildung. Beiträge zum 18. Kongress der Deutschen Gesellschaft für Erziehungswissenschaft. Opladen: Leske + Budrich 2003.

| 19 | 2004 | Zürich | *Bildung über die Lebenszeit* |

Außer der Reihe:

1999 Dortmund Professionspolitische Konferenz: Erziehungswissenschaft in Studium und Beruf

Hans-Uwe Otto / Thomas Rauschenbach / Peter Vogel (Hrsg.): Erziehungswissenschaft in Studium und Beruf. Eine Einführung in vier Bänden. Opladen: Leske + Budrich 2002.

10. Die Mitglieder und Vorsitzenden der DFG-Fachausschüsse „Pädagogik" seit 1949

Wahlperiode	Name und Funktion[1] des Gutachters	Bezeichnung des Fachausschusses
1949 - 1951	Theodor Litt (SV 1949/50; V 1950/51) Eduard Spranger	Philosophie und Pädagogik
1951 - 1955	Theodor Litt (V 1951/52) Otto Friedrich Bollnow	Philosophie und Pädagogik
1955 - 1959	Otto-Friedrich Bollnow (SV 1955/59) Wilhelm Flitner	Philosophie und Pädagogik
1959 - 1963	Josef Derbolav Erich Weniger	Philosophie und Pädagogik
1963 - 1967	Josef Derbolav Hans Wenke	Philosophie und Pädagogik
1967 - 1971	Josef Dolch Heinrich Roth Hans Scheuerl	Philosophie und Pädagogik
1971 - 1975	Erich E. Geißler Klaus Giel	Philosophie und Pädagogik
1975 - 1979	Ulrich Bleidick (SV 1975/79) Helmut Fend Helmut Heid Ulrich Herrmann Peter Menck	Philosophie und Pädagogik
1979 - 1983	Ulrich Herrmann (V 1979/83) Hans-Georg Herrlitz Wolfgang Mitter Georg Rückriem	Erziehungswissenschaft und Bildungsforschung
	Peter Menck (SV 1979/83) Karl-Heinz-Flechsig (bis 9/82) Ralf Schwarzer (ab 9/82)	Lehr-Lern-Forschung, Didaktik und Hochschuldidaktik
1983 – 1987	Karlwilhelm Stratmann (V 1983/87) Rudolf Messner Wolfgang Mitter Heinz-Elmar Tenorth	Erziehungswissenschaft und Bildungsforschung
	Doris Knab (SV 1983/87) Diether Hopf	Lehr-Lern-Forschung, Didaktik und Hochschuldidaktik

[1] Vorsitzender = V; Stellv. Vorsitzender = SV

1987 - 1991	Hans-Uwe Otto (V 1987/91) Oskar Anweiler Hannelore Faulstich-Wieland Franz Pöggeler	Erziehungswissen- schaft und Bildungs- forschung
	Hans-Günter Rolff (SV 1987/91) Jürgen Diederich Ludwig Huber	Lehr-Lern-For- schung, Didaktik und Hochschuldidaktik
1991 - 1995	Helmut Heid (V 1991/95) Hannelore Faulstich-Wieland Hans-Georg Herrlitz Hans-Uwe Otto	Erziehungswissen- schaft und Bildungsforschung
	Jürgen Diederich (SV 1991/93) Jürgen Baumert (SV 1993/95) Klaus Beck (ab 3/93) Ewald Terhart	Lehr-Lern-For- schung, Didaktik und Hochschuldidaktik
1995 – 1999	Helmut Heid (V 1995/99) Christa Berg Hans-Georg Herrlitz Jörg Ruhloff	Erziehungswissen- schaft und Bildungs- forschung
	Jürgen Baumert (SV 1995/98) Ewald Terhart (SV 1998/99 Klaus Beck (ab 6/98) Klaus-Jürgen Tillmann	Lehr-Lern-For- schung, Didaktik und Hochschuldidaktik
1999 – 2003	Heinz-Elmar Tenorth (SV 99/03) Jörg Ruhloff Käte Meyer-Drawe	Allgemeine und His- torische Pädagogik
	Klaus-Jürgen Tillmann (V 99/03) Renate Valtin Andreas Krapp	Lehr-, Lern- und Qualifikationsfor- schung
	Franz Hamburger Ursula Rabe-Kleberg Thomas Rauschenbach	Sozialisations-, Insti- tutions- und Profes- sionsforschung

11. Erklärungen, Stellungnahmen, Resolutionen der DGfE (Auswahl)

1. Kernstudium der Erziehungswissenschaft für die pädagogischen Ausbildungsgänge. Entschließung der Deutschen Gesellschaft für Erziehungswissenschaft, 1968 (Zeitschrift für Pädagogik 14 (1968), S. 386-390)
2. Zur Ausbildungssituation im Fach Erziehungswissenschaft, 1975
3. Presseerklärung zum „Normenbuch" (Bundeseinheitliche Richtlinien für das Abitur), 1975
4. Resolution zur Einschränkung der Forschungsfreiheit, 1978
5. Stellungnahme zur Diskussion und Beratung einer Neuordnung des Diplomstudiengangs Erziehungswissenschaft, 1978
6. Erklärung zur Schließung des Regionalen Pädagogischen Zentrums Aurich, 1978
7. Offener Brief zum Therapeutengesetz, 1978
8. Stellungnahme zum berufs- und wirtschaftspädagogischen Studium der Lehrer an beruflichen Schulen, 1979
9. Stellungnahme zum erziehungswissenschaftlichen Studium im Rahmen der Lehrerausbildung, 1982
10. Stellungnahme zur Diskussion und Beratung einer Neuordnung des Diplomstudiengangs Erziehungswissenschaft, 1982
11. Zu den Novellierungen des Hochschulrahmengesetzes, § 44, Abs. 3, Satz 1, 1984ff.
12. Standards erziehungswissenschaftlicher Forschung, 1985
13. Resolution zur Lehrerarbeitslosigkeit, 1985
14. Stellungnahme zur Erhöhung des Curricularnormwertes für das Fach Erziehungswissenschaft, 1986
15. Resolution zur Fortführung des Modellversuchs „Kollegschule" NRW, 1987
16. Empfehlung für die Besetzung von Professorenstellen für Sportdidaktik und für andere Fach- bzw. Bereichsdidaktiken, 1987
17. Stellungnahme zur geplanten Einführung eines „Drei-Fach-(Gymnasial-)Lehrers" in Baden-Württemberg, 1988
18. Erklärung der Deutschen Gesellschaft für Erziehungswissenschaft (DGfE) zu den Aufgaben erziehungswissenschaftlicher Studiengänge aus Anlass des 3. Oktobers 1990 (EW 1 (1990) 2, S. 116-118)
19. Stellungnahme zur Zukunft der wissenschaftlichen Einrichtungen der ehemaligen Akademie der Pädagogischen Wissenschaften in Ost-Berlin (3. Dezember 1990)
20. Grundausstattung Erziehungswissenschaft (Hochschullehrerstellen) (Juni 1991)
21. Konferenz der DGfE mit Gründungsdekanen, Gründungsprofessoren und Vertretern der Wissenschaftsministerien der neuen Bundesländer. Dresdener Abschlußerklärung vom 8.10.1991 (EW 2 (1991) 4, S. 24)
22. Bildungspolitische Erklärung zu Brennpunkten der Schulentwicklung in der Bundesrepublik Deutschland: Strukturprobleme, Disparitäten, Grundbildung in der Sekundarstufe I (EW 3 (1992) 5, S. 43-50)
23. Berliner Erklärung zur Weiterentwicklung der Erziehungswissenschaft in den neuen Bundesländern vom 10. November 1992 (EW 3 (1992) 6, S. 26-27)
24. Erfurter Erklärung zur Weiterentwicklung des erziehungswissenschaftlichen Diplomstudiengangs vom 12. Dezember 1993 (EW 5 (1994) 9, S. 36-37)

25. Erklärung zu den „Fachspezifischen Bestimmungen für die Magisterprüfung mit Erziehungswissenschaft als Haupt- und Nebenfach" vom 12.5.1995

26a. Zur Besetzung von Professuren in der Lehrerbildung – Qualifikationsmerkmal „Schulpraxiserfahrungen"

26b. Zur Nachwuchsförderung in Schulpädagogik und Didaktik

26c. Zur stärkeren Durchlässigkeit der Lehrerlaufbahnen. Beschlüsse vom 31.1. 1997 (EW 8 (1997) 15, S. 81-86)

27. Presseerklärung zur Rechtschreibreform vom 31.1.1997 (EW 8 (1997) 15, S. 87-88)

28. Vorschläge zur Weiterentwicklung der Rahmenordnung für das Diplom-Studium Erziehungswissenschaft, 1998 (EW 9 (1998), 17, S. 105-109)

29. Ethik-Kodex der Deutschen Gesellschaft für Erziehungswissenschaft vom 3./4.12.1999 (EW 10 (1999) 20, S. 52-57)

30. Zur Lage und Zukunft der Erziehungswissenschaft in Studium und Beruf (September 2000)

31. Erziehungswissenschaft, Demokratie und Rechtsextremismus – Erklärung zum 17. Kongress der DGfE vom 21.9.2000 (EW 11 (2000) 22, S. 96-97)

32. Empfehlungen für ein Kerncurriculum Erziehungswissenschaft (Juli 2001) (EW 12 (2001) 23, S. 20-31)

33. Stellungnahme zur Weiterentwicklung der Lehrerbildung (August 2001) (EW 12 (2001) 23, S. 32-39)

34. Stellungnahme zur Einführung von Juniorprofessuren (EW 12 (2001) 24, S. 80-85)

35. Stellungnahme der Deutschen Gesellschaft für Erziehungswissenschaft (DGfE) zur Lehrerbildung (Oktober 2002) (Merkens 2003, S. 179-180)

12. Selbstverständnis der DGfE: Zur Lage und Zukunft der Erziehungswissenschaft in Studium und Beruf

Der Vorstand

Selbstverständnis der DGfE: Zur Lage und Zukunft der Erziehungswissenschaft in Studium und Beruf

Im Februar 1999 legte der Vorstand der DGfE – über die Sektionen und Kommissionen und im Internet veröffentlicht – den Mitgliedern der Gesellschaft einen Entwurf zum Selbstverständnis der DGfE vor. Dieser Entwurf wurde in den Sektionen und Kommissionen diskutiert. Die dem Vorstand zugeleiteten Anregungen sind in den folgenden Text eingeflossen. Der Vorstand bringt nun diesen überarbeiteten Text in die Diskussion der DGfE ein. Er versteht ihn nicht als abgeschlossen, sondern als Beitrag zur kontinuierlichen Selbstverständigung der Erziehungswissenschaft und ihrer Fachgesellschaft.

Vorbemerkung

Vor rund 30 Jahren begann die Expansion der Erziehungswissenschaft zu einem der größten Studienfächer an deutschen Universitäten. Diese wurde zum einen eingeleitet durch die Integration der Lehramtsstudiengänge in Universitäten, die gestützt wurde durch eine breite gesellschaftliche Bereitschaft zur Bildungsreform. Zum anderen erfuhr die Erziehungswissenschaft eine maßgebliche Stärkung durch die Einführung eines Diplomstudiengangs, der neben den Magisterstudiengang als Hauptfachstudiengang trat. Es kam zur Gründung eigener erziehungswissenschaftlicher Fachbereiche, damit zur Stärkung der Erziehungswissenschaft im Wissenschaftssystem und im öffentlichen Diskurs. Erziehung, Bildung, Lernen, pädagogische Beratung und Hilfe in unterschiedlichen Lebenslagen sind Symbolbegriffe für Bereiche, denen die Erziehungswissenschaft sich in Forschung und Lehre widmet.

Besondere Anforderungen an die Erziehungswissenschaft erwachsen heute daraus, dass sich ein anhaltender Bedeutungszuwachs von Lernen, Wissen, Bildung vollzieht. Die rasanten Entwicklungen der Wissenschaften, der Technik, der Medien, aber auch gravierende Veränderungen im Feld der Ökonomie, z.B. im Erwerbssektor stellen die Erziehungswissenschaft vor neue Aufgaben und Chancen: Globalisierung und Modernisierung führen zu veränderten Bedingungen für Sozialisation und Erziehung, zu erhöhten Lernzwängen ebenso wie zu neuen Lernchancen. Ein Beispiel sind die neuen Medien, deren Bedeutung in Lehr- und Lernprozessen, im Berufsleben, aber auch im Freizeitbereich oder der Alltagsbewältigung ständig wächst. Der Diplomstudiengang Erziehungswissenschaft ist vor diesem Hintergrund zu einem der am meisten nachgefragten sozialwissenschaftlichen Diplomstudiengänge geworden.

Nicht zu übersehen ist jedoch, dass eine Reihe disziplininterner Probleme in Lehre bzw. Studium und in der Forschung nicht befriedigend gelöst werden konnten. Gegenwärtig kündigen sich folgenreiche Veränderungen an. Sie sind allerdings nicht immer getragen von in der Sache begründeten Reformbestrebungen, sondern oft von einer zunehmend restriktiven Bildungspolitik, die die Universitäten personell und strukturell erheblich belastet. In einigen Bundesländern werden Schließungsszenarien für erziehungswissenschaftliche Universitätsbereiche diskutiert, so zum Beispiel Magisterstudiengänge zur Disposition gestellt. Die sogenannte Standortpolitik, also eine Politik, die sich allein der Ökonomie unterwirft, entwickelt bedrohliche Folgen – nicht nur für die Erziehungswissenschaft, sondern für das Bildungswesen insgesamt. Dasselbe gilt für die um sich greifende Praxis, Steuerungsmodelle aus der Ökonomie anzuwenden, ohne die notwendigen Anpassungen an Besonderheiten des Bildungs- und Erziehungssystems vorzunehmen.

Vor diesem Hintergrund vertritt die DGfE folgende Positionen:

Öffentliches Mandat und Vertretung der Erziehungswissenschaft im Wissenschaftssystem

Die DGfE nimmt als wissenschaftliche Fachgesellschaft ein öffentliches Mandat zu Fragen von Forschung, Lehre und Studium der Erziehungswissenschaft wahr. Sie bringt in öffentliche Diskurse erziehungswissenschaftliches Expertenwissen ein.

In der universitären Selbstorganisation gehört die Erziehungswissenschaft disziplinär dem Philosophischen Fakultätentag an, der für grundsätzliche Steuerungsprobleme, z.B. der Studiengänge, eine meinungsbildende Kompetenz wahrnimmt. Die Erziehungswissenschaft wird hier aktiver in Erscheinung treten und wissenschaftspolitische Unterstützung für ihre spezifischen Belange einfordern oder eine andere Form der Interessenvertretung finden. Bei aller Vergleichbarkeit mit anderen sozial- und geisteswissenschaftlichen Disziplinen gilt es, das Spezifische der Erziehungswissenschaft in Lehre und Studium zu vertreten.

Die DGfE initiiert und unterstützt entsprechende Bemühungen.

Professionspolitisches Mandat

Seit dem Ende der 1960er Jahre hat es einen starken Zuwachs an professionellen pädagogischen Tätigkeiten gegeben. In Konkurrenz mit Nachbardisziplinen werden im Studium der Erziehungswissenschaft Kompetenzen vermittelt, die Zugangsmöglichkeiten von Pädagog(inn)en zu vielen Berufsbereichen eröffnen. Ein notwendiges professionspolitisches Engagement der DGfE ist daher die Verständigung über Standards professioneller Kompetenzen, im übergreifenden Sinne ebenso wie für einzelne Handlungsfelder. Es gehört zu den Aufgaben der

DGfE, Anregungen zu Weiterentwicklungen oder Veränderungen pädagogischer Handlungsfelder zu geben. Dabei müssen auch neue Formen und Orte für die Aushandlung bildungspolitischer Perspektiven gefunden werden.

In diesem Sinne übernimmt die DGfE folgende Aufgaben:

- Sie veranlasst regelmäßig Verbleibsstudien über Absolvent(inn)en sowie Untersuchungen über den Berufseintritt von Erziehungswissenschaftler(inne)n.
- Sie fördert den Erfahrungsaustausch mit öffentlichen und privaten Arbeitgebern, klärt wechselseitige Erwartungen an die Ausbildung und die Kompetenzprofile künftiger Pädagoginnen und Pädagogen. Sie bringt ihre wissenschaftliche Expertise in die Entwicklung von Standards für die Beurteilung pädagogischer Praxis in den verschiedenen Handlungsfeldern ein.
- Sie trägt Sorge für Transparenz in der Fachverständigung über Standards in der Lehre und initiiert die Entwicklung und Prüfung eines "Kerncurriculums" für die verschiedenen erziehungswissenschaftlichen Studiengänge. Dieses benennt die Ansprüche an eine erziehungswissenschaftliche Grundbildung und dient als Basis für spezialisierende Studien, bietet also einen Orientierungsrahmen für die erziehungswissenschaftliche Ausbildung.

Disziplinäre Differenzierung – Leitdisziplin Erziehungswissenschaft

Die Erziehungswissenschaft ist Leitdisziplin für pädagogische Berufe. Für die Entwicklung einer wissenschaftlichen Disziplin ist eine stabile Etablierung ihrer Teilbereiche eine Voraussetzung. Gesellschaftlicher Wandel, der zum Beispiel im Erfordernis des lebenslangen Lernens und – damit verbunden – dem Ausbau der beruflichen Weiterbildung Niederschlag findet, eröffnet ständig neue pädagogische Handlungsfelder, und damit der Erziehungswissenschaft neue Aufgaben. Damit verbunden sind Ausdifferenzierungen der Disziplin in Forschung und Lehre, die der Komplexität der Anforderungen an professionelle pädagogische Praxis Rechnung tragen.

Vor diesem Hintergrund übernimmt die DGfE folgende Aufgaben:

Sie entwickelt Standards für die personelle Grundausstattung von erziehungswissenschaftlichen Einrichtungen und Arbeitsbereichen. Das ist umso notwendiger, weil das Fach über einen langen Zeitraum den Verlust an Personalressourcen auf allen Ebenen der akademischen Positionen hinnehmen musste. Solche allein ökonomisch begründete Strukturveränderung kann die Substanz der Disziplin gefährden. Der an manchem Standort bereits desolaten Lage sollen fachlich legitimierte Strukturmodelle entgegengesetzt werden, deren Leitperspektive die Einhaltung hoher Qualitätsstandards in Forschung und Lehre ist.

Wissenschaftlicher Nachwuchs und Forschungskapazitäten

Um ihren Aufgaben nachkommen zu können, benötigt die Erziehungswissenschaft eine bessere Ausstattung mit Stellen für den wissenschaftlichen Nachwuchs, als sie ihr bis dato gewährt ist. Das trifft für alle Teildisziplinen zu. Ein besonderes Problem stellt sich für Stellen, die mit Aufgaben der Lehrerbildung betraut sind: Hier soll nach dem HRG die zusätzliche Qualifikation einer dreijährigen Schulerfahrung vorliegen, damit die Berufung auf eine Professur erfolgen kann. Nach einem von der DGfE in Auftrag gegebenen Rechtsgutachten ist diese Vorschrift verfassungswidrig.

Insgesamt treten durch eine im Verhältnis zu anderen Geistes- und Sozialwissenschaften zu geringe Ausstattung mit Nachwuchsstellen strukturelle Verwerfungen auf, die sich in defizitären Forschungskapazitäten ebenso bemerkbar machen wie darin, dass bislang nicht verlässlich und regelmäßig wissenschaftlicher Nachwuchs qualifiziert werden konnte.

Die DGfE übernimmt vor diesem Hintergrund die Aufgabe,

ihre Mitglieder stärker bei der Einwerbung von Drittmitteln, die der Förderung des wissenschaftlichen Nachwuchses dienen – z.B. Graduiertenkollegs – zu unterstützen. Hierneben aber setzt sie sich für die unbedingt notwendige Verbesserung der Grundausstattung der Erziehungswissenschaft mit regulären Stellen für wissenschaftlichen Nachwuchs und für die bessere Förderung der Stelleninhaber(innen) ein.

Studiennachfrage

Das Studium der Erziehungswissenschaft hat offensichtlich für junge Menschen aus vielen Gründen eine hohe Attraktivität. Die Universitäten sind bislang weitgehend bereit gewesen, Überlastquoten zu akzeptieren – nicht zuletzt, weil dadurch intern zusätzliche finanzielle Ressourcen als Kompensationszahlungen von den jeweiligen Landesregierungen zu erhalten waren. Die Frage nach Zulassungsbeschränkungen wird jedoch zunehmend gestellt, um in Anbetracht veränderter Rahmenbedingungen die Studiensituation von Massenfächern weiter beherrschen können.

Die DGfE macht es sich vor diesem Hintergrund zur Aufgabe,

den Widerspruch zwischen verstärkter Nachfrage und faktischem Abbau von Stellen aufzuzeigen und auf seine professionspolitischen Folgen ebenso wie auf die Nachteile für die Qualität der Ausbildung aufmerksam zu machen.

Neue Studiengänge

Auch in der Erziehungswissenschaft werden derzeit die Studienabschlüsse BA und MA im Sinne einer Übernahme angelsächsischer Vorbilder diskutiert. Beide sollen zu einer stärkeren Strukturierung des Studiums bzw. zu einer Abstufung mit je eigenem Abschluss führen. Für die Erziehungswissenschaft ist die Zweckmäßigkeit der Einführung solcher Abschlüsse zu prüfen. Dabei müssen vor allem fachliche Begründungen herangezogen werden, damit nicht unreflektiert Übernahmen von Studiengangsmodellen erfolgen, die die Ansprüche an eine wissenschaftliche Ausbildung unterlaufen oder keine Entsprechung in den Berufsfeldern haben. Auf keinen Fall soll eine bereits erreichte Professionalisierung in der Lehrerausbildung sowie den Diplom- und Magisterstudiengängen zugunsten einer vorschnellen Anpassung an neue Abschlüsse aufgegeben werden.

Vor diesem Hintergrund macht die DGfE es sich zur Aufgabe,

gemäß einer Empfehlung der Vorstandskommission Strukturberatung der Erziehungswissenschaft (publiziert unter www.dgfe.de) die Erprobung innovativer Studiengangskonzepte mit den Abschlüssen BA bzw. MA in Modellversuchen unter geeigneten Rahmenbedingungen zu unterstützen. Ohne Erprobung kann eine flächendeckende Einführung solcher Studienkonzepte nicht empfohlen werden. Die DGfE wirkt ferner daran mit zu prüfen, welche Möglichkeiten für eine weitere Differenzierung bzw. Flexibilisierung erziehungswissenschaftlicher Studiengänge zweckmäßig und fachlichen Standards angemessen sind.

Hamburg, im September 2000

Ingrid Gogolin, Elisabeth Fuhrmann, Margret Kraul, Winfried Marotzki
Hans Merkens, Jan-Hendrik Olbertz, Hans-Uwe Otto

Personenregister

Abel, Heinrich 198, 200f.
Abeldt, Sönke 218
Achtenhagen, Frank 23, 43, 115, 121, 127, 213, 227
Aebli, Hans 224
Albertz, Heinrich 98
Alexander, Neville 227
Anweiler, Oskar 10, 39f., 55, 200f., 212, 229
Ariès, Philippe 57
Asmus, Walter 28, 214
Auernheimer, Georg 43
Aufenanger, Stefan 227
Avenarius, Hermann 130

Baacke, Dieter 227
Baeumler, Alfred 33
Ballauff, Theodor 35, 200f., 214
Barthes, Roland 57
Baske, Siegfried 42f.
Baumert, Jürgen 122, 125f., 227, 229
Bayer, Manfred 42f., 142
Beck, Klaus 101f., 125, 134, 152, 213, 229
Becker, Hellmut 19, 225
Benner, Dietrich 24f., 74-79, 84-89, 101, 123, 142f., 171, 174, 187, 211, 213, 224, 226
Berg, Christa 35, 107, 213, 214, 229
Berg, Hans-Christoph 225
Berliner, David C. 227
Bernstein, Basil 104
Blättner, Fritz 28, 214
Blankertz, Herwig 11, 14, 28, 42, 44, 93f., 97, 115, 117, 164-166, 168, 187, 200f., 209, 212, 224
Bleidick, Ulrich 118, 228
Blochmann, Elisabeth 10, 39, 200f.
Böll, Heinrich 98
Böllert, Karin 178
Bösch, Frank 218
Bohnenkamp, Hans 28, 214
Bohrhardt, Ralf 218
Bokelmann, Hans 200f.
Bollnow, Otto Friedrich 10, 17-19, 28, 37f., 95f., 104, 116, 140, 146, 161, 187, 198, 209, 212, 214, 228
Borinski, Fritz 28, 200f., 214
Bourdieu, Pierre 57
Bracken, Helmut von 28, 214
Braungart, Wolfgang 217
Brezinka, Wolfgang 110f., 115
Bronfenbrenner, Urie 57
Brumlik, Micha 226
Bruner, Jerome S. 57
Buer, Jürgen van 216

Bulmahn, Edelgard 172
Busch, Friedrich W. 125

Clement, Ute 218
Cloer, Ernst 227
Cohn, Jonas 9

Dahmer, Ilse 53, 105, 114f., 206, 212
Derbolav, Josef 200f., 228
Deuchler, Gustaf 9
Diederich, Jürgen 115, 124, 127, 142, 229
Diepold, Peter 213
Dietrich, Cornelie 217
Dietrich, Theo 38, 137f.
Dikau, Joachim 42f.
Dippelhofer-Stiem, Barbara 216
Döpp-Vorwald, Heinrich 10
Dörschel, Alfons 200f.
Dohmen, Günther 137, 200f.
Dolch, Josef 18, 37, 39, 116f., 198-201, 212, 228
Dronkers, Jaap 226
Dudek, Peter 69
Dürr, Walter 212

Edding, Friedrich 28, 214
Edelstein, Wolfgang 19, 115, 143
Eder, Alois 200f.
Ehrenspeck, Yvonne 217
Eigler, Gunther 125f.
Ellwein, Thomas 195
Engelbert-Holtze, Anke 216
Engelmayer, Otto 195
Engholm, Björn 167
Erichsen, Hans-Uwe 152
Essen, Erika 37
Ettlinger, Max 9
Euler, Dieter 227
Eyferth, Hans 37

Fahrenbach, Helmut 224
Faulstich-Wieland, Hannelore 110, 127, 225, 229
Feidel-Mertz, Hildegard 107
Feldmann, Erich 38
Fend, Helmut 109, 124, 225f., 228
Fiege, Hartwig 195
Fischer, Joseph (Joschka) 62
Fischer, Wolfgang 38, 225
Flechsig, Karl-Heinz 164, 167, 228
Flitner, Andreas 10, 18, 117, 168f., 186, 196-201, 212, 214, 224
Flitner, Wilhelm 10, 28, 35, 37, 95, 137f., 140, 198, 200f., 214, 223, 228

Flügge, Johannes 200f.
Fölling-Albers, Maria 214
Foucault, Michel 57
Frankiewicz, Heinz 57, 70
Freire, Paolo 57
Frey, Karl 123, 212
Friedeburg, Ludwig von 110, 166, 224
Friedrich, Walter 71
Froese, Leonhard 28, 38, 39, 69, 200f., 214
Fuchs, Hans-Jürgen 25, 74
Führ, Christoph 115
Fuhrmann, Elisabeth 214, 236
Furck, Carl-Ludwig 35, 114, 141, 148, 158, 195, 200f., 214

Gaebe, Barbara 216
Gamm, Hans-Jochen 226
Gaudelier, Maurice 57
Geißler, Erich E. 152, 228
Geißler, Georg 28, 186, 195, 197-201, 214
Geißler, Gert 226
Giel, Klaus 96, 228
Giesecke, Hermann 29
Gieseke, Wiltrud 226
Girmes, Renate 178
Glowka, Detlef 43
Gönner, Rudolf 57
Gogolin, Ingrid 12, 53, 62, 64f., 177f., 211, 213f., 236
Gräsel, Cornelia 218, 227
Grass, Günther 98
Grimm, Reinhold 178
Groothoff, Hans-Hermann 35, 116, 137f., 141, 148, 200f., 214
Groth, Günther 29
Gruber, Karl-Heinz 227
Günther, Karl-Heinz 71

Habel, Werner 178
Habermas, Jürgen 105
Hacker, Winfried 70
Hahn, Kurt 166
Hamburger, Franz 229
Hansen, Wilhelm 18, 20, 37, 186, 196-201, 212
Hartweg, Frédéric 224
Hauptmeyer, Carl-Hans 178
Hausmann, Gottfried 10, 39, 186, 196, 200f.
Havenstein, Martin 9
Heid, Helmut 23, 29, 31-35, 48f., 79, 98-100, 105f., 111, 120, 125, 127f., 130-132, 150f., 167-169, 171, 181f., 187, 210, 212f., 214, 225, 228f.
Heimann, Paul 19
Heinemann, Manfred 45-47
Heitger, Marian 58, 137, 148, 200f.
Heitkämper, Peter 49
Hentig, Hartmut von 96, 148, 167, 200f., 212, 219, 223, 225, 227

Herrlitz, Hans-Georg 20, 29, 31f., 35, 121, 182, 213, 214, 228f.
Herrmann, Ulrich 118, 120, 121, 228
Hetzer, Hildegard 28, 214
Heyting, Frieda 226
Hilker, Franz 38
Himmerich, Wilhelm 43
Höhn, Elfriede 40f., 117, 165, 212
Hofer, Manfred 110, 134f., 224
Hoffmann, Erika 18, 186, 196-201, 212
Hofmann, Franz 71
Hopf, Diether 228
Hoppe, Rainer 87
Horn, Klaus-Peter 216
Hornstein, Walter 119, 168, 212, 224
Horstkemper, Marianne 156, 180, 226
Huber, Ludwig 229
Hudde, Wilhelm 200f.
Huizinga, Richard 178
Hurrelmann, Bettina 110
Hurrelmann, Bettina 227
Husén, Torsten 96, 223

Illich, Ivan 105f., 109, 224
Ingenkamp, Karlheinz 20, 124f., 129-131, 212f.

Jopt, Uwe-Jörg 216
Jungkunz, Diethelm 217

Kade, Jochen 110, 227
Kadelbach, Gerd 214
Kapune, Thorsten 124
Kárpáti, Andrea 226
Karsten, Marie-Eleonora 158, 213
Keim, Wolfgang 30, 87
Kell, Adolf 89f., 173f., 188, 213, 226
Kelle, Helga 218, 227
Kerschensteiner, Georg 9
Kiehn, Ludwig 28, 37, 200f., 214
Kiel, Gerhard 20
Kirchhöfer, Dieter 227
Kittel, Helmut 28, 214
Klafki, Wolfgang 10, 20, 37, 40, 55, 61, 71, 79, 87, 106f., 110, 117, 121, 130, 132, 137f., 143, 148, 151, 161f., 164, 168, 170, 181f., 187, 200f., 210, 212f., 214, 219, 225
Klauer, Karl-Josef 42, 125
Kleinau, Elke 217
Klemm, Klaus 59, 169f.
Klingberg, Lothar 71
Knab, Doris 35, 121, 123, 133, 212, 214, 228
Knoll, Joachim H. 200f.
Köhler, Otto 88
König, Eckard 225
König, Hans-Jörg 73, 85
Kötter, Ludwig 225

Koller, Hans-Christoph 217
Kossolapow, Line 213
Kozakiewicz, Mikolaj 58, 224
Kramp, Wolfgang 19
Krapp, Andreas 229
Kraul, Margret 214,236
Kress, Gunher 227
Krüger, Heinz-Hermann 226
Krüger, Potratz, Marianne 61, 227
Krumm, Volker 225
Kuckartz, Udo 154, 170
Kümmel, Friedrich 20

Lange, Hermann 42
Langeveld, Martinus 28, 214
Lattmann, Dieter 167
Lawn, Martin 65
Leis-Schindler, Ingrid 134
Lenhart, Volker 59, 71, 76, 79, 122, 172, 210, 213, 225
Lennert, Rudolf 28, 200f., 214
Lenzen, Dieter 26, 28, 51f., 64, 67, 83f., 127, 141f., 152, 159, 170, 173f., 187, 211, 213f., 226
Lichtenstein, Ernst 41, 116f., 200f.
Lichtenstein-Rother, Ilse 95, 114f., 212
Lindblad, Sverker 65
Lingelbach, Karl-Christoph 107
Linke, Werner 214
Lippitz, Wilfried 170
Litt, Theodor 9, 228
Loch, Werner 96
Lochner, Rudolf 28, 38, 214
Löbner, Walter 200f.
Löffler, Eugen 27, 214
Lohmann, Ingrid 227
Lübbe, Hermann 105, 110, 223
Lüders, Christian 216
Lüders, Yvonne Gabriele 217

Macke, Gerd 125
Mann, Thomas 32
Markl, Hubert 121
Marotzki, Winfried 178, 214, 236
Marzahn, Christian 43
Matsuura, Koichiro 62
Mayer, Christine 217
Mayer, Hans 105
Mayer, Rudolf 124
Meder, Norbert 214
Menck, Peter 29, 99, 107, 115, 118, 125, 170, 228
Menze, Clemens 200f.
Merkens, Hans 168, 211, 214, 226, 236
Mertens, Dieter 226
Messner, Rudolf 228
Meyer, Hans-Joachim 87
Meyer-Drawe, Käte 226, 229

Mitter, Wolfgang 66, 123f., 212, 226, 228
Möllemann, Jürgen 172
Möller, Hugo 37
Mollenhauer, Klaus 19, 48, 57, 97, 110, 123, 134, 212, 219, 223, 225
Mommsen, Wolfgang J. 81
Mortimore, Peter 226
Mühle, Günther 200f.
Müller, C. Wolfgang 43, 125, 212f.
Myschker, Norbert 43

Nahrstedt, Wolfgang 225
Neuner, Gerhart 57, 70-73
Nida-Rümelin, Julian 227
Nitsch, Wolfgang 89
Nunner-Winkler, Gertrud 225

Oelkers, Jürgen 225
Oetinger, Friedrich 33
Olbertz, Jan-Hendrik 90, 132, 213f., 227, 236
Olbrich, Josef 43
Olechowski, Richard 58
Opaschowski, Horst W. 226
Orivel, François 226
Oser, Fritz 225
Ossenbach-Sauter, Gabriele 226
Ostner, Ilona 226
Otto, Hans-Uwe 43, 121, 127, 175, 178, 213f., 229, 236
Peege, Joachim 212
Peukert, Helmut 226
Picht, Georg 38
Plander, Harro 172
Pöggeler, Franz 38, 229
Prange, Klaus 99, 224
Preissler, Gottfried 28, 214

Raabe, Paul 226
Rabe-Kleberg, Ursula 229
Rang, Adalbert 225
Rang, Martin 28, 200f., 214
Rauschenbach, Thomas 178, 226, 229
Reble, Albert 148, 200f.
Reetz, Lothar 134
Reetz, Walter 212
Reichenbach, Roland 218
Reimers, Edgar 42
Reinders, Heinz 218
Reinecke, H.-J. 98
Reising, Birgit 216
Reuter, Lutz-Rainer 178, 214
Richter, Ingo 110, 172, 227
Richter, Wilhelm 19
Riedel, Johannes 38
Ritzel, Wolfgang 200f.
Ritzi, Christian 11f.

Robinsohn, Saul B.   19, 105, 137, 212
Roeder, Peter Martin   70, 95, 104, 110, 115,
    123, 134, 137f., 171, 213, 219, 224f.
Röhrs, Hermann   10, 35, 146f., 200f., 214
Roessler, Wilhelm   41-45, 200f.
Rolff, Hans-Günter   229
Rollett, Brigitte   58
Roth, Heinrich   17, 28, 37-39, 114, 117,
    146-148, 161, 186, 198f., 212, 214, 223, 228
Rückriem, Georg   41, 43, 228
Ruhloff, Jörg   229

Salzwedel, Werner   73
Sanides-Kohlrausch, Claudia   217
Schaller, Klaus   141, 148, 200f.
Scheibe, Wolfgang   42, 200f.
Scheuerl, Hans   10, 12f., 28, 40, 55, 94,
    104, 116, 137, 141, 146, 200f., 209, 212, 214, 228
Scheunpflug, Annette   62
Schiefele, Hans   168
Schiefele, Ulrich   216
Schiersmann, Christiane   213f.
Schmidt, Anne   216
Schnabel, Kai-Uwe   217
Schönwälder, Hans-Georg   123
Schütz, Egon   226
Schultze, Walter   11, 28, 57, 186, 209, 212, 214
Schulze, Theodor   97, 212, 223
Schwarz, Richard   200f.
Schwarzer, Ralf   228
Schwarzlose, Adolf   19, 38
Seidelmann, Karl   28, 214
Shavelson, Richard J.   225
Siegel, Elisabeth   35, 37, 214
Simson, Otto von   61
Spranger, Eduard   228
Stark, Robin   218
Steffens, Ulrich   216
Steiner-Khamsi, Gita   227
Steinert, Erika   216
Steinhöfel, Wolfgang   25, 74, 77, 82, 86f.
Stock, Hans   18, 20, 28, 186, 195, 197-201,
    212, 214
Stöhr, Gerd   72
Stratmann, Karlwilhelm   43, 121f., 224, 228
Suchodolski, Bogdan   57
Sünker, Heinz   226
Süßmuth, Rita   43, 125

Tenorth, Heinz-Elmar   11, 45f., 123f., 126f., 226,
    228
Terhart, Ewald   227, 229
Thiersch, Hans   20, 42f., 45-47, 105f., 111, 130,
    133, 142, 149, 158, 166-168, 178, 187, 210, 212f.,
    225
Thomas, Helga   50, 134f., 213
Tillmann, Klaus-Jürgen   229
Tippelt, Rudolf   178, 214, 225

Uhlig, Christa   85
Ulich, Dieter   124

Valtin, Renate   229
Vogel, Peter   178, 180
Vogelsang, Waldemar   217

Wagenschein, Martin   28, 214
Wagner-Winterhager, Luise   213
Watts, Meredith   227
Weber, Erich   200f.
Weiler, Hans   109, 227
Weinert, Franz E.   20, 121
Weißkirchen, Gert   167
Weniger, Erich   10, 228
Wenke, Hans   200f., 228
Wenning, Norbert   216
Wensierski, Hans Jürgen von   217
Westphal, Erich   42, 43
Wichmann, Ottomar   200f.
Wigger, Lothar   154, 216
Wild, Elke   217
Wild, Klaus-Peter   217
Wilhelm, Theodor   28-33
Winkelmann, Elisabeth   10
Wittpoth, Jürgen   227
Wolf, Karl   200f.
Wulf, Christoph   61
Wurdack, Ernst   43
Wuttke, Eveline   218

Zapf, Wolfgang   81
Zedler, Peter   25, 74, 173, 213
Zielinski, Johannes   198, 200f.
Zimmermann, Bruno   121
Zöllner, E. Jürgen   172